Springer-Lehrbuch

Weitere Bände in dieser Reihe
http://www.springer.com/series/1183

Carsten Kunkel

Vertragsgestaltung

Eine methodisch-didaktische
Einführung

Carsten Kunkel
TH Wildau
Wildau
Deutschland

ISSN 0937-7433
Springer-Lehrbuch
ISBN 978-3-662-48430-2   ISBN 978-3-662-48431-9 (eBook)
DOI 10.1007/978-3-662-48431-9

Die Deutsche Nationalbibliothek verzeichnet diese Publikation in der Deutschen Nationalbibliografie; detaillierte bibliografische Daten sind im Internet über http://dnb.d-nb.de abrufbar.

Springer
© Springer-Verlag Berlin Heidelberg 2016
Das Werk einschließlich aller seiner Teile ist urheberrechtlich geschützt. Jede Verwertung, die nicht ausdrücklich vom Urheberrechtsgesetz zugelassen ist, bedarf der vorherigen Zustimmung des Verlags. Das gilt insbesondere für Vervielfältigungen, Bearbeitungen, Übersetzungen, Mikroverfilmungen und die Einspeicherung und Verarbeitung in elektronischen Systemen.
Die Wiedergabe von Gebrauchsnamen, Handelsnamen, Warenbezeichnungen usw. in diesem Werk berechtigt auch ohne besondere Kennzeichnung nicht zu der Annahme, dass solche Namen im Sinne der Warenzeichen- und Markenschutz-Gesetzgebung als frei zu betrachten wären und daher von jedermann benutzt werden dürften.
Der Verlag, die Autoren und die Herausgeber gehen davon aus, dass die Angaben und Informationen in diesem Werk zum Zeitpunkt der Veröffentlichung vollständig und korrekt sind. Weder der Verlag noch die Autoren oder die Herausgeber übernehmen, ausdrücklich oder implizit, Gewähr für den Inhalt des Werkes, etwaige Fehler oder Äußerungen.

Gedruckt auf säurefreiem und chlorfrei gebleichtem Papier

Springer-Verlag Berlin Heidelberg ist Teil der Fachverlagsgruppe Springer Science+Business Media (www.springer.com)

Vorwort

Die Idee zu diesem Lehrbuch entspringt der eigenen langjährigen praktischen Erfahrung des Verfassers als Vertragsjurist in mehreren Großkanzleien und als Hochschullehrer. Das Werk verbindet wissenschaftliche Methodik und praxisgerechte Gestaltung.

Der Verfasser hat in seinen Lehrveranstaltungen zur Vertragsgestaltung erkannt, dass viele Studierende mit der Vertragsgestaltung selbst gegen Ende ihres Studiums zumeist nur vage Vorstellungen verbinden. Zumindest die Verbindung zur anwaltlichen Tätigkeit, dem typischen Vertragsjuristen, wird in der Regel hergestellt. Hier endet jedoch regelmäßig die Vorstellung der Studierenden von der Tätigkeit der Vertragsgestaltung, da häufig mit der anwaltlichen Tätigkeit als solcher nur die Bilder US-amerikanischer Kinofilme und insbesondere deren (mehr oder minder spektakuläres) Auftreten vor Gericht verbunden wird. Was macht also ein Vertragsjurist eigentlich?

Im späteren Berufsleben der jungen Juristen, insbesondere auch im anwaltlichen Umfeld, müssen junge „Jura-Absolventen" dann häufig ohne jede (zumindest fundierte) kautelarjuristische Grundausbildung und Anleitung „ins kalte Wasser" springen und Verträge selbst gestalten, abändern oder aufheben. Dies führt zu Beginn ihrer Tätigkeit meist zu unnötigem Stress, Frustration und Fehlern, da das nötige Handwerkzeug (noch) nicht beherrscht wird.

Beide Umstände sind durch eine am Arbeitsmarkt orientierte, fundierte kautelarjuristische Hochschulausbildung vermeidbar. Zumal ein reines „training on the job" – wie es auch im Anwaltsberuf noch weithin üblich ist – keinen Ersatz für das Erlernen einer wissenschaftlich fundierten kautelarjuristischen Arbeitsmethodik bieten kann. Zu dieser Ausbildung gehört neben der Einrichtung entsprechender Studienmodule auch das Studium von Lehrbüchern zu dieser Materie.

Das vorliegende Lehrbuch versucht, diesem Umstand dadurch Rechnung zu tragen, dass es dem Leser eine kompakte, aber methodisch-didaktisch saubere Einführung in die Technik der Vertragsgestaltung bietet, die sich an den Erfordernissen der späteren Praxis orientiert und dadurch den Leser zielgerichtet in die Lage versetzen soll, einen Vertrag von Grund auf selbst zu gestalten. Aufgelockert wird die theoretische Darstellung durch kleine Praxisbeispiele und -tipps. Bis auf die zwei abschließenden großen Übungsfälle wird darauf verzichtet, dem Leser eine Vielzahl von (komplett gefertigten) Vertragsmustern mit lediglich materiell-rechtlichen Anmerkungen anzubieten. In Ergänzung zu diesem Lehrbuch und in praktischer

Anwendung des erlernten Wissens wird dem Leser die Lektüre von Formular- und rechtsgestaltenden Übungsbüchern angeraten, die dann in Form von praktisch relevanten Fallgestaltungen eine größere Anzahl von Rechtsgestaltungen zu dem jeweiligen Rechtsgebiet enthalten. Die in vorliegendem Buch beschriebene praktische Anleitung der Herangehensweise zur Vertragsgestaltung kann so weiter geübt und gefestigt werden.

Besonderer Dank gilt meiner Ehefrau für die tatkräftige Unterstützung während meiner Arbeit an diesem Manuskript. Danken möchte ich auch Herrn Matthias Umlauf für seine Unterstützung bei der Gestaltung der grafischen Übersichten und Frau Dr. Brigitte Reschke für die verlagsseitige Betreuung dieses Werkes.

Ich wünsche Ihnen viel Vergnügen bei der Lektüre dieses Buches und hoffe, dass Sie hiernach den Weg zur Gestaltung Ihres ersten eigenen Vertragswerkes ebenso engagiert wie auch leichtfüßig werden beschreiten können.

Berlin, im März 2015   Prof. Dr. Carsten Kunkel

Bibliographische Angaben

Bei der Erstellung der Inhalte dieses Lehrbuchs wurde auf eine geschlechtergerechte beziehungsweise geschlechterneutrale Sprache geachtet. Soweit nur personenbezogene Bezeichnungen in männlicher Form aufgeführt sind, beziehen sie sich auf beide Geschlechter in gleicher Weise.

Die in diesem Buch genannten Handlungen, Namen und Personen sind frei erfunden, etwaige Namensähnlichkeiten rein zufällig.

Inhaltsverzeichnis

1 **Das Wichtigste zu diesem Buch vorweg** 1
  1.1 Anliegen dieses Buches 1
  1.2 Das Arbeiten mit diesem Buch 2
  1.3 Zielgruppe 2

2 **Grundlagen der Vertragsgestaltung** 5
  2.1 Begriffsbestimmungen 5
      2.1.1 „Kautelarjurisprudenz" 5
      2.1.2 „Rechtsgestaltung" 6
      2.1.3 „Vertragsgestaltung" 7
  2.2 Vertragsgestaltung in der Lehre 7
      2.2.1 Traditionelle Ausbildung zur Staatsprüfung („Volljurist") ... 7
      2.2.2 Besonderheiten der Ausbildung im Bachelor-/
             Mastersystem und die Rolle der Fachhochschulen
             („Wirtschaftsjurist") 10
  2.3 Praktische Bedeutung der Vertragsgestaltung – Berufsbild
      des Vertragsjuristen 11
      2.3.1 Überblick 12
      2.3.2 Auswirkungen der gewählten Ausbildung auf
             die spätere Berufsausübung 12
      2.3.3 Vertragsgestaltung durch den Rechtsanwalt 13
      2.3.4 Vertragsgestaltung durch den Notar 15
      2.3.5 Vertragsgestaltung durch andere beratende Juristen,
             insbesondere Unternehmens- und Verwaltungsjuristen 19
      2.3.6 Vertragsgestaltung durch den Richter 22
  2.4 Charakteristika der Vertragsgestaltung 22
      2.4.1 Dezisionsjurisprudenz 23
      2.4.2 Vertragsgestaltung 23
      2.4.3 Gemeinsamkeiten von Dezisions-
             und Kautelarjurisprudenz 24
      2.4.4 Unterschiede und Abgrenzung 25
             2.4.4.1 Funktionale Unterscheidung 25
             2.4.4.2 Unterschiedliche zeitliche Perspektive 25
             2.4.4.3 Konditional- und Zweckprogramm –
                    systemischer Unterschied 27

		2.4.4.4	Konditional- und Zweckprogramm – Einzelheiten	29
		2.4.4.5	Unterschiedliche Stellung im Rechtssystem	32
	2.4.5	Zielkonflikte		32
	2.4.6	Zusammenfassender Überblick		33
2.5	Juristische und betriebswirtschaftliche Grundlagen			34
	2.5.1	Verfassungsrechtliche Verankerung		35
	2.5.2	Einzelne Elemente der Vertragsfreiheit		36
		2.5.2.1	Abschlussfreiheit	36
		2.5.2.2	Formfreiheit	37
		2.5.2.3	Inhaltliche Gestaltungsfreiheit	38
	2.5.3	Überblick über die rechtlichen Grenzen der Vertragsgestaltung		40
	2.5.4	Betriebswirtschaftliche Grundlagen		41
		2.5.4.1	Relevanz für die Vertragsgestaltung	41
		2.5.4.2	Vertragsgestaltung als zielgerichtete Entscheidungsfindung	42
		2.5.4.3	Betriebswirtschaftliche Entscheidungslehre	43

3 Methodik der Vertragsgestaltung 47

3.1	Einführung – Erfordernis einer einheitlichen Vorgehensweise			47
3.2	Überblick über die Kardinalpflichten der Vertragsgestaltung			49
	3.2.1	Zweckverwirklichung		49
	3.2.2	Interessenwahrnehmung und Konfliktvermeidung		50
	3.2.3	Informationsermittlung		51
	3.2.4	Beurteilung von Rechtsfragen: Rechtsbeständigkeit, insbesondere „Grundsatz des sichersten Weges"		52
	3.2.5	Zukunftstauglichkeit und Flexibilität		54
3.3	Nebenpflichten der Vertragsgestaltung			57
	3.3.1	Wirtschaftliches Denken		57
	3.3.2	Kostengünstigkeit der Gestaltung		57
	3.3.3	Praktikabilität		57
3.4	Rechtliche Belehrung und Beratung			58
3.5	Überblick über die methodische Vorgehensweise			59
	3.5.1	Ableitung einer (vorläufigen) Struktur der Vertragsgestaltung aufgrund der bis hierher gewonnenen Erkenntnisse		59
	3.5.2	Zusammenfassender Überblick über die Grundschritte der Vertragsgestaltung („Prüfungsschema")		60
3.6	Methodische Vorgehensweise im Einzelnen			62
	3.6.1	Vertragsgestaltung – ein dynamischer Prozess		62
	3.6.2	Ermittlung des Regelungsziels		63
		3.6.2.1	Ermittlung der Sachziele, Abgrenzung zu Rechtszielen	63
		3.6.2.2	Bedeutung der Informationsgewinnung	64

	3.6.2.3	Art und Weise der Informationsermittlung	65
		3.6.2.3.1 Informationsquellen................	65
		3.6.2.3.2 Überblick über Inhalt und Struktur	66
		3.6.2.3.3 Zielfokussierung	66
		3.6.2.3.4 Das Mandantengespräch	68
		3.6.2.3.5 Typische Fehlerquellen	72
	3.6.2.4	Transformation in Rechtsziele	73
	3.6.2.5	Übungsfall zur Informationsgewinnung	73
3.6.3	Feststellung des Regelungsbedarfs		76
	3.6.3.1	Abgleich des Ist-Zustandes mit dem Soll-Zustand ...	76
	3.6.3.2	Ermittlung der rechtlichen Ausgangssituation	77
	3.6.3.3	Zwischenergebnis zum Regelungsbedarf	77
	3.6.3.4	Zweckmäßigkeitserwägungen	78
	3.6.3.5	Präzisierung der Zielvorgabe	78
3.6.4	Umsetzung des Regelungsbedarfs – Ermittlung von		
	Gestaltungsoptionen		79
	3.6.4.1	Eignung und Voraussetzungen von	
		Gestaltungsoptionen – hypothetische	
		Rechtsanwendung	79
	3.6.4.2	Abgrenzung von Erfüllungs- und Risikoplanung ...	80
	3.6.4.3	Erfüllungsplanung (Zweckverwirklichung)	81
		3.6.4.3.1 Generelle Eignung zur	
		Verwirklichung der Sachziele	81
		3.6.4.3.2 Absolute und relative	
		Gestaltungshindernisse..............	82
		3.6.4.3.3 Sachverhaltsgestaltung..............	83
		3.6.4.3.4 Rechtliche Vertragsgestaltungsgrenzen ...	83
	3.6.4.4	Risikoplanung (Störfallvorsorge)	86
		3.6.4.4.1 Ermittlung regelungsbedürftiger	
		Punkte – Herangehensweise	86
		3.6.4.4.2 Methodische Hilfsmittel.............	87
		3.6.4.4.3 Allgemeine und spezielle	
		Konfliktfelder.....................	87
		3.6.4.4.4 Sicherung und Sanktion.............	88
		3.6.4.4.5 Flexibilität (insbesondere	
		Anpassungsklauseln)	88
		3.6.4.4.6 Konfliktlösung....................	89
		3.6.4.4.7 Änderung der Sachverhaltsumstände ...	90
		3.6.4.4.8 Vorsorge gegen Unsicherheiten	
		(Erhaltungs- und Ersetzungsklauseln)....	90
		3.6.4.4.9 Praxisbeispiele....................	90
		3.6.4.4.10 Übungsfall zur Risikoplanung	
		(Flexibilität: Anpassungsklausel)......	91
	3.6.4.5	Ziel- und Interessenkonflikte (Risikomatrix)	94
	3.6.4.6	Auswahl einer Gestaltung	96
3.6.5	Ausformulierung der Gestaltung		96

4 Struktur und Technik der Vertragsgestaltung 99
   4.1 Vertragstechnik 99
      4.1.1 Vertragsinhalt 100
      4.1.2 Vertragsstruktur und -aufbau 101
           4.1.2.1 Notwendigkeit der Strukturierung 101
           4.1.2.2 Übliche Formen der Gliederung 102
           4.1.2.3 Typischer Vertragsaufbau 104
           4.1.2.4 Praxisbeispiel des Aufbaus eines
                    Austauschvertrages 106
      4.1.3 Vertragssprache 107
   4.2 Hilfsmittel der Vertragsgestaltung 109
      4.2.1 Umgang mit Vertragsmustern 109
           4.2.1.1 Standardisierte Sachverhalts- und Vertragstypen
                    sowie Regelungstypen, Bausteine und
                    Vertragsmuster 109
           4.2.1.2 Über Einsatzmöglichkeiten und praktischen
                    Nutzen 112
                    4.2.1.2.1 Zeitersparnis – Gewähr für
                             effizientes und rationales Arbeiten..... 112
                    4.2.1.2.2 Exkurs: Vertragsmustersammlungen ... 113
                    4.2.1.2.3 Interessenausgleich 114
                    4.2.1.2.4 Checklistenfunktion................ 115
                    4.2.1.2.5 Akzeptanz und Konsensvermittlung ... 115
                    4.2.1.2.6 Richtigkeitsgewähr und
                              Haftungsvermeidung 116
           4.2.1.3 Über mögliche Gefahren des Einsatzes von
                    Vertragsmustern 116
                    4.2.1.3.1 Reflexion und individueller Zuschnitt... 116
                    4.2.1.3.2 Exkurs – AGB-rechtliche Probleme
                              bei der Verwendung von
                              Vertragsmustern................... 117
           4.2.1.4 Gesetzliche Musterverträge 129
           4.2.1.5 Beispiel eines kautelarjuristischen
                    Vertragsmusters und Praxistipp 130
      4.2.2 Umgang mit Checklisten 133
           4.2.2.1 Praktischer Nutzen 133
           4.2.2.2 Beispiele und Vertiefungshinweise 134
      4.2.3 Übersicht über das praktische Vorgehen in der
           Vertragsgestaltung (Arbeitsschritte) 136
   4.3 Vertragsgenese – Der Weg vom Vertragsentwurf bis
      hin zur Durchführung 137
      4.3.1 Erster Vertragsentwurf 137
      4.3.2 Vertragsverhandlung 138
           4.3.2.1 Über die Rolle des Vertragsjuristen 139
           4.3.2.2 Möglichkeit und Notwendigkeit einer
                    Verhandlungssituation 140

		4.3.2.3	Der (äußere) Rahmen von Vertragsverhandlungen	140
			4.3.2.3.1 Planung und Struktur	141
			4.3.2.3.2 Atmosphäre und Kultur des gemeinsamen Verhandelns	143
			4.3.2.3.3 Geheimhaltung vertraulicher Informationen....................	143
		4.3.2.4	Verhandlungs(grund)typen	144
		4.3.2.5	Verhandlungsspielraum und Verhandlungspositionen	148
			4.3.2.5.1 Verhandlungsspielraum	148
			4.3.2.5.2 Verhandlungsmacht	150
		4.3.2.6	Verhandlungstechniken und Verhandlungsstrategien	150
			4.3.2.6.1 Manipulationstechniken – (exemplarische) Instrumente der Einflussnahme	151
			4.3.2.6.2 Verhandlungsstrategie	154
		4.3.2.7	Gesamtschau über mögliche Probleme und Lösungen	158
			4.3.2.7.1 Mögliche Probleme	158
			4.3.2.7.2 Scheitern von Vertragsverhandlungen ...	160
			4.3.2.7.3 Lösungsmöglichkeit: Mediation	161
	4.3.3	Vertragsausfertigung		161
	4.3.4	Vertragsdurchführung, insbesondere Vertragscontrolling ...		162

5 Einzelne Elemente der Vertragsgestaltung 165
5.1 Einführung und Hinweise zur Nutzung eines (selbst erstellten) Baukastensystems 165
5.2 Überblick über wichtige (Einzel-)Instrumente der Vertragsgestaltung 166

	5.2.1	Präambel		167
	5.2.2	Definitionen		169
	5.2.3	Rechtstechnische Verknüpfungen: Bedingung, Befristung, Option und Rücktrittsvorbehalt		170
		5.2.3.1	Bedingung, Befristung	171
			5.2.3.1.1 Bedingung	171
			5.2.3.1.2 Befristung........................	173
		5.2.3.2	Option	173
		5.2.3.3	Rücktrittsvorbehalt	176
		5.2.3.4	Übungsfall „Ja, aber nur unter der Bedingung, dass ..."	177
	5.2.4	Vertragsdauer und Kündigung		182
	5.2.5	Ausschlussfrist		183
	5.2.6	Sicherungsmechanismen		184

	5.2.6.1 Wertsicherungsklausel	186
	5.2.6.2 Verzugszins	187
	5.2.6.3 Vertragsstrafe	188
5.2.7	Garantieversprechen und Beschaffenheitsvereinbarungen	191
5.2.8	Zugang und Zustellung	194
5.2.9	Beweislastvereinbarungen	195
5.2.10	Schiedsgutachterklausel	196
5.2.11	Schieds(gerichts)vereinbarung	198
5.2.12	Rechtswahl	201
5.2.13	Gerichtsstandsvereinbarungen	204
5.2.14	Weitere Schlussklauseln	206
	5.2.14.1 Formvereinbarungen, insbesondere Schriftformklausel	206
	5.2.14.2 Salvatorische Klausel	206
5.2.15	Anlagen	208

5.3 Weitere typische Konstellationen in der Vertragsgestaltung 210
    5.3.1 Einseitig verpflichtender Vorvertrag 210
    5.3.2 Einräumung von Vorrechten 210
    5.3.3 Erstreckung vertraglicher Rechte und Pflichten auf Dritte ... 211
        5.3.3.1 Allgemeine Problemlage 211
        5.3.3.2 Bindungswirkung im Zuge der „Verdinglichung" 212
        5.3.3.3 Bindungswirkung auf schuldrechtlicher Basis – insbesondere Rechtsnachfolgeklauseln ... 213
            5.3.3.3.1 Schuldübernahme................. 214
            5.3.3.3.2 Vertragsübernahme................ 214
        5.3.3.4 Erstreckung von Rechten auf Dritte, insbesondere Abtretung und Vertrag zugunsten Dritter 215
        5.3.3.5 Abschließendes Beispiel 216
    5.3.4 Vertretung und Vollmacht 218

6 Ausformulierte Fälle nebst Musterlösungen 221
  6.1 Kaufvertragsentwurf über eine bewegliche Sache („Der blaue Smart") 222
    6.1.1 Vorüberlegungen 223
    6.1.2 Regelungsziel 225
    6.1.3 Regelungsbedarf 229
    6.1.4 Umsetzung des Regelungsbedarfs – Erfüllungs- und Risikoplanung 230
    6.1.5 Das Vorgehen im Einzelnen – Der Weg zum fertigen Vertrag 231
        6.1.5.1 Gliederung des Vertragswerkes 231
        6.1.5.2 Erfüllungsplanung – „Unproblematische" Regelungen, insbesondere notwendiger Mindestinhalt 232

			6.1.5.2.1	Käuferin	232
			6.1.5.2.2	Kaufgegenstand	233
			6.1.5.2.3	„Zug-um-Zug-Abwicklung"	234
			6.1.5.2.4	Schriftform	234
		6.1.5.3	Risikoplanung – Gestaltungsmöglichkeiten problematischer Bereiche		235
			6.1.5.3.1	Mängelhaftung	235
			6.1.5.3.2	Zum Haftungsmaßstab der Mängelhaftung im Einzelnen	237
		6.1.5.4	Übernahme gesetzlicher (klarstellender) Regelungen		238
			6.1.5.4.1	Zubehör	239
			6.1.5.4.2	Pflichten nach FZV	239
	6.1.6	Musterlösung zum Fall „Der blaue Smart"			239
	6.1.7	Hinweise zur Abwandlung (Verbrauchsgüterkauf und AGB-Recht)			242
6.2	Entwurf eines Gesellschaftsvertrags („Vier Freunde sollt Ihr sein, aber bitte haftungsbeschränkt")				243
	6.2.1	Vorüberlegungen			248
		6.2.1.1	Grundsätzliches		248
		6.2.1.2	Exkurs – Übersicht über die Kriterien der Rechtsformwahl		249
		6.2.1.3	Exkurs – Grundstruktur von Gesellschaftsverträgen		252
	6.2.2	Regelungsziel			253
	6.2.3	Regelungsbedarf			258
	6.2.4	Umsetzung des Regelungsbedarfs – Erfüllungs- und Risikoplanung			259
	6.2.5	Vorgehen im Einzelnen – Der Weg zum fertigen Vertrag			261
	6.2.6	Musterlösung zum Fall „ Vier Freunde sollt ihr sein, aber bitte haftungsbeschränkt"			261
		6.2.6.1	Mantelurkunde		262
			6.2.6.1.1	Gründung	263
			6.2.6.1.2	Gesellschafterversammlung	263
			6.2.6.1.3	Hinweise	265
			6.2.6.1.4	Kosten	265
			6.2.6.1.5	Abschriften	266
		6.2.6.2	Anlage (Gesellschaftsvertrag)		266
		6.2.6.3	Handelsregisteranmeldung		274
		6.2.6.4	Gesellschafterliste		276

Literatur 279

Abbildungsverzeichnis

Abb. 2.1 Informationsgewinnung durch den Juristen 28
Abb. 2.2 Informationsverarbeitung durch den Richter 30
Abb. 2.3 Informationsverarbeitung durch den Vertragsjuristen 31
Abb. 2.4 Grundmodell der Entscheidungsfindung 44
Abb. 3.1 Schritte der Vertragsgestaltung 61
Abb. 3.2 Hausbau (Teil 1) Grundstücksauswahl und Fundament 64
Abb. 3.3 Hausbau (Teil 2) Weitere Planung und statische Berechnung 76
Abb. 3.4 Hausbau (Teil 3) Rohbau 81
Abb. 3.5 Beispiel Risikomatrix 95
Abb. 3.6 Hausbau (Teil 4) Dachbau/Ausformulierung 96

Tabellenverzeichnis

Tab. 2.1	Unterschiede in der dezisions- und kautelarjuristischen Arbeitsweise	34
Tab. 3.1	Typische Fehler der Informationsgewinnung	72
Tab. 3.2	Überblick über ausgewählte Vertragsgestaltungsgrenzen	84
Tab. 4.1	Grundschema des äußeren Vertragsaufbaus	104
Tab. 4.2	Prüfungsreihenfolge wirksamer Einbeziehung von AGB	118
Tab. 4.3	Arbeitsschritte der Vertragsgestaltung	136
Tab. 4.4	Verhalten der Verhandlungsgrundtypen gegenüber den jeweiligen Verhandlungspartnern	146
Tab. 5.1	Übersicht über besonders wichtige gebietsunabhängige Vertragsbausteine	166

Das Wichtigste zu diesem Buch vorweg 1

Das vorliegende Lehrbuch greift mit der Vertragsgestaltung einen typischen Tätigkeitsbereich des Rechtsanwalts heraus, der in der traditionellen Juristenausbildung besonders kurz kommt, in der praktischen Tätigkeit aber überragende Bedeutung gewinnt. Dass die Vertragsgestaltung keine reine Domäne des Rechtsanwaltes ist, wird nachfolgend noch deutlich werden, weshalb in der Folge ab Kap. 2 dieses Lehrbuches zusammenfassend immer vom „Vertragsjuristen" die Rede sein wird (zum Berufsbild des Vertragsjuristen vgl. unter Abschn. 2.3).

Bevor Sie jedoch durch die in diesem Buch vermittelten theoretischen Kenntnisse zu Systematik und Methodik der Vertragsgestaltung in die Lage versetzt werden, tatsächlich Verträge selbst zu gestalten, möchte ich Ihnen kurz Anliegen und „Spielregeln" dieses Buches vorstellen.

1.1 Anliegen dieses Buches

Es ist eine weit verbreitete, jedoch glücklicherweise irrige Vorstellung, Vertragsgestaltung könne man erst erlernen, wenn man komplizierte Rechtsmaterien wie etwa das Gesellschaftsrecht oder das Steuerrecht beherrsche.[1] Tatsächlich kann Vertragsgestaltung als besondere Denkweise jeder lernen, der heute an einer rechtswissenschaftlichen Fakultät einer deutschen Hochschule die regulären Pflichtveranstaltungen im materiellen Recht besucht, und diese unter dem Aspekt der Vertragsgestaltung entsprechend wissenschaftlich reflektiert. Die methodische Umsetzung der Vertragsgestaltung richtig zu begreifen ist das wesentliche Ziel des vorliegenden Lehrbuches. Dementsprechend sollen Sie auf den nachfolgenden Seiten mit den Arbeitsmethoden eines Vertragsjuristen vertraut gemacht werden, um so das Rüstzeug zu erwerben, systematisch Verträge in einem beliebigen Rechtsgebiet gestalten zu können. Erwarten Sie hier also keine (abschließenden) materiell-rechtlichen Erläuterungen zu einzelnen Rechtsproblemen und schon gar keine Erschließung ganzer

---

[1] Vgl. *Teichmann*, JuS 2001, 870, dazu auch im Folgenden.

Rechtsgebiete. Vielmehr sollten Sie dieses Lehrbuch im besten Falle parallel zu den von Ihnen besuchten materiell-rechtlichen Lehrveranstaltungen zur Hand nehmen, um so diese von Ihnen besuchten Veranstaltungen unter kautelarjuristischen Aspekten reflektieren zu können (zur sog. Kautelarjurisprudenz als juristischer Teildisziplin neben der sog. Dezisionsjurisprudenz vgl. Abschn. 2.1, Abschn. 2.4).

1.2 Das Arbeiten mit diesem Buch

Jedes Kapitel des Buches wird von einer Bestimmung der Lernziele eingeleitet. So reflektieren Sie noch vor Lektüre des jeweiligen Lehrbuchabschnittes Sinn und persönlichen Nutzen des Abschnittes. In den Fußnoten finden Sie Vertiefungshinweise und Anregungen zum Studium weiterführender Literatur und am Ende jedes Kapitels ein Resümee. An passender Stelle sind Praxistipps aber auch -beispiele zur Gestaltung aufgeführt, die Ihnen helfen sollen, alltägliche Probleme im Rahmen der Vertragsgestaltung aufzufinden, auszuräumen und so die spätere tägliche Arbeit zu erleichtern. Gerade in studentischen Kreisen scheint es aus der Mode gekommen zu sein, ein Lehrbuch von vorne bis hinten durchzulesen. Hierauf habe ich durch entsprechende Quer- und Vertiefungshinweise innerhalb des Lehrbuches (im Fließtext und in den Fußnoten) reagiert, so dass selbst bei lediglich kapitelweiser Lektüre der Gesamtkontext nutzerfreundlich erschlossen werden kann. Ich rege jedoch an, die einzelnen Kapitel des vorliegenden Lehrbuchs nacheinander und vollständig durchzuarbeiten. Die einzelnen Kapitel bauen logisch aufeinander auf; gerade für das Verständnis der Kap. 4 bis 6 ist die Lektüre der vorherigen Kapitel dringend angeraten.

Inhaltlich ist das Buch wie folgt aufgebaut: Im Anschluss an die Einleitung dieses ersten Kapitels habe ich im zweiten Kapitel dargestellt, was Vertragsgestaltung eigentlich ist, welche Bedeutung ihr in Lehre und Berufspraxis zukommt, und ich habe deren theoretische Grundlagen erläutert. Im dritten Kapitel wird ein reflektiertes Verständnis der besonderen Denkweise des Vertragsjuristen gelegt und die Methodik der Vertragsgestaltung im Einzelnen erläutert. Im vierten Kapitel dieses Lehrbuches werden die Genese von Vertragswerken sowie die einzelnen technischen Fertigkeiten von der Strukturierung über die Vertragsverhandlung bis hin zur Niederschrift von Vertragswerken vermittelt. Daran anschließend werden im fünften Kapitel – einem Musterbaukasten gleich – einzelne stets wiederkehrende und gleichsam für die Praxis bedeutsame Elemente der Vertragsgestaltung im Gesamtkontext einer in Aussicht genommenen vertraglichen Gestaltung erläutert, bevor zwei ausformulierte Übungsfälle jeweils nebst Musterlösung als exemplarische Darstellung der kautelarjuristischen Methodik im Ganzen das Lehrbuch abschließen (Kap. 6).

1.3 Zielgruppe

Das Lehrbuch wendet sich primär an Studierende der Rechtswissenschaften, und zwar ausdrücklich sowohl an diejenigen unter ihnen, die sich der traditionellen universitären Ausbildung hin zur „Ersten Staatsprüfung" verschrieben haben, als auch an diejenigen, die im modularen Studiensystem (primär der Fachhochschulen) einen Abschluss zum Bachelor of Law (LL.B.) oder Master of Law (LL.M.) als Wirtschaftsjurist anstreben.

Darüber hinaus sei es auch ausdrücklich jedem Rechtsreferendar und jedem jungen Vertragsjuristen (mit berufsqualifizierendem Abschluss) ans Herzen gelegt, der bislang nicht das Glück einer methodisch fundierten kautelarjuristischen Grundausbildung hatte.

Grundlagen der Vertragsgestaltung

Lernziele von Kap. 2
In Kap. 2 sollen Sie sich mit den in den nachfolgenden Kapiteln verwendeten grundlegenden Begriffen sowie den theoretischen Grundlagen der Vertragsgestaltung, die für das Verständnis der Methodik der Vertragsgestaltung notwendig sind, vertraut machen. Daneben sollen Sie die Bedeutung der Vertragsgestaltung in der Lehre und im späteren Berufsleben kennenlernen.

2.1 Begriffsbestimmungen

Der von den drei zentralen bis hierhin bereits gefallenen Begriffen „Kautelarjurisprudenz", „Rechtsgestaltung" und „Vertragsgestaltung" für Sie wohl auf Anhieb am wenigsten eingängige Begriff dürfte derjenige der „Kautelarjurisprudenz" sein. Beginnend mit diesem möchte ich Ihnen nachfolgend zunächst alle drei Begriffe erläutern, so dass Sie bereits am Ende dieses Abschnittes mit der Definition von „Vertragsgestaltung" eine erste Vorstellung davon haben, was der Vertragsjurist macht und welchen Problemlagen er hierbei ausgesetzt ist.

2.1.1 „Kautelarjurisprudenz"

Der Begriff der „Kautelarjurisprudenz" entstammt dem römischen Recht und bezeichnet eine juristische Teildisziplin neben der sog. „Dezisionsjurisprudenz".[1]

---

[1] Vgl. zur Rolle der Kautelarjurisprudenz im römischen Recht: *Flume*, Sonderh. DNotZ zum 18. Dt. Notartag, 1969, 30 ff. Für die Abgrenzung von Kautelar- und Dezisionsjurisprudenz im Einzelnen vgl. nachfolgend Abschn. 2.4.

Die Kautelarjurisprudenz bezeichnet die Formulierung von Vertragsbedingungen („Kautelen") und beschreibt damit diejenige juristische Tätigkeit, die der vorsorglichen Verhütung rechtlicher Probleme dient.[2]

Der Begriff leitet sich aus dem Lateinischen wie folgt ab:

Kautel(ar):
Lateinisch: „cautela" = Schutz, Vorsicht (Schutzmittel)
Lateinisch: „cavere" (zugehöriges Verb mit identischem Wortstamm) = sich vorsehen, sich hüten, in Acht nehmen vor, sichern
Jurisprudenz:
Lateinisch: „iurisprudentia" = Rechtswissenschaft; zusammengesetzter Begriff aus:
„iuris" (Genitiv zu ius) = des Rechts
„prudens" = klug

Bestreben und Aufgabe der Kautelarjurisprudenz werden somit bereits durch die wörtliche Übersetzung des Begriffes mehr als deutlich: Es sollen mögliche Rechtsprobleme durch den hier belehrenden und beratenden Juristen schon im Vorfeld erkannt und durch entsprechende Sicherungen (beispielsweise durch die Beratung bei der Gestaltung von Verträgen, Planung steuerlicher Vorgänge) ausgeschlossen werden.

2.1.2 „Rechtsgestaltung"

Der Begriff Kautelarjurisprudenz wird synonym zur „Rechtsgestaltung" und dieser seinerseits großteils synonym zur „Vertragsgestaltung" verwandt.[3] Wenngleich es in diesem Kontext sicher richtiger wäre, den Begriff der Rechtsgestaltung zu verwenden, da von der hiermit bezeichneten Gestaltung auch einseitige Rechtsgeschäfte, wie zum Beispiel die Abfassung eines Testaments, und damit nicht allein zwei- oder mehrseitige konsensuale Rechtsgeschäfte, nämlich Verträge, erfasst sind, so hat sich jedoch in Praxis und Literatur der Begriff der Vertragsgestaltung eingebürgert.[4] Denn Verträge machen in der Praxis die Mehrzahl der Rechtsgestaltungsaufgaben aus. Gegenüber dem Begriff der „Rechtsgestaltung" und der „Kautelarjurisprudenz" soll der Begriff der „Vertragsgestaltung" im folgenden Kontext als „pars pro toto"[5] (ein Teil steht für das Ganze) auch leitend bleiben.

---

[2] Vgl. *Teichmann*, JuS 2001, 870 sowie weiterführend zum Begriff der Kautelarjurisprudenz *Creifelds*, Rechtswörterbuch, 679.
[3] Vgl. dazu auch *Koch*, in: Aderhold/Koch/Lenkaitis, Vertragsgestaltung, 21; *Ulrici*, Rechtsgestaltung, 4; *Teichmann*, JuS 2001, 870, 871, vgl. dazu auch im Folgenden.
[4] Vgl. *Koch*, in: Aderhold/Koch/Lenkaitis, Vertragsgestaltung, 21 ff.
[5] Vgl. auch *Teichmann*, JuS 2001, 870, 871; *Langenfeld*, Vertragsgestaltung, 4; *Langenfeld*, JuS 1998, 33, 34; *Zawar*, JuS 1992, 134.

2.1.3 „Vertragsgestaltung"

Die wohl eingängigste Definition von „Vertragsgestaltung" und zugleich treffendste Beschreibung der Tätigkeit des Vertragsjuristen liefert Rehbinder: „Vertragsgestaltung ist die Mithilfe bei einer Entscheidung des Mandanten, d. h. einem Wahlakt unter privatrechtlichen Lösungsalternativen, über die Gestaltung eines Lebensverhältnisses mit den Mitteln und in den Grenzen von Recht. Sie ist zukunftsorientiert (= private Planung). Vorausplanendes Denken und Erfassung zukünftiger Geschehensabläufe sind unverzichtbar, eine Abwägung möglicher Folgen immer erforderlich. Der Vertragsjurist versucht den Willen des Mandanten so in einer rechtsgeschäftlichen Erklärung zum Ausdruck zu bringen, dass erwünschte rechtliche Wirkungen für die Zukunft entstehen und unerwünschte Folgen vermieden werden."[6]

Mit anderen Worten ist die Vertragsgestaltung ein kreativer zukunftsorientierter Schaffensprozess, bei dem ein dem jeweiligen Sachverhalt entsprechendes und gewünschtes Regelungswerk unter Berücksichtigung möglicher Geschehnisse und Vermeidung etwaiger Probleme zielgerichtet, interessengerecht und rechtskonform kreiert wird.

Bereits an dieser Definition erkennen Sie, dass sich die Vertragsgestaltung ganz gehörig von der Ihnen bislang vermittelten „Juristischen Methodik", nach der der Richter seine Entscheidung abfasst, unterscheidet.

2.2 Vertragsgestaltung in der Lehre

Welchen Stellenwert die Vertragsgestaltung in der Lehre einnimmt, zeige ich im Folgenden auf.

2.2.1 Traditionelle Ausbildung zur Staatsprüfung („Volljurist")

Die traditionelle Juristenausbildung ist durch das Deutsche Richtergesetz (DRiG) determiniert. Die klassischen Juristenberufe wie Richter, Staatsanwalt, Notar oder Rechtsanwalt stehen nach wie vor nur dem „Volljuristen" offen, d. h. demjenigen, der „die Befähigung zum Richteramt erwirbt". Diese erwirbt nach § 5 Abs. 1 DRiG, „wer ein rechtswissenschaftliches Studium an einer Universität mit der ersten Staatsprüfung und einen anschließenden Vorbereitungsdienst mit der zweiten („großen") Staatsprüfung abschließt; die erste Prüfung besteht aus einer universitären Schwerpunktbereichsprüfung und einer staatlichen Pflichtfachprüfung".[7] Die traditionelle

---

[6] *Rehbinder*, AcP 174 (1974), 265, 285.

[7] Die jeweiligen Voraussetzungen zur Zulassung zu den Staatsprüfungen sind in den landesspezifischen Ausbildungsgesetzen geregelt, die allesamt ein Studium der Rechtswissenschaften, praktische Studienzeiten, bestimmte Studieninhalte sowie das Bestehen einer Zwischenprüfung voraussetzen, vgl. hierzu auch den Überblick bei *Vogler*, Wirtschaftsjuristische Studiengänge, 47 ff.

Juristenausbildung führt somit nach wie vor – und damit fernab von den durch den Bologna-Prozess in der Studienlandschaft verankerten modularen Bachelor- und Masterstudiengängen[8] – über den langen und „teils steinigen" Weg der unter den Kandidaten „gefürchteten" Staatsprüfungen, auf die sie die Repetitoren mit großem kommerziellen Erfolg seit Jahrzehnten insbesondere in den Bereichen vorbereiten, die in der (universitären und Referendar-)Ausbildung häufig zu kurz kommen.

Seit Inkrafttreten der letzten Reform der Juristenausbildung (Juristenausbildungs-ReformG)[9] sind mehr als 10 Jahre vergangen.[10] Mit der Änderung des Deutschen Richtergesetzes verfolgte der Gesetzgeber das Ziel, das Studium der Rechtswissenschaft vom Beruf des Richters als Leitbild der Ausbildung zu lösen und damit praxisnäher, vor allem verstärkt anwaltsorientierter auszurichten[11]. Dabei sollte vor allem das Berufsbild des Rechtsanwalts für die Ausbildung an Bedeutung gewinnen.[12] Dessen alltägliche Aufgaben umfassen – neben der unzweifelhaft wichtigen forensischen Praxis, d. h. insbesondere seiner Tätigkeit vor Gericht und Behörden – in ganz erheblichem Umfange die vorbeugende rechtsgestaltende Belehrung und Beratung seiner Mandanten[13], um diesen unter Vermeidung streitiger Auseinandersetzungen das rechtssichere Erreichen ihrer Ziele zu ermöglichen.[14]

Dieser Teil der anwaltlichen Tätigkeit lässt sich unter dem – oben bereits dargestellten – Oberbegriff der Kautelarjurisprudenz[15] zusammenfassen, deren wichtigsten Aspekt sicher die Vertragsgestaltung darstellt, d. h. der Entwurf zwei- oder mehrseitiger konsensualer Rechtsgeschäfte.[16] Natürlich finden kautelarjuristische Elemente nicht erst seit dieser letzten Ausbildungsreform Berücksichtigung in Studium und Staatsexamina, vielmehr wurden hierzu bereits zuvor Lehrveranstaltun-

---

[8] Vgl. zusammenfassend und zugleich weiterführend zur Diskussion über die Umsetzung des Bologna-Prozesses in der Juristenausbildung *Wackerbarth*, Juristenausbildung m. w. N.

[9] Vgl. zu Zielen dieser Reform und zum Gesetzgebungsverfahren ausführlich *Däubler*, Verhandeln, 1 ff.

[10] Vgl. Art. 4 des Gesetzes zur Reform der Juristenausbildung vom 11.07.2002, BGBl. I S. 2592, in Kraft getreten am 01.07.2003.

[11] Vgl. BT-Drs. 14/7176, S. 10; BT-Drs. 14/8629, S. 1. – Vgl. § 5a Abs. 3 S. 1 DRiG: „rechtsberatende Praxis".

[12] Vgl. dazu bereits *Teichmann*, JuS 2001, 870 ff.

[13] Anm.: Als Mandant wird in der Folge einheitlich die vom Vertragsjuristen vertretene Partei bezeichnet.

[14] Vgl. *Däubler*, Verhandeln, 29; *Teichmann*, JuS 2001, 870, 872; *Schippel*, Jura 1999, 57, 58; *Grziwotz*, JuS 1998, 807, 808; *Langenfeld*, JuS 1998, 33 f.

[15] Vgl. statt vieler ausführlich zu dem Begriff der Kautelarjurisprudenz *Schröder*, 57 ff.

[16] Natürlich ist die Kautelarjurisprudenz nicht hierauf beschränkt, erfasst sie doch vielmehr auch einseitige Gestaltungen, wie z. B. Testamente oder Vorsorgevollmachten, vgl. *Langenfeld*, JuS 1998, 33, 34; *Teichmann*, JuS 2001, 870, 871; *Zawar*, JuS 1992, 134. Zur Begriffsbestimmung und Abgrenzung vgl. bereits oben Abschn. 2.1.

2.2 Vertragsgestaltung in der Lehre

gen angeboten und (wenngleich nur sehr vereinzelt) auch kautelarjuristisch angelegte Examensklausuren gestellt[17]. Entsprechend der gestiegenen Bedeutung des anwaltlichen Berufsbilds in der Ausbildung finden sich aber auch zunehmend kautelarjuristische Aufgabenstellungen in den Examensklausuren, so dass nunmehr bereits in Vorbereitung auf die „Erste Staatsprüfung" der „interessierte Seitenblick auf anwaltliche Elemente" mehr als nur „lobenswert"[18] ist. Es wird für die Studierenden mehr und mehr zur Notwendigkeit, sowohl das methodische Vorgehen als auch die maßgeblichen Grundprinzipien der Vertragsgestaltung bereits für die Vorbereitung zur „Ersten Staatsprüfung" zu verinnerlichen, um dort überdurchschnittliche Erfolge – schließlich sichern nur diese angesichts der anhaltenden „Juristenschwemme" eine anspruchsvolle und gut bezahlte juristische Tätigkeit – zu erzielen.

Die Universitäten haben – wenngleich bislang in noch ausbaufähigem Ausmaß und teils auch erst sehr zögerlich – mit dem Angebot von entsprechenden Ergänzungs- oder Schlüsselqualifikationsveranstaltungen zur Vermittlung von Grundkenntnissen der Rechtsgestaltung reagiert, in denen neben den praktischen auch die wissenschaftlichen Aspekte[19] behandelt werden[20].

Im Rahmen der „Zweiten Staatsprüfung" haben kautelarjuristische Aufgabenstellungen zwar eine deutlich längere Tradition, was sich damit erklären lässt, dass ein anwaltsorientierter Ausbildungsabschnitt seit jeher Teil des Rechtsreferendariats ist.[21] Doch die stärkere Anwaltsorientierung der Juristenausbildung bringt es auch dort neben der nunmehr mindestens neunmonatigen Rechtsanwaltsstation mit sich, dass sich in den Examensklausuren noch häufiger Fallgestaltungen aus Anwaltssicht finden, bei deren Bearbeitung vor allem auch strategische Überlegungen[22] anzustellen sind.

---

[17] Vgl. *Ulrici*, Rechtsgestaltung, 3, dort auch zum Folgenden.
[18] *Teichmann*, JuS 2001, 870.
[19] Vgl. *Berger*, BRAK-Mitt. 2005, 169; der Arbeitsalltag eines Anwalts kann im Detail der praktischen Ausbildung überlassen bleiben, jedoch können und müssen die methodischen Grundlagen, d. h. die Antwort auf die Frage warum er so arbeitet, mit der nötigen gedanklichen Distanz allein an der Hochschule vermittelt und verstanden werden, vgl. *Teichmann*, JuS, 2001, 870; auch *Rehbinder* weist zu Recht darauf hin, dass ein reines „training on the job" – wie es bisher im Anwaltsberuf weithin üblich ist – den Weg zu einer selbst-reflektierten Arbeitsmethodik von vornherein verbaut, AcP 174 (1974), 265, 275.
[20] Vgl. für einen Kurzüberblick der kautelarjuristischen Schwerpunktbereiche sowie die abschließende universitäre Prüfung im rechtsgestaltenden Ausbildungszweig *Ulrici*, Rechtsgestaltung, 3 ff. m. w. N.
[21] Vgl. *Ulrici*, Rechtsgestaltung, 5, vgl. dort auch zum Folgenden.
[22] Hierbei handelt es sich um ein Kernanliegen der Rechtsgestaltung, vgl. dazu im Einzelnen unter Kap. 3.

2.2.2 Besonderheiten der Ausbildung im Bachelor-/Mastersystem und die Rolle der Fachhochschulen („Wirtschaftsjurist")

In der Hochschullandschaft spiegelt sich eine zunehmende Verrechtlichung des Wirtschaftslebens in neueren Studiengängen, wie insbesondere der wirtschafts- und sozialjuristischen Studiengänge an Fachhochschulen, wieder.[23] Eingehen möchte ich im Folgenden auf die im Kontext der Vertragsgestaltung bedeutsamere Hochschulausbildung zum „Wirtschaftsjuristen"[24].

Der Abschluss mit der Bezeichnung „Wirtschaftsjurist", der sowohl von Universitäten als auch von Fachhochschulen vergeben wird, kann entweder durch die Zusatzqualifikation eines „Volljuristen" oder aber mit den Abschlüssen Diplom-Wirtschaftsjurist[25], Bachelor of Laws (LL.B.) oder Master of Laws (LL.M.) als eigener Hochschulabschluss des Studiengangs Wirtschaftsrecht erworben werden.[26] Neben der sich auf das Wirtschaftsrecht konzentrierenden juristischen Ausbildung zeichnet sich der Wirtschaftsjurist durch eine wirtschaftswissenschaftliche Zusatzqualifikation aus. Jedoch besitzt dieser aufgrund seiner Ausbildung keine „Grundqualifikation" als „Volljurist". Die wirtschaftsjuristische Hochschulausbildung berechtigt nämlich nicht zur Zulassung zur „Ersten Staatsprüfung", so dass er in der Folge auch kein Rechtsreferendariat mit der abschließenden „Zweiten Staatsprüfung" absolvieren kann.[27] Demnach kann der Wirtschaftsjurist (LL.B. und LL.M.) allein mit diesem Abschluss auch nicht die klassischen juristischen Berufe wie Richter, Staatsanwalt, Notar oder Rechtsanwalt ergreifen, die die Befähigung zum Richteramt voraussetzen[28]. Für seine berufspraktische Tätigkeit bestehen die nachfolgend noch weiter ausgeführten Einschränkungen hinsichtlich der Möglichkeit einer „Rechtsberatung" (vgl. dazu unter Abschn. 2.3).

---

[23] Vgl. zu den wirtschafts- und sozialjuristischen Studiengängen an Fachhochschulen den Überblick und die erläuternder Ausführungen bei Bundesverband der Wirtschaftsjuristen e. V.

[24] Vgl. eingehend zum Fächerkanon wirtschaftsjuristischer Studiengänge *Vogler*, Wirtschaftsjuristische Studiengänge, 40 ff.

[25] Anm.: Dieser ist durch den Bologna-Prozess überholt und im Auslaufen begriffen, deswegen wird er hier im Folgenden vernachlässigt.

[26] Vgl. eingehend zu den wirtschaftsjuristischen Studiengängen *Vogler*, Wirtschaftsjuristische Studiengänge, 28 ff.

[27] Grundsätzlich berechtigt ein im Inland abgeschlossenes Wirtschaftsrechtsstudium derzeit nicht zur Zulassung zur Ersten Juristischen Staatsprüfung. Für Ausnahmen vgl. *Vogler*, Wirtschaftsjuristische Studiengänge, 47. Die jeweiligen Voraussetzungen zur Zulassung zu den Staatsprüfungen sind in den landesspezifischen Ausbildungsgesetzen geregelt, die allesamt ein Studium der Rechtswissenschaften, praktische Studienzeiten, bestimmte Studieninhalte sowie das Bestehen einer Zwischenprüfung voraussetzen; vgl. hierzu auch den Überblick bei *Vogler*, Wirtschaftsjuristische Studiengänge, 47 ff.

[28] Anm.: Sieht man von weiteren bestehenden (theoretischen) Möglichkeiten ab, etwa nach § 7 DRiG (Befähigung zum Richteramt als Universitätsprofessor) oder den Zugang zur Anwaltschaft nach § 16, 11, 13 EuRAG, deren Anteil im Promillebereich liegt, vgl. *Vogler*, Wirtschaftsjuristische Studiengänge, 73.

Insbesondere die LL.B.-Studiengänge werden gegenwärtig vor allem an Fachhochschulen angeboten.[29] Dort liegt der Fokus selten in der vertieften wissenschaftlichen Vermittlung von materiellen Rechtskenntnissen als vielmehr in der Vermittlung praktischer Kenntnisse und Fertigkeiten für diejenigen Berufsfelder, die mit diesen Abschlüssen besetzt werden können. Dies ist primär die Stellung als „Unternehmensjurist". Dementsprechend ist der Ausbildungsfokus in gegenüber der universitären Ausbildung wesentlich stärkerem Maße auf die Vermittlung kautelarjuristischer Fertigkeiten gerichtet, die in der dortigen Praxis eher gefordert zu sein scheinen,[30] so dass in den letzten Jahren teilweise sogar rein kautelarjuristische Studiengänge entstanden sind.[31]

Die Modularisierung der Studiengänge als ein zentrales Element des Bologna-Prozesses bringt es dabei mit sich, dass das Studium mit Modulen in thematisch und zeitlich in sich geschlossene Lehr- und Lerneinheiten gegliedert ist, die inhaltlich aufeinander aufbauen oder aufeinander verweisen, so dass es beispielsweise Einführungs-, Vertiefungs- oder auch Anwendungsmodule gibt. Dementsprechend findet sich in den Studiengängen zum Wirtschaftsrecht regelmäßig wenigstens ein Lernmodul, das auf die grundlegende Vermittlung kautelarjuristischer Methodenkompetenz ausgerichtet ist.[32] Häufig bauen mehrere kautelarjuristische Module, die in ihrer Gesamtheit auf die Vermittlung kautelarjuristischer Methodenkompetenz gerichtet sind, aufeinander auf und vermitteln unter diesem „methodischen Mantel" unterschiedliche materielle Rechtsgebiete, wie etwa die einzelnen Bücher des BGB oder das Handels- und Gesellschaftsrecht. Sie verstehen sich dann als Vertiefungs- oder auch Anwendungsmodule zum methodisch einführenden Kurs der Vertragsgestaltung.

2.3 Praktische Bedeutung der Vertragsgestaltung – Berufsbild des Vertragsjuristen

Nachdem Sie nunmehr einen Einblick in den Stand der juristischen Ausbildungssituation und die dortige Verortung der Vertragsgestaltung erhalten haben, sollen Sie sich nunmehr der praktischen Bedeutung im späteren Berufsleben bewusst werden.

---

[29] Für einen Überblick vgl. WHV, Masterstudiengänge; WHV, Bachelorstudiengänge sowie Bundesverband der Wirtschaftsjuristen e. V.; vgl. ferner *Vogler*, Wirtschaftsjuristische Studiengänge, 30 m. w. N.: „So erlangten 2010, ohne Berücksichtigung der Bachelor- und Masterabschlüsse, 1146 Studenten einen wirtschaftsrechtlichen Fachhochschulabschluss, gegenüber 123 Studenten, die einen universitären wirtschaftsrechtlichen Abschluss erhielten. Diese Zahl ist kaum überraschend, da alleine die Anzahl der anbietenden Fachhochschulen mit über 30 Anbietern, die Anzahl der Universitären mit acht Anbietern überwiegt."
[30] Vgl. etwa das Angebot des Studiengangs „Wirtschaft und Recht" an der TH Wildau (vgl. TH Wildau WR); zum Fächerkanon vgl. auch *Vogler*, Wirtschaftsjuristische Studiengänge, 40 ff.
[31] Vgl. Bundesverband der Wirtschaftsjuristen e. V.
[32] Vgl. etwa das Angebot des Studiengangs Wirtschaft und Recht der TH Wildau, vgl. TH Wildau WR.

2.3.1 Überblick

Wie zuvor unter Abschn. 2.2 bereits gesehen, kann die Kautelarjurisprudenz bereits in Ausbildung und Examina nicht nur in den hierfür typischen Teilgebieten des Zivilrechts praktische Bedeutung gewinnen[33], sondern auch für straf- oder öffentlich-rechtliche Probleme. Dies sollte die Studierenden aber letztlich nicht allzu sehr beunruhigen, schließlich stellt sich die Methode der Rechtsgestaltung unabhängig vom rechtlich betroffenen Themenkomplex einheitlich dar[34]. Ihre sichere Beherrschung und Anwendung erlauben daher auch in bis dato unbekannten Rechtsgebieten die gewünschten Examenspunkte zu erzielen.

In der heutzutage überwiegenden Praxis juristischer Berufe kommt der Vertragsgestaltung schließlich überragende Bedeutung bei. Zum einen ist der Rechtsalltag im Wesentlichen durch Verträge bestimmt, und dort zunächst durch deren Abschluss und (technische) Abwicklung,[35] wohingegen etwa ein streitentscheidender Richter erst dann zum Zuge kommt, wenn in der Vertragsabwicklung Unklarheiten oder Unstimmigkeiten bestehen. So ist insbesondere der im Wirtschaftsrecht tätige Jurist täglich damit beschäftigt, mehr oder minder schwierige Lebenssachverhalte einer interessengerechten und konfliktarmen Lösung zuzuführen[36]. Zum anderen bietet der juristische Arbeitsmarkt nur wenige rein dezisionsjuristische Stellen bei Gericht und in der Verwaltung[37]. Der wesentlich größere Teil der Absolventen der Rechtswissenschaften muss dementsprechend (rein oder überwiegend) kautelarjuristisch ausgerichtete Berufe ergreifen.

Zur Veranschaulichung der praktischen Bedeutung der Vertragsgestaltung stelle ich Ihnen unter Abschn. 2.3.3 bis 2.3.6 typische Berufsbilder beziehungsweise Einsatzgebiete des Vertragsjuristen einzelnen vor.

2.3.2 Auswirkungen der gewählten Ausbildung auf die spätere Berufsausübung

Das Berufsbild des Vertragsjuristen ist ganz wesentlich durch das „Gesetz über außergerichtliche Rechtsdienstleistungen" (Rechtsdienstleistungsgesetz – RDG) und die „Bundesrechtsanwaltsordnung" (BRAO) determiniert.

„Wirtschaftsjuristen" (LL.B. und LL.M.) der Fachhochschulen und Universitäten werden zwar für eine Tätigkeit als juristische Berater insbesondere kautelarjuristisch ausgebildet. Dieser Tätigkeit dürfen sie aber aufgrund des Rechtsdienstleistungsgesetzes nicht selbstständig, sondern lediglich im Angestelltenverhältnis für ihren jeweiligen Arbeitgeber nachgehen.

---

[33] Vgl. dazu unter Abschn. 2.2.
[34] Vgl. *Ulrici*, Rechtsgestaltung, 4.
[35] Vgl. etwa *Richter*, Vertragsrecht, 3 ff.
[36] Vgl. *Koch*, in: Aderhold/Koch/Lenkaitis, Vertragsgestaltung, 23.
[37] Zum Begriff der Dezisionsjurisprudenz und der Abgrenzung zur Kautelarjurisprudenz vgl. Abschn. 2.4.4.

2.3 Praktische Bedeutung der Vertragsgestaltung – Berufsbild des Vertragsjuristen

Das RDG regelt nämlich, wer in Deutschland einer selbständigen beruflichen Tätigkeit im Bereich der (außergerichtlichen) Rechtsberatung, außerhalb der Rechtsanwaltschaft (und dem Notariat)[38], tätig sein darf.[39] Die allgemeine freiberufliche Rechtsberatung bleibt exklusiv der Rechtsanwaltschaft (und dem Notar) vorbehalten.[40] Das RDG erlaubt lediglich die Beratung in bestimmten Teilbereichen und nach Feststellung der individuellen Eignung eines Kandidaten.

Die Zulassung zur Rechtsanwaltschaft bleibt den „Wirtschaftsjuristen" mangels Befähigung zum Richteramt nach dem Deutschen Richtergesetz gem. § 4 BRAO verwehrt. Damit sind die beruflichen Einsatzfelder der „Wirtschaftsjuristen" hinsichtlich außergerichtlicher rechtsberatender Tätigkeiten zwar von vornherein beschränkt auf angestellte Tätigkeiten, im Übrigen sind ihre Einsatzmöglichkeiten in der privaten Wirtschaft allerdings durch eine starke Verknüpfung von rechtlichen und betriebswirtschaftlichen Aufgabenstellungen gekennzeichnet. Entsprechend der interdisziplinären und in der Regel in gegenüber der universitären Ausbildung zum (Voll-)Juristen wesentlich stärkerem Maße praxisbezogenen Ausbildung stellen nicht nur Rechtsabteilungen, sondern vor allem kaufmännische Abteilungen von Unternehmen in den Bereichen Finanzen und Steuern, Industrie, Handel, Dienstleistungen, Banken, Versicherungen, Personal, Beschaffung und Vertrieb mögliche Einsatzgebiete dar.[41] Als Einsatzfelder kommen ferner in Betracht: Kammern, Wirtschaftsverbände, Beratungsgesellschaften (wie etwa Steuer- und große Rechtsberater[42]), Mediation und Schiedsgerichtswesen sowie die öffentliche Verwaltung. In all diesen Einsatzfeldern können Wirtschaftsjuristen gleichermaßen als Vertragsjuristen zum Einsatz kommen (vgl. dazu unter Abschn. 2.3.5).

2.3.3 Vertragsgestaltung durch den Rechtsanwalt

Dem Rechtsanwalt als „unabhängigem Organ der Rechtspflege" im Rechtssystem (§ 1 BRAO)[43] kommt das umfassende Recht zur Beratung und Vertretung in allen Rechtsangelegenheiten zu (§ 3 BRAO). Die Wahrnehmung dieser Aufgaben setzt einen „unabhängigen, verschwiegenen und nur den Interessen des eigenen Mandan-

---

[38] Entsprechend der Zuweisungen der BnotO, vgl. dazu sogleich in Abschn. 2.3.4.

[39] Anm.: Neben dem RDG gibt es nach Gewerbeordnung noch die Möglichkeit einer Erlaubnis zu einer Tätigkeit als Versicherungsberater, die ebenfalls eine allerdings auf den Bereich der Schadensabwicklung eingeschränkte Erlaubnis zur Rechtsberatung zum Gegenstand hat.

[40] Vgl. § 3 Abs. 1 BRAO: „Der Rechtsanwalt ist der berufene unabhängige Berater und Vertreter in allen Rechtsangelegenheiten."

[41] Vgl. Bundesverband der Wirtschaftsjuristen e. V., dazu auch im Folgenden.

[42] Dort im zunehmenden Maße als sog. „Project Lawyer".

[43] Auch wenn der Rechtsanwalt anders als der Richter (vgl. Art 97 GG) keine unmittelbar verfassungsrechtliche Verankerung erfährt und die Frage nach der Beanspruchung eines institutionellen Verfassungsrangs umstritten ist (vgl. statt vieler *Rittershaus/Teichmann*, Anwaltliche Vertragsgestaltung, 29 ff. zur Rechtsprechung und Literatur zu Art. 12 GG und dem Rechtsberatungs-/-dienstleistungsgesetz), so ist sein Anteil an der Verwirklichung des Rechtsstaates kaum unterschätzt (vgl. *Rittershaus/Teichmann*, Anwaltliche Vertragsgestaltung, 31.).

ten verpflichteten Rechtsanwalt"[44] voraus.[45] Ein wesentlicher Teil der anwaltlichen Tätigkeit bezieht sich auf seine nicht forensische Tätigkeit und ist somit durch die Kautelarpraxis geprägt.[46] Er ist damit der geborene freiberufliche (wie auch angestellte) kautelarjuristische Berater und dort unmittelbar mit der Gestaltung von Verträgen im Mandanteninteresse betraut. Daneben sind aber auch Fälle im Vorfeld von notariellen Beurkundungen von Verträgen oder selbst im Rahmen der Prozessführung bei der Gestaltung von gerichtlichen Vergleichen betroffen, allerdings geht es hier vielmehr um das Aushandeln und Beraten des eigenen Mandanten beim Abschluss von Verträgen, die andere (nachfolgend noch beschriebene) Vertragsjuristen entwerfen.[47]

Wegen ihres exklusiven Auftrags zur freiberuflichen Rechtsberatung und ihrer quantitativen Bedeutung greifen die meisten kautelarjuristischen Aufsätze und Lehrbücher auch allein die anwaltliche Sicht der Vertragsgestaltung auf.[48] Der Rechtsanwalt ist in dieser Eigenschaft klassischer Interessenvertreter, d. h. er ist auf die bestmögliche Umsetzung der Sachziele des eigenen Mandanten in den Grenzen des Rechts bedacht.[49]

Hierzu nun ein kurzes Beispiel aus der anwaltlichen Vertragspraxis, das seine Stellung als Interessenvertreter unterstreicht:

Beispiel

Ein Rechtsanwalt berät seinen Mandanten beim Kauf eines gebrauchten Kfz und erstellt in diesem Kontext einen Kaufvertrag. Er hat sich hierbei grundsätzlich an die ihm hierfür gesteckten gesetzlichen Regelungen/Grenzen der Vertragsgestaltung zu halten (vgl. hierzu im Einzelnen noch unter Abschn. 2.5.3). Innerhalb dieser Grenzen ist er aber bei der vertraglichen Ausgestaltung allein Interessenvertreter seines Mandanten. So es der Verkäufer aufgrund mangelnder Kenntnis der Marktgegebenheiten[50] und mangelnder Rechtskenntnis zulässt, nimmt der Anwalt vorliegend (erfolgreich) keine Regelungen zur Mängelhaftung bzgl. der Kaufsache in den Vertragstext auf. Der Vertragstext bleibt kurz und regelt nur die „essentialia negotii", die Abwicklung erfolgt „Zug um Zug". In der Folge greifen die gesetzlichen Bestimmungen zum Mängelrecht gem. §§ 434 BGB ff. Tritt nun

---

[44] *Rittershaus/Teichmann*, Anwaltliche Vertragsgestaltung, 31.

[45] Dies wird an mehreren Stellen der BRAO, insbesondere aber bei den Grundpflichten des Rechtsanwalts, verankert in § 43a BRAO, etwa in dessen Abs. 4 und dem dort niedergelegten Verbot der Wahrnehmung widerstreitender Interessen, deutlich.

[46] Vgl. auch den Überblick über die anwaltliche Tätigkeit in *Rittershaus/Teichmann*, Anwaltliche Vertragsgestaltung, 11 ff.

[47] Vgl. *Koch*, in: Aderhold/Koch/Lenkaitis, Vertragsgestaltung, 29 f.

[48] Vgl. dazu eingehend *Teichmann*, JuS 2001, 870, 871 ff. m. w. N.

[49] Anm.: Der Rechtsanwalt wird im Gegensatz zum nachfolgend beschriebenen Notar (vgl. § 14 Abs. 1 S. 2 BNotO) nämlich gem. § 1 Abs. 3 BRAO im Interesse seines Mandanten tätig.

[50] Vgl. zu genau diesem Fall auch die Erläuterungen in dem abschließenden Übungsfall 1 in Abschn. 6.1 zur Marktüblichkeit bei Gebrauchtwagenkaufverträgen.

ein Sachmangel am Kfz beispielsweise zwei Monate nach Übergabe des gekauften Kfz auf, so kann sein Mandant die in § 437 BGB genannten Mängelrechte (vollumfänglich) geltend machen[51] und (bei Vorliegen der übrigen Voraussetzungen) beispielsweise den Kaufpreis mindern.

Jedoch greift bei genauerer Betrachtung eine ausschließlich anwaltsbezogene Sichtweise in der Vertragsgestaltung, die in vielen Lehrbüchern anzutreffen ist,[52] zu kurz,[53] zumal sich gerade Notare bei der Entwicklung einer kautelarjuristischen Methodik besondere Verdienste erworben haben[54]. Jedoch gelten viele der allgemein unter dem Begriff „anwaltliche Vertragsgestaltung" gefassten Erläuterungen ebenso für die übrigen im Folgenden aufgeführten Vertragsjuristen.

Als typische Vertragsjuristen sind neben den Rechtsanwälten nämlich auch Notare, deren Tätigkeit unmittelbar dem Gebiet der Rechtsgestaltung zugehörig ist (vgl. § 1 BNotO: „vorsorgende Rechtspflege"), sowie Unternehmens- und Verwaltungsjuristen zu nennen, aber selbst der Richter kann als Vertragsjurist in Betracht kommen. Die Besonderheiten in ihrer Stellung als Vertragsjurist gegenüber dem Rechtsanwalt als „dem typisierten" Vertragsjuristen sollen nachfolgend dargestellt werden.[55]

2.3.4 Vertragsgestaltung durch den Notar

Der Notar ist wie der Rechtsanwalt freiberuflich tätig. Jedoch ist er unabhängiger Träger eines öffentlichen Amtes, untersteht der staatlichen Aufsicht durch die Landesjustizverwaltung und ist für die Beurkundung von Willenserklärungen auf dem Gebiet der vorsorgenden Rechtspflege zuständig. Dabei muss er unabhängig

---

[51] Anm.: Dass die vollumfängliche Gewährung der gesetzlich in § 437 BGB vorgesehenen Mängelrechte nicht der Praxis im Gebrauchtwagenmarkt unter Privaten entspricht, wird noch in Abschn. 6.1 ausführlich erläutert.

[52] Vgl. *Teichmann*, JuS 2001, 870, 872.

[53] Rechtsgestaltung ist keineswegs allein Aufgabe der Anwaltschaft, vgl. dazu *Däubler*, Verhandeln, 27 f. und *Langenfeld*, JuS 1998, 33, 34, die neben Rechtsanwälten Unternehmensjuristen und Verwaltungsangestellte als Vertragsjuristen aufführen, da allen dreien gemeinsam sei, dass sie zielgerichtet Interessen eines Auftraggebers wahrnehmen, vgl. ferner *Teichmann*, JuS 2001, 870, 872 f.; *Zawar*, JuS 1992, 134.

[54] Anm.: Dies zeigt bereits ein kurzer Überblick über die von Notaren erstellte kautelarjuristische Literatur, vgl. etwa folgende Lehrbücher: *Langenfeld*, Vertragsgestaltung; *Schmittat*, Einführung in die Vertragsgestaltung. Weitere Beiträge beispielsweise: *Brambring*, JuS 1985, 380 ff.; *Jerschke*, Sonderh. DNotZ zum 23. Dt. Notartag 1989, 21 ff.; *Kanzleiter*, NJW 1995, 905 ff.; *Langenfeld*, JuS 1998, 33 ff.; *Priester*, JuS 1987, 394 ff.; *Schippel*, Jura 1999, 57 ff.; *Schollen*, Sonderh. DNotZ zum 18. Dt. Notartag 1969, 51 ff.; ders., JuS 1985, 534 ff.; *Zawar*, JuS 1992, 134.

[55] Vgl. auch *Rehbinder*, Vertragsgestaltung, 90 ff. zur unterschiedlichen Rollenerwartung Anwalt, Notar und Unternehmensjurist.

und unparteiisch agieren[56] und unterliegt der Verschwiegenheitspflicht. Sein Berufsrecht ist durch die Bundesnotarordnung (BNotO) determiniert; weitere wesensbestimmende Pflichten für die Berufsausübung finden sich im BeurkG. Es wird zwischen hauptberuflichen Notaren („Nur-Notariat")[57] und sog. Anwaltsnotaren[58] unterschieden. Der Notar unterscheidet sich somit in seiner Stellung als Vertragsjurist in einem wesentlichen Punkt von derjenigen des Anwalts: Der Notar ist neutraler Betreuer aller am Vertragsschluss Beteiligten.[59] Diesen Auftrag beschreibt neben § 14 Abs. 1 S. 2 BNotO der § 17 Abs. 1 BeurkG besonders deutlich:

Der Notar soll den Willen der Beteiligten erforschen, den Sachverhalt klären, die Beteiligten über die rechtliche Tragweite des Geschäfts belehren und ihre Erklärungen klar und unzweideutig in der Niederschrift wiedergeben. Dabei soll er darauf achten, daß Irrtümer und Zweifel vermieden sowie unerfahrene und ungewandte Beteiligte nicht benachteiligt werden.[60]

Insbesondere der „Schutz des Schwächeren" („unerfahrene und ungewandte Beteiligte", „besonderer Verbraucherschutz") unterscheidet also den Notar in seiner Stellung als Vertragsjurist deutlich vom Rechtsanwalt. Der Anwalt würde, wenn er der gegnerischen Seite in ihrer Unerfahrenheit behilflich sein wollte, „Verrat am eigenen Mandanten begehen", schließlich bezahlt dieser ihn (als Interessenvertreter) für eine für diesen wirtschaftlich möglichst günstige Vertragsgestaltung. Wie bereits der für das Berufsbild des Notars prägende § 17 BeurkG deutlich sichtbar bestimmt, ist dieser hingegen zu einer ausgewogenen Vertragsgestaltung verpflichtet.

---

[56] Vgl. insoweit Mitwirkungsverbote wegen Besorgnis der Befangenheit gem. § 3 BeurkG oder die Ausschließungs- und Unwirksamkeitsgründe gem. §§ 6,7 BeurkG.

[57] Hauptberufliche Notare gibt es in Teilen Baden-Württembergs (Minderheit), in Bayern, Brandenburg, Hamburg, Mecklenburg-Vorpommern, in Teilen Nordrhein-Westfalens, in Rheinland-Pfalz, im Saarland, in Sachsen, Sachsen-Anhalt und Thüringen. Hauptberufliche Notare dürfen keine weitere bezahlte Amtstätigkeit und keinen weiteren gewerblichen Beruf ausüben. Eine bezahlte Nebentätigkeit darf nur auf Antrag und mit Genehmigung der zuständigen Aufsichtsbehörde ausgeübt werden. Der Anwaltsnotar hingegen kann daneben Rechtsanwalt, Patentanwalt, Steuerberater, Wirtschaftsprüfer oder vereidigter Buchprüfer sein.

[58] Der Anwaltsnotar übt zwei Berufe aus: Er ist Rechtsanwalt und gleichzeitig Notar. Er muss im Einzelfall klar zum Ausdruck bringen, in welcher dieser Funktionen er tätig wird. Wird er als Notar tätig, gilt für ihn die BnotO uneingeschränkt, insbesondere besteht somit seine Pflicht zur Unparteilichkeit. Als Rechtsanwalt dagegen ist er in Übereinstimmung mit den für Rechtsanwälte geltenden gesetzlichen und standesrechtlichen Vorschriften verpflichtet, als Interessenvertreter seines Mandanten zu handeln. Im Einzelfall ergeben sich gelegentlich Abgrenzungsschwierigkeiten. Anwaltsnotare finden sich im württembergischen Rechtsgebiet Baden-Württembergs, in Berlin, Bremen, Hessen, Niedersachsen, Teilen Nordrhein-Westfalens und Schleswig-Holstein.

[59] Vgl. bereits § 14 Abs. 1 S. 2 BNotO: „Er ist nicht Vertreter einer Partei, sondern unabhängiger und unparteiischer Betreuer der Beteiligten." Zur Abgrenzung der Berufsbilder von Anwalt und Notar: *Langenfeld*, Vertragsgestaltung, 3, 44, 54 f.; *Rehbinder*, AcP 174 (1974), 265, 283 ff.; *Rittershaus/Teichmann*, Anwaltliche Vertragsgestaltung, 33 ff.

[60] Anm.: Daneben betont der dortige Abs. 2a zu beachtende Verbraucherschutzpflichten, soweit es sich um Verbraucherverträge handelt.

2.3 Praktische Bedeutung der Vertragsgestaltung – Berufsbild des Vertragsjuristen

Hierzu nun ein anschauliches Beispiel aus der Vertragspraxis eines Notars, anhand dessen auch die (haftungs-)rechtlichen Folgen von möglichen Fehlern als selbstständig tätiger Vertragsjurist deutlich werden:

Beispiel

Ein Notar wird beauftragt, einen Vertrag zwischen einem Bauträger und einem Verbraucher über den Erwerb einer gegenwärtig noch zu erstellenden Wohneinheit nach dem Wohnungseigentumsgesetz zu gestalten. Dabei verzichtet der Notar (aufgrund seiner besonderen Nähe zum Bauträger) darauf, den Vertrag entsprechend der „Verordnung über die Pflichten der Makler, Darlehensvermittler, Bauträger und Baubetreuer" (MaBV), in deren Anwendungsbereich der vorliegende Kaufvertrag fällt, auszugestalten. So sind in dem Vertrag etwa keine nach §§ 2, 7 MaBV vorgesehenen Sicherheitsleistungen und Versicherungen zugunsten des Verbrauchers vorgesehen und die Fälligkeit des „Kaufpreises" ist wie folgt geregelt:

„... *Der Kaufpreis beträgt ... €*

a) *Der Käufer ist verpflichtet, 20 % des Kaufpreises bis zum ... auf ein vom Notar noch zu errichtendes Notaranderkonto einzuzahlen. Im Hinblick auf das Geldwäschegesetz wird der Notar ermächtigt, der das Konto führenden Bank Namen und Anschriften der Vertragsbeteiligten mitzuteilen.*
b) *Der Restkaufpreis in Höhe von 80 % des Kaufpreises ist auf das vorgenannte, vom Notar noch zu errichtende Notaranderkonto einzuzahlen binnen zwei Wochen, nachdem der Verkäufer dem Käufer die Bezugsfertigkeit des vom Käufer erworbenen Wohnungseigentums mitgeteilt hat. ..."*

Die MaBV regelt hierzu u. a. Folgendes:

„*§ 3 Besondere Sicherungspflichten für Bauträger: ...*

(2) Der Gewerbetreibende darf in den Fällen des Abs. 1 die Vermögenswerte ferner in bis zu sieben Teilbeträgen entsprechend dem Bauablauf entgegennehmen oder sich zu deren Verwendung ermächtigen lassen. Die Teilbeträge können aus den nachfolgenden Vomhundertsätzen zusammengesetzt werden:
1. *30 vom Hundert der Vertragssumme in den Fällen, in denen Eigentum an einem Grundstück übertragen werden soll, oder 20 vom Hundert der Vertragssumme in den Fällen, in denen ein Erbbaurecht bestellt oder übertragen werden soll, nach Beginn der Erdarbeiten,*
2. *von der restlichen Vertragssumme*
   – *40 vom Hundert nach Rohbaufertigstellung, einschließlich Zimmererarbeiten,*
   – *8 vom Hundert für die Herstellung der Dachflächen und Dachrinnen,*
   – *3 vom Hundert für die Rohinstallation der Heizungsanlagen,*
   – *3 vom Hundert für die Rohinstallation der Sanitäranlagen,*
   – *3 vom Hundert für die Rohinstallation der Elektroanlagen,*
   – *10 vom Hundert für den Fenstereinbau, einschließlich der Verglasung,*

- *6 vom Hundert für den Innenputz, ausgenommen Beiputzarbeiten*
- *3 vom Hundert für den Estrich,*
- *4 vom Hundert für die Fliesenarbeiten im Sanitärbereich,*
- *12 vom Hundert nach Bezugsfertigkeit und Zug um Zug gegen Besitzübergabe,*
- *3 vom Hundert für die Fassadenarbeiten,*
- *5 vom Hundert nach vollständiger Fertigstellung.*

Sofern einzelne der in S. 2 Nr. 2 genannten Leistungen nicht anfallen, wird der jeweilige Vomhundertsatz anteilig auf die übrigen Raten verteilt.

§ 12 Unzulässigkeit abweichender Vereinbarungen: Der Gewerbetreibende darf seine Verpflichtungen nach den §§ 2 bis 8 sowie die nach § 2 Abs. 1 zu sichernden Schadensersatzansprüche des Auftraggebers durch vertragliche Vereinbarung weder ausschließen noch beschränken."

Unabhängig von der hier nicht weiter vertieften Frage nach der fehlerhaften Einstufung der Rechtsnatur des Vertrages, der nämlich in Wahrheit einen Werkvertrag im Sinne des § 631 BGB darstellt[61], verstößt die vorgenannte Regelung jedenfalls augenscheinlich zu Ungunsten des Verbrauchers gegen die MaBV. Der Ratenzahlungsplan des notariellen Kaufvertrages weicht in mehrfacher Hinsicht von den Schutzbestimmungen des § 3 MaBV[62] zum Nachteil des Verbrauchers ab[63] und ist dementsprechend gemäß §§ 3, 12 MaBV in Verbindung mit § 134 BGB nichtig.

Hier hat der Notar als Vertragsgestalter einerseits seine gesetzlichen Pflichten aus § 17 BeurkG verletzt, indem er den Verbraucher als schwächeren Vertragsteil nicht entsprechend der ihm zukommenden Funktion geschützt hat.

Andererseits sieht er sich aufgrund der Verletzung seiner dienstvertraglichen Pflichten in seiner Eigenschaft als Vertragsgestalter gegenüber den Vertragsparteien einem möglichen Schadensersatzanspruch ausgesetzt. Materiell-rechtliche Folge der unwirksamen „Kaufpreiszahlungsklausel" ist ein Schadensersatzanspruch gegen den Notar als Vertragsgestalter, für den der Notar mit seinem gesamten Vermögen haftet. Materiell-rechtlich ermittelt sich der Schaden vorlie-

---

[61] Anm.: Tatsächlich dürfte anstelle eines Kaufvertrages gem. § 433 BGB wohl ein Werkvertrag im Sinne des § 631 BGB vorliegen. Somit ist die vom Notar gewählte Terminologie auch verwirrend gewählt. In dem diesem kurzen Anschauungsfall zugrundeliegende realen Vertrag war letztlich nahezu jede Klausel rechtsfehlerhaft, was nicht gerade für die Güte des beurkundenden Notars spricht. Da die MaBV von Notaren teils schmählich vernachlässigt wird (vgl. hierzu etwa *OLG Naumburg*, Urt. v. 13.11.2009 – 10 U 20/09 mit Anmerkung *Vogel*, jurisPR-PrivBauR 9/2010), lohnt hier eine eingehende rechtliche Prüfung, drohen doch teils gravierende Rechtsfolgen für alle Beteiligten, vgl. etwa *BGH*, Urt. v. 22.03.2007 – VII ZR 268/05 mit Anmerkung *Schrader*, jurisPR-PrivBauR 11/2007 Anm. 3.

[62] Anm.: § 3 Abs. 1 und 2 ist die wichtigste Verbraucherschutzbestimmung der MaBV. Die Meinung, dass bei der Abwicklung von Bauträgerverträgen § 3 Abs. 2 MaBV zugrunde zu legen ist, wird durch den neuen § 632a Abs. 2 BGB bestätigt, vgl. *Marcks*, in: MaBV, § 3 Rn. 1 ff.

[63] Mangels Präzisierung des Sachverhaltes an dieser Stelle mag ebenfalls dahingestellt bleiben, ob überhaupt die Voraussetzungen des § 3 Abs. 1 MaBV vorliegen und so § 3 Abs. 1 MaBV überhaupt zur Anwendung gelangt. Davon soll ausgegangen werden.

gend aus der Differenz der in der Folge real (zu früh) geleisteten Zahlungen des „Kaufpreises" gem. der vertraglich aufgesetzten Vereinbarungen und der gesetzlich (später!) geschuldeten Vergütung, die anstelle der nach § 134 BGB i. V. m. §§ 3 Abs. 2, 12 MaBV unwirksamen Klausel tritt und sich nach §§ 641, 640 BGB richtet[64]. Sind also keine Zwischenabnahmen erfolgt, sondern erfolgt erst nach Fertigstellung der Wohnung eine Endabnahme, so wäre die Vergütung erst zu diesem Zeitpunkt fällig. Für die von dem Verbraucher in unserem Falle verfrüht gezahlte Vergütung kann dem Grunde nach ein Anspruch aus ungerechtfertigter Bereicherung bestehen[65]. Hieraus kann dann auch ein Schadensersatzanspruch gegenüber dem Notar aus dem mit ihm geschlossenen Dienstvertrag entstehen, der ihn je nach Höhe der vereinbarten Kaufpreiszahlungen und nach Art des Verschuldens (im Hinblick auf die bestehende Berufshaftpflicht) auch persönlich sehr empfindlich treffen wird.

Der vorliegende Fall zeigt bezogen auf die Vertragsgestaltung gleich zweierlei: Zum einen ist dort Vorsicht geboten, wo den Vertragsjuristen etwa aufgrund seiner Stellung (im Rechtssystem) besondere (persönliche) Pflichten treffen, zum anderen ist Vorsicht vor Fehlern bei der selbständigen Arbeit an Vertragswerken geboten, da anderenfalls Regressansprüche gegen ihn persönlich drohen.

2.3.5 Vertragsgestaltung durch andere beratende Juristen, insbesondere Unternehmens- und Verwaltungsjuristen

Andere kautelarjuristische Berufsgruppen unterscheiden sich in ihrer methodischen Ausgangsposition dagegen weniger stark von einem Rechtsanwalt.[66] So werden (insbesondere) die angestellten Unternehmensjuristen wie (aber auch) die kautelarjuristischen (verbeamteten oder angestellten) Verwaltungsjuristen nur für eine Vertragspartei beratend tätig (beide nachfolgend zusammengefasst als „Unternehmensjurist"). Sie denken ähnlich wie der Rechtsanwalt als klassischer Interessenvertreter, nur ist ihr Arbeitgeber der „Mandant"; allein dessen Interessen vertreten sie.[67] Dabei unterscheiden sie sich in erster Linie in ihrem persönlichen Status vom Rechtsanwalt und weniger in ihrer Arbeitsweise.

---

[64] Vgl. insoweit *BGH*, Urt. v. 22.03.2007 – VII ZR 268/05. Dort hat der BGH seine vorherige Rechtsprechung aus dem Jahre 2000 (vor Einführung des jetzigen § 632a BGB, vgl. *BGH*, Urt. v. 22.12.2000 – VII ZR 310/99) bestätigt, dass Verstöße gegen den Ratenplan des § 3 Abs. 2 zwar zur Nichtigkeit des gesamten Vertrages führen, dessen Abwicklung aber weiterhin nach § 641 Abs. 1 BGB erfolgt.

[65] Vgl. § 817 S. 1 BGB. Für den Zeitraum der beiden zu früh geleisteten „Kaufpreisraten" kann der „Erwerber" die gesetzlichen Zinsen gem. § 246 BGB in Höhe von 4 % auf die jeweilige Summe verlangen; ggf. steht die Rückforderungssperre des § 813 Abs. 2 BGB entgegen, soweit die Leistungen zwischenzeitlich bereits erbracht sind, vgl. (auch zur Vertiefung der Problematik) *OLG Naumburg*, Urt. v. 13.11.2009 – 10 U 20/09. Für die etwaige Berechnung von Zwischenzinsen gem. § 272 BGB vgl. vertiefend *Lorenz*, in: BeckOK BGB, § 272 Rn. 2 ff., 6 ff.

[66] Vgl. auch vertiefend *Rehbinder*, Vertragsgestaltung, 90 ff. zu den Rollen einzelner kautelarjuristischer Berufsgruppen.

[67] Vgl. *Teichmann*, JuS 2001, 870, 872, vgl. dazu auch im Folgenden.

Hat der Rechtsanwalt typischerweise mehrere Mandanten, für die er tätig wird und von denen er seine Vergütung erhält[68], so hat der angestellte Unternehmensjurist nur einen Mandanten, nämlich seinen Arbeitgeber, bei dem er seinen Lebensunterhalt verdient. Er ist somit von diesem persönlich und wirtschaftlich existenziell abhängig. Weiterhin ist er kraft des mit ihm geschlossenen Arbeitsvertrages auch verpflichtet, den Weisungen des Arbeitgebers zu folgen.[69] Zwar verpflichtet sich auch der Rechtsanwalt vertraglich gegenüber seinem Mandanten dessen Interessen wahrzunehmen; auf welche Weise dies jedoch geschieht, liegt in seiner eigenen Verantwortung.[70] Damit steht er im Spannungsfeld zwischen Parteilichkeit und Unabhängigkeit.[71] Schließlich kann der Rechtsanwalt das einzelne Mandat auch (etwa aus Unzufriedenheit über den Verlauf) niederlegen,[72] wohingegen der angestellte Jurist sein (existenzgründendes) Arbeitsverhältnis kündigen müsste, wenn er etwa mit Weisungen seines Arbeitgebers unzufrieden ist.[73]

Betrachten Sie auch hierzu ein kleines anschauliches Praxisbeispiel:

---

[68] Anm.: Beim angestellten Rechtsanwalt zahlt zwar die Kanzlei, für die dieser tätig ist, seinen Lohn, jedoch speist die Kanzlei ihre Einkünfte aus verschiedenen Mandaten, in denen der angestellte Rechtsanwalt tätig ist. Hier ist somit das unternehmerische Risiko auf die Kanzlei verlagert. Im Regelfall wird aber auch der angestellte Rechtsanwalt für mehrere Mandanten tätig.

[69] Auch der angestellte Jurist, der eine Zulassung als Rechtsanwalt hat (sog. Syndikusanwalt), besitzt in seinem jeweiligen Arbeitsbereich, in dem er als Arbeitnehmer tätig ist, keine Unabhängigkeit, sondern unterliegt dem Prinzip der Über-/Unterordnung (*BGH*, Urt. v. 25.02.1999 – IX ZR 384/97), wodurch seine Tätigkeit innerhalb des Beschäftigungsverhältnisses auch keine anwaltliche Tätigkeit darstellt (so der *BGH*, Urt. v. 25.02.1999 – IX ZR 384/97).

[70] Vgl. *Teichmann*, JuS 2001, 870, 872, vgl. dazu auch im Folgenden.

[71] Anm.: Das Gesetz deutet das an, wenn es den Anwalt in § 1 BRAO als „unabhängiges Organ der Rechtspflege" bezeichnet. In diesem Begriff kristallisieren sich Grundfragen anwaltlicher Ethik. Vgl. dazu vertiefend beispielsweise: *Borgmann*, in: Borgmann/Jungk/Schwaiger, Anwaltshaftung, 13 ff.; *Busse*, AnwBl 1998, 231 ff.; *Prütting*, AnwBl 1994, 315 ff.; *Redeker*, NJW 1987, 2610 ff.; *Steinkraus/Schaaf*, JuS 2001, 168 f.; außerdem die Kommentierungen zu § 1 BRAO bei *Feuerich/ Weyland*, in: BRAO.

[72] Für den Anwalt gilt wegen seiner persönlichen Vertrauensstellung § 627 BGB. Er darf allerdings das Mandat nicht zur Unzeit niederlegen.

[73] Zur Abgrenzung von angestelltem nebenberuflichen und hauptberuflich tätigem Rechtsanwalt vgl. *Vossebürger*, in: BRAO, § 7 Rn. 88 ff. Zu den Voraussetzung für die Zulassung eines angestellten Bewerbers zur Rechtsanwaltschaft ebenda Rn. 122 f.: „Den erforderlichen rechtlichen Handlungsspielraum für die Ausübung des Anwaltsberufs muss der Zulassungsbewerber durch Vorlage einer Nebentätigkeitsgenehmigung seines Dienstherrn (vgl. § 7 Rn. 135) nachweisen, die dieser nicht einseitig widerrufen kann (*Bürkle*, MDR 2005, 848). Erforderlich ist ferner, dass der Zulassungsbewerber tatsächlich in der Lage ist, eine nennenswerte eigene anwaltliche Tätigkeit gegenüber dem Gericht auszuüben (*BGH*, Beschl. v. 13.03.1978 – AnwZ (B) 32/77). Maßgebend für die Beurteilung sind stets die Umstände des Einzelfalles. Dabei ist zu berücksichtigen, dass mit der Einführung des sog. Syndikusanwalts (§ 46) sich das Bild des freiberuflichen Anwalts insofern geändert hat, als der Syndikusanwalt zwei Arbeitsbereiche hat: einen arbeitsvertraglich gebundenen und einen als freier Anwalt. Im Rahmen des Arbeitsverhältnisses besitzt er keine Unabhängigkeit, sondern unterliegt dem Prinzip der Über- und Unterordnung (*BGH*, Beschl. v. 07.11.1960 – AnwZ (B) 4/60). Daraus ergeben sich zwangsläufig auch Beschränkungen hinsichtlich des Umfangs und der zeitlichen Gestaltung der Anwaltstätigkeit. Das war dem Gesetzgeber bekannt. Wenn er diese Möglichkeit dennoch geschaffen hat, so hat er damit anerkannt, dass die Tätigkeit als Rechtsanwalt auch im Nebenberuf ausgeübt werden kann. Voraussetzung ist aller-

2.3 Praktische Bedeutung der Vertragsgestaltung – Berufsbild des Vertragsjuristen

Beispiel

Die Vertriebsabteilung des Buchclubs B möchte angesichts schwindender Leserzahlen ein neues Vertragskonzept mit seinen Lesern umsetzen. Diese sollen aufgrund neu abzuschließender Verträge mit 5-jähriger Laufzeit über den regelmäßigen monatlichen Erwerb von Büchern in einem gewissen Gegenwert (Mitgliedschaft Gold zu 20 € pro Monat, Mitgliedschaft Silber zu 10 € pro Monat, Mitgliedschaft Bronze zu 5 € pro Monat) langfristig an den Buchclub gebunden werden. Je nach Status der Mitgliedschaft sollen von der Mitgliedschaft umfasste Zusatzleistungen gewährt werden. Der Chef der Verkaufsabteilung V tritt an den angestellten Vertragsjuristen W (Wirtschafsjurist, LL.M.) heran und erläutert die Eckpunkte. Morgen soll V hierzu im Rahmen einer Sitzung der Geschäftsleitung das neue Vertriebsmodell vorstellen. V bittet W vorab um eine kurze rechtliche Einschätzung der Umsetzbarkeit dieser neuen Idee und ggf. bereits eine vertragliche Formulierung. Worauf müsste W im Rahmen eines kurzen rechtlichen Memorandums (unter Umständen auch äußerst kurzfristig) unbedingt bereits jetzt hinweisen?

W muss die Vorstellungen der Vertriebsabteilung einer kritischen internen (materiell-rechtlichen) Prüfung unterziehen. Er müsste sicher nochmals nachfragen, was für Zusatzleistungen von der Mitgliedschaft umfasst sein sollen, um mögliche (weitere) rechtliche Probleme für eine vertragliche Gestaltung auszuloten und in der Folge ggf. den Sachverhalt noch weiter aufzuklären. Sicher müsste er aber sofort darauf hinweisen, dass – soweit der Anwendungsbereich des AGB-Recht persönlich und sachlich eröffnet ist, wovon vorliegend auszugehen ist[74] – die vorgesehene Vertragslaufzeit von fünf Jahren wohl gegen § 309 Nr. 9 BGB verstößt,[75] da von der Aufzählung der Nr. 9 alle Vertragsverhältnisse über die regelmäßige Lieferung von Waren[76] erfasst werden, worunter auch Kaufverträge über den regelmäßigen Bezug von Büchern fallen. Die entsprechende Vertragslaufzeitklausel ist hiernach unwirksam und wird somit – im Streitfalle – einer gerichtlichen Prüfung nicht standhalten. W müsste dann im Weiteren Vorschläge

---

dings, dass, wie der BGH in ständiger Rechtsprechung ausgeführt hat, der Bewerber in der Lage sein muss, den Anwaltsberuf in irgendwie nennenswertem Umfang auszuüben."

[74] Unabhängig von § 310 Abs. 3 BGB ist jedenfalls in der vorliegenden Fallkonstellation hinsichtlich der in Betracht genommenen Vertragslaufzeitklausel davon auszugehen, dass sie für eine Vielzahl von Fällen vorgesehen ist. Ab einer beabsichtigten dreimaligen Verwendung geht auch die Rechtsprechung von einer Vielzahl von Fällen aus (*BGH*, Urt. v. 27.09.2001 – VII ZR 388/00).

[75] Auch vor dem Hintergrund der Bereichsausnahme des § 310 Abs. 4 BGB gilt dies vorliegend auch dann, wenn der Verwender sich als „Club" bezeichnet, in dem die Gegenseite Mitglied wird. Denn die Bereichsausnahme erstreckt sich nur auf solche Rechtsverhältnisse zwischen Gesellschaft und Gesellschafter, die unmittelbar auf dem Gesellschaftsvertrag beruhen, mitgliedschaftlicher Natur sind und dazu dienen, den Gesellschaftszweck zu verwirklichen (*BGH*, Urt. v. 11.11.1991 – II ZR 44/91).

[76] Anm.: Der Begriff war in § 1 Abs. 2 HGB a. F. (alter Begriff des Handelsgewerbes bis zum Handelsrechtsreformgesetz vom 22.06.1998) legaldefiniert als (dem Handelsverkehr zugängliche) bewegliche Sachen.

für eine rechtlich unbedenkliche Gestaltung des Vertrages unterbreiten, indem er beispielsweise auf eine nach § 309 Nr. 9 BGB mögliche kürzere Vertragslaufzeit von zwei Jahren hinweist. Aufgrund dieser firmeninternen Beratungstätigkeit berücksichtigt V im Rahmen seiner Präsentation vor der Geschäftsleitung diesen Aspekt. Das neue Konzept wird so von der Geschäftsleitung beschlossen und die Vertragslaufzeitklausel entsprechend der Vorgaben des W entworfen.

2.3.6 Vertragsgestaltung durch den Richter

Aber auch der klassische Dezisionsjurist, der Richter, muss in der Lage sein, rechtliche Gestaltungen zu entwickeln. Wenn etwa die Parteien eines Rechtsstreits das Gericht um Unterbreitung eines Vergleichsvorschlags bitten[77], kann er sich nicht darauf beschränken, die Prozessaussichten zu beurteilen und zu bewerten, um ein den gegenseitigen Chancen und Risiken entsprechendes Vergleichsergebnis vorzuschlagen, vielmehr muss das Vergleichsergebnis dann auch umgesetzt werden.[78] In diesen Fällen wird vom Richter als Rechtsgestalter erwartet, dass er eine gerechte und rechtsbeständige Regelung entwirft. Dies bereitet regelmäßig wenige Schwierigkeiten, wenn sich die Parteien im Rahmen einer Zahlungsklage darauf verständigen, dass der Beklagte lediglich einen gewissen Anteil der Forderung zahlt. Außerhalb einer Zahlungsklage kann und muss ein ausgleichender und gerechter Vergleich regelmäßig sehr viel komplexer ausfallen. Er unterliegt bei der Gestaltung, sieht man von einigen Ausnahmen und erweiterten Pflichten ab[79], grundsätzlich den gleichen rechtlichen Schranken wie etwa ein Rechtsanwalt oder Notar.[80] So gelten die Grenzen zwingenden Rechts, wie etwa ggf. die AGB-rechtlichen Grenzen gem. §§ 307 ff. BGB, auch für ihn[81]. Allerdings kann er dabei nicht einseitig die Interessen einer Partei verfolgen, sondern muss qua richterlicher Amtsstellung – insoweit „vergleichbar" dem Notar[82] – die beiderseitigen Interessen berücksichtigen, wenn eine dauerhafte Befriedung der Parteien erreicht werden soll[83].

2.4 Charakteristika der Vertragsgestaltung

Nachdem Sie nunmehr einen Einblick in den Stand der juristischen Ausbildungssituation und der dortigen Verortung der Vertragsgestaltung sowie die Berufspraxis von Vertragsjuristen bekommen haben, möchte ich Ihnen in Abgrenzung zur De-

---

[77] Vgl. *Teichmann*, JuS 2001, 870, 873.
[78] Vgl. *Ulrici*, Rechtsgestaltung, 5 f., vgl. dazu auch Im Folgenden.
[79] Vgl. etwa § 14 Abs. 1 Nr. 8 TzBfG.
[80] Vgl. *Ulrici*, Rechtsgestaltung, 6, vgl. dazu auch Im Folgenden.
[81] Vgl. *Ulrici*, JuS 2005, 1073 ff.
[82] Vgl. oben Abschn. 2.3.4 ausführlich zur Pflicht zur Unparteilichkeit der Notare, die in § 17 BeurkG ausdrücklich vorgeschrieben ist.
[83] Vgl. *Teichmann*, JuS 2001, 870, 873.

2.4 Charakteristika der Vertragsgestaltung

zisionsjurisprudenz die wesentlichen Charakteristika der Vertragsgestaltung erläutern, die für das Verständnis von deren methodischer und technischer Umsetzung ab Kap. 3 notwendig sind. Warum sich der Vertragsjurist einer eigenständigen Methodik bedienen muss, verstehen Sie erst, wenn Sie sich die wesentlichen Unterschiede in den Erkenntnis- und Entscheidungsstrukturen eines Dezisionsjuristen und eines Vertragsjuristen vor Augen führen.

2.4.1 Dezisionsjurisprudenz

Als „Dezisionsjurisprudenz" wird die juristische Teildisziplin bezeichnet, die sich mit der Entscheidung streitiger Fälle beschäftigt.

Sie befasst sich mit Problemen der Subsumption eines abgeschlossenen Lebenssachverhalts der Vergangenheit unter Rechtsnormen, d. h. also einer Entscheidung „ex post", und bedient sich dabei insbesondere der (retrospektiven) Methode der Auslegung von Gesetzen und Verträgen, sei es etwa zur Lückenfüllung oder der Behandlung von Wertewandel. Damit bezeichnet sie bei funktionaler Betrachtung im Wesentlichen die Arbeitsweise des Richters, der die ihm vorgelegten Fälle auf diesem Wege entscheidet.[84] Nachfolgend wird anstelle des Dezisionsjuristen in Abgrenzung zum Vertragsjuristen auch immer wieder vom Richter als „pars pro toto" die Rede sein.

Dessen Sichtweise auf das Recht liegt auch im Wesentlichen – wie zuvor dargelegt – nach wie vor der deutschen universitären Juristenausbildung zugrunde. Die hier traditionell vermittelte juristische Methodenlehre beansprucht nämlich (mit einer ungeschriebenen Selbstverständlichkeit) für alle Juristen gleichermaßen Geltung, obwohl sie deutlich auf die Entscheidungssituation des Richters zugeschnitten ist.[85] Schließlich wird hier im Wesentlichen die Subsumptionstechnik, d. h. die Anwendung der Gesetze auf einen feststehenden Lebenssachverhalt, vermittelt[86].

2.4.2 Vertragsgestaltung

Demgegenüber ist die Vertragsgestaltung zukunftsgerichtet und befasst sich mit der Methode der rechtlichen Gestaltung von Sachverhalten mit den Mitteln und in den Grenzen des Rechts und somit mit den Kernproblemen der Prognose und der Auswahl von relevanten Regelungskomplexen. Hierbei handelt es sich grundsätzlich um eine kreative rechtliche Tätigkeit, bei der aktiv Einfluss auf Sachverhalte ge-

---

[84] Vgl. *Koch*, in: Aderhold/Koch/Lenkaitis, Vertragsgestaltung, 21.
[85] Vgl. etwa hierzu etwa: *Larenz*, Methodenlehre, 234: Die Jurisprudenz „… will dem Praktiker, vornehmlich dem Richter und dem Verwaltungsbeamten, zu Hilfe kommen, die in konkreten Situationen Entscheidungen treffen müssen, die mit der Rechtsordnung im Einklang stehen …".
[86] Vgl. zum Ganzen *Langenfeld*, Vertragsgestaltung, 1; *Teichmann*, JuS 2001, 870, 873; *Zawar*, JuS 1992, 134; *Haft*, Rhetorik, S. 75 ff., 153 ff.; *Larenz/Canaris*, Methodenlehre der Rechtswissenschaft, 99 ff.

nommen und somit gleichsam eine Brücke zwischen der Rechtsordnung und dem sozialen Leben gebaut wird.[87] Sie dient damit der Umsetzung bestimmter Sachziele, indem ein Lebenssachverhalt rechtlich herbeigeführt, verhindert, gesichert oder geändert wird.[88]

Damit ist zugleich die Aufgabe des Vertragsjuristen beschrieben: An die Stelle des gegenwärtigen Zustandes, der durch die gegenwärtigen tatsächlichen und rechtlichen Verhältnisse der Beteiligten gebildet wird, soll ein erwünschter anderer Zustand treten, der zunächst nur durch den Zweck der Gestaltung bestimmt ist, aber letztlich auf eine optimale Gestaltung abzielt.[89] Zur Vertragsgestaltung gehört damit aber nicht nur die „Schaffung neuen Rechts" durch die (Neu-)Gestaltung von Verträgen („Gesetzgeber im Kleinen"), sondern vielmehr auch die Beratung im Rahmen bereits bestehender Verträge, wie beispielsweise die Anpassung oder Beendigung bestehender Verträge. Schließlich umfasst die kautelarjuristische Beratung häufig auch die Gestaltung des Sachverhalts. Der praktisch tätige Vertragsjurist darf sich den Blick für geeignete Lösungsmöglichkeiten nicht dadurch verengen, dass er allein die rechtlichen Möglichkeiten zur Problemlösung betrachtet, vielmehr stellt häufig ein bestimmtes tatsächliches Verhalten eine gleichwertige Alternative zur rechtlichen Gestaltung dar. Neben der Belehrung und Beratung des eigenen Mandanten (beziehungsweise gelegentlich der Vertragsparteien) und dem Ausformulieren vertraglicher Passagen gehört aber auch die Vertragsverhandlung zu den wesentlichen praktischen Aufgaben eines Vertragsjuristen[90], die ein hohes Maß an Verantwortungsbewusstsein und Verantwortungsbereitschaft voraussetzt.[91]

Ihre typischen Vertreter, insbesondere Rechtsanwälte, Notare sowie Unternehmensjuristen, habe ich Ihnen bereits vorgestellt (vgl. oben Abschn. 2.3).

2.4.3 Gemeinsamkeiten von Dezisions- und Kautelarjurisprudenz

Beide Tätigkeitsbereiche der juristischen Rechtsanwendung, d. h. Kautelar- und Dezisionsjurisprudenz, erfordern als gemeinsamen Ausgangspunkt zunächst die Kenntnis und Durchdringung der materiellen und prozessualen Rechtslage.[92] Beim Dezisionsjuristen („gesetzlicher Richter"[93]) ist dies impliziert, aber auch der Vertragsjurist kann allein bei sorgfältiger Durchdringung und Kenntnis der Rechtslage – selbstverständlich neben Kenntnis der tatsächlichen Umstände und Ziele und Interessen seines Mandanten – die Notwendigkeit vertraglicher Gestaltungsinstrumente

---

[87] Vgl. *Haverkate*, JuS 1996, 478, 482; *Rehbinder*, AcP 174 (1974), 265, 266; *Bockemühl*, DNotZ 1967, 532, 534.
[88] Vgl. *Schmittat*, Einführung in die Vertragsgestaltung, 13.
[89] Vgl. *Teichmann*, JuS 2001, 870, 871 f. m. w. N., vgl. dazu auch im Folgenden.
[90] Vgl. dazu auch Kap. 4.
[91] *Rittershaus/Teichmann*, Anwaltliche Vertragsgestaltung, 10 ff., 31.
[92] Vgl. *Koch*, in: Aderhold/Koch/Lenkaitis, Vertragsgestaltung, 27, dazu auch im Folgenden.
[93] Vgl. zu dessen verfassungsrechtlicher Verankerung auch Abschn. 2.5.1.

überhaupt erst sachgerecht beurteilen, schließlich hat er bei der (eigentlichen) Gestaltung zwingendes und dispositives Recht zu erkennen und zu beachten.

Allerdings weisen beide unterschiedliche Problemlagen auf, die auch unterschiedliche Herangehens- und Denkweisen und letztlich eine unterschiedliche (wissenschaftliche) Methodik erfordern. Dies bedingt ihre unterschiedliche Orientierung in der zeitlichen Dimension sowie die unterschiedliche Erkenntnis- und Entscheidungsstruktur im Rahmen der Informationsverarbeitung, beides letztlich bedingt durch ihre unterschiedliche Stellung im Rechtssystem.

2.4.4 Unterschiede und Abgrenzung

2.4.4.1 Funktionale Unterscheidung

Wichtig ist an dieser Stelle hervorzuheben, dass es nachfolgend um eine funktionale Unterscheidung zwischen der Kautelar- und Dezisionsjurisprudenz geht. Schließlich kann auch ein Richter kautelarjuristisch tätig werden, indem er beispielsweise einen (gerichtlichen) Vergleichsvorschlag ausarbeitet, und andererseits ein Vertragsjurist, wie beispielsweise ein Rechtsanwalt, kann eine richterliche Funktion, beispielsweise als Schiedsrichter, ausüben und dabei der richterlichen Denkweise folgen müssen. Somit spricht auch aus dieser Sicht wieder vieles zumindest für eine Grundausbildung zum Einheitsjuristen (mit ggf. späterer Differenzierung), die insoweit eine größtmögliche Flexibilität gestattet.[94]

2.4.4.2 Unterschiedliche zeitliche Perspektive

Der Richter und der Vertragsjurist nehmen eigene, unterschiedliche zeitliche Perspektiven bei der Falllösung ein.

Der Vertragsjurist ist primär vor das Problem einer Zukunftsprognose, d. h. also der Schwierigkeit der Erfassung und der Beurteilung einer künftigen Entwicklung eines Sachverhaltes sowie ggf. auch einer sich wandelnden Rechtslage, und vor das Auswahlproblem, mithin also die Schwierigkeiten der Wahl geeigneter (vertraglicher) Regelungen gestellt.[95] Dabei hat er die hierfür notwendigen Informationen erst von seinem Mandanten zu erfragen oder unter Umständen sogar anderweitig zu erforschen. Dazu hat er auch noch dessen Sachziel zu erfragen oder ggf. mit diesem (weiter) zu entwickeln oder zu konkretisieren.

Dagegen entscheidet der Richter über einen in der Vergangenheit liegenden Sachverhalt autorativ, indem er das Recht anwendet („Da mihi factum, dabo tibi ius."[96]). Er legt dabei entsprechend dem Verhandlungsgrundsatz (im Zivilprozess)

---

[94] Allerdings sollte diese beide Perspektiven in stärkerem Maße berücksichtigen als die traditionelle Methodenlehre aus richterlicher Sicht, vgl. hierzu auch *Teichmann*, JuS 2001, 870, 873.
[95] Vgl. *Koch*, in: Aderhold/Koch/Lenkaitis, Vertragsgestaltung, 27 ff., dazu auch im Folgenden.
[96] Wörtlich aus dem Lateinischen übersetzt: „Gib mir die Fakten, ich gebe Dir das Recht."

den von den Parteien vorgetragenen Tatsachenstoff zugrunde[97] und entscheidet allein über einen bestimmten Antrag der klagenden Partei.

Zur Veranschaulichung der unterschiedlichen Perspektiven soll folgendes Beispiel dienen („Mängelhaftung mit Anwaltsregress"):

Beispiel

V möchte seinen Gebrauchtwagen privat an den Verbraucher K verkaufen und lässt sich von seinem Rechtsanwalt A beraten. Dieser rät ihm – insbesondere wegen der aus seiner Sicht nicht lukrativen Bezahlung für die Vertragsgestaltung von lediglich 100 € pauschal und zur Vermeidung unnötigen Arbeitsaufwandes – lediglich die „essentialia negotii"[98] festzulegen, im Übrigen gelte ohnehin Gesetzesrecht (§§ 433 ff. BGB). Dementsprechend erstellt A einen entsprechend kurzen Kaufvertragsentwurf, den er noch „aus alten Tagen bei sich im Schubkasten findet". Dieser wird von V und K noch am selben Tage unterzeichnet. Drei Wochen nach Übergabe und Übereignung sowie Abnahme und Bezahlung des Fahrzeugs wendet sich K wegen der Behebung eines Motorschadens an V, der sich jedoch weigert, diesen Mangel zu beseitigen, und darum bittet, dass K ihn ein für alle mal wegen des Fahrzeugs in Ruhe lasse („Gekauft ist gekauft"). In der Folge erhebt K, der das Fahrzeug reparieren lassen möchte, wegen der von einem Sachverständigen geschätzten Reparaturkosten in Höhe von 4000 € Zahlungsklage gegen V.

V wendet sich wegen der Beurteilung der Erfolgsaussichten der Klage des K wiederum an Rechtsanwalt A. A gelangt zu dem Ergebnis, dass K zu Recht den Betrag von V verlangt, und teilt dies V dementsprechend mit. V wird in dem Prozess von Richter R zur Zahlung der geforderten Summe verurteilt. V nimmt daraufhin den A aufgrund der mangelhaften Beratung im Rahmen der Gestaltung des Kaufvertrages in Regress.

In diesem Fall wird Anwalt A, obgleich er zuvor als Vertragsjurist im Rahmen der Gestaltung des Kaufvertrages eingebunden war, im Rahmen der Beurteilung der Erfolgsaussichten des Prozesses gegen K zunächst wie der streitentscheidende Richter R tätig: Er beginnt im Rahmen der klassischen Prüfung mit der Suche nach Anspruchsgrundlagen zugunsten des K gegen V. Da offensichtlich ein Mangel der Kaufsache vorliegt, Gewährleistungsrechte im Kaufvertrag nicht (zulässig) eingeschränkt wurden, besteht hier jedenfalls ein Zahlungsanspruch gem. §§ 437 Nr. 3,

---

[97] Dies gilt zumindest für die zivilrechtlichen Verfahren, vgl. *Berger*, BRAK-Mitt. 2005, 169 ff.; siehe auch *Zawar*, JuS 1994, 545, 546; *BVerfG*, Beschl. v. 11.10.1994 – 1 BvR 1398/93; *BGH*, Urt. v. 13.03.1997 – I ZR 215/94; ausführlich dazu *Rauscher*, in: MüKoZPO I, Einl. Rn. 290 ff. sowie *Saenger*, in Saenger, ZPO, Einf. Rn. 66 ff.

[98] Beim Kaufvertrag sind neben der Bezeichnung der Vertragsparteien wesensbestimmend noch Kaufsache und -preis sowie die Hauptpflichten aus § 433 BGB zu benennen.

281 Abs. 1, Abs. 2, 434 Abs. 1 S. 2 Nr. 2 BGB[99]. Zu demselben Ergebnis gelangt Richter R bei seiner Entscheidung, wonach K mit seiner Leistungsklage gegen V obsiegt.

Sie sehen, funktional werden beide Juristen im vorliegend geschilderten Fall zunächst in der gleichen Art und Weise tätig. Anwalt A und Richter R legen den bekannten Sachverhalt (der Vergangenheit) zu Grunde und subsumieren ihn (rückwärtsgewandt) unter die einschlägigen Rechtsnormen.

Allerdings endet unser Anschauungsbeispiel ja nicht an dieser Stelle. V macht Regressansprüche gegen den Anwalt A geltend, d. h. hier muss zur (kursorischen) Beurteilung der Erfolgsaussichten zunächst die Frage gestellt werden, ob die beiden Juristen in unserem Anschauungsbeispiel „korrekt" gehandelt haben. Hier unterscheiden sich die Rolle des Richters und diejenige des Anwalts bereits in einem wesentlichen Punkt: Der Richter R hat den vorliegenden Fall „richtig" entschieden, indem er das Gesetz auf den Sachverhalt korrekt angewendet hat. Hiermit hat es sein Bewenden. Ein Rechtsmittel gegen seine Entscheidung hätte somit keine Aussicht auf Erfolg, d. h. es verbleibt bei dem Unterliegen des K im Hinblick auf die Klageforderung in Höhe von 4000 €.

Die Frage nach dem „richtigen Handeln" des Anwalts A beurteilt sich hingegen nicht allein danach, dass er auf die Anfrage des V die richtige Prognose für den Prozessausgang getroffen hat. Vielmehr muss er sich die Frage gefallen lassen, ob er an einem früheren Zeitpunkt, nämlich bei der Vertragsgestaltung, einen Fehler begangen hat. Hier befand er sich in einer gänzlich anderen Situation als bei der zuvor untersuchten.

Während im Rahmen des Klageverfahrens beide Juristen explizit zu den Rechten des K bei Mängeln am Kfz gefragt wurden, hat dem Anwalt A bei der Abfassung des Kaufvertrages niemand mitgeteilt, dass das Thema Mängelhaftung einmal zum Streit zwischen den Kaufvertragsparteien führen könnte. Hier droht dem Anwalt A somit ein Regressanspruch in seiner Rolle als Vertragsjurist. Es ist in dieser Eigenschaft nämlich explizit seine Rolle, von selbst solche Rechtsfragen zu erkennen, die sich jetzt oder in der Zukunft als Risikofaktor für den eigenen Mandanten erweisen können. Wie er dem vorzubeugen hat, werde ich Ihnen in Kap. 3 methodisch geordnet darstellen.

2.4.4.3 Konditional- und Zweckprogramm – systemischer Unterschied
Damit unterscheiden sich aber auch die Denkprozesse des Richters von denen des Vertragsjuristen: Der Richter muss ergebnisoffen im Sinne eines Konditionalprogramms, der Vertragsjurist (im Sinne seines Mandanten) ziel-/ergebnisorientiert im Sinne eines Zweckprogramms arbeiten. Schließlich hat der Richter bei Vorliegen bestimmter Tatbestandsvoraussetzungen auf die gesetzlich angeordnete Rechtsfolge zu entscheiden („Wenn-Dann-Schema"), wohingegen der Vertragsjurist versucht, innerhalb der rechtlichen Regeln und Grenzen das Sachziel des Mandanten

---

[99] Der Gläubiger behält die mangelhafte Sache und macht lediglich Ersatz des Wertunterschieds zwischen mangelfreier und mangelhafter Sache (Minderwert) geltend (kleiner Schadensersatz), vgl. zum Reparaturaufwand *Stadler*, in: Jauernig, BGB, § 282 Rn. 27 m. w. N.

zu verwirklichen.[100] „Anhand systemtheoretischer Überlegungen der Rechtssoziologie lässt sich darlegen, dass beide Berufsgruppen gerade aus diesem Grund nach unterschiedlichen Entscheidungsprogrammen arbeiten."[101]

Betrachtet man den Juristen als ein informationsverarbeitendes System mit einer Input- und einer Output-Grenze, dann werden die Unterschiede in der Informationsverarbeitung und im Entscheidungsprozess deutlich[102] (Abb. 2.1):

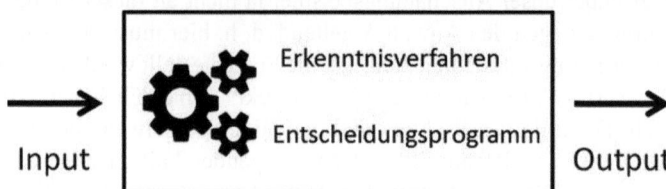

Abb. 2.1 Informationsgewinnung durch den Juristen. (Eigene Grafik angelehnt an *Teichmann*, JuS 2001, 870, 873.)

Der Jurist erhält Informationen zum Sachverhalt, verarbeitet diese Informationen mit Hilfe rechtlicher Regeln („Erkenntnisverfahren") und gibt dann Antwort(en) auf die gestellte rechtliche Frage(n) („Entscheidungsprogramm"). Die einschlägigen rechtlichen Regeln bestimmen somit sowohl die Informationsgewinnung wie auch deren Verarbeitung. Danach ist zunächst im „Erkenntnisverfahren" Wichtiges von Unwichtigem zu scheiden. Aus den ausgewählten und entscheidungsrelevanten Informationen sind dann bestimmte rechtliche Schlüsse zu ziehen, die dann den gewünschten (und auch von dem Mandanten beziehungsweise den Parteien eines Rechtsstreits bezahlten!) Output bilden.

Beides kann und wird regelmäßig bei Dezisions- und Vertragsjuristen variieren. Vergegenwärtigen Sie sich hierzu nochmals das vorherige Beispiel „Mängelhaftung mit Anwaltsregress":

Auf den gelieferten Input wendet Richter R die prozessualen und materiell-rechtlichen Regeln an. Er wählt hierzu die einschlägige Anspruchsgrundlage aus (§§ 437 Nr. 3, 281 Abs. 1, Abs. 2, 434 Abs. 1 S. 2 Nr. 2 BGB). Die Tatbestandsvoraussetzungen geben ihm Auskunft darüber, welche Elemente des Sachverhaltes er an welcher Stelle seines Urteils zu verwerten hat. Informationen, die mit keiner Tatbestandsvoraussetzung etwas zu tun haben, sind überflüssig und somit bereits nicht in den Tatbestand seines Urteils aufzunehmen.[103] Der Rechtsfolgenausspruch

---

[100] Vgl. *Koch*, in: Aderhold/Koch/Lenkaitis, Vertragsgestaltung, 28.

[101] *Teichmann*, JuS 2001, 870, 873. Vgl. hierzu auch die Ausführungen unter Abschn. 2.4.4.4.

[102] Vgl. hierzu auch die grundlegenden und sehr anschaulichen Ausführungen von *Teichmann*, JuS 2001, 973 ff. mit Verweis auf Arbeiten von *Luhmann*, (VerwArch 1964, 1 ff.; Rechtssystem und Rechtsdogmatik, 1974; Zweckbegriff und Systemrationalität, 1973); dazu auch im Folgenden.

[103] Der Tatbestand ist die objektive und bewertungsfreie Darstellung des Sach- und Streitstandes, abgestellt auf den Schluss der mündlichen Verhandlung, vgl. zur Beurkundungs- und Beweisfunktion § 314 ZPO, dem Straffungsgebot § 313 Abs. 2 ZPO.

folgt aus der Erfüllung der Tatbestandsvoraussetzungen für den Richter automatisch („kleiner Schadensersatzanspruch in Höhe von 4000 €").

Der (funktionale) Schwerpunkt seiner Tätigkeit liegt also in der sorgfältigen Aufnahme und Verarbeitung der eingehenden Informationen.[104] Dabei hat die in Studium und Referendariat erlernte (traditionelle) juristische Methodik („aus richterlicher Sicht") für die Informationsverarbeitung große Bedeutung, gibt sie doch Auskunft darüber, welche Informationen wichtig sind und welche nicht. Der Output ergibt sich nach korrekter Informationsverarbeitung fast von selbst („Da mihi factum, dabo tibi ius."). Der Richter ist somit stark Input-orientiert.

Anders verhält es sich beim Vertragsjuristen. Dieser ist stark Output-orientiert.[105] Die (traditionelle) juristische Dogmatik verhilft ihm gerade nicht dabei, die für die Gestaltung des Kaufvertrages über das Gebrauchtfahrzeug bedeutsamen rechtlichen Aspekte zu erkennen. Anders als der streitentscheidende Richter, bringt es ihm und damit seinem Mandanten nichts, wenn er allein betrachtet, welche Informationen er bekommen hat und was diese ihm im Lichte der Rechtsordnung sagen. Der Vertragsjurist muss sich nämlich zuerst fragen: Was soll am Ende dabei für meinen Mandanten herauskommen? Hierzu muss er prüfen, mit welcher Regelung man die vom Mandanten gewünschte Rechtsfolge erreicht und/oder eine unerwünschte Rechtsfolge verhindert und – bei mehreren Umsetzungsmöglichkeiten – welche für seinen Mandanten die beste vertragliche Regelung darstellt. Somit richtet sich der Blick des Vertragsjuristen im systemtheoretischen Sinne auf den Output.

Würde sich der Input-orientiert Richter zu Beginn seiner rechtlichen Prüfung die zentrale Einstiegsfrage des Vertragsjuristen stellen „Was soll am Ende dabei herauskommen?", würde ihn das zu Recht dem Vorwurf der Befangenheit aussetzen. Hieran sieht man bereits, dass die Input-orientierte Dezisionsjurisprudenz ganz andere Systemstrukturen erfordert als die Output-orientierte Vertragsjurisprudenz.[106]

2.4.4.4 Konditional- und Zweckprogramm – Einzelheiten

Auf welche Weise sich diese Entscheidungsprogramme unterscheiden, lässt sich mit einer Fortführung der systemtheoretischen Überlegungen klären.[107] Danach benötigt ein informationsverarbeitendes System – gleich einer Maschine – für eine stabile Funktion ein abstraktes Entscheidungsprogramm, welches angibt, wie die

---

[104] Vgl. *Teichmann*, JuS 2001, 973, 974; so auch die Beschreibung eines Systems, das seinen Schwerpunkt an der Input-Grenze hat, bei *Luhmann*, Rechtssystem und Rechtsdogmatik, 26.; vgl. dazu auch im Folgenden.
[105] Für den Rechtsanwalt vgl. *Teichmann*, JuS 2001, 973, 974; vgl. dazu auch im Folgenden.
[106] Vgl. *Luhmann*, Rechtssystem und Rechtsdogmatik, 26 f., 30, 36 nach dem die Input-Grenze eines Systems den Vergangenheitshorizont, die Output-Grenze den Zukunftshorizont bestimmt.
[107] *Pawlowski*, Methodenlehre für Juristen, 176 ff. dort zu der (systemischen) Unterscheidung von Konditional- und Zweckprogramm; Vgl. *Teichmann*, JuS 2001, 973, 974; dazu auch im Folgenden.

eingehenden Informationen zu verarbeiten sind[108]. Dieses kann an zwei Punkten definiert werden: (1) Bestimmte eingehende Informationen können als Auslöser bestimmt werden, um eine Informationsverarbeitung in Gang zu setzen, oder (2) es können bestimmte zu erreichende Ergebnisse festgesetzt werden, so dass anhand dieser Maßgabe die relevanten Informationen ermittelt werden können.

(1) Das erste System wird von eingehenden Informationen „angeregt" und hat somit seinen Schwerpunkt naturgemäß an der Input-Grenze. „Die weitere Verarbeitung folgt einem Wenn/Dann-Schema: Wenn eine bestimmte Information eintrifft, dann reagiert das System darauf durch eine vom Programm vorher bestimmte Entscheidung." [109] Es wird von einem Konditionalprogramm gesprochen.[110] Es ist der Programmtyp, nach dem der Richter arbeitet.[111] Kennzeichnend für dieses Programm sind zwei Besonderheiten[112]:

Zum einen erlaubt es dem Richter, aufgrund der besonderen rechtlichen Regeln, denen er zu folgen hat, aus der Fülle des dem Rechtsstreit zugrundeliegenden Lebenssachverhaltes viele Details beiseite zu lassen und nur diejenigen rechtlich relevanten auszuwählen, die seiner Entscheidung zu Grunde liegen. Das Entscheidungsprogramm bewirkt somit eine spürbare Reduktion der Komplexität.

Zum anderen ist es relativ indifferent gegenüber den Folgen, die es mit seiner Entscheidung in der Umwelt auslöst, da nicht die Folgen der Entscheidung (beispielsweise Niederlage einer Partei und daraus erwachsende wirtschaftliche Folgen, wie etwa die „Vernichtung einer wirtschaftlichen Existenz"), sondern die eingehenden Informationen das Ergebnis steuern. Für die korrekte Umsetzung dieser Regel trägt der Richter die Verantwortung, im Übrigen aber muss er seine nach dem Wenn-Dann-Schema ergangene (alternativlose) Entscheidung wegen ihrer Wirkungen in der Umwelt nicht rechtfertigen.

Beides hat für den Richter eine eminent entlastende Funktion (Abb. 2.2).

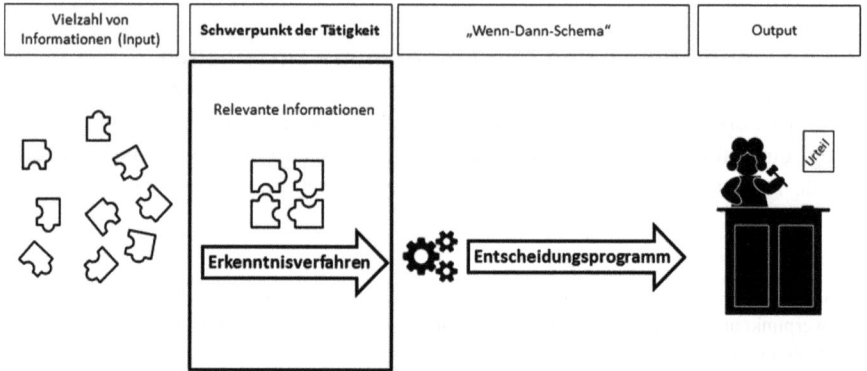

Abb. 2.2 Informationsverarbeitung durch den Richter

---

[108] Vgl. auch *Luhmann*, VerwArch 1964, 1, 6.
[109] *Teichmann*, JuS 2001, 973, 974 mit Verweis auf *Luhmann*, Zweckbegriff, 101 f.
[110] Vgl. zu dem von *Luhmann* geprägten Begriff *Luhmann*, Zweckbegriff, 101 f.; *Koch*, in: Aderhold/Koch/Lenkaitis, Vertragsgestaltung, 28; *Teichmann*, JuS 2001, 973, 974.
[111] Vgl. *Teichmann*, JuS 2001, 973, 975; *Pawlowski*, Methodenlehre der Juristen, 178.
[112] Vgl. *Teichmann*, JuS 2001, 973, 974 f. m. w. N.

2.4 Charakteristika der Vertragsgestaltung

(2) Demgegenüber interessiert sich das zweite System gerade für die Wirkungen und Folgen, die es mit seinem Output in der Umwelt erzielt.[113] Es wird somit – wiederum bildlich gesprochen – durch die zu erzielenden Folgen „angeregt" und hat seinen Schwerpunkt naturgemäß an der Output-Grenze. Zuerst wird somit das Ziel festgelegt, das weitere Streben richtet sich danach, dieses Ziel auch zu erreichen. Damit steuern auch die gesetzten Ziele die Informationsverarbeitung, die Informationsverschaffung ist somit Mittel zum Zweck[114]. Es wird hier von einem Zweckprogramm gesprochen.[115] Das Ergebnis des Zweckprogramms ist damit im Unterschied zum Konditionalprogramm auch nicht logische Konsequenz von Voraussetzungen. Hierauf ist die traditionelle Methodenlehre aus richterlicher Sicht mit ihrer Input-orientierten Informationsverarbeitung nicht eingerichtet. Sie reagiert allein auf die Funktionserfordernisse eines nachgeschalteten Systems der Konflikt-Regulierung[116] und sieht gerade keine vorgeschaltete Tätigkeit der Konflikt-Vermeidung vor[117] (Abb. 2.3).

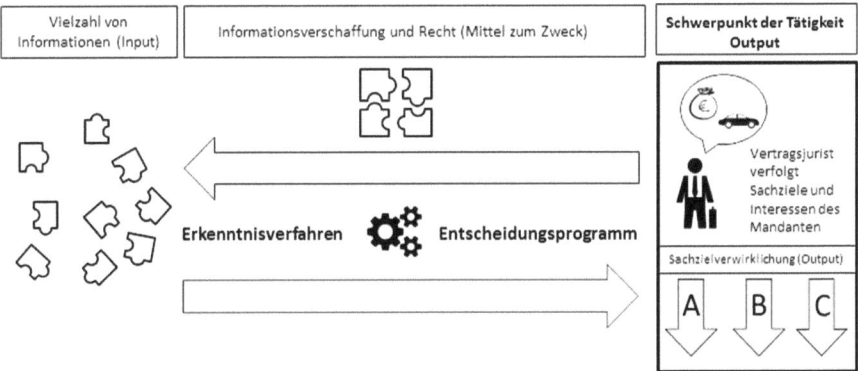

Abb. 2.3 Informationsverarbeitung durch den Vertragsjuristen

Die methodisch fundierte Arbeit mit dem Output-orientierten Zweckprogramm des Vertragsjuristen werden Sie ab Kap. 3 erlernen.

---

[113] Vgl. *Rittershaus/Teichmann*, Anwaltliche Vertragsgestaltung, 64; *Teichmann*, JuS 2001, 973, 974; vgl. zu beiden auch im Folgenden.
[114] Vgl. *Luhmann*, Rechtssystem, 26.
[115] Vgl. zu dem von *Luhmann* geprägten Begriff *Luhmann*, Zweckbegriff, 101 f.; *Koch*, in: Aderhold/Koch/Lenkaitis, Vertragsgestaltung, 28; *Teichmann*, JuS 2001, 973, 974.
[116] Vgl. *Luhmann*, Rechtssystem, 27 ff.
[117] Vgl. *Teichmann*, JuS 2001, 973, 975.

2.4.4.5 Unterschiedliche Stellung im Rechtssystem

Schließlich haben Richter und Vertragsjuristen im Rechtsleben auch eine jeweils eigene Funktion, die ihr Handeln an verschiedene Rechtsgrundlagen rückkoppelt: Der Richter ist als staatlicher Funktionsträger im öffentlichen Interesse tätig, als solcher an die Vorgaben der Verfassung (insbesondere des Gleichheitssatzes) gebunden und sucht eine objektiv richtige Entscheidung, der Vertragsjurist vertritt regelmäßig private Interessen (seines Mandanten) und ist daher regelmäßig[118] parteiisch.[119] Der Richter folgt der juristischen Methodik als Begründungstechnik, die die Rationalität und Kontrollierbarkeit seiner Arbeitsweise sichert und damit ein elementares rechtsstaatliches Gebot erfüllt, dass nämlich belastende Entscheidungen des Staates nachvollziehbar begründet werden müssen.[120]

Die Entscheidung des Richters nach einem Wenn/Dann-Schema ist somit eine elementare Ausprägung des modernen Rechtsstaats.[121]

Somit ist die unterschiedliche „Programmierung" von Richter und Vertragsjurist auch so gesehen kein Zufall, sondern Ausdruck ihrer unterschiedlichen Rollen im Rechtssystem.[122]

2.4.5 Zielkonflikte

Neben all den bereits genannten Herausforderungen stellen sich dem Vertragsjuristen zudem Zielkonflikte, die dem Richter grundsätzlich fremd sind.[123] In den meisten Fällen lassen sich nämlich nicht alle gewünschten Ziele durch die Vertragsgestaltung in den Grenzen geltenden Rechts realisieren. So stellt beispielsweise die optimale zivilrechtliche Absicherung häufig nicht gleichzeitig das steuerliche Optimum dar oder umgekehrt.

Zudem werden sich die rivalisierenden Vorstellungen der Vertragsparteien in aller Regel nicht vollständig umsetzen lassen; hier begegnet die Rechtssicherheit Interessenkonflikten und einer ggf. unterschiedlich großen Verhandlungsmacht zur Durchsetzung widerstreitender Parteiinteressen.

---

[118] Anm.: Ausnahmen können sich bei einigen Vertragsjuristen, wie etwa dem Notar, aufgrund ihrer besonderen Stellung im Rechtssystem ergeben (vgl. dazu näher unter Abschn. 2.3.4).

[119] Vgl. *Teichmann*, JuS 2001, 870, 873.

[120] Vgl. *Teichmann*, JuS 2001, 973, 976 m. w. N.

[121] Vgl. *Luhmann*, Zweckbegriff, 88 ff. Der demokratische und rechtsstaatliche Gesetzgeber verwendet bevorzugt diese Form der Entscheidungsregel und stellt auf diese Weise sicher, dass seine allgemein formulierten Gesetze im konkreten Einzelfall auch in der gewünschten Weise gleichförmig umgesetzt werden, vgl. *Teichmann*, JuS 2001, 973, 976.

[122] Vgl. *Teichmann*, JuS 2001, 973, 976.

[123] Anm.: Schließlich „schafft" dieser „kein neues Recht", sondern hat in den gesetzlichen Grenzen Recht zu sprechen.

In dieser Gemengelage hat der Vertragsjurist einen möglichst optimalen Ausgleich der widerstreitenden Interessen unter gleichzeitiger größtmöglicher Umsetzung des Willens der Vertragsparteien (bei reinen Interessenvertretern wie etwa dem Rechtsanwalt primär natürlich des von ihm vertretenen Mandanten) vorzunehmen[124]. Hier gilt es bestimmte Leitlinien der Vertragsgestaltung zu beachten (vgl. dazu im Folgenden unter Kap. 3).

In der Regel können viele (verschiedene) Wege zu dem vom Mandanten angestrebten (und ggf. in Zusammenwirken mit dem Vertragsjuristen definierten) Ziel führen, so dass der (zumindest gute) Vertragsjurist dem Mandanten häufig auch im ersten Schritt nur ein Zweckprogramm in Form von mehreren Gestaltungsalternativen und nicht „eine einzige richtige" Antwort vorgibt. Hierbei gilt es, deren Vor- und Nachteile abzuwägen und dem Mandanten zu verdeutlichen.

2.4.6 Zusammenfassender Überblick

Für Richter stellt sich die Frage der Auslegung von Gesetzen und bestehenden Verträgen. Sie haben es primär mit einer lückenhaften Gesetzessystematik oder Vertragsgestaltung zu tun, die sie mittels eigener Auslegung schließen müssen, wofür ihnen die im rechtswissenschaftlichen Studium vermittelten Methoden zur Verfügung stehen („juristische Methodik für Richter"[125]), die ihren Ausdruck in der abgefassten Entscheidung findet. Genau solche Lücken in Verträgen zu vermeiden ist hingegen die Aufgabe des (jedenfalls guten) Vertragsjuristen, was insbesondere handfeste wirtschaftliche Gründe hat: Das (ungewisse) Ergebnis einer richterlichen Auslegung birgt für die Vertragsbeteiligten erhebliche (wirtschaftliche) Risiken.

> **Beispiel**
>
> Denken Sie beispielsweise nur (hypothetisch) an die Einführung eines satellitengestützten Mautsystems und die wirtschaftlichen Folgen einer verspäteten Einführung des Systems, die im Vertrag nicht hinreichend geregelt sind (Verzugsfolgen, Form und Höhe der Schadensberechnung, Streitschlichtungsmechanismus etc.).

---

[124] Besonderheiten können sich auch hier bei einigen Vertragsjuristen, wie etwa dem Notar, aufgrund ihrer besonderen Stellung im Rechtssystem ergeben (vgl. dazu näher unter Abschn. 2.3.4).
[125] Zu dieser Terminologie vgl. *Teichmann*, JuS 2001, 870, 873.

Zusammenfassend lässt sich der Vertragsjurist vom Dezisionsjuristen funktional somit in folgender Hinsicht unterscheiden (Tab. 2.1):

Tab. 2.1 Unterschiede in der dezisions- und kautelarjuristischen Arbeitsweise

	Dezisionsjuristische Arbeitsweise	Kautelarjuristische Arbeitsweise
Juristische Methodik	„Juristische Methodik für Richter" (abgefasst im Urteilsstil)	„Methodik der Vertragsgestaltung"
Herangehensweise, Umgang mit dem Sachverhalt und Sachziel	Arbeitsweise geprägt durch retrospektive Lösung des abgeschlossenen Sachverhalts, Klärung der rechtlichen Grundlagen, Subsumtion, Auslegung, Bindung an den Sachantrag	Arbeitsweise geprägt durch Zukunftsgestaltung, Lösung von komplexen Lebensverhältnissen, sowie Prognose der (tatsächlichen und rechtlichen) Entwicklungsmöglichkeiten und Lösungen von potentiellen Konfliktlagen. Ggf. gemeinsame Entwicklung eines Sachziels
Instrumentale Sicht des Rechts	Ergebnisoffene Subsumtion eines abgeschlossenen Lebenssachverhalts unter bestehendes Recht, Rechtsfolgeausspruch erfolgt „automatisch" bei Erfüllung der Tatbestandsvoraussetzungen („Wenn-Dann-Schema")	Nicht das Recht selbst, sondern die Sachziele stehen im Vordergrund. Das Sachziel gibt das (End-)Ziel vor, das Recht hingegen gibt „lediglich" die Wege und die Grenzen der Realisierung der Sachziele des Mandanten an („Zweckprogramm")
Funktion	Unparteiisch	Parteiisch (funktionale Ausnahmen beachten, beispielsweise beim Notar)
Zielkonflikte	Keine, da unparteiisch und ergebnisoffen	Rivalisierende Vorstellungen der Vertragsparteien, Rechtssicherheit; möglichst optimaler Ausgleich versus teilweise Durchsetzung von Parteiinteressen; Zweckprogramm in Form von Gestaltungsalternativen

2.5 Juristische und betriebswirtschaftliche Grundlagen

Abschließend stelle ich Ihnen in der Einführung dieses Lehrbuches juristische und ausgewählte betriebswirtschaftliche Grundlagen der Vertragsgestaltung dar, um Ihr Grundverständnis von der Vertragsgestaltung für die nachfolgenden Kapitel dieses Lehrbuches abzurunden.

2.5.1 Verfassungsrechtliche Verankerung

Die Vertragsfreiheit wird als dogmatische Ausprägung des Art. 2 Abs. 1 GG („Allgemeine Handlungsfreiheit", im Speziellen „Grundsatz der Privatautonomie") verstanden[126] und teils als „unbenanntes Freiheitsrecht"[127] bezeichnet.

Zur allgemeinen Handlungsfreiheit gehört nämlich grundsätzlich auch die Möglichkeit, sich auf Grundlage der eigenen Entscheidung selbst zu binden[128] („Selbstgesetzgebungsrecht"). Im Einzelnen beinhaltet die Vertragsfreiheit den Grundsatz der Abschluss-, inhaltlichen Gestaltungs- und Formfreiheit.[129] Jedermann kann somit selbst bestimmen, ob, mit wem, worüber und in welcher Form er Verträge abschließt. Damit sind Vertragsinhalte im Grundsatz selbst dann anzuerkennen, wenn sie – vorbehaltlich der zu achtenden und auch sanktionierten Grenzen der Vertragsfreiheit – unter objektiven Gesichtspunkten unvernünftig, unrichtig oder ungerecht erscheinen. Deshalb besteht die Funktion des Richters im Streitfalle zunächst grundsätzlich darin, nicht vorgegebene Ordnungsnormen durchzusetzen, sondern den Willen der Vertragsschließenden zu erforschen.

Die Grenzen der allgemeinen Handlungsfreiheit bildet die Schrankentrias des Art. 2 Abs. 1 2. HS GG. Mithin steht auch die Vertragsfreiheit und somit auch die hier vermittelte Tätigkeit der Vertragsgestaltung unter dem Vorbehalt der Rechte anderer, der Sittengesetze und der verfassungsgemäßen Ordnung[130]. Abschluss-,

---

[126] Trotz oder gerade wegen seiner Offenheit sind von Rechtsprechung und Literatur besondere Schutzgehalte des Art. 2 Abs. 1 GG mit quasi verselbstständigten, den besonders benannten Freiheitsrechten vergleichbaren Schutzbereichen ausgebildet worden. Insofern ist auch häufig die Rede von sog. „unbenannten Freiheitsrechten", dabei werden insofern insbesondere hervorgehoben die Vertragsfreiheit und die Privatautonomie, wie auch allgemein die wirtschaftliche Betätigungsfreiheit, vgl. *Di Fabio* in: Maunz/Dürig, GG, Art 2 Rn. 19 m. w. N.; vgl. insbesondere auch *BVerfG*, Beschl. v. 16.05.1961 – 2 BvF 1/60 für „die Verhaltensfreiheit auf wirtschaftlichem Gebiet", *BVerfG*, Beschl. v. 12.11.1958 – 2 BvL 4/56, 2 BvL 26/56, 2 BvL 40/56, 2 BvL 1/57, 2 BvL 7/57 explizit für „die freie Gestaltung eigener Rechtsverhältnisse" sowie *BVerfG*, Beschl. v. 11.07.2006 – 1 BvL 4/00 für „die Vertragsfreiheit sofern nicht speziellere Freiheitsrechte eingreifen" (z. B. die Berufsfreiheit, zu deren Spezialität hinsichtlich der Vertragsfreiheit im Bereich beruflicher Betätigung vgl. *BVerfG*, Beschl. v. 31.10.1984 – 1 BvR 35/82, 1 BvR 356/82, 1 BvR 794/82; *BVerfG*, Beschl. v. 06.10.1987 – 1 BvR 1086/82; 1 BvR 1468/82; 1 BvR 1623/82; *BVerfG*, Beschl. v. 22.01.1997 – 2 BvR 1915/91.

[127] *Di Fabio* in: Maunz/Dürig GG, Art 2 Rn. 19; *BVerfG*, Beschl. v. 03.06.1980 – 1 BvR 185/77; *BVerfG*, Beschl. v. 13.05.1986 – 1 BvR 1542/84; *BVerfG*, Beschl. v. 31.01.1989 – 1 BvL 17/87; *BVerfG*, Beschl. v. 26.02.1997 – 1 BvR 2172/96.

[128] Vgl. etwa BVerfG, Nichtannahmebeschl. v. 07.09.2010 – 1 BvR 2160/09, 1 BvR 851/10 m. w. N.

[129] Vgl. *Eckert* in: BeckOK BGB, § 145 Rn. 8; *Schellhammer, Schuldrecht*, 928, vgl. dazu auch im Folgenden.

[130] Obwohl der Wortlaut des Art. 2 Abs. 1 GG keinen ausdrücklichen Gesetzesvorbehalt formuliert, stellen die Merkmale der Schrankentrias nach überwiegender Ansicht keine verfassungsunmittelbaren Schranken auf. Lediglich hinsichtlich des „Sittengesetzes" wird vereinzelt eine verfassungsunmittelbare Geltung vertreten. Im Übrigen beinhaltet Art. 2 Abs. 1 2. HS GG wie andere Gesetzesvorbehalte auch zunächst eine Befugnis des Gesetzgebers, die Eingriffsermächtigung auszusprechen, vgl. im Ganzen *Di Fabio* in: Maunz/Dürig, GG, Art. 2 Rn. 38 m. w. N.

Typen- und Formzwang bilden die gesetzlichen Ausnahmen[131], wesentlich schwieriger gestaltet sich die Abgrenzung hinsichtlich der inhaltlichen Zulässigkeit (einzelner) vertraglicher Regelungen[132].

2.5.2 Einzelne Elemente der Vertragsfreiheit

2.5.2.1 Abschlussfreiheit

Jede Person kann grundsätzlich nach ihrem Belieben entscheiden, ob und mit wem sie einen Vertrag abschließen will, hiervon erfasst ist somit die sog. „positive Abschlussfreiheit" („Man muss Verträge abschließen können.") wie auch die sog. „negative Abschlussfreiheit" („Man muss sich dafür entscheiden können, einen angebotenen Vertrag nicht abzuschließen.").

Die positive Abschlussfreiheit wird dadurch gewährleistet, dass die Rechtsordnung grundsätzlich Regelungen durch übereinstimmenden Rechtsfolgenwillen der Parteien anerkennt und das für einen Vertragsschluss nötige Instrumentarium zur Verfügung stellt (vgl. insbesondere §§ 145 ff. BGB). Dass es auch gesetzliche Abschlussverbote gibt, wie sie etwa in den zivilrechtlichen Nichtigkeitsnormen (vgl. etwa § 138 BGB) zum Ausdruck kommen, steht dem nicht entgegen, da sie zum einen oftmals nur die inhaltliche Gestaltungsfreiheit im Einzelfall betreffen und nicht die Abschlussfreiheit als solche.[133] Andererseits unterliegt auch die Abschlussfreiheit der Schrankentrias des Art. 2 Abs. 1 2. HS GG, weswegen die Abschlussfreiheit grundsätzlich unter den vorgenannten Voraussetzungen beschränkbar ist.

Die negative Abschlussfreiheit ist im Vertragsbegriff, der ja einen übereinstimmenden Rechtsfolgenwillen der Parteien verlangt, grundsätzlich mit enthalten; eine vertragliche Regelung kommt nämlich nicht zustande, wenn auch nur eine Partei sie nicht will.

Wer von seiner negativen Abschlussfreiheit Gebrauch macht, muss dies grundsätzlich nicht besonders begründen, da grundsätzlich kein Willkürverbot für die Ausübung der Abschlussfreiheit besteht.[134] Erst dort, wo „zwischen Anbieter und Nachfrager ein gravierendes Machtungleichgewicht besteht, insbesondere wenn der Anbieter eine Monopolstellung innehat, stellt sich die Frage nach dem Kontrahierungszwang, der zu verstehen ist als ‚die aufgrund einer Norm der Rechtsordnung einem Rechtssubjekt ohne seine Willensbildung im Interesse eines Begünstigten auferlegte Verpflichtung, mit diesem einen Vertrag bestimmten oder von unparteiischer Seite zu bestimmenden Inhalts abzuschließen'"[135]. Damit wird augenscheinlich neben der Abschlussfreiheit regelmäßig zugleich auch die inhaltliche Gestal-

---

[131] Vgl. *Schellhammer*, Schuldrecht, 928.
[132] Vgl. zum Umfang der Gestaltungsfreiheit im Einzelnen unter Kap. 2.
[133] Vgl. *Bork*, in: Staudinger, BGB, I Vorbem. zu §§ 145–156 Rn. 13.
[134] Umstritten ist, ob der Beseitigungsanspruch gemäß § 21 Abs. 1 S. 1 AGG inhaltlich auch die Verpflichtung zum Abschluss eines verweigerten Vertrages, also einen Kontrahierungszwang, umfasst, vgl. ausführlich zum Meinungsstand *Thüsing*, in: MüKoBGB I, AGG § 21 Rn. 17 ff. m. w. N.
[135] *Bork*, in: Staudinger, BGB, I Vorbem. zu §§ 145–156 Rn. 15 mit Zitat von *Nipperdey*, Kontrahierungszwang, 7.

tungsfreiheit eingeschränkt.[136] Soweit die Rechtsordnung spezialgesetzlich einen sog. Kontrahierungszwang anordnet,[137] besteht in diesem Fall eine Verpflichtung einer oder mehrerer Vertragsparteien zum Abschluss eines bestimmten Vertrages (teilweise sogar verbunden mit der Pflicht zum Abschluss mit einer ganz bestimmten Vertragspartei).

> **Beispiel**
> So besteht etwa eine Ausnahme vom Grundsatz der Vertragsabschlussfreiheit im Bereich der Kfz-Haftpflichtversicherung. Nach § 5 Abs. 2 Gesetz über die Pflichtversicherung für Kraftfahrzeughalter (Pflichtversicherungsgesetz) ist ein Kontrahierungszwang zugunsten sämtlicher Versicherungsnehmer und Fahrzeugarten angeordnet. Als weiteres (prominentes) Beispiel eines Kontrahierungszwangs ist etwa auch die Beförderungspflicht nach § 22 Personenbeförderungsgesetz (PBefG) zu nennen. Hiernach muss, sofern die dort genannten Tatbestandsvoraussetzungen erfüllt sind, ein Vertrag über die entgeltliche oder geschäftsmäßige Beförderung von Personen entsprechend der weiteren dort genannten gesetzlichen Bestimmungen abgeschlossen werden. Neben den exemplarisch genannten Regelungen im Bundesrecht gibt es auch zahlreiche landesrechtliche Vorschriften, die einen Kontrahierungszwang anordnen, wie etwa der „Anschluss- und Benutzungszwang" bestimmter gemeindlicher Leistungen nach den Gemeindeordnungen.[138]

2.5.2.2 Formfreiheit
Soweit nichts anderes vorgeschrieben ist, bedürfen Rechtsgeschäfte im deutschen Recht zu ihrer Wirksamkeit keiner besonderen Form („Grundsatz der Formfreiheit"). Dieser allgemeingültige Grundsatz der Formfreiheit von Rechtsgeschäften des deutschen Zivilrechts ergibt sich aus dem Umkehrschluss von § 125 S. 1 BGB.[139] Danach können Verträge grundsätzlich auch formfrei geschlossen werden,

---

[136] Denn es besteht hiernach nicht nur die Verpflichtung, überhaupt einen Vertrag zu schließen, sondern es besteht die Verpflichtung, den Vertrag zu angemessenen und gleichen Bedingungen zu schließen, die dem Berechtigten zumutbar sind, da anderenfalls die Abschlussverpflichtung durch das Aufstellen unannehmbarer Konditionen, die dem Berechtigten seinen Vertragswunsch austreiben sollen, unterlaufen werden könnte, vgl. *Bork*, in: Staudinger, BGB, I Vorbem. Zu §§ 145–156 Rn. 15. vgl. zur Gestaltungsfreiheit gleich im Einzelnen unter Abschn. 2.5.2.3.

[137] Zu den einzelnen spezialgesetzlichen Anordnungen im Arbeits-, Berufs-, Energieversorgungs-, Kartell-, Landwirtschafts-, Notstands-, Verkehrs- und Versicherungsrecht, vgl. die Übersicht bei *Bork*, in: Staudinger, BGB, I Vorbem. zu §§ 145–156 Rn. 17 m. w. N.

[138] Vgl. exemplarisch für *landesrechtliche Vorschriften* etwa § 10 Abs. 2 S. 2 BWGemO (Benutzung öffentlicher Gemeindeeinrichtungen durch Einwohner dieser Gemeinde).

[139] Anm.: Um den Abschluss von Verkehrsgeschäften zu erleichtern, geht nämlich das BGB von dem Grundsatz aus, dass der (nach außen erkennbar gemachte) rechtsgeschäftliche Wille der alleinige Grund für die Geltung der beabsichtigten Rechtsfolgen ist, vgl. *Einsele*, in: MüKoBGB I, § 125 Rn. 1, vgl. dort auch zum Folgenden; zur Rechtsentwicklung dieses Grundsatzes vgl. *Larenz/Wolf*, AT, § 27 Rn. 1.

es sei denn gesetzliche Vorschriften schreiben zwingend eine bestimmte Form vor. So sieht das BGB insbesondere im Bereich des Immobiliar(sachen)rechts und des Familien- und Erbrechts zahlreiche Ausnahmen von dem Grundsatz der Formfreiheit vor, vgl. etwa § 311b Abs. 1 BGB „Verträge über Grundstücke". Daneben können die Parteien auch rechtsgeschäftlich eine bestimmte Form vereinbaren und deren Beachtung zur Wirksamkeitsvoraussetzung des Rechtsgeschäfts machen, vgl. § 125 S. 2 BGB („gewillkürte Schriftform"). Auch kollisionsrechtlich wird die Formgültigkeit von Rechtsgeschäften begünstigt. Ein Rechtsgeschäft ist nämlich grundsätzlich gemäß Art. 11 Abs. 1 EGBGB und Art. 11 Abs. 1 Rom I-VO formgültig, wenn es entweder die Formerfordernisse des Geschäftsrechts oder des Ortsrechts erfüllt.[140]

Das deutsche Recht regelt im Allgemeinen Teil des BGB fünf verschiedene Formen von Formerfordernissen. In ihren tatbestandlichen Voraussetzungen aufsteigender Reihenfolge handelt es sich um

- die Textform (§ 126b BGB),
- die Schriftform (§ 126 BGB) sowie
- die ihr gleichgestellte elektronische Form (§ 126a BGB),
- die notarielle Unterschriftsbeglaubigung (§ 129 BGB, §§ 39, 40 BeurkG) und
- die notarielle Beurkundung (durch Niederschrift; §§ 127a, 128 BGB, §§ 6 ff. BeurkG).[141]

Ist für das in Aussicht genommene Rechtsgeschäft eine bestimmte Form vorgeschrieben, so ist im Falle der Nichteinhaltung dieser Form das Rechtsgeschäft nichtig, vgl. § 125 S. 1 BGB.

2.5.2.3 Inhaltliche Gestaltungsfreiheit

Als Gestaltungsfreiheit wird die Freiheit bezeichnet, den Inhalt des Vertrages nach Belieben zu bestimmen. Wichtigste Voraussetzung für die freie inhaltliche Gestaltung eines Vertrages ist jedoch ein relatives Machtgleichgewicht zwischen den Vertragsparteien, wobei es auf deren wirtschaftliche und auch intellektuelle „Waffengleichheit" ankommt.[142] Die inhaltliche Gestaltungsfreiheit setzt nämlich eine

---

[140] Vgl. weiterführend *Einsele*, in: MüKoBGB I, § 125 Rn. 1 m. w. N.

[141] Außerhalb des Allgemeinen Teiles finden sich im BGB als Sonderformen noch die eigenhändige Schriftform beim eigenhändigen Testament (§ 2247 BGB) sowie die Erklärung vor einem Urkundsbeamten bei Auflassung oder Eheschließung (§§ 925, 1310 BGB), die beide jedoch als Sonderformen zu den bereits aufgeführten Formen angesehen werden können, erstere etwa als Sonderfall der gesetzlichen Schriftform, letztere als Sonderform der Beurkundung, vgl. *Hertel*, in: Staudinger, BGB, I § 125 Rn. 4.

[142] Vgl. etwa *BVerfG*, Beschl. v. 07.02.1990 – 1 BvR 26/84; *BVerfG*, Beschl. v. 19.10.1993 – 1 BvR 567/89, 1 BvR 1044/89; *BVerfG*, Nichtannahmebeschl. v. 07.09.2010 – 1 BvR 2160/09, 1 BvR 851/10; *Eckert*, in: BeckOK BGB, § 145 Rn. 9; *Busche*, in: MüKoBGB I, Vor. § 145 Rn. 3.

2.5 Juristische und betriebswirtschaftliche Grundlagen

gerechte materielle Selbstbestimmung voraus, die zu einer Richtigkeit des Vertrages führt[143]. Wo diese typischerweise nicht gewährleistet ist, muss eine sozialstaatliche Rechtsordnung diesen Fallgestaltungen, bei denen Ungleichgewichtslagen bestehen, die das Prinzip der Vertragsgerechtigkeit gefährden, angemessen Rechnung tragen[144], so dass hier nach deutschem (und europäischem) Recht Schutznormen eingreifen, die sicherstellen, dass eine Vertragspartei ihre Vertragsfreiheit nicht einseitig zu Lasten des Vertragspartners ausübt, und die so zu einer Einengung der Privatautonomie führen.[145] Dies geschieht entweder auf der Grundlage allgemeiner Vorschriften[146] (vgl. insbesondere die Generalklauseln der §§ 138, 242, 307 BGB)[147] oder durch die Statuierung zwingender Normen.

In einigen Rechtsgebieten existieren auch aufgrund rechtsgebietsspezifischer (tradierter oder unmittelbar gesetzlich festgeschriebener) Besonderheiten grundlegende Ausnahmen zur inhaltlichen Gestaltungsfreiheit, wie insbesondere dort herrschende Formen- und Typenzwänge. So dürfen beispielsweise bei der Gestaltung eines Gesellschaftsvertrages, d. h. eines „Kooperationsvertrages" mehrerer Rechtssubjekte zur Erreichung eines gemeinsamen Zweckes, nur die vom Gesetzgeber vorgegebenen Gesellschaftsrechtsformen gewählt werden (sog. „numerus clausus des Gesellschaftsrechts"); innerhalb der gesetzlich vorgegebenen Gesellschaftsrechtsformen besteht dann wiederum Vertragsfreiheit (innerhalb der gesetzten Grenzen), etwa im Hinblick auf die Vertragspartner, also den Gesellschafterkreis („Abschlussfreiheit"). Ergänzend gilt, dass rechtswirksam keine neuen Formen oder wesensverändernde Abweichungen bei bestehenden Gesellschaftsrechtsformen vereinbart werden können (beispielsweise Unzulässigkeit einer „GbR mbH") und sich die „Kooperation" unabhängig von deren Willen immer der gesetzlich vorgegebenen Rechtsform bedient, deren Tatbestandsvoraussetzungen sie tatsächlich erfüllt[148]. Auch im Sachenrecht bilden Typenzwang (sog. „numerus clausus

---

[143] *Schmidt-Rimpler*, AcP 147 (1941), 130 ff.

[144] Vgl. etwa *BVerfG*, Beschl. v. 07.02.1990 – 1 BvR 26/84; *BVerfG*, Beschl. v. 19.10.1993 – 1 BvR 567/89, 1 BvR 1044/89; *BVerfG*, Nichtannahmebeschl. v. 07.09.2010 – 1 BvR 2160/09, 1 BvR 851/10; *Eckert*, in: BeckOK BGB, § 145 Rn. 9; *Ellenberger*, in: Palandt, Vor § 145 Rn. 7; grundlegend die Analyse von *Hönn*, Kompensation gestörter Vertragsparität; zum Gedanken des Rechtspaternalismus *Enderlein*, Rechtspaternalismus und Vertragsrecht.

[145] Vgl. *Eckert*, in: BeckOK BGB, § 145 Rn. 8.

[146] Vgl. etwa *Eckert*, in: BeckOK BGB, § 145 Rn. 9 m. w. N.

[147] Anm.: Insbesondere die §§ 242, 138 als Konkretisierung verfassungsrechtlicher Grundentscheidungen (vgl. *BVerfG*, Beschl. v. 19.10.1993 – 1 BvR 567/89, 1 BvR 1044/89; *BVerfG*, Beschl. v. 05.08.1994 – 1 BvR 1402/89; *BGH*, Urt. v. 17.09.1987 – VII ZR 153/86) eröffnen die Möglichkeit einer gerichtlichen Inhaltskontrolle grds. jeden Vertragsinhalts (Krit. *Zöllner*, AcP 196 (1996), 1 ff.; auch *Canaris*, AcP 200 (2000), 273 ff; *Habersack*, AcP 189 (1989), 403, 410 ff.; *Fastrich*, Richterliche Inhaltskontrolle im Privatrecht; diff. *Coester-Waltjen* AcP 190 (1990), 1 ff.; zur Inhaltskontrolle im Gesellschaftsrecht *Schmidt*, Gesellschaftsrecht, 127 ff., 1685 ff., sowie im Arbeitsrecht *Preis*, in: ErfK § 611 Rn. 311 ff., 371 ff.; *Fastrich*, RdA 1997, 65, 75 ff.).

[148] Anm.: Neben dem sog. „numerus clausus des Gesellschaftsrechts" spricht man hier allgemein von den gesellschaftsrechtlichen Grundätzen des sog. Rechtsformzwangs („gesellschaftsrechtlicher Typenzwang") und der Rechtsformverfehlung.

der Sachenrechte") und Typenfixierung Schranken der inhaltlichen vertraglichen Gestaltung.[149] Dementsprechend können die Vertragsparteien entscheiden, ob sie (bestimmte) dingliche Rechte begründen wollen, vorgegeben ist hiernach nur, welchen Inhalt diese haben. Hier gilt also, ebenso wie zuvor für das Gesellschaftsrecht geschildert, dass grundsätzlich Abschlussfreiheit aber keine grundsätzliche inhaltliche Gestaltungsfreiheit besteht. Ebenso dürfen bei der Gestaltung letztwilliger Verfügungen nur die im Erbrecht zugelassenen Formen und Typen verwendet werden.

Zur Erhaltung des Machtgleichgewichts zwischen den Vertragsparteien setzen zudem etwa das allgemeine Zivilrecht, das Miet-, Arbeits- oder Gesellschaftsrecht (insbesondere bei Publikumsgesellschaften und Vereinen) sachbereichsbezogene, legislative Grenzen durch zwingendes Recht und vertragliche Inhaltskontrolle.[150] Besondere gesetzgeberische Aufmerksamkeit hat aber das Ungleichgewicht des Kräfteverhältnisses zwischen Unternehmern (§ 14 BGB) und Verbrauchern (§ 13 BGB) gefunden, so dass das sog. Verbrauchervertragsrecht besonders stark ausgeprägte legislative Vertragsgestaltungsgrenzen aufweist, vgl. §§ 312 ff., 491 ff., 481 ff., 310 Abs. 3 BGB. Diese Normen beinhalten zwingende inhaltsbezogene, aber auch abschlussbezogene Regelungen zugunsten des Verbrauchers gegenüber dem Unternehmer.

Genau das Erkennen sämtlicher rechtlicher Zweifels- und Problembereiche innerhalb der (inhaltlichen) Gestaltungsfreiheit stellt den Vertragsjuristen vor die größte Herausforderung bei seiner kautelarjuristischen Belehrung und Beratung, stehen hier doch augenscheinlich zahlreiche praktisch wichtige und von ihm zu beachtende Grenzen der „freien" Vertragsgestaltung entgegen.

2.5.3 Überblick über die rechtlichen Grenzen der Vertragsgestaltung

Die Unterscheidung von dispositiven und zwingenden rechtlichen Reglungen ist für das Verständnis von den Grenzen der Vertragsgestaltung grundlegend. An und für sich sollte die Unterscheidung aus dem materiellen Recht bekannt sein, weshalb an dieser Stelle nur kurz darauf eingegangen wird.

Von sog. dispositiven Vorschriften können die Parteien vertraglich abweichende Regelungen treffen. Diese sind nur anwendbar, wenn im Übrigen keine vertragliche Regelung getroffen wurde („Auffangcharakter des dispositiven Rechts"). Wie diese Eigenschaft methodisch und taktisch im Rahmen der Vertragsgestaltung zur Geltung kommt, wird in den Kap. 3 bis 5 im Einzelnen methodisch fundiert und in Kap. 6 anhand von großen Gestaltungsfällen beispielhaft aufgezeigt.[151]

---

[149] Vgl. *Baur/Stürner*, Sachenrecht, § 1 Rn. 7.

[150] Vgl. *Eckert*, in: BeckOK BGB, § 145 Rn. 10 f. vgl. dazu auch im Folgenden.

[151] Vgl. Sie aber hierzu bereits das Anschauungsbeispiel unter Abschn. 2.3.3, wo von den in diesem Falle weitgehend dispositiven Regelungen der §§ 437 ff. BGB (näheres hierzu dann in Abschn. 6.1) abgewichen werden kann, im dortigen Beispiel sich aber gerade keine Regelungen zu den Mängelrechten finden, wodurch die §§ 437 ff. BGB als Auffangrecht zur Anwendung gelangen.

2.5 Juristische und betriebswirtschaftliche Grundlagen

Allerdings hat der Vertragsjurist zu beachten, welche zwingenden Voraussetzungen die Rechtsordnung an seine Gestaltung stellt[152], insbesondere also an die äußere Form, die inhaltliche Ausgestaltung („Waffengleichheit", vgl. oben Abschn. 2.5.2.3) oder die Durchführung, wie insbesondere im Verbrauchervertragsrecht die Informations-, Hinweis- und Unterrichtungspflichten. Bereits das BGB enthält eine Reihe von sog. zwingenden Bestimmungen, die die Privatautonomie einschränken und von denen durch Parteivereinbarungen nicht abgewichen werden kann. Dies sind häufig Bestimmungen zum „Schutz des Schwächeren" beziehungsweise zum „Schutz der Allgemeinheit" oder „besonders zu schützender (Verfassungs-)Rechtsgüter". Damit hat es jedoch nicht sein Bewenden, die Rechtsordnung ist voll von zwingenden Bestimmungen, die die Vertragsgestaltung rechtlich beschränken.

In der Praxis wie auch in der übungs- beziehungsweise prüfungsbezogenen Falllösung spielen zwingende Bestimmungen häufig eine große Rolle. Der Vertragsjurist muss sehr genau erwägen, welche zwingenden Bestimmungen der angestrebten Gestaltung im Einzelnen entgegenstehen können. In der Vertragsgestaltung stellt sich dabei stets die Frage, inwieweit zwingende Bestimmungen durch eine vollständige Neugestaltung „rechtsfolgenunschädlich umgangen" werden können (beispielsweise durch die Wahl einer anderen Rechtsform)[153].

Die methodische Einbettung im Rahmen der Vertragsgestaltung wird in Kap. 3 im Einzelnen aufgezeigt. Dabei wird auch verdeutlicht, dass nicht allein rechtliche, sondern auch tatsächliche Schranken die Vertragsgestaltung begrenzen.

2.5.4 Betriebswirtschaftliche Grundlagen

Zuletzt sollen in der gebotenen Kürze – es handelt sich schließlich um ein juristisches Lehrbuch – die zum Verständnis der methodischen Vertragsgestaltung notwendigen betriebswirtschaftlichen Grundkenntnisse vermittelt werden.

2.5.4.1 Relevanz für die Vertragsgestaltung

Zum einen ist es wichtig, zunächst zu erkennen, dass hinter den Zielen des Mandanten, die es im Wege der Vertragsgestaltung durch den Vertragsjuristen umzusetzen gilt, regelmäßig wirtschaftliche Interessen stehen.[154] Ein entsprechend fundiertes wirtschaftliches und steuerliches Grundverständnis ist somit für den (guten) Vertragsjuristen ebenso unabdingbar wie hervorragende juristische Kenntnisse, um eine fundierte kautelarjuristische Beratung zu gewährleisten.

Dies soll anhand eines weiteren Beispiels verdeutlicht werden:

---

[152] Vgl. *Koch*, in: Aderhold/Koch/Lenkaitis, Vertragsgestaltung, 56.
[153] Anm.: Etwa hinsichtlich bestimmter Rechtsfolgen; Vergleichen Sie etwa § 128 HGB für die Haftung des OHG-Gesellschafters im Gegensatz zur beschränkten Haftung des Kommanditisten gem. §§ 171 ff. HGB.
[154] Vgl. *Koch*, in: Aderhold/Koch/Lenkaitis, Vertragsgestaltung, 36.

Beispiel

Im Vorfeld der anstehenden Verhandlung eines notariell zu beurkundenden Kaufvertrages über Geschäftsanteile einer mittelständischen GmbH[155], die im Maschinenbau tätig ist und einen Jahresumsatz von immerhin 20 Mio. € erzielt, soll der Rechtsanwalt R für den Käufer K, der ebenfalls als Kaufmann im Maschinenbau tätig ist, den Kaufvertragsentwurf und die Voraussetzungen einer möglichst gleichzeitig vorzunehmenden Kapitalerhöhung durch Sacheinlage der bisherigen als Einzelunternehmen geführten Firma des K prüfen.

Ohne Verständnis der bilanziellen Zusammenhänge wird R die Verhandlung und Gestaltung des von seinem Mandanten angestrebten Kaufvertrages nicht erfolgreich gestalten können. Es beginnt bereits damit, dass der zu vereinbarende Kaufpreis für die Geschäftsanteile nur ermitteln kann, wer eine Bilanz richtig lesen kann, schließlich kann die Vereinbarung des Kaufpreises von verschiedenen Voraussetzungen beziehungsweise Entwicklungen abhängig gemacht werden[156], auch kann die Einbringung des Einzelunternehmens als Gegenleistung in Betracht kommen, etwa bei dem Erwerb nicht aller Geschäftsanteile an der GmbH oder einer bloßen Kapitalerhöhung bei Bezugsrechtsausschluss der bisherigen Gesellschafter.[157] Auch hier würden sich dann betriebswirtschaftliche Bewertungsfragen aber eben auch Fragen nach der steuerlichen Behandlung und ggf. Optimierung dieses Vorganges stellen. Hier sehen Sie zunächst die enorme Bedeutung einer – vorliegend noch nicht erfolgten – umfassenden Sachverhaltsaufklärung innerhalb der Vertragsgestaltung.[158] Diese ist jedoch oftmals überhaupt nur sinnvoll möglich, wenn der zu gestaltende Sachverhalt auch betriebswirtschaftlich voll erfasst wird.

2.5.4.2 Vertragsgestaltung als zielgerichtete Entscheidungsfindung

Anders als der aufgrund seiner verfassungsrechtlichen Rolle als unparteiischer Dritter ergebnisoffen arbeitende Richter darf der „Recht schöpfende" Vertragsjurist[159] nie den Zweck seines Tätigwerdens aus den Augen verlieren, nämlich den Auftrag seines Mandanten zur Schaffung eines bestimmten (regelmäßig vom gegenwärtigen Zustand abweichenden) Zustands[160]. Hierzu gilt es – im folgenden Kapitel näher dargelegt – für die vor ihm liegende Gestaltungsaufgabe eine gedankliche Struktur

---

[155] Vgl. § 15 Abs. 3 GmbHG.
[156] Vgl. *Koch*, in: Aderhold/Koch/Lenkaitis, Vertragsgestaltung, 36. Es gibt nicht *den* richtigen Preis für ein Unternehmen. Der Kaufpreis ist letztlich eine Frage der Einigung (und häufig des Kompromisses). Doch kann eine Wertfindung aufgrund bestimmter Bewertungsregeln stattfinden, auch wenn es sicher immer um eine „subjektive Bewertung" handelt; vgl. ausführlich zum Ganzen *Hölters*, in: Hölters, Handbuch des Unternehmens- und Beteiligungskaufs, 62 ff.
[157] Anm.: Weitere ggf. bestehende Optionen nach dem UmwG sollen hier außen vor bleiben.
[158] Vgl. hierzu Kap. 3.
[159] Vgl. zur Abgrenzung bereits oben Abschn. 2.3.5.
[160] Vgl. *Rittershaus/Teichmann*, Anwaltliche Vertragsgestaltung, 59 ff., 65, vgl. dazu auch im Folgenden.

2.5 Juristische und betriebswirtschaftliche Grundlagen

zu schaffen, die ihm hilft, seine Überlegungen zur Vertragsgestaltung in sinnvolle Bahnen zu lenken.

Während der Richter im Wege eines „Wenn-Dann-Schemas" einem Konditionalprogramm folgt[161], entwickelt der Vertragsjurist ein Zweckprogramm, bei dem ein bestimmtes mit dem Mandanten gemeinsam definiertes Ziel durch bestimmte Handlungen erreicht werden soll.[162] Im Gegensatz zu dem (richterlichen) Konditionalprogramm ist das Ergebnis hier jedoch nicht logische Konsequenz von Voraussetzungen, vielmehr gilt es hierbei ein wesentlich komplexeres Entscheidungsprogramm zu durchlaufen. Um die nachfolgend dargestellte Methodik der Vertragsgestaltung vollständig zu begreifen, muss zunächst das dahinterstehende Grundmuster dieses Entscheidungsprogramms erfasst werden.

2.5.4.3 Betriebswirtschaftliche Entscheidungslehre

Hierbei empfiehlt es sich als Hilfestellung auf die sogenannte betriebswirtschaftliche Entscheidungslehre zurückzugreifen.[163] Mit ihr lässt sich das der Vertragsgestaltung zugrundeliegende Muster anschaulich vermitteln[164], zumal die Methodik der Vertragsgestaltung der Betriebswirtschaftslehre selbst nahe steht, da sie ebenso „grundsätzlich darauf verzichtet, Aussagen über die Legitimität der Zielsetzung zu treffen"[165].

Hiernach hat jeder menschliche Entscheidungsvorgang bestimmte charakteristische Grundkomponenten, die in ihre Einzelteile zerlegt regelmäßig folgendes Grundmuster aufweisen:

Ausgangspunkt ist ein Ist-Zustand, der in einen Soll-Zustand verwandelt werden soll.

---

[161] Wenn die Tatbestandsvoraussetzungen vorliegen, entscheidet der Richter auf die angeordnete Rechtsfolge, vgl. hierzu Abschn. 2.4.4.4.

[162] Vgl. etwa *Koch*, in: Aderhold/Koch/Lenkaitis, Vertragsgestaltung, 28; *Rittershaus/Teichmann*, Anwaltliche Vertragsgestaltung, 59 ff.; *Teichmann*, JuS 2001, 973 ff., vgl. dazu auch im Folgenden.

[163] Zur Übertragung der unterschiedlichen Entscheidungsprogramme auf die Arbeit von Richtern und Vertragsjuristen (hier des Anwaltes) bedienen sich bereits *Rittershaus* und *Teichmann* in Anlehnung an *Rehbinder* und *Höhn/Weber* (vgl. *Rehbinder*, Vertragsgestaltung, 16 ff.; *Höhn/ Weber*, Planung und Gestaltung von Rechtsgeschäften, 22 ff.) als Hilfestellung der sog. betriebswirtschaftlichen Entscheidungslehre, vgl. *Rittershaus/Teichmann*, Anwaltliche Vertragsgestaltung, 65 m. w. N., vgl. dazu auch im Folgenden.

[164] Deswegen soll dieser Ansatz hier, da er für das Verständnis der unmittelbar folgenden Darstellung der Methodik der Vertragsgestaltung wertvolle Dienste leistet, in der gebotenen Kürze dargestellt werden.

[165] *Rittershaus/Teichmann*, Anwaltliche Vertragsgestaltung, 66, hierzu vertiefend weiter: „Die Betriebswirtschaftslehre sieht es als ihre Aufgabe an, Empfehlungen über die zu verfolgenden Ziele zu geben. Die Ziele setzt der Wirtschaftsteilnehmer selbst. Betriebswirtschaftslehre unterstützt ihn, indem sie nach Entscheidungsmodellen forscht, die geeignet sind, die selbstgesetzten Ziele bestmöglich zu erreichen (Verweis auf *Heinen*, ZfB 1969, 207 ff.). Sie ist insoweit eine praktisch-normative Wissenschaft (Verweis auf *Heinen*, ZfB 1969, 209), setzt also Normen, die beachtet werden müssen, wenn bestimmte praktische Ziele erreicht werden sollen. Dies macht sie ethisch neutral … ."

Zunächst muss die bestehende Situation in all ihren Umweltbedingungen analysiert werden, um den erwünschten Zustand herbeiführen zu können. Zur Herstellung des gewünschten Sollzustands stehen regelmäßig unterschiedliche Varianten zur Verfügung, die jede für sich genommen bestimmte Konsequenzen nach sich zieht. Diese gilt es hinsichtlich ihrer erkannten jeweiligen Vor- und Nachteilen zu bewerten und abzuwägen. Auf Grundlage dieser Abwägung wird eine Entscheidung getroffen (Abb. 2.4).

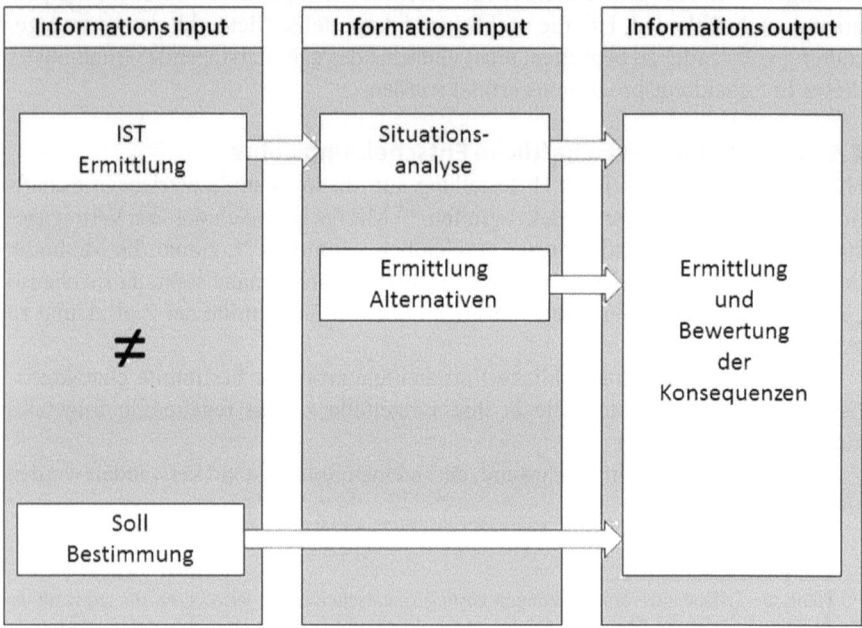

Abb. 2.4 Grundmodell der Entscheidungsfindung. (Eigene Grafik angelehnt an *Brauchlin*, Problemlösungs- und Entscheidungsmethodik, S. 45 ff.)

Der Erkenntnisgewinn der betriebswirtschaftlichen Entscheidungslehre[166] liegt darin, dass selbst komplexe Entscheidungsvorgänge dieses Grundmuster einer Entscheidung nicht verändern.[167] Das Entscheidungsprogramm wird allenfalls mehrfach durchlaufen und bei jedem Durchgang vervollständigt und präzisiert, weswegen bei einem ersten Durchlauf des Entscheidungsprogramms zunächst von einer „Grobbeurteilung" und in der oder den nachfolgenden Phase(n) von einer „Detailbearbeitung" gesprochen werden kann.[168]

---

[166] Grundmodell der betrieblichen Entscheidungslehre, vgl. *Bamberg/Coenenberg/Krapp*, Betriebswirtschaftliche Entscheidungslehre, 13 ff.

[167] Vgl. *Höhn/Weber*, Planung und Gestaltung von Rechtsgeschäften, 22; *Rittershaus/Teichmann*, Anwaltliche Vertragsgestaltung, 65 f.

[168] Vgl. *Rehbinder*, Vertragsgestaltung, 18; vgl. auch *Höhn/Weber*, Planung und Gestaltung von Rechtsgeschäften, 28.

Dieses Grundmuster wird Ihnen in der nachfolgenden Vermittlung der Vertragsgestaltungsmethodik gleichfalls begegnen und Ihnen helfen, nicht den Überblick über die vorzunehmende Prüfungsfolge zu verlieren. Sie werden nämlich Ihren Blick hin- und herwandern lassen müssen; mit jedem Erkenntnisgewinn auf der einen Seite werden Sie aufgefordert sein, Ihren Blick wieder in die andere Richtung zurück wandern zu lassen.[169]

Folgendes Beispiel[170] soll Ihnen zur Anschauung dieses Grundmusters dienen:

> **Beispiel**
>
> **Ist-Zustand:** A hat Hunger.
>
> **Soll-Zustand:** A wünscht sich Sättigung.
>
> **Situationsanalyse:** A betrachtet seine Umweltbedingungen: Der Inhalt des Kühlschrankes ist gut gefüllt, er ermittelt ferner die Entfernung, die Öffnungszeiten und die Preisstruktur von Supermärkten sowie von Restaurants in seiner Nähe.
>
> **Klärung der zur Erreichung des Soll-Zustands zur Verfügung stehenden Varianten:** A kann seinen Hunger stillen, indem er 1) den eigenen Kühlschrankinhalt verzehrt, 2) einen Supermarkt oder 3) ein Restaurant aufsucht.[171]
>
> **Zu bewertende Konsequenzen jeder ermittelten Variante**[172]**:** Im Restaurant zu speisen ist mit höheren Kosten verbunden als sich am eigenen Kühlschrankinhalt zu laben. Auch ist hiermit ein Fußweg von einigen Minuten verbunden, zudem muss sich A hierbei den Wetterbedingungen aussetzen. Allerdings können im Restaurant gesellschaftliche Kontakte gepflegt werden, während der Verzehr des eigenen Kühlschrankinhalts ohne solche zu Hause erfolgt. Auch müssen die im Restaurant eingenommenen Speisen nicht selbst zubereitet werden, während der Verzehr des Kühlschrankinhalts zumindest gewisse Vorleistungen von A erfordert (Zubereiten beziehungsweise Kochen der Speisen).
>
> **Abwägung der Vor- und Nachteile jeder Variante:** A scheut den höheren zeitlichen und finanziellen Aufwand. Vielleicht regnet es zu diesem Zeitpunkt auch noch. „Faulheit oder (vermeintlich) höherer Komfort siegen."

---

[169] Vgl. auch das hierzu gezeichnete Bild bei *Rittershaus/Teichmann*, Anwaltliche Vertragsgestaltung, 66.

[170] Dieses Beispiel ist eng angelehnt an *Rittershaus/Teichmann*, Anwaltliche Vertragsgestaltung, 65.

[171] Selbstverständlich sind weitere Varianten denkbar, jedoch soll es an dieser Stelle bei einer einfachen Struktur bleiben.

[172] Hier erfolgt nur auszugsweise die Gegenüberstellung von Variante (1) und (3), selbstverständlich sind weitere Varianten zu bewerten.

Konsequenz: Variante 1 wird gewählt. A setzt sich mit dem Inhalt seines Kühlschrankes vor den Fernseher und verspeist diesen (roh).

Resümee

Sie haben in Kap. 2 des Buches alles Grundlegende zur Vertragsgestaltung erfahren: Neben der Klärung grundlegender Begriffe und der theoretischen Grundlagen der Vertragsgestaltung haben Sie insbesondere die Bedeutung der Vertragsgestaltung in der Lehre und im späteren Berufsleben kennengelernt. Hier haben Sie insbesondere den Vertragsjuristen als einen mit großer gestalterischer Freiheit ausgestatteten Berater in allen Facetten und alle jenen Eigenschaften, die es im Laufe des Studiums zu entwickeln gilt, kennengelernt. Da er hierbei regelmäßig funktional als Interessenvertreter tätig wird, liegt dieses Verständnis der Folgedarstellung zu Grunde, auf Besonderheiten in der Vertragsgestaltung durch Nicht-Interessenvertreter wird in den Fußnoten gesondert hingewiesen.

Methodik der Vertragsgestaltung

3

Lernziele von Kap. 3
In Kap. 3 sollen Sie sich zunächst mit den Aspekten vertraut machen, die für die gesamte Vertragsgestaltung leitend sein sollen („Kardinal- und Nebenpflichten"). Sodann werde ich Sie mit der methodischen Vorgehensweise im Einzelnen vertraut machen. Mit anderen Worten: Hier erlernen Sie also, worauf Sie in jedem Falle achten müssen, wenn Sie einen Vertrag ganz im Sinne Ihres Mandanten systematisch gestalten wollen, und Sie erhalten das nötige Rüstzeug, um „Schritt für Schritt" selbstständig ein Vertragswerk zu entwerfen.

3.1 Einführung – Erfordernis einer einheitlichen Vorgehensweise

In Kap. 2 habe ich Ihnen die Grundlagen der Vertragsgestaltung und deren Relevanz in Lehre und Praxis vorgestellt. Hier habe ich Ihnen bereits die Notwendigkeit einer besonderen Methodik zur Vertragsgestaltung vor Augen geführt. Nunmehr erläutere ich Ihnen die methodengeleitete Vorgehensweise hin zu einem fertigen Vertragswerk im Einzelnen.[1]

---

[1] Vertiefungshinweis für all diejenigen von Ihnen, die sich Kap. 2 dieses Lehrbuches nicht zu Gemüte geführt haben: Die während des Studiums erfolgte umfangreiche Unterweisung in methodischen Fragen unterscheidet häufig noch immer nicht zwischen einer juristischen Methodik für Richter und einer solchen für Vertragsjuristen als Interessenvertreter (primär Rechtsanwälte und Unternehmensjuristen). Es wird noch immer weitgehend eine juristische Methodik vermittelt, die für alle Juristen gleichermaßen Geltung beansprucht, obwohl sie deutlich auf die Entscheidungssituation des Richters zugeschnitten ist. Im Bereich der Vertragsgestaltung befindet sich der Vertragsjurist jedoch in einer grundlegend anderen Situation als der Richter, vgl. hierzu vertiefend und verständnisbildend Kap. 2.

© Springer-Verlag Berlin Heidelberg 2016
C. Kunkel, *Vertragsgestaltung*, Springer-Lehrbuch,
DOI 10.1007/978-3-662-48431-9_3

Dass und worin sich die Sicht- und Arbeitsweise eines Vertragsjuristen von derjenigen eines Richters unterscheidet, haben Sie somit bereits in Kap. 2 erlernt. Die Relevanz einer methodengeleiteten Vorgehensweise wird Ihnen jedoch (spätestens) in der „Zweiten Staatsprüfung" vor Augen treten, wenn Sie sich die Frage stellen, wie Sie als Klausurbearbeiter an eine kautelarjuristische Aufgabenstellung herangehen und diese prüfungsadäquat mit gehörigem Notenerfolg lösen sollen. Gleiches gilt im Rahmen Ihres Studiums zum Wirtschaftsjuristen, wenn Sie vor kautelarjuristische Prüfungsaufgaben gestellt werden. Zumindest in Ihrer berufspraktischen Tätigkeit als Vertragsjurist sollten Sie dann das notwendige Wissen um ein methodengeleitetes Vorgehen besitzen, um in der Praxis nicht allein „zufallsgeleitet" zu agieren, sondern die an Sie herangetragenen Gestaltungsaufgaben anhand einer einheitlichen Vorgehensweise methodisch fundiert zu lösen. Hierbei wird Ihnen die juristische Methodik des Richters nicht helfen.

Soweit es sich um einen Standardfall der Rechtsgestaltung handelt, greifen Vertragsjuristen, insbesondere Notare und Rechtsanwälte, in der Praxis regelmäßig auf eine Formularsammlung[2] oder sonstige ihnen bereits vorliegende (einschlägige) Muster zurück[3] (mehr zu deren Verwendung in Kap. 4). Zwar sollten sie auch in diesem Falle die hier zugrundeliegende Methodik verstanden haben, damit ihnen kein grundlegender Fehler bei der Anwendung dieser Muster auf den konkreten Sachverhalt unterläuft, jedoch erscheint in diesem Falle – zumindest ganz praktisch betrachtet – eine Rechtsgestaltung ohne fundiertes methodengeleitetes Wissen um die Vertragsgestaltung durch bloße Übernahme des Musters – bei Verfolgung von Standardzielen und -interessen – zumindest noch möglich[4], schließlich geht es hier „nur um das Erkennen eines Rechtsmusters".

Liegt jedoch kein Standardfall vor, helfen Formularsammlungen unmittelbar bereits nicht mehr ohne weiteres weiter, es muss vielmehr eine eigenständige Lösung erarbeitet werden, die letztlich auch darin bestehen kann, den Vorschlag beziehungsweise die Vorschläge einer Formularsammlung lediglich an die individuellen Bedürfnisse des Falls anzupassen[5].

Der zu durchlaufende Vorgang einer Vertragsgestaltung ist sehr komplex, er lässt sich jedoch in groben Zügen in mehrere regelmäßig wiederkehrende Schritte zerlegen, nach denen der Vertragsjurist unter Berücksichtigung bestimmter Grundprinzipien verfährt. Beides habe ich Ihnen bereits in den theoretischen Grundzügen in Kap. 2, etwa im Rahmen der Darstellung der Unterscheidung von Konditional- und Zweckprogramm (Abschn. 2.4.4.3 und 2.4.4.4) sowie der betriebswirtschaftlichen Entscheidungsfindungslehre (Abschn. 2.5.4.3), näher gebracht und werde Ihnen nun im Folgenden die Methodik im Einzelnen erläutern.

---

[2] Vgl. etwa die umfangreiche Sammlung „Beck'sche Online-Formulare Vertrag" Hrsg. von *Weise/Krauß*;, 31. Edition, München 2014.

[3] Zur Bedeutung von Vertragsmustern für die Rechtsgestaltung vgl. *Langenfeld*, JuS 1998, 33, 34 ff.; *Teichmann*, JuS 2001, 973, 979 f.

[4] Vgl. auch *Weber*, JuS 1989, 636, 641 der zu Recht gegen den vorschnellen Rückgriff auf Formularsammlungen plädiert.

[5] Vgl. *Ulrici*, Rechtsgestaltung, 7; *Däubler*, Verhandeln und Gestalten, 32; *Langenfeld*, JuS 1998, 33, 36; *Teichmann*, JuS 2001, 973, 979 f.

3.2 Überblick über die Kardinalpflichten der Vertragsgestaltung

Eine solche Methodik der Vertragsgestaltung muss sich zunächst an bestimmten Grundprinzipien orientieren, die sich größtenteils aus dem für den Vertragsjuristen einschlägigen Pflichtenkanon ergeben,[6] wie etwa für den Notar aus § 17 BeurkG oder den (freiberuflichen) Rechtsanwalt aus dem Anwaltsvertrag[7], aber auch für den angestellten Unternehmensjuristen[8].

Konkretisiert werden die Pflichten des Vertragsjuristen, wie etwa zur Sachverhaltsaufklärungspflicht, durch die (jeweils einschlägige) Haftungsrechtsprechung (primär des BGH), an der sich der Vertragsjurist zu orientieren hat.[9] Was im Einzelnen im Rahmen der Vertragsgestaltung geboten ist, hängt von den Gesamtumständen, insbesondere von dem Begehren des Mandanten und dem Inhalt des erteilten Mandats ab.[10] Diese Vorgaben bilden den rechtlichen Rahmen der methodischen Vorgehensweise des Vertragsjuristen, die im Folgenden als „Kardinalpflichten der Vertragsgestaltung" bezeichnet werden.[11]

3.2.1 Zweckverwirklichung

Im Mittelpunkt seiner Gestaltung muss für den Vertragsjuristen zunächst die Verwirklichung des an ihn herangetragenen Sachzieles und somit des Vertragszweckes stehen[12].

---

[6] Vgl. hierzu für die einzelnen dargestellten Berufsgruppen bereits in Abschn. 2.3.

[7] Vgl. *Borgmann*, in: Borgmann/Jungk/Schwaiger, Anwaltshaftung, 104.

[8] *Chab*, AnwBl 2010, 359, 360; *LG Offenburg*, Urt. v. 19.09.2002 – O 147/02; *OLG Düsseldorf*, Urt. v. 21.04.2009 – I-24 U 50/08.

[9] Vgl. dazu auch *Koch*, in: Aderhold/Koch/Lenkaitis, Vertragsgestaltung, 31.

[10] Vgl. etwa zu den Anforderungen an den Rechtsanwalt *BGH*, Urt. v. 07.02.2002 – IX ZR 209/00 (m. w. N.): „Nach ständiger höchstrichterlicher Rechtsprechung ist es die Aufgabe des Rechtsanwalts, der einen Anspruch klageweise geltend machen soll, die zu Gunsten seiner Partei sprechenden tatsächlichen und rechtlichen Gesichtspunkte so umfassend wie möglich darzustellen, damit sie das Gericht bei seiner Entscheidung berücksichtigen kann. Er darf sich nicht ohne weiteres mit dem begnügen, was sein Auftraggeber ihm an Informationen liefert, sondern muss um zusätzliche Aufklärung bemüht sein, wenn den Umständen nach für eine zutreffende rechtliche Einordnung die Kenntnis weiterer Tatsachen erforderlich und deren Bedeutung für den Mandanten nicht ohne weiteres ersichtlich ist … Was danach im Einzelfall geboten ist, hängt von den gesamten Umständen, insbesondere dem, was der Mandant begehrt, sowie dem Inhalt des erteilten Mandats ab …".

[11] Anm.: Die Terminologie bezüglich dieses Pflichtenkanons der für das weitere methodische Vorgehen für den Vertragsjuristen leitend ist, wird nicht einheitlich bezeichnet, vgl. etwa *Rittershaus/Teichmann*, Anwaltliche Vertragsgestaltung, 69 ff., die dies unter „Normativen Vorgaben" diskutieren oder *Koch*, in: Aderhold/Koch/Lenkaitis, Vertragsgestaltung, 31 ff., der diese als Leitlinien der Vertragsgestaltung bezeichnet.

[12] Vgl. hierzu *Rittershaus/Teichmann*, Anwaltliche Vertragsgestaltung, 70 ff.

> **Beispiel**
>
> Wird also vom Mandanten der Abschluss eines Vertrages zur Überlassung von Wohnraum auf Zeit gewünscht, so kann der Vertragsjurist nicht anstelle des (wohl) einschlägigen Mietvertrages einen Kaufvertrag über eine Eigentumswohnung entwerfen.
>
> Dass der Vertragsjurist hier nicht allein beim Wortlaut eines an ihn herangetragenen Regelungswunsches/-zieles verharren kann, erahnen Sie bereits. Dies kann etwa daran liegen, dass der Mandant die eigenen Zwecke teilweise anders wahrnimmt und dementsprechend (anders) kommuniziert.

> **Beispiel**
>
> Wenn etwa ein Mandant Sie bittet, eine Klage zu erheben, ist ganz offenkundig nicht der Rechtsstreit sein Ziel, sondern er möchte (beispielsweise) den ihm geschuldeten Geldbetrag (aufgrund eines rechtskräftigen Urteils und gegebenenfalls nach Vollstreckung) erhalten.

Die Ermittlung der (tatsächlichen) Sachziele ist nicht immer leicht und erfordert teils Geduld und „Fingerspitzengefühl", mithin kommunikative Fähigkeiten, die allgemein im juristischen Studium nicht unbedingt vermittelt werden (Einzelheiten hierzu unter Abschn. 3.6.2).

3.2.2 Interessenwahrnehmung und Konfliktvermeidung

Leitend für die Zweckverwirklichung sind für den Vertragsjuristen dabei regelmäßig die Interessen des eigenen Mandanten. Ausnahmen können sich etwa aufgrund einer besonderen persönlichen Rechtsstellung des Vertragsjuristen („Rolle") ergeben. So lässt sich – wie unter Abschn. 2.3 bereits dargestellt – etwa der im Interesse einer Partei handelnde Rechtsanwalt oder Unternehmensjurist als Interessenvertreter primär von den verfolgten Interessen seines Mandanten leiten, anders als der der objektiven Gerechtigkeit verpflichtete Richter oder der Notar[13], vgl. etwa für den zur Neutralität verpflichteten Notar nur § 17 BeurkG.

Auch im Falle der reinen Interessenvertretung sind allerdings die legitimen Interessen der anderen Vertragspartei durch den Vertragsjuristen angemessen zu berücksichtigen, schließlich muss der Vertragsinhalt für die andere Partei annehmbar sein, was stets eine gewisse Kompromissbereitschaft voraussetzt[14]. Anderenfalls kommt gar kein Vertrag zustande, vgl. § 150 Abs. 2 BGB, und auch die spätere Vertragsdurchführung ist bereits zu diesem Zeitpunkt erkennbar vor Probleme, ja womöglich sogar vor von der Kautelarjurisprudenz grundsätzlich zu vermeidende künftige Rechtsstreite, gestellt.

---

[13] Vgl. hierzu auch *Ulrici*, Rechtsgestaltung, 7 m. w. N.
[14] Anm.: Im Optimalfall führt dieser gerechte Interessenausgleich zu einer „win-win-Situation", d. h. also zu einem Vertragsschluss, aus dem beide Vertragsteile als Sieger hervorgehen, vgl. hierzu *Rittershaus/Teichmann*, Anwaltliche Vertragsgestaltung, 19 m. w. N.

> **Beispiel**
>
> Entwirft also der Rechtsanwalt für seinen Mandanten, einen gewerblichen Vermieter, gegenüber seinem neuen Gewerbemieter einen „im Übrigen wunderbar wirtschaftlichen" Fünfjahres-Mietvertrag mit (hoher) Staffelmiete, die dieser aber – nach Vorlage der Buchführungsunterlagen des künftigen Mieters absehbar – ab dem 3. Vertragsjahr wahrscheinlich nicht wird zahlen können, so ist ein künftiger Rechtsstreit (Zahlungsklage wegen der Miete, Räumung und ihre Folgen etc.) absehbar und der Vertragsschluss zum heutigen Tage vielleicht ein (wirtschaftlicher) Erfolg, stellt aber in absehbarer Zukunft Konfliktpotential dar.

3.2.3 Informationsermittlung

Neben der Ermittlung des Sachzieles tritt zu Beginn jeder Rechtsgestaltung die elementare Pflicht des Vertragsjuristen zur Ermittlung des Sachverhaltes, die sich für den Notar unmittelbar aus § 17 Abs. 1 BeurkG, für den Rechtsanwalt aus dem durch den Anwaltsvertrag übernommenen Mandat und für den angestellten Vertragsjuristen aus dessen Arbeitsvertrag ergibt[15]. Hierbei sind alle für die (interessenorientierte) Zweckverwirklichung gegenwärtig und zukünftig (rechtlich) relevanten Tatsachen vollständig zu ermitteln, wobei es sich um keinen einmaligen, abgeschlossenen Vorgang zu Beginn der Vertragsgestaltung handelt, sondern um eine stetige Aufgabe während des gesamten Verlaufes einer Vertragsgestaltung.[16] Schließlich kann der Sachverhalt auch lückenhaft sein oder sich im Laufe einer Rechtsgestaltung ändern, so dass der Vertragsjurist auch insoweit Vorsorge zu treffen hat, um mögliche Lücken oder Änderungen in Erfahrung zu bringen.[17] Selbst wenn der Vertragsjurist grundsätzlich auf die vom Mandanten gelieferten Informationen vertrauen kann und darf, so bleibt er doch für die rechtliche Beurteilung des Sachverhaltes verantwortlich.[18] Fehlen noch Informationen zur vollständigen rechtlichen Beurteilung der Gestaltung, ist der Vertragsjurist gehalten, die notwendigen noch fehlenden Informationen vom Mandanten einzufordern oder sich anderweitig zu beschaffen (vgl. zur Informationsbeschaffung im Einzelnen unter Abschn. 3.6.2.3); bei mangelndem Hinweis auf zur sachgerechten Vertragsgestaltung noch fehlende Informationen kann dies unter Umständen auch zu einer persönlichen Haftung insbesondere des freiberuflich tätigen Vertragsjuristen, also primär des Rechtsanwaltes oder des Notares, führen[19].

---

[15] Vgl. für den Notar und den Rechtsanwalt *Koch*, in: Aderhold/Koch/Lenkaitis, Vertragsgestaltung, 31, sowie allein für den Rechtsanwalt *Rittershaus/Teichmann*, Anwaltliche Vertragsgestaltung, 73 ff. jeweils m. w. N.

[16] Vgl. zu diesem Prozess im Überblick unter Abschn. 3.5 und im Einzelnen unter Abschn. 3.6; vgl. zu diesem Prozess im Überblick auch *Rittershaus/Teichmann*, Anwaltliche Vertragsgestaltung, 73 ff.; vgl. auch sehr verkürzt im Überblick *Ulrici*, Rechtsgestaltung, 8 m. w. N.

[17] Vgl. *Koch*, in: Aderhold/Koch/Lenkaitis, Vertragsgestaltung, 31 f.

[18] Vgl. *Rittershaus/Teichmann*, Anwaltliche Vertragsgestaltung, 74 m. w. N.

[19] Vgl. *Rittershaus/Teichmann*, Anwaltliche Vertragsgestaltung, 73 f. m. w. N., beachten Sie hier den Unterschied von Haftungsmaßstab und inhaltlicher Sorgfaltsanforderung.

3.2.4 Beurteilung von Rechtsfragen: Rechtsbeständigkeit, insbesondere „Grundsatz des sichersten Weges"

Die Beurteilung von Rechtsfragen ist Kernpflicht des Vertragsjuristen und fällt allein in seine Zuständigkeit, ein Mitverschulden des Mandanten kommt hier grundsätzlich nicht in Betracht[20]. Unabhängig von seiner persönlichen Stellung und der Frage nach einer persönlichen Haftung[21] muss hinsichtlich ihres Umfangs und Maßstabs auf die zur anwaltlichen Rechtsgestaltung von der Rechtsprechung aufgestellten strengen Anforderungen abgestellt werden, allein diese können den Maßstab auch des guten angestellten Vertragsjuristen bilden[22].

Danach werden von Ihnen als Vertragsjuristen die Rechtskenntnisse eines gewissenhaften und erfahrenen Durchschnittsanwalts erwartet; diese setzen jedoch nicht eine im Wesentlichen lückenlose Gesetzeskenntnis, sondern vielmehr eine mandatsbezogene Rechtskenntnis voraus, die gegebenenfalls erst durch Sammlung und Sichtung der (aktuellen) einschlägigen Rechtsmaterie erworben werden müssen.[23]

Bei Ihrer rechtlichen Beurteilung haben Sie als Vertragsjurist „allgemeine rechtswissenschaftliche Methoden"[24] zu beachten und die höchstrichterliche Rechtsprechung zugrunde zu legen[25], die Sie anhand von amtlichen Sammlungen und auch einschlägigen Fachzeitschriften zeitnah verfolgen müssen[26]. Sie können hierbei grundsätzlich auf den Fortbestand einer höchstrichterlichen Rechtsprechung vertrauen, insbesondere wenn es sich um eine gefestigte handelt; nicht erfasst hiervon ist jedoch ein „blindes Vertrauen", insbesondere die Auswirkungen von späteren Änderungen an seinerzeitigen Rechtszuständen muss bei der Prüfung der Rechtslage – unter Zugrundelegung der höchstrichterlichen Rechtsprechung – in Erwägung gezogen und angemessen berücksichtigt werden.[27] Kenntnis der Instanzen-

---

[20] Vgl. für die Anwaltshaftung explizit *BGH*, Urt. v. 19.12.1991 – IX ZR 41/91; *BGH*, Urt. v. 17.06.1993 – IX ZR 206/92.

[21] Vgl. hierzu ausführlich zur Anwaltshaftung *Rittershaus/Teichmann*, Anwaltliche Vertragsgestaltung, 80 ff. m. w. N.

[22] So im Ergebnis wohl auch mit seinem Überblick zu den Anforderungen an Rechtskenntnis und -anwendung für den Vertragsgestalter zu verstehen *Koch*, in: Aderhold/Koch/Lenkaitis, Vertragsgestaltung, 31 f.

[23] Vgl. hierzu *Rinsche*, Haftung des Rechtsanwalts und Notars, 39 f. m. w. N.; *Fahrendorf*, in: Rinsche/Fahrendorf//Terbille, Haftung des Rechtsanwalts, 155; *Vill*, in: Zugehör/G.Fischer/Vill/D. Fischer/Rinkler/Chab, Handbuch der Anwaltshaftung, 232; die Rechtsprechung gewährt, insbesondere im Hinblick auf neue oder geänderte Rechtsnormen, zur Verschaffung der Rechtskenntnisse einen „realistischen Toleranzzeitraum", vgl. *BGH*, Urt. v. 21.09.2000 – IX ZR 127/99; siehe dazu auch *Heinemann*, in: Vollkommer/Greger/Heinemann, Anwaltshaftungsrecht, 115. Der Anwalt kann auch verpflichtet sein, sich Kenntnis des ausländischen Rechts zu verschaffen, wenn er ein Mandat vorbehaltlos annimmt, vgl. *Fahrendorf*, NJW 2006, 1911 f.

[24] *BGH*, Urt. v. 17.04.1986 – IX ZR 200/85.

[25] Vgl. *BGH*, Urt. v. 21.09.2000 – IX ZR 127/99; *BGH*, Urt. v. 29.04.1993 – IX ZR 101/92; *Rehbinder*, AcP 174 (1974), 265, 291.

[26] Vgl. insbesondere auch zu den zeitlichen Anforderungen *BGH*, Urt. v. 21.09.2000 – IX ZR 127/99.

[27] Vgl. dazu insbesondere zum Vertrauen an den Fortbestand einer höchstrichterlichen Rechtsprechung *BGH*, Urt. v. 30.09.1993 – IX ZR 211/92.

rechtsprechung und des Schrifttums wird hingegen in eingeschränkterem Umfang verlangt.[28]

Da somit auch für die Prüfung der Beständigkeit der Rechtsgestaltung und die Durchsetzung in einem ggf. folgenden gerichtlichen Verfahren die Ausrichtung an der Rechtsprechung entscheidend ist, muss sich der Vertragsjurist bereits bei der Gestaltung in die Rolle des Richters hineinversetzen und dementsprechend auch die juristische Methodik des Richters beherrschen.[29]

Innerhalb der Beurteilung von Rechtsfragen stellt sich dem Vertragsjuristen ein weiteres Problem, das in Gänze erst im nachfolgenden Abschnitt offenbar werden wird. Eine Vertragsgestaltung frei von jedem Risiko ist durch den Vertragsjuristen kaum zu leisten, jedoch muss er dem Mandanten dort Hilfe leisten, wo ihn eine ungünstige Entwicklung in rechtlicher oder tatsächlicher Hinsicht treffen kann. Innerhalb mehrerer rechtlich möglicher Gestaltungsalternativen muss der Vertragsjurist bei der Wahrnehmung der Interessen seines Mandanten stets den rechtlich relativ sichersten und am wenigsten gefährlichen Weg wählen.[30] Über verbleibende rechtliche Risiken und begründete Zweifel hat der Vertragsjurist den Mandanten aufzuklären, so dass der Mandant letztlich eine sachgerechte Entscheidung treffen kann.[31] Letztlich geht es darum, den Mandanten in rechtlicher und tatsächlicher Hinsicht so gut wie möglich aufzuklären und dadurch zu schützen. Wählt der Mandant dann bewusst – trotz entsprechender Aufklärung des Vertragsjuristen – einen risikoreicheren Weg, so ist dies ebenfalls Ausdruck einer selbstbestimmten Entscheidung, die er natürlich im Rahmen seiner Privatautonomie treffen kann.[32]

Der Grundsatz des sichersten Weges enthält naturgemäß auch das Erfordernis der Rechtssicherheit/-beständigkeit, d. h. der in Aussicht genommene Vertrag muss sich in den Grenzen des rechtlich Zulässigen halten.[33]

Ist der erstellte Vertragsentwurf nicht rechtssicher für den Mandanten, war die ganze Arbeit am Vertragsgestaltungsentwurf vergebens und es drohen ggf. sogar noch Regressansprüche seitens des Mandanten gegen den Vertragsjuristen.

Der Vertragsjurist ist aber nicht nur gehalten, einen rechtswirksamen Vertrag zustande zu bringen, sondern diesen auch so zu gestalten, dass sogar schon Auslegungszweifel und (absehbare) Rechtsstreitigkeiten vermieden werden, die das Interesse des Mandanten am Bestand des Vertrages gefährden könnten. Werden etwa Be-

---

[28] Vgl. *Koch*, in: Aderhold/Koch/Lenkaitis, Vertragsgestaltung, 32 m. w. N.

[29] Vgl. *Rittershaus/Teichmann*, Anwaltliche Vertragsgestaltung, 81 f. m. w. N.; *Koch*, in: Aderhold/Koch/Lenkaitis, Vertragsgestaltung, 32 m. w. N.; vgl. auch zum Plädoyer einer einheitlichen Juristenausbildung oben Abschn. 2.2.

[30] Vgl. ebenfalls in Anlehnung an die Anwaltshaftungsrechtsprechung *Heermann*, in: MüKoBGB IV, § 675 Rn. 29 mit Überblick über die Judikatur; vgl. *BGH*, Urt. v. 21.09.2000 – IX ZR 439/99; *BGH*, Urt. v. 17.12.1987 – IX ZR 41/86; siehe dazu auch *Borgmann*, in: Borgmann/Jungk/Schwaiger, Anwaltshaftung, 178 ff.; *Fahrendorf*, in: Rinsche/Fahrendorf/Terbille, Haftung des Rechtsanwalts, 182 ff.; *Vill*, in: Zugehör/G.Fischer/Vill/D.Fischer/Rinkler/Chab, Handbuch der Anwaltshaftung, 254 ff.; *Henssler*, JZ 1994, 178, 182; *BGH*, Urt. v. 25.06.1991 – X ZR 103/89.

[31] Vgl. *BGH*, Urt. v. 04.06.1996 – IX ZR 51/95; *BGH*, Urt. v. 17.12.1987 – IX ZR 41/86; *BGH*, Urt. v. 14.10.2010 – I ZR 212/08.

[32] Vgl. *Rehbinder*, Vertragsgestaltung, 36; *Junker/Kamanabrou*, Vertragsgestaltung, 13; *BGH*, Urt. v. 14.03.2007 – XII ZB 142/06.

[33] Vgl. *Medicus*, BGB AT, Rn. 465 ff; *Paulus/Zenker*, JuS 2001, 1 ff.; *Weber*, JuS 1989, 818, 819.

griffe im Vertragstext nicht einheitlich verwendet oder entgegen dem allgemeinen oder besonderen juristischen Sprachgebrauch, so kann hinsichtlich des konkreten Verständnisses Streit zwischen den Vertragsparteien entstehen.

Beispiel

Wird beispielsweise der sachenrechtlich definierte Besitz mit dem ebenfalls sachenrechtlich definierten Eigentum im Vertragstext verwechselt, bekommt der Vertrag und die hierin begründeten Pflichten ggf. einen ganz anderen Inhalt. Ist etwa mit einem Male im geregelten Mietverhältnis Vertragspartner A als Vermieter vertraglich definierter unmittelbarer Besitzer des Mietobjekts, obgleich B als Mieter den unmittelbaren Besitz ausüben soll, so wird dies unter Umständen zu Auslegungszweifeln und Rechtstreitigkeiten bezüglich bestimmter Vertragspflichten führen.

Nach alledem erkennen Sie, dass die Rechtsbeständigkeit und der Grundsatz des sichersten Weges ganz im Zentrum des Pflichtenkanons eines jeden Vertragsjuristen stehen müssen.

3.2.5 Zukunftstauglichkeit und Flexibilität

Dass die zu entwerfende vertragliche Gestaltung nicht nur zum Zeitpunkt des Vertragsschlusses rechtswirksam sein, sondern auch noch in der Zukunft Bestand haben muss, versteht sich nach der bisherigen Lektüre fast von selbst und wird sofort plausibel, wenn Sie allein an die Begründung eines Dauerschuldverhältnisses, wie etwa beispielsweise den Abschluss Ihres eigenen (regelmäßig unbefristeten) Wohnraummietvertrages denken, der in seinen Rechtsfolgen weit in die Zukunft wirkt. Schließlich ist es Wesen eines Dauerschuldverhältnisses, dass die hier begründeten Vertragspflichten der Parteien nicht durch einmaligen Austausch von Leistung und Gegenleistung (wie etwa beim Kauf- oder Werkvertrag) erfüllt werden, sondern durch ein dauerhaftes Verhalten oder wiederkehrende, sich über einen längeren Zeitraum erstreckenden Leistungspflichten, im Falle des Wohnraummietvertrages die Überlassung des Wohnraums auf Zeit gegen Zahlung des Mietzinses.

Unter dem Gesichtspunkt der Zukunftstauglichkeit muss also Ihre Vertragsgestaltung dem Maßstab der Rechtsprechung an deren Rechtswirksamkeit insgesamt und in Teilen nicht nur bis zum Zeitpunkt des Vertragsschlusses standhalten, sondern auch darüber hinaus. So können sich etwa die gesellschaftlichen Wertvorstellungen ändern und in der Folge, etwa über die Rechtsanwendung zivilrechtlicher Generalklauseln (beispielsweise §§ 242, 138 BGB), zu einem Wandel in der Rechtsprechung führen, was wiederum Auswirkung auf die Wirksamkeit, die einseitige Gestaltung oder die Auslegung von Verträgen haben kann.

Dieses Problem möchte ich Ihnen anhand des oben bereits vorgegebenen Beispiels eines Wohnraummietvertrages, im speziellen dessen Beendigung, veranschaulichen:

3.2 Überblick über die Kardinalpflichten der Vertragsgestaltung

Beispiel

Hatten Sie beispielsweise als Mieter in Ihrem Wohnraummietvertrag mit dem Vermieter vor dem am 1. September 2001 in Kraft getretenen Mietrechtsreformgesetz[34] eine mit dem bis dahin geltenden Wortlaut von § 565 Abs. 2 BGB a. F.[35] entsprechende ordentliche Kündigungsfrist von Mieter und Vermieter vereinbart, der Mietvertrag Ihres Wohnungsnachbarn enthielt jedoch einen bloßen Verweis auf die Regelung des § 565 Abs. 2 BGB a. F. (als dynamische Verweisung, z. B.: „Es gilt § 565 BGB."), so ergaben sich nach diesem Zeitpunkt – neben zahlreichen weiteren Fragen rund um die Durchführung des Mietverhältnisses – Fragen hinsichtlich dessen Beendigung insbesondere durch den Mieter, mithin nach den nunmehr geltenden Kündigungsfristen zugunsten des Mieters („Gilt die jetzige 3-Monatsfrist?"). Denn nach neuem Recht gelten zugunsten des Mieters kürzere, insoweit nicht dispositive Kündigungsfristen, § 573c Abs. 1, Abs. 4 BGB.

Die Frage, welche Kündigungsfristen bei Altmietverträgen gelten, ist in den Übergangsvorschriften geregelt.[36] Danach gelten die neuen gesetzlichen Kündigungsfristen nach Inkrafttreten des Mietrechtsreformgesetzes am 1. September 2001 grundsätzlich auch für Altmietverträge. Anderes gilt nur, wenn in den Altverträgen eine wirksame Vereinbarung[37] über (abweichende) Kündigungsfristen aufgenommen worden war. Eine Vereinbarung im Sinne der Übergangsvorschriften lag danach auch vor, wenn in einem Formularmietvertrag der alte Gesetzeswortlaut wörtlich oder sinngemäß wiedergegeben wurde.[38] Genau dies ist in dem gewählten Beispiel ja (fiktiv) in Ihrem aber nicht in dem Mietvertrag des Nachbarn geschehen.

---

[34] Gesetz zur Neugliederung, Vereinfachung und Reform des Mietrechts vom 19.06.2001, BGBl. I, S. 1149.

[35] § 565 Abs. 2 BGB a. F. lautet: „Bei einem Mietverhältnis über Wohnraum ist die Kündigung spätestens am dritten Werktag eines Kalendermonats für den Ablauf des übernächsten Monats zulässig. Nach fünf, acht und zehn Jahren seit der Überlassung des Wohnraums verlängert sich die Kündigungsfrist um jeweils drei Monate."

[36] Vgl. Art. 2 des Mietrechtsreformgesetzes vom 19.06.2001.

[37] Anm.: Eine solche Vereinbarung lag nach damaliger Ansicht zum einen vor, wenn die Parteien in zulässiger Weise Kündigungsfristen vereinbart haben, die von den seinerzeitigen gesetzlichen Kündigungsvorschriften abwichen, etwa – nach damaliger Ansicht – beiderseits längere Fristen als die bisherigen gesetzlichen, so besaß diese auch zukünftig noch Gültigkeit, zu den Kündigungsfristen in Altverträgen mit Verlängerungsklauseln vgl. *Gellwitzki*, in: 10 Jahre Mietrechtsreformgesetz, 803 ff.; vgl. zur jetzigen Rechtslage und zu den Möglichkeiten einer abweichenden Vereinbarung den kurzen Überblick bei *Teichmann*, in: Jauernig, BGB, § 573c Rn. 1 m. w. N.

[38] Vgl. zum Übergangsrecht und den zahlreichen Folgeproblemen *Mössner*, in: jurisPK-BGB, § 573c BGB Rn. 76 ff. m. w. N., dort auch Rn. 79 m. w. N.: „Eine solche vertragliche Einbeziehung ist zum einen bei der ausdrücklichen Wiedergabe der gesetzlichen Regelung im Mietvertrag, zum anderen bei einer so genannten statischen Verweisung (beispielsweise: „Es gilt BGB § 565 in der zum Zeitpunkt des Vertragsabschlusses geltenden Fassung.") anzunehmen. Dabei spielt es für Kündigungen, die vor dem 01.06.2005 zugegangen sind, keine Rolle, ob diese Vereinbarungen individualvertraglich oder durch Formularmietvertrag erfolgt sind. Eine vertragliche Vereinbarung im Sinne des für vor dem 01.06.2005 zugegangene Kündigungen maßgeblichen Übergangsrechts (Art. 229 § 3 Abs. 10 Satz 1 EGBGB) stellt es auch dar, wenn in einem Formularmietvertrag lediglich die vor dem 01.09.2001 einschlägigen gesetzlichen Kündigungsfristen wiedergegeben waren und sei es lediglich in einer im Text in Bezug genommenen Fußnote."

Ob hier nun die neue Frist des § 573 c Abs. 1 BGB (3 Monate) galt, war zunächst streitig und wurde von den Instanzengerichten unterschiedlich beurteilt, bis der Bundesgerichtshof am 18. Juni 2003 entschied, dass auch die wörtliche oder sinngemäße Wiedergabe der vor der Mietrechtsreform geltenden gesetzlichen Kündigungsfristen eine vertragliche Vereinbarung im Sinne der Übergangsvorschrift ist[39]. Diese Kündigungsfristen galten somit zunächst fort. Seit dem 1. Juni 2005[40] können Mieter, deren Formularmietverträge eine solche Klausel enthalten, aufgrund einer (weiteren) Gesetzesänderung immer mit einer dreimonatigen Frist den Vertrag kündigen. Die Wohndauer verlängert in diesen Fällen die Kündigungsfrist nicht mehr. Dies ergibt sich aus dem nunmehr geltenden Art. 229 § 3 Abs. 10 EGBGB. Im Ergebnis gilt also im (fiktiven) Beispiel bei Ihnen die dreimonatige Kündigungsfrist des § 573 c Abs. 1 S. 1 BGB n. F.

Allein anhand dieses (zugegeben doch recht umfangreichen) Beispiels erkennen Sie die diesbezüglich bestehenden Probleme der Vertragsgestaltung: Oftmals entscheiden einzelne Wörter über die Zukunftstauglichkeit von Vertragsentwürfen, teils lässt sich (auch unter objektiven Gesichtspunkten) nur schwer nachvollziehen, welchen Maßstab die Rechtsprechung künftig an Ihre vertragliche Gestaltung anlegen wird.

Auch ist auf weitgehende Flexibilität des Vertragsentwurfs zu achten: Oftmals wünschen sich die Parteien die Möglichkeit einer nachträglichen Anpassung der Vertragsverhältnisse an geänderte (rechtliche oder tatsächliche) Umstände[41]. Dem Richter stehen dazu ex post als gesetzliches Instrumentarium die Möglichkeiten der „ergänzenden Vertragsauslegung" (§§ 133, 157 BGB) oder des „Wegfalls der Geschäftsgrundlage" (§ 313 BGB) zur Verfügung. Hierauf kann und sollte sich der (gute) Vertragsjurist jedoch nicht verlassen, anderenfalls begäbe er sich in die teils schwer vorhersehbare gerichtliche Rechtsanwendung, die sich bildlich am ehesten mit der folgenden römischen „Juristenweisheit" beschreiben lässt: „Coram iudice et in alto mari sumus in manu dei."[42] Welche Wege und Mittel es hier gibt, erläutere ich Ihnen in Kap. 4.

---

[39] Vgl. *BGH*, Urt. v. 18.06.2003 – VIII ZR 339/02 m. w. N. auf die Instanzenrechtsprechung. Anm.: Nach Art. 229 § 3 Abs. 10 EGBGB in der Fassung des Mietrechtsreformgesetzes vom 19.06.2001 – heute Art. 229 § 3 Abs. 10 Satz 1 EGBGB – findet § 573c Abs. 4 BGB keine Anwendung auf Kündigungsfristen, die vor dem 01.09.2001 wirksam durch Vertrag vereinbart worden sind.

[40] „Mit Art. 1 des Gesetzes zur Änderung des Einführungsgesetzes zum Bürgerlichen Gesetzbuche vom 26.05.2005 ist auf die Initiative der Bundesregierung Art. 229 § 3 Abs. 10 EGBGB ein zweiter Satz angefügt worden, wonach eine vertragliche Vereinbarung von Kündigungsfristen im Sinne von Art. 229 § 3 Abs. 10 Satz 1 EGBGB für Kündigungen, die ab dem 01.06.2005 zugehen, nicht vorliegt, wenn die vor der Mietrechtsreform gemäß § 565 Abs. 2 Satz 1 BGB a. F. und § 565 Abs. 2 Satz 2 BGB a. F. geltenden Fristen lediglich formularvertraglich vereinbart wurden." *Mössner*, in: jurisPK-BGB, § 573c BGB Rn. 84 m. w. N.

[41] Anm.: Hierbei kann es sich um äußere oder auf Ebene der Parteien liegende Umstände handeln.

[42] Zu Deutsch: „Vor Gericht und auf hoher See sind wir in Gottes Hand." Hierbei handelt es sich wohl mehr um einen Spott als eine Weisheit. Jedenfalls sollte dies wahrhaftig nicht Ihr Ziel als guter Vertragsjurist bei der Vertragsgestaltung sein … .

3.3 Nebenpflichten der Vertragsgestaltung

Neben den vorgenannten Kardinalpflichten verdienen die im Weiteren genannten Aspekte gleichfalls besondere Beachtung, wenngleich diese im Wesentlichen dem Gebot der Wirtschaftlichkeit entspringen und somit nicht allein der Verantwortung des Vertragsjuristen übertragen sein können.

3.3.1 Wirtschaftliches Denken

Dass hinter den Zielen des Mandanten, die es im Wege der Vertragsgestaltung durch den Vertragsjuristen umzusetzen gilt, regelmäßig wirtschaftliche Interessen stehen, und dementsprechend auch ein gewisses Maß an wirtschaftlichem und steuerlichem Sachverstand erforderlich ist, um einen guten Vertragsjuristen abzugeben, hatte ich Ihnen bereits in Kap. 2 aufgezeigt. Als „Nebenpflicht" der Gestaltung – schließlich wird der Vertragsjurist ja auch primär für seine juristische Arbeit, nämlich eine Rechtsgestaltung, vergütet, wohingegen wirtschaftliche Fragestellungen im Mittelpunkt anderer Berater stehen – muss es für ihn jedoch gleichfalls geboten sein und ist dementsprechend ebenfalls geschuldet, auf die Wirtschaftlichkeit, wie etwa Kosten und Praktikabilität, der Gestaltung zu achten.[43]

3.3.2 Kostengünstigkeit der Gestaltung

Ein Vertragsentwurf sollte als Gebot der Wirtschaftlichkeit auch möglichst kostengünstig sein. Insbesondere sollte der Vertragsjurist unnötige Vertrags- und Vertragsfolgekosten zu vermeiden suchen.

Die direkt mit der Umsetzung des Vertrages verbundenen Kosten bezeichnet man als Primärkosten des Vertrages. Diese sollten von dem Vertragsjuristen stets genau im Auge behalten werden: Es handelt sich hierbei im Wesentlichen um die unmittelbaren Kosten der Leistungspflichten beziehungsweise des Leitungsaustauschs, die Beratungs- und Vollzugskosten, insbesondere Steuern und Gebühren.

Die letztlich gefundene vertragliche Gestaltung sollte sich auch in die vorhandenen Gestaltungen und geschäftlichen Verfahrensweisen der Parteien einfügen, so dass durch die Umsetzung des Vertrages kein unvertretbarer Kostenaufwand entsteht (sog. Sekundärkosten oder auch Vertragsfolgekosten; vgl. hierzu auch die Ausführungen zur Vertragsdurchführung in Abschn. 4.3.4).

3.3.3 Praktikabilität

Die vertragliche Gestaltung sollte zudem auch „praktikabel" sein, d. h. der Vertragsgestaltungsentwurf und die hierin enthaltenen Einzelregelungen dürfen nicht so

---

[43] Vgl. *Koch*, in: Aderhold/Koch/Lenkaitis, Vertragsgestaltung, 36.

kompliziert sein, dass ihre Anwendung in der praktischen Umsetzung auf Schwierigkeiten stößt. Diese können sprachlicher Natur sein. Hierbei ist der Empfängerhorizont zu beachten, d. h. dass ein Vertrag zwischen Unternehmen mit entsprechend großer und erfahrener Rechtsabteilung keine laienspezifischen Formulierungen aufzuweisen braucht, umgekehrt aber ein Vertrag, an dem nur juristische Laien beteiligt sind, eine weitestgehende Verständlichkeit sowohl in der Struktur als auch in der Sprache aufweisen sollte.

Andererseits darf die praktische Umsetzung auch nicht an den tatsächlichen Strukturen der Vertragsparteien scheitern. Wird also im Rahmen der Vertragsabwicklung, etwa zur Meldung eines bestimmten Vertragsstandes, des Vollzugs bestimmter Leistungen o. ä., das Vorhandensein bestimmter (tatsächlich nicht existierender) Strukturen vorausgesetzt, so muss sich der Vertragsjurist von der tatsächlichen Durchführbarkeit seines Gestaltungsentwurfs im Vorfeld überzeugen.

3.4 Rechtliche Belehrung und Beratung

Rechtliche Belehrung und Beratung bilden das eigentliche juristische Kernstück der Vertragsgestaltung, denn schließlich ist die konkrete Vertragsgestaltung die Verwirklichung und der Ausdruck des infolge Belehrung und Beratung erklärten Parteiwillens.[44] Beide Hilfestellungen sind zu jedem Zeitpunkt der Gestaltung relevant[45] und müssen umfassend und erschöpfend erfolgen, soweit der Mandant nicht eindeutig zu erkennen gibt, dass er nur in einem bestimmten Bereich oder in einer bestimmten Richtung des Rates bedarf[46]. Die Abgrenzung dieser beiden Hilfestellungen für den Mandanten ist „schwierig und nicht immer möglich, weil sie in der Praxis ineinander übergreifen"[47]. Dabei ist „Belehrung" die Erläuterung der rechtlichen Bedeutung und Tragweite einer Gestaltung, während „Beratung" als Optimierung der Gestaltung durch Darstellung der verschiedenen Handlungsmöglichkeiten zu verstehen ist.

Ausgehend vom festgestellten Sachverhalt geht es bei der Belehrung um die rechtliche Aufklärung der Beteiligten über das betreffende Rechtsgeschäft hinsichtlich seiner Voraussetzungen, Abhängigkeiten, Rechtsfolgen und der damit verbundenen Gefahren.[48] So sind etwa mit der in Aussicht genommenen Gestaltung verbundene rechtliche Fehlvorstellungen zu beseitigen oder ergänzende Hinweise vorzunehmen. Der Belehrung kommt insofern – wertungsfrei – sowohl erklärende wie auch warnende Wirkung bei.

---

[44] Vgl. auch mit der Abgrenzung der Beratung als vertraglich geschuldeter Primär- und der Belehrung als Nebenpflicht *Vill*, in: Zugehör/G.Fischer/Vill/D.Fischer/Rinkler/Chab, Handbuch der Anwaltshaftung, 321.
[45] Zu den einzelnen Stadien vgl. im Folgenden unter Abschn. 3.5.2.
[46] Vgl. *Heermann*, in: MüKoBGB IV, § 675 Rn. 29 mit Überblick über die Judikatur.
[47] *Koch*, in: Aderhold/Koch/Lenkaitis, Vertragsgestaltung, 37 f.
[48] Vgl. *Rittershaus/Teichmann*, Anwaltliche Vertragsgestaltung, 76 m. w. N.; *Koch*, in: Aderhold/Koch/Lenkaitis, Vertragsgestaltung, 38 vgl. dazu auch im Folgenden.

Bei der Beratung geht es demgegenüber bereits um die „Mitwirkung an der Willensbildung des Mandanten auf der Suche nach der richtigen Gestaltung"[49]. Sie beinhaltet das Suchen nach Möglichkeiten und Alternativen sowie das Aufzeigen und Bewerten bestimmter Optionen mit all ihren Vor- und Nachteilen, Chancen und Risiken vor dem Hintergrund des angestrebten Regelungsziels und schließt begriffsnotwendig die Belehrung mit ein.[50] Am Ende der Beratung soll der Mandant in die Lage versetzt sein, eigenverantwortlich und sachgerecht über Art, Inhalt und Umfang der Verfolgung seiner Interessen zu entscheiden. Obgleich der Beratung des Vertragsjuristen nur unterstützende Funktion bei der privatautonomen Entscheidung über den Vertragsabschluss zukommen soll, bleibt der Inhalt seiner Beratung nicht ohne Einfluss auf den Willen des Mandanten, fehlt diesem doch häufig der vollständige Überblick über die Gesamtmaterie und alle betroffenen rechtlichen Probleme, derentwegen er schließlich Rat beim Juristen sucht. In diesem Kontext kann man auch von der „rechtsleitenden Funktion" des Kautelarjuristen sprechen.

3.5 Überblick über die methodische Vorgehensweise

3.5.1 Ableitung einer (vorläufigen) Struktur der Vertragsgestaltung aufgrund der bis hierher gewonnenen Erkenntnisse

Aufgrund der vorausgegangenen Darstellung sind Sie selbst bereits in der Lage, eine vorläufige Struktur der Vertragsgestaltung für die Fallbearbeitung an der Hochschule oder die spätere berufspraktische Tätigkeit als Vertragsjurist zu entwickeln, die ich im Nachfolgenden noch weiterentwickeln werde:

Sie haben die Vertragsgestaltung als zielgerichtete Entscheidungsfindung kennengelernt, bei der der Vertragsjurist einem Zweckprogramm folgt. Somit müssen Sie als Erstes das Ziel Ihrer (weiteren) Tätigkeit ermitteln. Die Zielvorgabe kann nur der Mandant liefern, in seinem Interesse werden Sie tätig, seine Sachziele sind somit die Leitlinie Ihrer Vertragsgestaltung.[51] Dabei gibt der Mandant die tatsächlichen Ziele vor, der Vertragsjurist hat sich dann Gedanken um die Art und Weise der Umsetzung mit rechtlichen Mitteln zu machen. Hierbei müssen die Sachziele des Mandanten also in Rechtsziele transformiert werden[52]. Es geht also in dieser Phase der Vertragsgestaltung darum, das Regelungsziel tatsächlich und sodann rechtlich zu ermitteln, dabei ist die Informationsgewinnung für die eigentliche juristische

---

[49] *Rittershaus/Teichmann*, Anwaltliche Vertragsgestaltung, 76 mit Verweis auf *Langenfeld*, Vertragsgestaltung, 49.
[50] Vgl. *Koch*, in: Aderhold/Koch/Lenkaitis, Vertragsgestaltung, 38.
[51] Vgl. etwa das 6-Phasen-Modell bei *Rittershaus/Teichmann*, Anwaltliche Vertragsgestaltung, 90 ff. m. w. N.
[52] Vgl. etwa *Rittershaus/Teichmann*, Anwaltliche Vertragsgestaltung, 96 f., die diese Tätigkeit aber bereits Phase 2 zuordnen.

Leistung, nämlich die Definition des Rechtsziels, Voraussetzung und wird von dem Vertragsjuristen sachgedanklich mit erwartet („1. Schritt").

Im nächsten Schritt – denken Sie bitte an die Ausführungen zur betriebswirtschaftlichen Entscheidungslehre zurück[53] – müssen Sie den Soll-Zustand, also das Regelungsziel, mit dem Ist-Zustand, also der bestehenden Rechtslage, vergleichen, um den Regelungsbedarf festzustellen. Denn nicht immer bedarf es einer individuellen Gestaltung, um das gewünschte Ziel zu erreichen. Für die Erreichung manches Regelungsziels genügt unter Umständen bereits die bestehende Rechtslage („2. Schritt").

Anhand des Vergleichs der bestehenden Rechtslage mit dem angestrebten Regelungsziel zeigt sich dann, ob und inwieweit ein Gestaltungsbedarf besteht. Soweit ein Gestaltungsbedarf besteht, beginnt dann die Prüfung von Gestaltungsmöglichkeiten unter Abwägung der jeweiligen Vor- und Nachteile[54] („3. Schritt").

Nach Abwägung der Vor- und Nachteile der verschiedenen Gestaltungsmöglichkeiten ist der vom Mandanten gewählte Weg in einem Gestaltungsvorschlag auszuformulieren („4. Schritt").

3.5.2 Zusammenfassender Überblick über die Grundschritte der Vertragsgestaltung („Prüfungsschema")

Danach ergibt sich im Überblick die unten stehende Prüfungsabfolge, die Sie bei der Vertragsgestaltung zu durchlaufen haben (Abb. 3.1).[55]

---

[53] Vgl. oben Abschn. 2.5.4.3.

[54] Vgl. etwa *Ulrici*, Rechtsgestaltung, 9 ff. (4-Phasen-Modell); vgl. auch *Rittershaus/Teichmann*, Anwaltliche Vertragsgestaltung, 97 ff., die dieser Tätigkeit allerdings insgesamt drei Phasen zuordnen.

[55] Vgl. zur Prüfungsfolge, die mit unterschiedlicher Akzentuierung und Detailtiefe insgesamt jedoch ähnlich gesehen wird, *Rittershaus/Teichmann*, Anwaltliche Vertragsgestaltung, 90 ff. (6-Phasen-Modell); *Koch*, in: Aderhold/Koch/Lenkaitis, Vertragsgestaltung, 40 ff.; *Ulrici*, Rechtsgestaltung, 9 ff. (4-Phasen-Modell); *Teichmann*, JuS 2001, 973, 977 ff. (6-Phasen-Modell) mit Verweis auf die Vorarbeiten zu dieser Prüfungsfolge in der Literatur durch *Hommelhoff/Hillers*, Jura 1983, 592, 593 ff., und *Hommelhoff/Teichmann*, Der Fachanwalt für Steuerrecht im Rechtswesen 1999, 537, 546 ff. Ausf. *Rittershaus/Teichmann*, Anwaltliche Vertragsgestaltung, 95 ff. Vergleichbarer Aufbau des Gedankenganges auch bei *Willemsen*, Jura 1999, 83, 84 ff. Verschiedene Stimmen der Literatur äußern sich skeptisch gegenüber dem Versuch, für Aufgaben der Vertragsgestaltung einen allgemein gültigen Aufbau zu finden (*Schwarzmann*, JuS 1972, 79, 81; *Rehbinder*, Vertragsgestaltung, 107, und ders., ebda, 6, mit dem Argument, eine Trennung der Phasen der Vertragsgestaltung sei nicht möglich). Vgl. zur Auseinandersetzung mit diesen Argumenten *Rittershaus/Teichmann*, Anwaltliche Vertragsgestaltung, 90 ff. a. A. beispielsweise *Junker/Kamanabrou*, Vertragsgestaltung, 5 ff., die gänzlich anders zugeschnittene Denkschritte der Vertragsgestaltung ansetzen.

3.5 Überblick über die methodische Vorgehensweise

1 Ermittlung des Regelungsziels
- Sachziele und Interessen des Mandanten: „Was will der Mandant erreichen?"
- Informationsgewinnung: Sachverhaltsaufklärung („Aufklärung der tatsächlichen Umstände")
- Transformation in Rechtsziele

2 Feststellung des Regelungsbedarfs
- Bestehende Rechtslage klären
- Vergleich mit Regelungszielen

3 Umsetzung des Regelungsbedarfs
- Gesetzliche Gestaltungsmöglichkeiten Zulässigkeit geeigneter Gestaltungen
- Feststellung der gesetzlichen Gestaltungsgrenzen
- Auswahl unter mehreren Gestaltungen

4 Ausformulierung der Gestaltung

Abb. 3.1 Schritte der Vertragsgestaltung

3.6 Methodische Vorgehensweise im Einzelnen

3.6.1 Vertragsgestaltung – ein dynamischer Prozess

Im Folgenden stelle ich Ihnen die methodische Vorgehensweise der Vertragsgestaltung anhand der einzelnen notwendigen Schritte hin zu einem fertigen Vertragswerk dar. Die hier gewählte methodisch geordnete Darstellung folgt zwar denklogischen Gesetzmäßigkeiten. Dies darf jedoch nicht darüber hinwegtäuschen, dass es sich nicht um eine strikte Reihenfolge im Sinne eines „strengen Nacheinanders" handelt. Viele der hier nacheinander dargestellten Prozesse sind aufgrund ihrer Wechselbeziehungen gleichzeitig oder auch mehrfach zu durchlaufen. Dies ist etwa dann der Fall, wenn sich im Laufe der kautelarjuristischen Beratung neue tatsächliche oder rechtliche Aspekte auftun. Erforderlich ist hier ein steter Wechselblick über das bislang „Erreichte" („Was ist bereits hinreichend geregelt?") und das (gegebenenfalls auch aufgrund veränderter Prämissen) noch zu „Erreichende" („Was ist noch zu regeln?").

> **Beispiel**
>
> So kann beispielsweise bereits die Aufklärung des der Gestaltung zugrunde zu legenden Sachverhaltes zu einer Änderung der Sachziele führen, weil der Mandant sich unter Umständen erst hier seiner eigenen Situation beziehungsweise Motivation gewahr wird.

Auch kann die Belehrung und Beratung des Vertragsjuristen im Rahmen seiner „rechtsleitenden Funktion" den Willen des Mandanten derart beeinflussen, dass etwa die Sachziele neu definiert werden müssen.

> **Beispiel**
>
> Denken Sie beispielsweise an eine dem Vertragsjuristen bislang nicht bekannte Verwandtschaftsbeziehung, wie etwa ein uneheliches Kind eines der beiden Erblasser, die bei der Erstellung eines gemeinschaftlichen Testaments zweier Ehegatten zu einer Anpassung der Sachziele führen kann beziehungsweise sogar muss (beispielsweise Berücksichtigung von Pflichtteilsansprüchen).

Denkbar und in der Praxis durchaus häufig anzutreffen ist etwa auch folgende Situation:

Der Vertragsschluss scheitert nach Ausarbeitung des Vertragsentwurfs am Widerstand der anderen Vertragspartei bezüglich einzelner Reglungsgegenstände. Dann ist hier unter Umständen eine spätere Anpassung des Sachzieles zwingend notwendig, um überhaupt noch einen Vertragsschluss herbeizuführen.

Wie Sie anhand dieser Beispiele bereits sehen, stellt die Entwicklung eines Vertragswerkes einen dynamischen Prozess dar, der fortlaufender Kontrolle und (gegebenenfalls) Überarbeitung bedarf.[56]

---

[56] Vgl. *Koch*, in: Aderhold/Koch/Lenkaitis, Vertragsgestaltung, 40; anschaulich *Schollen*, DNotZ 1977, Sonderheft zum 20. Deutschen Notartag, 28, 35; *Rehbinder*, Vertragsgestaltung, 6; *Junker/*

▶ **Tipp** Ich werde den nachfolgenden Prozess anschaulich mit der Errichtung eines Hauses vergleichen und Ihnen abschließend im Rahmen des Resümees nochmals das vollständige Bild des von Ihnen im Rahmen der methodisch geleiteten Vertragsgestaltung Schritt für Schritt errichteten Bauwerkes vor Augen führen. Genau wie bei der Errichtung eines Hauses folgt auch die Vertragsgestaltung einem festen Plan. Sie können bei der Errichtung eines Hauses nicht mit dem Dach beginnen oder ein Fertighaus auf einem (statisch) unzureichenden Grund oder ohne Fundament errichten. Genauso verhält es sich bildlich gesprochen mit der Vertragsgestaltung, die ich Ihnen nun Schritt für Schritt in ihrer grundsätzlichen Ablaufplanung erläutern werde.

3.6.2 Ermittlung des Regelungsziels

3.6.2.1 Ermittlung der Sachziele, Abgrenzung zu Rechtszielen

Um eine rechtliche Gestaltung überhaupt entwickeln zu können, muss zunächst das zu erreichende Vertragsziel („zu entwickelnder Soll-Zustand in der Laiensphäre") durch Befragung des Mandanten ermittelt werden. Dabei ist das eigentliche Vertragsziel des Mandanten niemals juristischer Art[57], sondern stellt stets ein persönliches oder wirtschaftliches Bedürfnis oder einen persönlichen oder wirtschaftlichen Wunsch des Mandanten dar, den es durch die vertragliche Gestaltung zu erfüllen gilt[58]. Somit steht in der Eingangsphase der Gestaltung zunächst nicht das Recht selbst, sondern es stehen die Sachziele im Mittelpunkt Ihrer Betrachtung. Das Recht gibt lediglich die Wege und Grenzen der Verwirklichung dieser Sachziele an.[59]

Daher müssen im ersten Schritt die Sachziele des Mandanten im Wege der Informationsgewinnung, primär im Gespräch mit dem Mandanten, ermittelt und sodann in Rechtsziele, d. h. in rechtliche Kategorien dieser Sachziele, übertragen werden. Die saubere Trennung von Sach- und Rechtsziel ist unerlässlich, schließlich obliegt dem Vertragsjuristen sowohl die Informationsermittlung als auch die Rechtsanwendung.[60] Erfolgt in dieser Eingangsphase der Vertragsgestaltung keine saubere Trennung zwischen der Sach- und Rechtsebene, besteht eine immens große Gefahr, in eine „Kluft von Sachverhalt und Norm" zu fallen und etwa aufgrund bereits erfolgter Subsumtion des Mandanten, d. h. eigenständiger (gegebenenfalls auch nur teilweiser) Transformation seiner Sach- in Rechtsziele, die zur Erreichung seiner

---

Kamanabrou, Vertragsgestaltung, 8; *Brambring*, JuS 1985, 380, 383.
[57] Vgl. *Zankl*, Die anwaltliche Praxis in Vertragssachen, 59.
[58] Wie diese umgesetzt werden, ist schließlich Aufgabe des Vertragsjuristen. Vgl. hierzu auch *Teichmann*, JuS 2001, 973, 977, vgl. dazu auch im Folgenden.
[59] Vgl. *Rehbinder*, AcP 174 (1974), 265, 266.
[60] Anm.: Auch wenn die Unterscheidung von Sach- und Rechtszielen in vielen Fällen künstlich erscheinen mag, so ist sie doch notwendig, da der Vertragsjurist nur für seine rechtliche Gestaltung einzustehen hat, nicht jedoch für außerrechtliche Einflüsse, die das Sachziel selbst bei im Übrigen hervorragender rechtlicher Gestaltung zunichtemachen können. Schließlich kann er nicht dafür verantwortlich sein, ob die wirtschaftlichen, sozialen oder ideellen Ziele des Mandanten tatsächlich erreicht werden, vgl. *Teichmann* JuS 2001, 973, 977.

eigentlichen Sachziele notwendigen tatsächlichen Informationen nicht (vollständig) zu ermitteln, was zu Fehlern in der weiteren Gestaltung führen kann und regelmäßig auch wird.[61]

Die (gedankliche) Eingangsfrage des Vertragsjuristen ist somit frei von jeder rechtlichen Terminologie zu definieren[62] – was angesichts der juristischen Vorbildung des Vertragsjuristen und der Neigung zur sofortigen rechtlichen Kategorisierung einige Disziplin erfordert – und lautet somit: „Was will mein Mandant erreichen?"

Die weitere (gedankliche) Frage des Vertragsjuristen ist sodann darauf gerichtet, einen rechtliche Weg zur Umsetzung und Erreichung des Sachzieles zu finden, der einen bestimmten rechtlichen Zustand herbeiführt („Rechtsziel"), und muss somit lauten: „Welchen rechtlichen Zustand will mein Mandant im Hinblick auf das angestrebte Sachziel erreichen?"

Bildlich gesprochen wird in der ersten Phase Ihres Hausbaus das zu bebauende Grundstück ausgewählt, an dieser Stelle der Baugrund bereitet und ein Fundament für das zu errichtende Haus gelegt. Dabei wäre bildlich gesprochen die Vorgabe des Mandanten „Einfamilienhaus auf einem Seegrundstück" die Sachzielvorgabe, die Sie als Architekt umsetzen, indem Sie dieses entsprechend der weiteren Interessen technisch planen und in der Bauphase bis zur Fertigstellung betreuen müssen (Abb. 3.2).

Abb. 3.2 Hausbau (Teil 1) Grundstücksauswahl und Fundament

3.6.2.2 Bedeutung der Informationsgewinnung

Damit kommt der Informationsgewinnung für die Vertragsgestaltung überragende Bedeutung zu. Sie bezieht sich auf Ziele, Vorstellungen und Wünsche der Beteiligten und auf die tatsächlichen Umstände, denen die Vertragsgestaltung zur Zweckverwirklichung und Störfallvorsorge Rechnung zu tragen hat, und bildet bildlich gesprochen den „Untergrund" und das „Fundament" der Gestaltung[63]. Baut die weitere Vertragsgestaltung, d. h. bildlich gesprochen also die „Wände, Decken und das Dach des Vertragsgebäudes", auf falschen Informationen, also einem unzureichenden, „rissigen Fundament", auf, so wird trotz gegebenenfalls rein rechtlich hervorragender (weiterer) Gestaltungsarbeit das Sachziel des Mandanten, bildlich gesprochen ein „standfestes Haus", nicht erreicht, da das „rissige Fundament" „die Wände, Decken und das Dach" nicht tragen wird.

---

[61] Vgl. *Rittershaus/Teichmann*, Anwaltliche Vertragsgestaltung, 93 f. Ihnen dürfte das Problem bezogen auf die erlernte juristische Methodik (des Richters) im Rahmen von angefertigten Gutachten etwa unter dem Stichwort „Sachverhaltsquetsche" geläufig sein, d. h. der unzureichenden Auswertung des dem Gutachten zugrunde zu legenden Sachverhalts.

[62] Vgl. *Rittershaus/Teichmann*, Anwaltliche Vertragsgestaltung, 93.

[63] *Koch*, in: Aderhold/Koch/Lenkaitis, Vertragsgestaltung, 40; *Fahrendorf*, in: Rinsche/Fahrendorf/Terbille, Haftung des Rechtsanwalts, 142; vgl. hierzu auch *Hellwig*, in: Hommelhoff/Müller-Graff/Ulmer, Die Praxis der rechtsberatenden Berufe, 59, 62, nach dem die Arbeit am Sachverhalt 80 % der Arbeit des gesellschaftsrechtlich beratenden Anwalts ausmache.

3.6 Methodische Vorgehensweise im Einzelnen

Für den Vertragsjuristen sind in tatsächlicher Hinsicht grob folgende Informationen maßgeblich:

- Kenntnis der Sachziele und Interessen des Mandanten
- Kenntnis der tatsächlichen Umstände

Dabei stellt das Sachziel des Mandanten den Hauptzweck („Welche Art von Vertrag ist zu entwerfen?"), seine Interessen die Nebenzwecke, die im Zusammenhang mit dem Hauptzweck verfolgt werden und diesem zwar grundsätzlich untergeordnet sind, aber letztlich über die Auswahl zwischen verschiedenen Gestaltungen entscheiden (können), dar.[64] Hierzu zählen auch mögliche zukünftige Störungsquellen, an denen auch bereits in dieser Phase Informationsbedarf besteht.[65]

Hieraus folgt auch die im folgenden Abschnitt (dazu unter Abschn. 3.6.4.3 und 3.6.4.4) im Einzelnen darzustellende Zweiteilung der Vertragsplanung in die Erfüllungsplanung, die der Erreichung der Sachziele dient, und die Risikoplanung, die sicherstellen soll, dass die Interessen des Mandanten weitestmöglich gewahrt bleiben.[66]

3.6.2.3 Art und Weise der Informationsermittlung

Umfang, Inhalt sowie Art und Weise der Informationsermittlung richten sich stets nach den konkreten Umständen des Einzelfalls, insbesondere nach Mandatsinhalt und -umfang.[67] So müssen in der Regel bei weniger komplexen Mandatsstrukturen wesentlich weniger Informationen zusammengetragen werden als in hochkomplexen Strukturen oder Situationen (vgl. dazu das abschließende Beispiel zur Informationsgewinnung unter Abschn. 3.6.2.5). Wichtig ist auch hier wieder, dass Sie die folgenden Grundstrukturen verinnerlichen, mit denen Sie auch in sehr komplexen Strukturen „einen kühlen Kopf behalten" und die zur Gestaltung notwendigen Informationen systematisch ermitteln.

3.6.2.3.1 Informationsquellen

Die rechtlich relevanten Tatsachen sind vollständig zu ermitteln, insbesondere durch

- Gespräche mit den Beteiligten, primär dem eigenen Mandanten, entscheidend hierbei ist die Klärung von
  - Art und Umfang (wie etwa Gegenleistung: ja/nein?) sowie
  - Risiken (wie etwa im Hinblick auf Rechtsformwahl und Haftungsbeschränkung, Verwendungszweck)

  der zu gestaltenden Rechtsgeschäfte,
- Einsichtnahme in öffentliche Register (wie etwa das Handelsregister, Grundbuch[68]),

---

[64] Vgl. hierzu ausführlich unter Abschn. 3.6.4.3 und Abschn. 3.6.4.4; vgl. auch *Rittershaus/Teichmann*, Anwaltliche Vertragsgestaltung, 95 f. m. w. N.
[65] *Junker/Kamanabrou*, Vertragsgestaltung, 8.
[66] Vgl. *Rittershaus/Teichmann*, Anwaltliche Vertragsgestaltung, 96 m. w. N.
[67] Vgl. etwa *Koch*, in: Aderhold/Koch/Lenkaitis, Vertragsgestaltung, 44 ff.
[68] Vgl. Sie diesbezüglich etwa für den Notar die Pflicht gem. § 21 BeurkG.

- Einsichtnahme in sonstige Materialien (nicht zwingend im Eigentum beziehungsweise Besitz des Mandanten) mit primär rechtlicher Tragweite (wie etwa Erbschein, Testamentsvollstreckerzeugnis),
- Einsichtnahme in sonstige Materialien des Mandanten mit primär wirtschaftlicher Tragweite (wie etwa Buchführungs-/Bilanzierungsunterlagen),
- Einschaltung Dritter, etwa von Wirtschaftsprüfern, Steuer- oder Unternehmensberatern oder Sachverständigen (wie etwa für Marktanalysen, Bonitätsauskünfte),
- Ortsbesichtigungen und/oder
- Checklisten[69].

3.6.2.3.2 Überblick über Inhalt und Struktur

Entscheidendes Instrumentarium für den Vertragsjuristen bei der Erlangung der zur Gestaltung notwendigen Informationen ist das „richtige Fragen", um sich ein umfassendes Bild über die Ausgangssituation zu verschaffen.[70] Dabei hängt der Erfolg neben Inhalt und Struktur der gestellten Fragen insbesondere von der Art und Weise der Gesprächsführung mit dem Mandanten ab.[71] Die Gestaltung dieses Prozesses obliegt Ihnen als Vertragsjuristen, so dass Sie naturgemäß auch die Gesprächsleitung übernehmen müssen. Während Sie regelmäßig in einer ersten (Eingangs-) Phase durch bloßes Zuhören und allgemeine Fragen sich zunächst einen Überblick verschaffen, sollten Sie in einer zweiten Phase Ihres Gespräches durch gezieltes Fragen (und strukturiertes Denken) alle für die umfassende vertragliche Regelung notwendigen Umstände aufklären. Vermeiden Sie so auch lästiges Nachfragen beim Mandanten. Hierfür empfiehlt sich, sofern dies in der konkreten Situation möglich ist, die Verwendung einer Checkliste.[72]

3.6.2.3.3 Zielfokussierung

Sachgedanklich müssen Sie als Vertragsjurist – aufgrund der geschilderten Wechselwirkung von Sach- und Rechtsziel – bereits bei der Informationsermittlung das „Regelungsziel" vor Augen haben. Nur so können Sie von Anfang an zielgerichtet die zu dessen Umsetzung notwendigen Informationen herausfiltern.[73] Dementsprechend müssen Sie in dieser frühen Phase stets auch die rechtlichen Rahmenbedingungen (sachgedanklich) mit ermitteln, so dass hier bereits die erste Rechtsanwendung erfolgt.

Die strikte Sachzielorientierung stellt an Sie methodisch zwei gedankliche Anforderungen: „Behandlung aller klärungsbedürftigen Fragen" und „Beschränkung auf das Notwendige". Sie sollten sich somit „bei jedem Schritt der Mandatsbearbeitung die Frage vorlegen: ‚Ist dieser Arbeitsschritt erforderlich, um meinen Mandan-

---

[69] Anm.: Sie dienen der Selbstkontrolle und Übersichtlichkeit. Bezüglich ihrer sachgerechten Verwendung in der Praxis gebe ich Ihnen nachfolgend, insbesondere in Kap. 4, wertvolle Hinweise.

[70] Vgl. etwa *Schmittat*, Einführung in die Vertragsgestaltung, 21 ff.

[71] Vgl. etwa *Koch*, in: Aderhold/Koch/Lenkaitis, Vertragsgestaltung, 41 ff. vgl. dazu auch im Folgenden.

[72] Vgl. hierzu auch die Hinweise in Kap. 4; vgl. hierzu aber etwa auch *Schmittat*, Einführung in die Vertragsgestaltung, 22.

[73] Vgl. *Koch*, in: Aderhold/Koch/Lenkaitis, Vertragsgestaltung, 41, vgl. dazu auch im Folgenden.

ten seinen Sachzielen näher zu bringen?' Alle Überlegungen, die von diesem Pfad der Tugend abweichen, sind überflüssig. Aus diesem Grund ist die Ermittlung der Sachziele methodisch vorrangig vor allen anderen Fragen."[74],[75]

Ich möchte Sie an dieser Stelle vor übertriebener Angst vor diesem Arbeitsschritt beruhigen. Der streitentscheidende Richter steht bei der Abfassung seines Urteiles vor keiner wesentlich anderen Herausforderung: Er filtert aus den umfangreichen Schriftsätzen der Parteien diejenigen Informationen heraus, auf denen seine (rechtliche) Entscheidung tatsächlich beruht, d. h. er nimmt nur den schlüssigen Klagevortrag, den erheblichen Beklagtenvortrag etc. in seine Entscheidung auf. Alles andere kann er letztlich bei der Erfassung des Tatbestandes außen vor lassen. Trägt also der Kläger, der als Vermieter eine Mietforderung gegen den beklagten Mieter geltend macht, in einem mehrseitigen Schriftsatz zu seiner Orchideensammlung vor, die in keinerlei Zusammenhang zur Klageforderung steht, so sind diese Punkte bei der Darstellung des Tatbestandes im Urteil nicht aufzuführen.

So müssen Sie als Vertragsjurist grundsätzlich auch verfahren, allerdings zunächst mit einem wesentlichen Unterschied: Der von Ihnen zu ermittelnde Sachverhalt entwickelt sich fort, er ist dynamisch, nicht abgeschlossen. So kann etwa eine von Ihnen vorläufig vorgenommene rechtliche Bewertung des Ausgangssachverhaltes zu einer Veränderung der Sachziele führen, so dass Sie sich auch im Rahmen der (weiteren) Sachverhaltsermittlung auf andere tatsächliche Aspekte fokussieren müssen als zuvor.[76]

Obgleich im Mittelpunkt der Informationsgewinnung stets das eigentliche Sachziel steht, müssen Sie zudem auch sämtliche mit der Verwirklichung des Sachziels („Hauptzweck") verbundenen Interessen („Nebenzwecke") des Mandanten ermitteln. Häufig ist es erforderlich, familiäre, soziale und wirtschaftliche Hintergründe in Abhängigkeit vom Sachziel des Mandanten zu ermitteln.

> **Beispiel**
>
> Hieraus ergeben sich gerade bei Dauerschuldverhältnissen, beispielsweise bei Gesellschaftsverträgen, wichtige Regelungsaspekte für deren Gestaltung. Hier spielen etwa die Bonität von Vertragspartnern, Zustimmungserfordernisse (etwa bei familiären Beziehungen) oder auch soziale Nähebeziehungen (etwa Freundschaften) eine große Rolle bei der Gestaltung. Eine Ermittlung derartiger Hintergründe dürfte dahingegen regelmäßig bei verkehrstypischen Massengeschäften, wie etwa dem Entwurf eines Gebrauchtwagenkaufvertrages, entbehrlich sein[77].

---

[74] *Rittershaus/Teichmann*, Anwaltliche Vertragsgestaltung, 93.

[75] Anm.: Diese Konzentration auf die eigentlichen Sachziele des Mandanten bedeutet nicht, dass Ihrer Kreativität zu deren Umsetzung (außer den zwingenden rechtlichen) Grenzen gesetzt sein sollen. Bei der Umsetzung wird im Gegenteil ein gehöriges Maß an Kreativität von Ihnen gefordert. Hier geht es jedoch darum, die Sachziele des Mandanten zielgenau zu ermitteln und nicht eigene Ziele an deren Stelle zu setzen.

[76] Vgl. *Koch*, in: Aderhold/Koch/Lenkaitis, Vertragsgestaltung, 41.

[77] Vgl. *Koch*, in: Aderhold/Koch/Lenkaitis, Vertragsgestaltung, 44.

Es kann auch erforderlich sein, den vorgetragenen Sachverhalt selbst, soweit dies tatsächlich und rechtlich möglich ist, umzugestalten, um das Sachziel zu erreichen.[78] Hier ist der Vertragsjurist im Vorteil gegenüber dem Richter: Der Sachverhalt steht für ihn nicht unveränderlich fest, er kann ausgehend von der späteren Gestaltungsempfehlung des Vertragsjuristen auch angepasst werden.

Genauso kann es erforderlich sein, dass Sie als Vertragsziel ein Sachziel des Mandanten erst zu konkretisieren helfen.[79] So kann es erforderlich sein, ein grob formuliertes Sachziel, wie etwa die Unzufriedenheit des Mandanten mit einer gegenwärtigen Sach- und Rechtslage, beispielsweise einem bestehenden Mietverhältnis, verbunden mit dem bloßen Wunsch, dieses zu ändern, ohne dass weitere konkrete Vorstellungen bestehen, überhaupt erst durch das Aufzeigen von möglichen Varianten konkret herauszubilden. Oder das ursprüngliche Sachziel lässt sich etwa mangels Zustimmung der anderen Vertragspartei zu einem wesentlichen Vertragspunkt oder entgegenstehender rechtlicher Rahmenbedingungen nicht (mehr) verwirklichen, dann müssen Sie als Vertragsjurist Wege aufzeigen, ein dem ursprünglichen Sachziel vergleichbares zu erreichen.

3.6.2.3.4 Das Mandantengespräch

Der Mandant ist die wichtigste Informationsquelle des Vertragsjuristen[80], gibt er doch zunächst das Sachziel vor, das anders nicht zu ermitteln ist, als im Gespräch mit ihm. Neben der vollständigen Sachverhaltsaufklärung kommt dem intensiven Dialog mit dem Mandanten insbesondere aber zentrale Bedeutung bei, da er auch der Vermittlung der Akzeptanz des erarbeiteten Vertragsvorschlags dient. Die Art und Weise der weiteren Informationsgewinnung hängt wesentlich auch von den Eigenschaften des Mandanten und seinem weiteren Verhalten ab.[81]

Das Gespräch mit ihm bedarf einer „alles in allem weisen" Gesprächsführung und sachgerechter Fragestellungen. Hierbei sind insbesondere die rhetorischen Fähigkeiten des Kautelarjuristen gefragt, schwierige rechtliche Zusammenhänge in einfache, verständliche Begriffe aufzulösen. Die gewählte (Vertrags-)Sprache sollte dabei der individuellen Sprachebene des Mandanten entsprechen. Insbesondere eine bildhafte Ausdrucksweise kann sich als vorteilhaft erweisen (wie etwa der vorliegende bildliche Vergleich des methodischen Vorgehens in der Vertragsgestaltung zum Hausbau). Im Kern geht es aber um die Fähigkeit des Vertragsjuristen, sich sprachlich auf den Mandanten einzustellen und gegebenenfalls (stark) von seinem „Juristendeutsch" zu lösen und so sicherzustellen, dass der Mandant den Sinngehalt der in Aussicht genommenen Reglung versteht.[82]

Ideal wäre es für die Informationsermittlung zunächst, wenn der Mandant das Sachziel mitsamt dem erforderlichen Lebenssachverhalt dem Vertragsjuristen so-

---

[78] Vgl. *Koch*, in: Aderhold/Koch/Lenkaitis, Vertragsgestaltung, 42.
[79] Vgl. *Koch*, in: Aderhold/Koch/Lenkaitis, Vertragsgestaltung, 43, vgl. dazu auch im Folgenden.
[80] Vgl. *Rittershaus/Teichmann*, Anwaltliche Vertragsgestaltung, 73.
[81] Vgl. hierzu *Koch*, in: Aderhold/Koch/Lenkaitis, Vertragsgestaltung, 45, der m. w. N. die Mandanten in „Profis", „Amateure" und „Spieler" mit unterschiedlichem Informationsverhalten hinsichtlich Qualität, Umfang und Zuverlässigkeit einteilt. Vgl. dazu auch im Folgenden.
[82] Vgl. hierzu *Koch*, in: Aderhold/Koch/Lenkaitis, Vertragsgestaltung, 47 m. w. N.

3.6 Methodische Vorgehensweise im Einzelnen

gleich ungefragt und vollständig mitteilt. In diesem Falle müsste der Vertragsjurist „nur" noch aufmerksam zuhören.[83] Da dies in der Praxis jedoch kaum geschieht, zeichnet sich der gute Vertragsjurist dadurch aus, dass er zunächst zuhört und sodann gezielte Nachfragen stellt.[84]

▶ **Praxistipp** Dies gibt auch im Wesentlichen den Rahmen der Gesprächsführung vor:
Sie beginnt mit der Gesprächseröffnung durch den Vertragsjuristen.[85] Nachdem Sie also zunächst den Mandanten begrüßt und eine möglichst freundliche Gesprächsatmosphäre geschaffen haben, muss die Eingangsfrage zunächst einmal lauten: „Schildern Sie bitte Ihr Anliegen und den zugrundeliegenden Sachverhalt?"
Hieran schließt sich naturgemäß eine längere Phase des Zuhörens der Schilderungen des Mandanten an. In dieser ersten Phase sollten Sie den Mandanten möglichst nicht unterbrechen. Denn aus seiner initialen Schilderung ergibt sich bereits ein erstes (gegebenenfalls grobes) Bild der Ausgangssituation und erste Anzeichen oder sogar bereits eine genaue Beschreibung des Sachzieles.[86] Mit ausufernden Schilderungen des Mandanten sollten Sie behutsam umgehen, ein Unterbrechen mit Hinweis auf die mangelnde Relevanz kann unter Umständen dazu führen, dass der Mandant in der Folge Informationen nur noch unvollständig oder rudimentär mitteilt, weil er sie nunmehr für belanglos oder den Vertragsjuristen für unhöflich oder desinteressiert hält. Den Mandanten hier in den richtigen Bahnen zu halten, erfordert viel Erfahrung in der Gesprächsführung, „Fingerspitzengefühl" und einiges rhetorisches Geschick, somit kommunikative Fähigkeiten, die während der juristischen Ausbildung leider eher selten gezielt vermittelt werden.
Besonderen Schwierigkeiten im Rahmen der Gesprächsführung begegnet häufig der Unternehmensjurist. Von ihm wird regelmäßig erwartet, dass er aufgrund seiner engen Einbindung in das Unternehmen auch die konkrete Situation kennt und stets die wirtschaftlichen Zusammenhänge versteht. Deswegen empfiehlt sich für ihn eine stete, vom konkret zu

---

[83] Anm.: Allein das bloße aufmerksame Zuhören kann bereits eine Herausforderung sein, neigen doch viele Juristen sogleich zum Unterbrechen des Gesprächspartners und zur ungebetenen Nachfrage. Auch ist gerade in Zeiten multimedialer „Überflutung" die durchschnittliche Aufmerksamkeitsdauer gerade der jüngeren Juristengeneration beim Zuhören – allein schon nach den Beobachtungen des Verfassers in den letzten fünf Jahren als Hochschullehrer – auf Zeiten von „gefühlt maximal 15 Minuten" gesunken, bis der Blick und damit auch die Aufmerksamkeit auf das mitgeführte Smartphone fällt.
[84] Vgl. hierzu *Koch*, in: Aderhold/Koch/Lenkaitis, Vertragsgestaltung, 45 ff., dazu auch im Folgenden.
[85] Anm.: Denken Sie bitte daran, dass Sie als Vertragsjurist die Gesprächsführung innehaben, wenngleich im Einzelfall auch einmal der Mandant „das Heft in der Hand hält".
[86] Vgl. hierzu *Koch*, in: Aderhold/Koch/Lenkaitis, Vertragsgestaltung, 45 ff., dazu auch im Folgenden.

regelnden Einzelfall unabhängige Sicherstellung laufender Informationen über die Organisation, die Prozesse und auch die Produkte seines Arbeitgebers. Hierzu zählt jedenfalls auch eigeninitiatives, zielstrebiges Nachfragen bei (einschlägigen) Fachabteilungen, während aber auch vor und/oder nach der eigentlichen konkreten Vertragsgestaltung.

Aus dieser initialen Schilderung sind die für die in Aussicht genommene Gestaltung rechtlich relevanten Informationen herauszufiltern und nunmehr durch gezielte Nachfragen um weitere relevante Informationen zu ergänzen.[87]

Dies erfordert eine erste rechtliche Einordnung des in Aussicht genommenen Sachziels und Übertragung in das später in der Gestaltung umzusetzende Rechtsziel (dazu sogleich mehr), um so gedanklich die erforderliche Informationsbewertung vornehmen und die richtigen Fragen stellen zu können.[88] Hierbei werden zunächst bestimmte Gestaltungsoptionen in die nähere Auswahl genommen, auch wenn diese in der Folge gegebenenfalls wieder verworfen werden. Die schrittweise Informationsgewinnung spiegelt dabei die gezielte schrittweise rechtliche Konzipierung der Gestaltung wider.[89] Der zuvor geschilderte ständige Wechselblick tritt hier erstmals in Erscheinung: Der Vertragsjurist muss stets sowohl die Sachlage im Hinblick auf das zum jeweiligen Zeitpunkt (vermeintlich) erkannte Sachziel des Mandanten als auch Rechtsbehauptungen des Mandanten im Hinblick auf das Regelungsziel überprüfen und gegebenenfalls weiter gezielt hinterfragen und mit (weiteren) Information unterlegen. Gegebenenfalls muss sich der Vertragsjurist auch zu einem späten Zeitpunkt noch von einem initial ermittelten Regelungsziel lösen und in eine andere Richtung nachfragen, wenn sich ursprüngliche Gestaltungsideen etwa als „Sackgasse" erwiesen haben oder der Mandant seine Ziele, Wünsche und Interessen ändert oder ihnen andere Prioritäten zuweist.

Das mehrmalige Nachfragen ist für diesen kontinuierlichen Prozess durchaus typisch[90] und keinesfalls auf generelle Versäumnisse des Vertragsjuristen in früheren Fragerunden zurückzuführen, sondern ist in der Regel genau auf die Anpassung beziehungsweise Änderung des Regelungsziels und den damit verbundenen weiteren Informationsbedarf zurückzuführen.[91] Gerade der unerfahrene Vertragsjurist neigt jedoch zu „lästigem und unnötigem mehrfachem Nachfragen", da er die rechtliche, wirtschaftliche oder technische Lage in der konkreten Gestaltung situativ nicht sogleich voll erfasst beziehungsweise die hier möglicherweise auftretenden Probleme nicht einzuschätzen und in gezielte Nachfragen umzusetzen vermag.

▶ **Praxistipp** Empfehlenswert sind die zwischenzeitliche Zusammenfassung von gewonnenen Informationen, um gegebenenfalls be- beziehungsweise entstehende Missverständnisse zu einem frühen Zeitpunkt

---

[87] Vgl. hierzu auch *Schmittat*, Einführung in die Vertragsgestaltung, 22; *Koch*, in: Aderhold/Koch/Lenkaitis, Vertragsgestaltung, 46.
[88] Vgl. *Rittershaus/Teichmann*, Anwaltliche Vertragsgestaltung, 74 ff.
[89] Vgl. *Koch*, in: Aderhold/Koch/Lenkaitis, Vertragsgestaltung, 46.
[90] Vgl. *Rehbinder*, Vertragsgestaltung, 7.
[91] Vgl. hierzu *Koch*, in: Aderhold/Koch/Lenkaitis, Vertragsgestaltung, 45 ff., dazu auch im Folgenden.

3.6 Methodische Vorgehensweise im Einzelnen

auszuschließen, sowie die (auch offenkundige) Verwendung von einschlägigen Checklisten[92], um dem Mandanten Sicherheit und Routine zu vermitteln und unnötiges Nachfragen zu vermeiden. Zweckmäßig ist außerdem der (mehrfache) Perspektivwechsel bereits im Rahmen der Informationsermittlung. Hierfür versetzt sich der Vertragsjurist in die Lage des Mandanten und der anderen Vertragsparteien.[93] So lassen sich wirtschaftliche, rechtliche und soziale Zusammenhänge und Gefahren erkennen, die im Rahmen der Gestaltung eine Rolle spielen können.

Das gesamte Gespräch und die Fragen sollten – wie Sie es ja bereits aus der Anfertigung juristischer Gutachten kennen – logisch gegliedert werden und nicht einem zufälligen (regelmäßig durch den Mandanten vorgegebenen) Aufbau folgen[94]. Einerseits wird der gesamte Prozess der Informationsgewinnung hierdurch effizienter, da die notwendigen Informationen in kürzerer Zeit gewonnen werden (kein lästiges wiederholtes Fragen etc.), andererseits wird dem Mandanten hierdurch Sicherheit und Souveränität bei der Bewältigung der anstehenden Gestaltungsaufgabe vermittelt.

Hierbei empfiehlt sich, die gewöhnliche Struktur eines bereits dem Anliegen zugeordneten Vertragstyps[95] zur Orientierung heranzuziehen. Der Vertragstyp dient dem Vertragsjuristen somit als eine Art gedanklicher Checkliste, über die im Regelfall die regelungsbedürftigen Punkte („essentialia negotii") und zugleich typische Lösungsvarianten abgedeckt sind.[96] Kann nicht sogleich eine Zuordnung zu einem typischen Vertrag erfolgen, müssen die zunächst allgemeiner gehaltenen Fragen auf eine Zuordnung zu bekannten Rechtsmustern abzielen, um sodann zielgerichteter Information abzurufen.[97] Hier arbeitet sich der Vertragsjurist also vom Allgemeinen zum Speziellen vor.[98]

▶ **Praxistipp** Tatsächlich wird in der Praxis sehr häufig im Rahmen der Rechtsgestaltung zur Gewinnung aller notwendigen Informationen mit „vollständig ausformulierten" Checklisten gearbeitet, die alle klärungsbedürftigen und/oder abzuarbeitenden Punkte auflisten, die sukzessive nach Bearbeitungsstand abgehakt werden.[99] Der Vorteil solcher Check-

---

[92] Anm.: Dies erfordert allerdings auch die rechtliche Einordnung der in Aussicht genommenen Gestaltung; vgl. dazu sogleich und in Kap. 4.
[93] Vgl. hierzu *Koch*, in: Aderhold/Koch/Lenkaitis, Vertragsgestaltung, 46.
[94] Gerade Mandanten neigen dazu, über wichtig erscheinende Punkte zuerst zu informieren, während der Vertragsjurist an einer bestimmten Ordnung interessiert ist, vgl. zu dieser Spannungslage *Koch*, in: Aderhold/Koch/Lenkaitis, Vertragsgestaltung, 47, vgl. dazu auch im Folgenden.
[95] Anm.: Vgl. hierzu Kap. 4 ausführlicher.
[96] Vgl. *Schmittat*, Einführung in die Vertragsgestaltung, 22.
[97] Anm.: Hieran zeigt sich auch bereits regelmäßig, dass es sich um eine verhältnismäßig komplexe Gestaltungsaufgabe mit entsprechend höherem Aufwand bei Informationsgewinnung und Rechtsgestaltung handelt.
[98] Vgl. *Koch* in: Aderhold/Koch/Lenkaitis, Vertragsgestaltung, 47, vgl. dazu auch im Folgenden.
[99] Anm.: Dies ist Gang und Gebe in weiten Teilen des Wirtschaftsrechts, wie etwa im M&A-Bereich, wo es sehr umfangreiche Due-Diligence-Checklisten gibt, die den eigentlichen Unter-

listen liegt auf der Hand: Sobald im Rahmen der Sachverhaltsermittlung eine Zuordnung zu einem bestimmten Vertragstyp erfolgen kann, kommt die Checkliste zum Einsatz und die übrigen Informationen können mit großer Effizienz in Anlehnung an diese Liste abgerufen werden. In ihnen finden sich Anhaltspunkte für typische Problemlagen und künftige Konflikte.[100] Auch können solche Checklisten für künftige Projekte zum Einsatz gelangen. Die große Gefahr liegt darin begründet, dass solche Listen zu mechanisch angewendet werden, ohne auf die Probleme des Einzelfalls einzugehen, oder den Sachverhalt in ein bestimmtes Muster zu „quetschen"[101], ohne dass dies dem Sachziel des Mandanten gerecht wird. Auch bei Einsatz von Checklisten ist eine Analyse der Sach- und Rechtslage im Einzelfall erforderlich, der bloße Abgleich mit der Checkliste stellt keine hinreichende Auseinandersetzung mit dem Sachverhalt dar.

3.6.2.3.5 Typische Fehlerquellen

In der Praxis typische Fehlerquellen, die sich bereits bei der Informationsgewinnung auftun, sollten Sie vermeiden, indem Sie sich an die vorstehend erläuterten Grundsätze halten.

Häufige Fehler im Rahmen der Informationsgewinnung sind (Tab. 3.1):

Tab. 3.1 Typische Fehler der Informationsgewinnung

Typische Fehler				
Keine konkreten, sondern lediglich vage Vorstellungen der Beteiligten hinsichtlich der beabsichtigten Regelung	Divergierende Wünsche und Vorstellungen der Beteiligten (falsche Einordnung)	Verfremdung des Parteiwillens durch das juristische und allgemeine Vorverständnis des beratenden Vertragsjuristen	Wunsch der Beteiligten, ihre internen Vorstellungen und Motive gegenüber dem beratenden Vertragsjuristen nicht offenbaren zu müssen	Eventuelle Schädigungsabsicht der Beteiligten
Folgen				
Gefahr, dass das eigentliche Reglungsziel verfehlt wird: • Anstelle eines konkreten Sachziels des Mandanten wird ein Sachziel durch den Vertragsjuristen etwa durch (fehlerhafte) Transformation in ein oder mehrere Rechtsziele vorgegeben • Oder der Vertrag ist später auslegungsbedürftig (etwa aufgrund unterschiedlicher Intention/Interpretation), unwirksam oder muss aufgehoben werden, da er rechtlich oder wirtschaftlich nicht durchführbar ist				

---

nehmenskaufvertrag begleiten und Punkt für Punkt vor dem sog. „Closing" abgearbeitet werden müssen. Auch Personalabteilungen arbeiten regelmäßig mit Checklisten, die von Bewerbern sogar im Vorfeld eines Bewerbungsgesprächs auszufüllen sind und alle relevanten Informationen zur Erstellung des Arbeitsvertrages enthalten.

[100] Vgl. *Koch* in: Aderhold/Koch/Lenkaitis, Vertragsgestaltung, 47, vgl. dazu auch im Folgenden.

[101] Anm.: Aus Korrekturanmerkungen zu Ihren Klausuren dürfte Ihnen der Begriff der „Sachverhaltsquetsche" bekannt sein. Hier wird der Aussagegehalt des Klausursachverhalts derart überbeansprucht, dass die dem Bearbeiter bekannten Rechtsprobleme hierunter subsumiert werden.

▶ Achten Sie also unbedingt darauf, Sachziele und Interessen des Mandanten sauber herauszuarbeiten!

3.6.2.4 Transformation in Rechtsziele

Nunmehr müssen die ermittelten Sachziele des Mandanten in rechtliche Ziele übertragen werden, schließlich kann der Vertragsjurist nur die rechtlichen Voraussetzungen für die Erreichung der Sachziele schaffen[102], also etwa die rechtlichen Rahmenbedingungen für eine „gerechte" Auseinandersetzung der Gesellschafter im Falle der Auflösung einer Gesellschaft. Ob diese im Nachgang seiner Regelung dann auch tatsächlich (vertragsgerecht) erfolgt, liegt nicht mehr in seinen Händen. Aus dieser Selbstbeschränkung folgt, dass der Anwalt seine Tätigkeit nur an Rechtszielen ausrichten kann.[103] Gedanklich hat der Vertragsjurist diese Leistung bereits (mehrfach) im Rahmen der Informationsermittlung vollzogen, um die zur rechtlichen Umsetzung des Mandantenanliegens notwendigen Informationen zu ermitteln. Diese gedankliche Trennung – so sie denn auch tatsächlich strikt erfolgt – ermöglicht dem Vertragsjuristen (auch gegenüber dem Mandanten) die Übertragung eines Sachzieles in mehrere Rechtsziele (gleich dazu mehr im Rahmen der Erfüllungs- und Risikoplanung, vgl. Abschn. 3.6.4.3, 3.6.4.4), ohne sich sogleich auf ein Rechtsziel zu versteifen. Die eigentliche Frage, die nunmehr zu klären ist, lautet: „Welche Rechtslage wünscht der Mandant?" Die Antwort auf diese Frage gibt sodann das eigentliche Regelungsziel vor.

3.6.2.5 Übungsfall zur Informationsgewinnung

Beispiel

„Wenn Herr von Blödefeld mit Graf Zahl Geschäfte macht ..."
Sie arbeiten in der Rechtsabteilung des Immobilieninvestors von Blödefeld, der sich auf den Erwerb von Wohnimmobilien in zentralen Lagen deutscher Großstädte spezialisiert hat. Er möchte nun von Graf Zahl, der dringend liquide Mittel benötigt, ein mit einem Mehrfamilienhaus bebautes Grundstück kaufen. Herr von Blödefeld erscheint bei Ihnen als zuständigen Vertragsjuristen und möchte sich bei diesem Kauf, insbesondere bei der Erstellung des Kaufvertragsentwurfs, beraten lassen. Zwar habe man bereits einen Notar für die Beurkundung und Abwicklung des Grundstückskaufvertrags auserkoren, „diesem sei aber nicht zu trauen". Das Grundstück sei in Berlin-Charlottenburg gelegen. Die wirtschaftlichen Eckdaten des beabsichtigten Erwerbs sei er bereits mit seinem wirtschaftlichen Berater, dem Steuerberater Gans, durchgegangen. Es handele sich bei dem angebotenen Grundstück um ein echtes Schnäppchen, wie Herr von Blödefeld Ihnen erklärt. Der Kaufpreis soll lediglich 850.000 € betragen und sei am 1.07.2014 zu zahlen. Die Übergabe des Grundstücks sei aber aus steuerlichen Gründen erst für den 1.01.2015 vorgesehen. Die Kaufvertragsparteien hätten sich auch schon dahingehend geeinigt, aus Kostengründen ausschließlich den Antrag auf Eigentumsumschreibung beim Grundbuchamt zu stellen.

---

[102] Vgl. *Rittershaus/Teichmann*, Anwaltliche Vertragsgestaltung, 96 f.
[103] Vgl. *Teichmann*, JuS 2001, 973, 977.

Welche Fragen würden Sie nun in einer ersten Beratung Ihres Chefs, Herrn von Blödefeld, zuallererst stellen? Welche weiteren Informationsquellen würden Sie hinzuziehen? Worauf müssten Sie Herrn von Blödefeld unbedingt jetzt schon hinweisen?

Lösungsvorschlag
Vorbemerkung: Die Bezeichnung als „Schnäppchen" sollte Sie aufhorchen lassen. Wo gibt es heutzutage schon im realen Wirtschaftsleben „echte Schnäppchen" – sieht man von großflächigen Werbeanzeigen bekannter Elektrofachmärkte o. ä. einmal ab? Eine vermeintlich günstige Gegenleistungspflicht, also bei einem Kaufvertrag der Kaufpreis, darf nicht zu mangelnder Sorgfalt bei der Ermittlung der zur Gestaltung notwendigen Informationen verleiten. Er darf insbesondere nicht dazu führen, die Interessen des Mandanten an der Vertragsabwicklung und -durchführung (mehr dazu gleich bei der Risiko- und Erfüllungsplanung, vgl. Abschn. 3.6.4.3, 3.6.4.4) sowie Risikomeidung zu beeinträchtigen. So kann sich ein (vermeintliches) Schnäppchen im Nachhinein als wirtschaftlich großes Verlustgeschäft für den Mandanten entpuppen. Ihre Aufgabe als Vertragsjurist besteht somit auch darin, ungefragt auf wirtschaftliche Risiken aufmerksam zu machen.

Die (weitere) Ermittlung des Sach- und Rechtsziels entfällt vorliegend, da beides von Ihrem Mandanten eindeutig vorgetragen worden ist. Es geht Herrn von Blödefeld um den Erwerb der o. g. Immobilie, mithin um den Abschluss eines Kaufvertrages. An der „rechtlichen Behauptung", also dem Wunsch auf Abschluss eines Kaufvertrages, ist auch vorliegend nicht zu zweifeln. Zum einen ist der Sachverhalt dahingehend eindeutig formuliert worden und zum anderen ist Ihr Mandant im Immobiliengeschäft derart erfahren, dass auch keine Zweifel an der rechtlichen Kategorisierung geboten sind.

Mögliche erste Fragen zur weiteren Sachverhaltsaufklärung sind daher (stichpunktartig und ohne Anspruch auf Vollständigkeit):

- Gibt es bereits einen Kaufvertragsentwurf (ggf. durch den Vertragspartner)? Sollen Sie einen Kaufvertrag entwerfen oder geht es Herrn von Blödefeld um die Prüfung eines (ggf. noch zu erstellenden) Kaufvertrages durch den bezeichneten Notar?
- Warum haben die Parteien sich auf den bezeichneten Notar verständigt, wenn diesem nicht zu trauen ist? Warum ist diesem nicht zu trauen? Kann gegebenenfalls ein anderer Notar den Kaufvertrag beurkunden?
- Welche Belastungen weist das Grundstück in Abteilung II und III des Grundbuchs auf (Dienstbarkeiten (Wegerecht, Wohnrechte), Grundschulden etc.)? Werden bestehende Belastungen abgelöst? Inwiefern beeinträchtigen sie die künftige wirtschaftliche Nutzung des Grundstücks (ggf. allein rechtliche Wertung)?
- Wie ist die gegenwärtige wirtschaftliche Nutzung des Objekts? Ist das Mehrfamilienhaus voll wohnwirtschaftlich oder (teil-)gewerblich genutzt? Ist das Objekt voll vermietet? Wenn nein, warum nicht (Mietmängel/Mängel am Kaufobjekt?)? Gibt es Rückstände einzelner/aller Mieter (Wichtig, da das Objekt durch Herrn von Blödefeld als Renditeobjekt übernommen wird)? Wenn ja, warum

3.6 Methodische Vorgehensweise im Einzelnen

(Mietmängel/Mängel am Kaufobjekt?)? Sollen ggf. bestehende Mietverhältnisse übernommen werden (Kauf bricht nicht Miete, § 566 BGB) oder besteht die Möglichkeit zum Abschluss neuer Mietverträge zu geänderten Konditionen? Prüfung der bestehenden Mietverhältnisse, insbesondere auf AGB-Rechtskonformität (wirksame Schönheitsreparaturklauseln etc.)? Sind Mietsicherheiten gestellt? Wie erfolgt die Überleitung?

- Wie ist der technische Zustand des Verkaufsobjekts und der Außenanlagen (hinsichtlich der Mängelhaftung/Vermietbarkeit)? Gibt es bauliche Gutachten, Ortsbesichtigungen? Instandhaltung: Wann erfolgten letzte Renovierungen/Sanierungen? Wie steht es mit der Versorgung und Beheizung des Objekts?

Neben den Auskünften Ihres Mandanten kommen weitere Informationsquellen in Betracht:

- Weitere Objektunterlagen des Verkäufers, etwa Aufstellungen über die Mieteinnahmen der letzten Jahre, Übersichten über die Mietkautionen (aktuelle Kontoauszüge) etc.
- Blick in das Grundbuch, um die Belastungen in Abteilung II und III und die genaue Bezeichnung in Abteilung I festzustellen.
- Objektbesichtigung und ein Sachverständigengutachten über den baulichen Zustand des Objekts, das Sie gegebenenfalls initiieren müssen, soweit noch nicht geschehen.
- Sie sollten auch den wirtschaftlichen Berater Gans mit Einverständnis des Herrn von Blödefeld kontaktieren, um gegebenenfalls aus einer Hand die vorgenannten Unterlagen zu erhalten und in Rücksprache mit ihm und Ihrem Mandanten weitere Informationen zu erlangen.
- Am besten greifen Sie auf eine Checkliste zum Immobilienerwerb eines (wohnwirtschaftlich/teilgewerblich genutzten) Anlageobjekts zurück, um einen vollständigen Überblick über gegenwärtige und künftige Probleme zu erlangen.

▶ Dokumentieren Sie eingeholte Auskünfte Dritter!

Bevor Sie aber überhaupt anfangen, die Informationen zu bearbeiten, müssen Sie folgende zwingende rechtliche Hinweise beachten:

Aufgrund des Auseinanderfalles von Kaufpreiszahlung und Eigentumsverschaffung besteht die Gefahr der ungesicherten Vorleistung.

Hier müssen Sie bereits zu diesem frühen Zeitpunkt auf Sicherungsmöglichkeiten hinweisen:

Beispielsweise kann der Kaufpreis auf einem Notaranderkonto hinterlegt werden: Die Auszahlung an den Verkäufer erfolgt (erst) nach Stellung des Antrags auf Eigentumsumschreibung. Außerdem kann für den Käufer ein Rücktrittsrecht für den Fall vorgesehen werden, dass die Eigentumsumschreibung nicht bis zu einem bestimmten Termin erfolgt. Aber auch in diesen Fällen besteht die Gefahr der Veruntreuung der Gelder oder weisungswidrigen Auszahlung an den Verkäufer durch den Notar. Hier stehen dem Mandanten zwar Schadensersatzansprüche gegen den Notar zu, diese können sich aber als wirtschaftlich wertlos erweisen, etwa bei Flucht oder Insolvenz des Notars.

Die Auflassungsvormerkung als Sicherungsmittel ist daher neben dem Eigentumsantrag unerlässlich.

Daneben besteht natürlich auch die Hinweispflicht bezüglich weiterer zu diesem Zeitpunkt aufgrund Ihrer Fragen erwarteter Probleme bei der Kaufabwicklung, wie etwa zur Sachmängelhaftung.

Lässt sich Herr von Blödefeld aufgrund der vermeintlich günstigen Gelegenheit dennoch nicht davon abbringen, dass die Kaufpreiszahlung erfolgen soll, bevor die Umschreibung des Eigentums auf ihn sichergestellt ist, obliegt Ihnen als dem beratenden Vertragsjuristen eine Belehrungspflicht: Sie sollten unbedingt auf das mit der ungesicherten Vorleistung verbundene Risiko und auf die gegenwärtig mangelhaften Sicherungsmöglichkeiten hinweisen und Wege aufzeigen, wie dieses Risiko vermieden werden kann (wie oben bereits beispielsweise dargestellt).

Diese Hinweise sollten Sie möglichst auch beweiskräftig festhalten, um sich ggf. später aufkommenden Problemen gut präpariert stellen zu können.

3.6.3 Feststellung des Regelungsbedarfs

Im bildlichen Vergleich eines Hausbaus erfolgt nunmehr die weitere Planung und statische Berechnung des nachfolgend auf dem bereits gegossenen Fundament zu errichtenden Bauwerkes (Abb. 3.3).

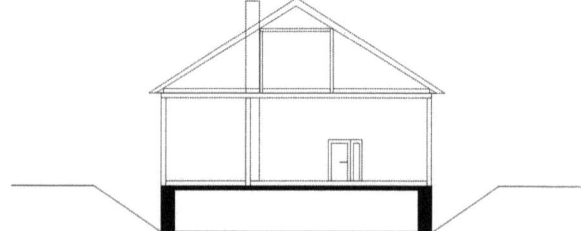

Abb. 3.3 Hausbau (Teil 2) Weitere Planung und statische Berechnung

3.6.3.1 Abgleich des Ist-Zustandes mit dem Soll-Zustand

Ausgangspunkt für die Ermittlung des Regelungsbedarfs, d. h. für alle nachfolgenden vertraglichen Gestaltungsüberlegungen, sind nach wie vor die Sachziele des Mandanten, die der Vertragsjurist ja bereits in Rechtsziele transformiert hat (= „Regelungsziel"). Diese gilt es mit den tatsächlichen und rechtlichen Gegebenheiten des zu regelnden (Einzel-)Falles in Einklang zu bringen. Doch nicht jedes erstrebte Regelungsziel muss erst vertraglich gestaltet werden. Manchmal entspricht bereits die gegenwärtige Rechtslage („Ist-Zustand") dem Regelungsziel („Soll-Zustand"), so dass der Vertragsjurist keine Gestaltung vornehmen muss. Denn grundsätzlich ist jede rechtliche Gestaltung auf eine Veränderung der Rechtslage gerichtet.[104]

---

[104] Vgl. *Rittershaus/Teichmann*, Anwaltliche Vertragsgestaltung, 97.

3.6.3.2 Ermittlung der rechtlichen Ausgangssituation

Somit steht am Anfang des Abgleichs von Ist- und Soll-Zustand die Ermittlung der bestehenden Rechtslage. Entspricht die gegenwärtige Rechtslage nicht dem Regelungsziel, so besteht gestalterischer Handlungsbedarf, wird sie hingegen den Zielen des Mandanten bereits gerecht, bedarf es grundsätzlich keiner Gestaltung[105,106].

Zu ihrer Ermittlung bedient sich der Vertragsjurist der hinlänglich bekannten juristischen Methodik, d. h. er prüft gutachterlich, ob das angestrebte Regelungsziel (somit die Antwort auf die Frage: „Welche Rechtslage wünscht der Mandant?"), in der Regel ein Anspruch oder ein absolutes Recht, bereits nach der gegenwärtigen Rechtslage, d. h. ohne rechtliche Gestaltung, erreicht wird.

> **Beispiel**
>
> Bezogen auf unseren Beispielsfall „Wenn Herr von Blödefeld mit Graf Zahl Geschäfte macht …" (oben Abschn. 3.6.2.5) müsste also – nach Auffinden einer Anspruchsgrundlage – geprüft werden, ob Herr von Blödefeld („Nicht-Eigentümer") gegenüber Graf Zahl („Eigentümer") einen Eigentumsverschaffungsanspruch an der o. g. Immobilie hat. Als Anspruchsgrundlage kommt § 433 Abs. 1 BGB in Betracht. Dafür müsste zwischen Herrn von Blödefeld und Graf Zahl ein Kaufvertrag bestehen. Dies ist jedoch nicht der Fall. Andere Anspruchsgrundlagen gerichtet auf die Eigentumsverschaffung an der genannten Immobilie sind nicht ersichtlich. Somit müssen Sie als Vertragsjurist diesen Kaufvertrag erst gestalten, um das Regelungsziel „Eigentumserwerb" Ihres Mandanten umzusetzen.[107]

3.6.3.3 Zwischenergebnis zum Regelungsbedarf

Nachdem Sie nunmehr die bestehende Rechtslage geprüft und mit dem angestrebten Regelungsziel verglichen haben, wissen Sie nunmehr auch, ob überhaupt Gestaltungsbedarf besteht.[108]

Die Feststellung des Gestaltungsbedarfs kann somit nach Prüfung der bestehenden Rechtslage recht kurz ausfallen und sich in der schlichten Aussage „Gestaltungsbedarf besteht" oder „Gestaltungsbedarf besteht nicht" erschöpfen.[109]

Jetzt muss der Vertragsjurist aktiv werden und untersuchen, welcher Schritte es bedarf, um die Regelungsziele des Mandanten zu erreichen. Hiermit beginnt auch die Phase der eigentlichen rechtlichen Gestaltung.

---

[105] Vgl. *Teichmann*, JuS 2001, 973, 977 f.

[106] Anm.: Jedoch kann es dem Wunsch des Mandanten entsprechen oder aus Zweckmäßigkeitserwägungen, etwa zur Sicherung eine günstigeren Beweislage, sogar erforderlich sein, den gegenwärtigen Status, etwa bei einem nur mündlich geschlossenen Gesellschaftsvertrag, nochmals schriftlich zu fixieren. Dabei wird jedoch nicht die Rechtslage neu gestaltet, sondern lediglich die (zivil-)prozessual wichtige Frage der Darlegungs- und Beweislast zugunsten des eigenen Mandanten positiv beeinflusst. Vgl. hierzu nachfolgend unter Abschn. 3.6.3.4.

[107] Anm.: Schwieriger kann die Prüfung der Rechtslage im Rahmen bestehender Verträge werden. Aber auch hier kann die Prüfung ergeben, dass das angestrebte Regelungsziel bereits nach dem Vertrag besteht.

[108] Vgl. *Teichmann*, JuS 2001, 973, 978.

[109] Vgl. *Teichmann*, JuS 2001, 973, 978.

3.6.3.4 Zweckmäßigkeitserwägungen

Allerdings kann auch bei Übereinstimmen der rechtlichen Ausgangslage und angestrebtem Regelungsziel eine vertragliche Gestaltung sinnvoll und von dem Vertragsjuristen vorgeschlagen werden, schließlich sind nicht immer allein rein rechtliche Erwägungen hierfür ausschlaggebend.[110] Häufig geben auch Zweckmäßigkeitserwägungen den Ausschlag, eine Gestaltung anzustreben, obwohl sie aus rechtlicher Sicht nicht erforderlich wäre.[111]

Dies ist unter Umständen nicht nur sinnvoll, sondern auch erforderlich, wenn sich etwa die Darlegungs- und Beweislast aus Sicht Ihres Mandanten als ungünstig erweist. So kann etwa ein mündlich (und somit zulässigerweise formfrei) geschlossener Vertrag, wie etwa bei der Gründung von Gesellschaften bürgerlichen Rechts häufig anzutreffen, schriftlich fixiert werden, um später bei Gericht leichter Beweis über streitige Tatsachen anzutreten, ohne dass hierdurch die materielle Rechtslage verändert wird.

Da oftmals auch wirtschaftliche und soziale Ziele im Vordergrund stehen und die Akzeptanz des Gestaltungsentwurfs primär beim eigenen Mandanten erzielt werden muss, kann es beispielsweise auch aus psychologischen Gründen erwünscht sein, eine rechtlich an und für sich überflüssige Gestaltung zu fixieren („Wenn der Mandant es denn möchte ...").[112]

Umgekehrt kann es selbst in den Fällen, in denen der Abgleich von Ist- und Soll-Zustand einen rechtlichen Gestaltungsbedarf ergibt, unzweckmäßig sein, eine vertragliche Gestaltung zu fertigen.[113] Dies ist etwa dann der Fall, wenn die Gestaltung praktisch nicht durchsetzbar ist, weil der Vertragspartner nicht (mehr) zahlungsfähig ist und durch die Vertragsgestaltung nur (weitere) Kosten ohne praktischen Nutzen verursacht werden.

3.6.3.5 Präzisierung der Zielvorgabe

Einhergehend mit den Zweckmäßigkeitserwägungen kann an dieser Stelle auch das Bedürfnis entstehen, die zuvor ermittelte Zielvorgabe nochmals zu überdenken oder wenigstens zu präzisieren.[114]

Der Mandant verbindet mit seinem Gestaltungswunsch häufig stillschweigend oder ausdrücklich ein ganzes Bündel (weiterer) Zielen und Interessen, die möglicherweise erst jetzt relevant werden. Die rechtliche Beratung durch den Vertragsjuristen soll auch aufdecken, an welcher Stelle der Mandant seine Zielvorstellungen präzisieren oder modifizieren muss, um so seinen wahren Willen zum Ausdruck zu bringen[115].

---

[110] Vgl. *Koch*, in: Aderhold/Koch/Lenkaitis, Vertragsgestaltung, 51.
[111] Vgl. *Rittershaus/Teichmann*, Anwaltliche Vertragsgestaltung, 99 ff.
[112] Vgl. *Zankl*, Die anwaltliche Praxis in Vertragssachen, 60.
[113] Vgl. *Rittershaus/Teichmann*, Anwaltliche Vertragsgestaltung, 100 f.; *Zankl*, Die anwaltliche Praxis in Vertragssachen, 60, vgl. dazu auch im Folgenden.
[114] Vgl. *Teichmann*, JuS 2001, 973, 978 f.
[115] Vgl. *Bydlinski*, Juristische Methodenlehre, 611; *Brambring*, JuS 1985, 380, 382; *Schmittat*, Einführung in die Vertragsgestaltung, 14.

3.6.4 Umsetzung des Regelungsbedarfs – Ermittlung von Gestaltungsoptionen

Nach der Feststellung des Gestaltungsbedarfs beginnt mit der Suche nach den Möglichkeiten und Alternativen zur Umsetzung einer Gestaltung die eigentlich kreative Arbeit des Vertragsjuristen und damit die eigentliche „Feinarbeit der Vertragsgestaltung".[116]

Dabei bleibt die oberste Prämisse eine Gestaltungsentscheidung zu treffen, die den Zielen und Bewertungskriterien des Mandanten möglichst optimal entspricht, und diesen entsprechend zu beraten und – gegebenenfalls bei abweichenden Mandantenwünschen – über mögliche Risiken zu belehren. Hier ist insbesondere – wie schon bei der Sachverhaltsermittlung – auf die Zukunftssicherheit des zu erstellenden Vertragswerkes zu achten (vgl. sogleich auch zur Störfallvorsorge, Abdeckung verschiedener Kausalverläufe etc.).

Auch diese Phase der Vertragskonzipierung folgt mit der Erstellung von Gestaltungsoptionen einer (gedanklich) festen Struktur, der die Unterscheidung von Erfüllungs- und Risikoplanung[117] („Zweckverwirklichung" und „Störfallvorsorge")[118] zu Grunde liegt:[119] Hierbei haben Sie als Vertragsjurist den vom Mandanten angestrebten Erfolgseintritt sicherzustellen und alle Hindernisse, die einer ordnungsgemäßen Vertragsabwicklung entgegenstehen, zu meiden beziehungsweise so gut es geht vorzubeugen[120].

3.6.4.1 Eignung und Voraussetzungen von Gestaltungsoptionen – hypothetische Rechtsanwendung

Bei der Umsetzung kommt auch wieder der zuvor genannte „Wechselblick" zur Anwendung: Jedes zuvor ermittelte Rechtsziel muss einer oder mehreren der nunmehr zu ermittelnden Gestaltungsoptionen entsprechen. Stoßen Sie in dieser Phase bei Ihren Überlegungen auf eine Gestaltungsoption, die zwar dem Sachziel des Mandanten nahekommt, aber nicht dem zuvor „festgelegten" Rechtsziel entspricht, so muss gegebenenfalls das Rechtsziel angepasst beziehungsweise ergänzt werden

---

[116] Vgl. *Rittershaus/Teichmann*, Anwaltliche Vertragsgestaltung, 101 f.; *Koch*, in: Aderhold/Koch/Lenkaitis, Vertragsgestaltung, 51; *Teichmann*, JuS 2001, 973, 979.

[117] Vgl. *Rehbinder*, Vertragsgestaltung, 4 f. mit Verweis auf *Macneil*, 48 Southern California La Review (1975), 627, 639, der die Unterscheidung trifft in „Performance Planning and Risk Planning".

[118] Diese Terminologie („Zweckverwirklichung" und „Störfallvorsorge") verwenden etwa *Junker/Kamanabrou*, Vertragsgestaltung, 4. Es ist nicht von der Hand zu weisen, dass das Gestaltungsziel der Zweckverwirklichung mehr als nur die Erfüllung der Vertragspflichten umfasst und sich deswegen auch die Terminologie hieran anlehnen sollte, *Junker/Kamanabrou*, Vertragsgestaltung, 3 f. Weiter verbreitet ist jedoch die Unterscheidung nach den Begrifflichkeiten „Erfüllungs- und Risikoplanung", die im Folgenden auch leitend bleiben soll, vgl. *Rehbinder*, Vertragsgestaltung, 4, 21 ff.; *Rittershaus/Teichmann*, Anwaltliche Vertragsgestaltung, 105 ff.; *Schmittat*, Einführung in die Vertragsgestaltung, 76; *Koch*, in: Aderhold/Koch/Lenkaitis, Vertragsgestaltung, 53; *Teichmann*, JuS 2001, 973, 979.

[119] Vgl. *Rehbinder*, Vertragsgestaltung, 4, 21 ff.; *Rittershaus/Teichmann*, Anwaltliche Vertragsgestaltung, 105 ff.; *Schmittat*, Einführung in die Vertragsgestaltung, 76.

[120] Vgl. *Junker/Kamanabrou*, Vertragsgestaltung, 3 m. w. N. ff.

oder die nunmehr ermittelte Gestaltungsmöglichkeit fallen gelassen werden. Die sodann „entstehende" Rechtslage muss hinsichtlich des Gestaltungsbedarfs auf das neue (angepasste) Rechtsziel überprüft werden.[121]

Auch bei der Ermittlung der Gestaltungsoptionen müssen Sie zwischenzeitlich wieder einmal „gedanklich in die Rolle des Richters schlüpfen" und die in Aussicht genommenen Gestaltungsmöglichkeiten auf ihre spätere Praxistauglichkeit überprüfen, indem Sie die Durchführung Ihrer vertraglichen Gestaltung (mit erkannten, typischen Abwicklungsproblemen, dazu sogleich) unterstellen und aus Sicht eines streitentscheidendes Richters hypothetisch geltendes Recht auf Ihren Vertrag anwenden. Diese hypothetische Rechtsanwendung hat sich grundsätzlich an der höchstrichterlichen Rechtsprechung zu orientieren, kann aber auch abweichende Literaturmeinungen nicht ganz außen vor lassen, besteht doch grundsätzlich die Möglichkeit einer (erkennbaren) Rechtsprechungsänderung oder die Gefahr, dass eine bestimmte Gestaltungsfrage bislang nicht höchstrichterlich entschieden ist.[122] Wie bereits im Rahmen der Untersuchung des Gestaltungsbedarfs untersuchen Sie hier – allerdings mit dem Unterschied, dass das Ergebnis Ihrer Prüfung auf die Ergänzungsbedürftigkeit des Sachverhaltes ausgerichtet ist – im Wege der Subsumtion, ob nach dem nunmehr „erweiterten", nicht feststehenden Sachverhalt unter Einbeziehung Ihrer Gestaltung das Rechtsziel des Mandanten bereits erreicht wird.[123] Anders als es Ihnen aus dezisionsjuristischen Ausbildungsinhalten bekannt ist, steht hier allerdings nicht der Sachverhalt fest, den Sie unter eine Norm subsumieren, „sondern es ist von der gewünschten Gestaltung auszugehen und zu prüfen, wie der Sachverhalt aussehen müsste, um die Gestaltung wirksam werden zu lassen"[124]. Hieraus ergeben sich dann auch Ihre Handlungsempfehlungen an den Mandanten hinsichtlich des weiteren Vorgehens.

3.6.4.2 Abgrenzung von Erfüllungs- und Risikoplanung

Die weitere „Feinarbeit der Vertragsgestaltung" wird funktional in Erfüllungs- und Risikoplanung unterteilt[125]: Im Rahmen der Erfüllungsplanung gehen Sie der Frage nach, welche Regelungen Ihre Gestaltung enthalten muss, um eine ordnungsgemäße und störungsfreie Vertragsabwicklung zur Erreichung der ermittelten Regelungsziele Ihres Mandanten zu gewährleisten.[126] Demgegenüber erfasst die Risikoplanung all dasjenige, was vertraglich eingreifen muss, wenn die Vertragserfüllung nicht ordnungsgemäß, also mit Störungen, wie etwa Mängel der Kaufsache bei

---

[121] Vgl. *Rittershaus/Teichmann*, Anwaltliche Vertragsgestaltung, 103.

[122] Vgl. *Junker/Kamanabrou*, Vertragsgestaltung, 12 m. w. N. Vgl. auch zu Fragen der Haftung und den Anforderungen der Orientierung an Rechtsprechung und Literatur oben Abschn. 3.2.4.

[123] Vgl. *Rittershaus/Teichmann*, Anwaltliche Vertragsgestaltung, 103 ff.

[124] *Rittershaus/Teichmann*, Anwaltliche Vertragsgestaltung, 105, vgl. dazu auch im Folgenden.

[125] Die Begriffe werden nicht einheitlich verwandt, auch die inhaltliche Trennung erfolgt nicht ganz einheitlich, vgl. hierzu etwa den Hinweis auf Unterschiede bei *Koch*, in: Aderhold/Koch/Lenkaitis, Vertragsgestaltung, 53 f. oder *Junker/Kamanabrou*, Vertragsgestaltung, 4 f. Allerdings soll dieser akademische Streit hier nicht weiter vertieft werden, zumal die einzelnen geschilderten Schritte der Vertragsgestaltung ohnehin nicht immer trennscharf auseinandergehalten werden können, sich inhaltlich und zeitlich überlappen oder sogar parallel verlaufen.

[126] Vgl. *Rehbinder*, Vertragsgestaltung, 4, 21 ff.; *Rittershaus/Teichmann*, Anwaltliche Vertragsgestaltung, 105 ff.; *Schmittat*, Einführung in die Vertragsgestaltung, 75 f.

einer Kaufvertragsabwicklung, abläuft.[127] Somit gehören Regelungen, die bei ordnungsgemäßer Abwicklung nicht benötigt werden, zur Risikoplanung, alles andere für eine ordnungsgemäße Abwicklung gehört zur Erfüllungsplanung.

Bildlich gesprochen errichten Sie im Rahmen der Erfüllungsplanung den Rohbau, also insbesondere die tragenden (Außen-)Mauern Ihres Hauses, der weitere individuelle bauliche Zuschnitt gerade im Innern (Innenausbau) soll dem individuellen Geschmack des Bauherrn beziehungsweise Erwerbers entsprechen und ist somit vergleichbar mit der Risikoplanung (Abb. 3.4).

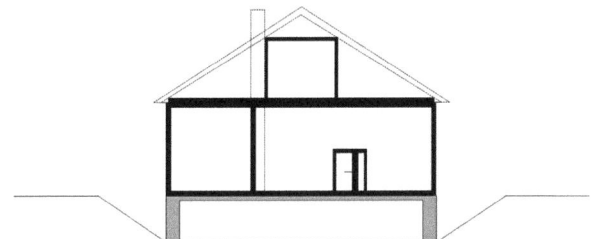

Abb. 3.4 Hausbau (Teil 3) Rohbau

3.6.4.3 Erfüllungsplanung (Zweckverwirklichung)
3.6.4.3.1 Generelle Eignung zur Verwirklichung der Sachziele

In einem ersten Schritt Ihrer hypothetischen Rechtsanwendung prüfen Sie die Eignung jeder einzelnen Gestaltungsmöglichkeit darauf, ob deren Rechtsfolge dem Rechtsziel entspricht.[128] Es geht also im Groben zunächst darum, den Vertragstyp richtig zu ermitteln.

> **Beispiel**
>
> Möchte also Ihr Mandant, ein Bauunternehmer, für einen privaten Dritten zur Eigennutzung ein Haus gegen Entgelt errichten, so ist das zu verfolgende Rechtsziel auf die Erstellung eines Werkes gerichtet und somit ein Werkvertrag gem. § 631 BGB zu entwerfen.

Bei Ihrer Suche nach einer geeigneten Gestaltung lassen Sie sich von der Ihnen bekannten Systematik des BGB, HGB etc. leiten, die Sie bereits bei der Ermittlung des Gestaltungsbedarfs, d. h. der rechtlichen Ausgangssituation, angewendet haben. Betrachten Sie also das Rechtsziel zunächst unter dem Blickwinkel der Standardvertragstypen des BGB, HGB etc. (Beispielsweise Kauf, Miete, Dienst-, Werkvertrag)[129] und gegebenenfalls der (modifizierten) kautelarjuristischen (Standard-)Ver-

---

[127] Vgl. *Rittershaus/Teichmann*, Anwaltliche Vertragsgestaltung, 105 ff.

[128] Vgl. *Rittershaus/Teichmann*, Anwaltliche Vertragsgestaltung, 107 ff.; *Koch*, in: Aderhold/Koch/Lenkaitis, Vertragsgestaltung, 54.

[129] Vgl. zur Lehre von den Vertragstypen statt vieler *Larenz*, Methodenlehre, 216 ff.; *Larenz/Canaris*, Methodenlehre, 37 ff.; *Rittershaus/Teichmann*, Anwaltliche Vertragsgestaltung, 122 ff. m. w. N.

tragstypen[130]. Entspricht einer dieser Vertragstypen dem Rechtsziel des Mandanten, haben Sie eine grundsätzlich geeignete Gestaltung gefunden und können Ihr weiteres Handeln an der gesetzlichen Systematik ausrichten. Haben Sie es nicht mit „anerkannten" oder „typischen Verträgen" zu tun, müssen Sie in wesentlich stärkerem Maße gestalterisch in Vorleistung treten.[131]

Haben Sie die grundsätzliche Möglichkeit und Eignung der Gestaltung zunächst anhand eines Abgleichs der Rechtsfolge der Norm mit dem Rechtsziel des Mandanten ermittelt, müssen Sie nunmehr auch prüfen, welche weiteren Voraussetzungen erfüllt sein müssen, damit die Gestaltung auch wirksam ist.

3.6.4.3.2 Absolute und relative Gestaltungshindernisse
Die Vertragsgestaltung stößt an tatsächliche und rechtliche Grenzen. Bei der Ermittlung der Vertragsgestaltungsgrenzen sind „absolute Gestaltungshindernisse" und „relative Gestaltungshindernisse" zu unterscheiden.

3.6.4.3.2.1 Absolute Gestaltungshindernisse
Ein absolutes Gestaltungshindernis liegt vor, wenn die gewünschte Zielvorstellung des Mandanten aufgrund der Sach- und/oder Rechtslage unter keinen denkbaren Umständen zu erreichen ist.

> **Beispiel**
>
> So verhält es sich etwa, wenn der Mandant die Gründung einer Gesellschaft mit beschränkter Haftung (GmbH) anstrebt, aber nicht in der Lage ist, bei einer Bargründung 12.500 € als zur Eintragung in das Handelsregister notwendige Mindesteinzahlung auf das Stammkapital der GmbH aufzubringen, vgl. §§ 7 Abs. 2, 5 Abs. 1 GmbHG. In diesem Falle wäre eine Vertragsgestaltung zur Gründung einer GmbH und die hiermit verbundenen Kosten (etwa der Beurkundung des GmbH-Gesellschaftsvertrages gem. § 2 Abs. 1 GmbHG) für den Mandanten nutzlos und letztlich unnötig (vgl. hierzu oben „Kostengünstigkeit der Gestaltung" und „Zweckmäßigkeitserwägungen").

3.6.4.3.2.2 Relative Gestaltungshindernisse
Ein relatives Gestaltungshindernis ist gegeben, wenn zwar nicht die ursprünglich von dem Mandanten gewünschte Zielvorstellung erreicht werden kann, aber der Sachverhalt und die Rechtslage zumindest einer dem ursprünglichen Ziel vergleichbare Gestaltung ermöglichen.

---

[130] Anm.: Vgl. hierzu auch die Lehre von der Vertragsgestaltung nach Fallgruppen und Vertragstypen, vgl. *Langenfeld*, Vertragsgestaltung: Methode, Verfahren, Vertragstypen, 25 ff. Zu Standardvertragstypen vgl. *Langenfeld*, Von der Klausel zur Vertragsgestaltung – Wandlungen der Kautelarjurisprudenz, in: FS des Rheinischen Notariats, 1998, 3. Bei diesen Orientierungshilfen handelt es sich um „Eigenschöpfungen der Kautelarjurisprudenz, die durch den Konsens der Fachleute legitimiert werden", *Langenfeld*, Vertragsgestaltung, 11. Letztlich handelt es sich um mit einer gewissen Rechtstradition anerkannte Vertragstypen oder auch typengemischte Verträgen (Kombination mit unterschiedlicher Schwerpunktbildung von Standardvertragstypen).

[131] Vgl. Sie hierzu auch die Ausführungen in Kap. 4 und Kap. 5.

> **Beispiel**
>
> Denken Sie sich hier – anknüpfend an das vorherige Beispiel der GmbH-Gründung – folgende Zielvorgabe: Diesmal hat der Mandant nicht das strenge Sachziel „Gründung einer GmbH" sondern lediglich „Gründung einer deutschen Gesellschaftsrechtsform mit Haftungsbeschränkung" vorgegeben. In diesem Fall könnte der Mandant etwa unter Einzahlung eines geringeren Stammkapitals eine Unternehmergesellschaft (haftungsbeschränkt) gründen (vgl. § 5a Abs. 1 GmbHG) und hätte das vorgegebene Ziel der Haftungsbeschränkung erreicht.[132]

Relative Gestaltungshindernisse können also in rechtlicher Hinsicht durch eine besondere Form der Gestaltung und in tatsächlicher Hinsicht im Wege der Sachverhaltsgestaltung vermieden beziehungsweise überwunden werden.

3.6.4.3.3 Sachverhaltsgestaltung

Tatsächlich sollten Sie, bevor Sie sich mit rechtlichen Grenzen der gefundenen Gestaltungsmöglichkeiten beschäftigen, die Tatbestandsvoraussetzungen der Norm prüfen, d. h. der Frage nachgehen, ob nicht gegebenenfalls auch eine Sachverhaltsgestaltung möglich ist.[133] Sind die Tatbestandsvoraussetzungen aufgrund des gegebenen Sachverhalts bereits erfüllt, ist keine Sachverhaltsgestaltung nötig. Ist hingegen eine Tatbestandsvoraussetzung aufgrund des gegebenen Sachverhaltes noch nicht gegeben, können Sie bei der Gestaltung des Sachverhaltes ansetzen: Ob diese möglich ist, hängt nicht mehr von Ihnen als Vertragsjuristen ab, sondern vielmehr von Ihrem Mandanten, weshalb dieser hierzu zu befragen und auch zu beraten ist. Kann der Sachverhalt nicht gestaltet werden, so liegen tatsächliche Grenzen der Gestaltung vor, die den Gestaltungsspielraum einschränken.

> **Beispiel**
>
> So liegt etwa – bezogen auf das letzte Beispiel der GmbH-Gründung – der Fall, wenn beispielsweise kein freies Vermögen beim Mandanten vorhanden ist, um das Stammkapital einer GmbH, mindestens jedoch die Hälfte des Mindeststammkapitals von 25.000 € bei der Anmeldung zum Handelsregister, aufzubringen. Ist der Mandant aber etwa finanziell in der Lage, einen Kredit in Höhe von 12.500 € aufzunehmen, um so die Hälfte des Mindeststammkapitals zur Gründung aufzubringen, und weisen Sie ihn im Rahmen Ihrer Beratung und Belehrung darauf hin, so haben Sie den Sachverhalt so gestaltet, dass die erforderlichen Tatbestandsmerkmale erfüllt sind und Sie mit der rechtlichen Gestaltung anfangen können.

3.6.4.3.4 Rechtliche Vertragsgestaltungsgrenzen

Schließlich sind auch die rechtlichen Grenzen der Vertragsgestaltungsfreiheit zu beachten, d. h. Sie haben die zwingenden Voraussetzungen der Rechtsordnung an

---

[132] Anm.: Wobei den Mandanten dann andere Rechtspflichten als bei der GmbH treffen würden, vgl. § 5a GmbHG, worauf sie ihn hinweisen müssten.
[133] Vgl. *Rittershaus/Teichmann*, Anwaltliche Vertragsgestaltung, 108, vgl. dazu auch im Folgenden.

Ihre Gestaltung zu beachten.[134] Damit sind zunächst nicht inhaltliche Zwänge, sondern Vorgaben an die äußere Form oder Durchführung gemeint. Hierzu zählen etwa Formvorschriften oder Informations-, Hinweis- und Unterrichtungspflichten, insbesondere im Verbrauchervertragsrecht.[135] Bei der Frage, bis zu welcher Grenze vom Gesetz abweichende Regelungen im Einzelfall noch zulässig sind, hat sich der Vertragsjurist an der Rechtsprechung zu orientieren und von dieser herausgebildete und allgemein anerkannte Grundsätze zu beachten.

Die nachfolgende Übersicht verschafft Ihnen einen Überblick über wichtige vertragstypenübergreifende Regelungen, die das Zustandekommen oder die Wirksamkeit des Vertrags berühren (nicht abschließend) (Tab. 3.2):

Tab. 3.2 Überblick über ausgewählte Vertragsgestaltungsgrenzen

Ausgewählte Rechtsgebiete	Einzelne besonders wichtige und zu beachtende Regelungen
BGB, allgemeiner Teil (Allgemeines Vertragsrecht, insbesondere Regeln über „Rechtsgeschäfte" §§ 104 bis 185 BGB)	• Geschäftsfähigkeit (§§ 104 ff. BGB), • Formerfordernisse (§§ 125 ff. BGB), • Gesetzliche Verbote und Sittenwidrigkeit (vgl. etwa §§ 134, 138 BGB, • Bedingung und Befristung (§§ 158 ff. BGB), • Stellvertretung (§§ 164 ff. BGB) • Einwilligung und Genehmigung (§§ 182 ff. BGB, vgl. zu den beiden letzten Punkten insb. auch unten die spezielleren Gebiete des Gesellschafts- und Familienrechts)
BGB, Allgemeiner Teil des Schuldrechts (insbesondere „AGB-Recht" (§§ 305 bis 310 BGB), „Verbraucherschutz" (§§ 312 bis 312 f BGB))	• „AGB-Recht": - Besonderheiten bei der Anwendbarkeit beachten, insbesondere beim Verbrauchervertrag (§ 310 Abs. 3 BGB) - Klauselverbote beachten (§§ 307 bis 309 BGB) • „Besondere Vertriebsformen", anwendbar bei: - „Haustürgeschäft" (§§ 312–312a BGB) - „Fernabsatz" (§§ 312b bis 312d BGB) - „Elektronischer Geschäftsverkehr" (§ 312e BGB) • besondere Anforderungen: Belehrungs- und Informationspflichten; Rechtsfolgen: Widerrufs- beziehungsweise Rückgaberecht
BGB, Besonderer Teil des Schuldrechts (Insbesondere Regelungen mit „Breitenwirkung", wie etwa zum Verbrauchsgüterkauf (§§ 474 bis 479 BGB), Verbraucherdarlehen (§§ 488 bis 507 BGB))	• Verbrauchsgüterkauf (§§ 474 ff. BGB) • „Besondere Darlehensformen": - Beispielsweise Verbraucherdarlehen (§§ 491 ff. BGB) - Finanzierungshilfen i. w. S./Ratenlieferungsverträge (§§ 499 ff. BGB) • Besonderheit: Verbraucherdarlehen dient Finanzierung von Waren-/Leistungserwerb (=verbundenes Geschäft): i. d. R Einwendungsdurchgriff (§ 359 BGB)

---

[134] Vgl. hierzu bereits oben Abschn. 2.5.3.
[135] Vgl. *Koch* in: Aderhold/Koch/Lenkaitis, Vertragsgestaltung, 56, vgl. dazu auch im Folgenden.

3.6 Methodische Vorgehensweise im Einzelnen

Tab. 3.2 (Fortsetzung)

Ausgewählte Rechtsgebiete	Einzelne besonders wichtige und zu beachtende Regelungen

Gesellschafts- und Familienrecht: Vertretungs- und Genehmigungserfordernisse	• Beteiligung Minderjähriger (vgl. §§ 107, 108, 110, 164 I 1, 1629 I BGB)
	• Gerichtliche Genehmigungen bei Handeln eines Vertreters:
	  - Beispielsweise Vormund (§§ 1821 ff. BGB),
	  - Pfleger (§ 1915 Abs. 1 BGB)
	  - sorgeberechtigte Eltern (§ 1643 BGB, hier Familiengericht!),
	  - Betreuer (§ 1908i Abs. 1 S. 1 BGB)

Allgemeines Gleichbehandlungsgesetz (AGG)	• Anwendbar bei:
	  - Begründung, Durchführung, Beendigung von Massengeschäften, Versicherungen (vgl. § 19 Abs. 1 AGG)
	  - sonstigen Schuldverhältnissen (vgl. §§ 19 Abs. 2, 2 Abs. 1 Nr. 5 bis 8 AGG), insb. Zugang zu/Versorgung mit der Öffentlichkeit zur Verfügung stehenden Gütern/Dienstleistungen, einschl. Wohnraum
	• Inhalt: Verbot aufgezählter Diskriminierungsgründe; Ausnahmen: §§ 19 Abs. 3 bis 5, 20 AGG

Öffentliches Recht	• Verbotsnormen • Genehmigungserfordernisse

Haben Sie im Rahmen Ihrer Gestaltungsüberlegungen eine solche rechtliche Gestaltungsgrenze identifiziert, schließt sich eine Folgefrage an: Wenn die getroffenen vertraglichen Regelungen mit dem geltenden Recht nicht vereinbar sind, welche Rechtsfolge droht Ihrem Mandanten?

Hinsichtlich der Rechtsfolgen eines Verstoßes gegen zwingendes Recht wird zwischen schwebender und dauerhafter Unwirksamkeit unterschieden:

- Schwebende Unwirksamkeit (z. B. bei einem Vertretungsmangel) bietet die Möglichkeit zur Heilung, während
- Dauerhafte Unwirksamkeit (z. B. bei einem Gesetzesverstoß, §§ 134, 138 BGB) die Missbilligung des rechtlichen Erfolgs durch das Gesetz bedeutet und ausschließlich eine Neuvornahme ermöglicht, wenn der Grund für die Unwirksamkeit später ent- beziehungsweise wegfällt.

Im Falle der Unwirksamkeit schließt sich die weitere Frage an: Welche legitime Gestaltungsalternativen gibt es? Denn die grundsätzlich legitime Suche nach einer alternativen Gestaltung[136], bei der die zwingende Vorschrift vermieden wird, entspricht der Funktion des Vertragsjuristen, dem privatautonomen Willen des Mandanten einen möglichst großen Freiraum zu verschaffen, und hat in der Praxis zahlreiche Gestaltungen hervorgebracht, die von der Rechtsprechung bestätigt und heute teils zum festen Bestandteil der Rechtsordnung gehören, wie etwa das kautelarjuristisch erschaffene Kreditsicherungsmittel der Sicherungsübereignung[137].

---
[136] Vgl. *Zankl*, Die anwaltliche Praxis in Vertragssachen, 109 f.
[137] Vgl. *Rittershaus/Teichmann*, Anwaltliche Vertragsgestaltung, 109, vgl. dazu auch im Folgenden.

▶ **Merke** Diese Phase der Vertragsgestaltung ist also dadurch gekennzeichnet, passende „Rechtsmuster" herauszusuchen, d. h., das offensichtlich nicht passende (bzw. nicht realisierbare und unerwünschte) Rechtsmuster auszusortieren und dann (im nächsten Schritt) rechtlich zulässige Alternativen aufzuzeigen.

3.6.4.4 Risikoplanung (Störfallvorsorge)
3.6.4.4.1 Ermittlung regelungsbedürftiger Punkte – Herangehensweise

Haben Sie die grundsätzliche Eignung der Gestaltung zur Verwirklichung der Rechtsziele im Rahmen der Erfüllungsplanung festgestellt, so müssen Sie sich nun den Interessen des Mandanten, also den „Nebeneffekten" Ihrer Gestaltung, und somit denjenigen Vertragspunkten zuwenden, die neben den eigentlichen Tatbestandsvoraussetzungen einer ordnungsgemäßen Erfüllung als Risikofaktoren zum Tragen kommen können („regelungsbedürftige Punkte").[138]

▶ **Praxistipp** Hier zeigt sich auch erstmals eine wesentliche Kernkompetenz des Vertragsjuristen: Sie müssen alle denkbaren Störungen und Konflikte in der Vertragsabwicklung erkennen und diese mit Ihrer Gestaltung vermeiden beziehungsweise diesen vorbeugen! Hierbei müssen alle konfliktträchtigen Einzelfragen aufgespürt werden, an die womöglich der Mandant selbst noch gar nicht denkt. Das ist schwierig und regelmäßig erst nach einiger Berufspraxis gut beherrschbar. Das Erfreuliche an Ihrer Tätigkeit: Sie müssen sich nicht mit einer bereits existierenden rechtlichen Regelung bei feststehendem Sachverhalt abfinden! Nein, sie schaffen erst eine rechtliche Regelung und können gemeinsam mit Ihrem Mandanten auch noch den Sachverhalt aktiv gestalten!

Auf Grundlage Ihrer weiteren Untersuchung zu möglichen Vertragsrisiken werden Sie als Vertragsjurist im Rahmen der weiteren Belehrung und Beratung auch die Vor- und Nachteile der gefunden Gestaltungsmöglichkeiten aufzeigen und Empfehlungen an den Mandanten aussprechen, die später seine (aufgeklärte) Entscheidung für eine Gestaltungsvariante erleichtern werden.[139]

▶ **Praxistipp** Zur Bewältigung komplexer Sachverhalte ist es äußerst hilfreich, sich an einem typischen Fall (= „Präzedenzfall") zu orientieren. Die juristische „Leistung" des Vertragsjuristen besteht an dieser Stelle in der Wiedererkennung des „typischen Falls". Der typische Fall gibt Hinweise auf Probleme, die bei bestimmten Sachverhaltskonstellationen regelmäßig auftreten und an die in der konkreten Vertragssituation möglicherweise weder die Beteiligten noch ein Berater gedacht haben. Diese Typisierung ermöglicht auch stets eine Selbstkontrolle des Vertragsgestalters (Stichwort: „Checkliste"). Sie spiegelt zudem die Erfahrung aus vergange-

---

[138] Vgl. *Rittershaus/Teichmann*, Anwaltliche Vertragsgestaltung, 110 ff.; *Koch*, in: Aderhold/Koch/Lenkaitis, Vertragsgestaltung, 56 ff.; *Junker/Kamanabrou*, Vertragsgestaltung, 4 ff.

[139] Vgl. *Rittershaus/Teichmann*, Anwaltliche Vertragsgestaltung, 110.

nen Verträgen sowie deren Probleme in Umsetzung und Vollzug wider und erfolgt daher im Wesentlichen durch die Praxis selbst.

Bei der Erstellung von Gestaltungsalternativen für einen Sachverhalt wird sich der Vertragsjurist also zunächst an typisierten Gestaltungsvorschlägen für den jeweils einschlägigen Vertragstyp, unter den er den Sachverhalt subsumiert hat, orientieren.

Bei der Risikoabschätzung sollten Sie zunächst die von Ihrem Mandanten mitgeteilten und sodann die typischen Fallgestaltungen durchdenken und hier nicht einen positiven, sondern einen negativen Verlauf Ihren Überlegungen zugrunde legen. Hier können sich zwei Risikoaspekte realisieren: Die andere Vertragspartei erfüllt ihre Pflichten nicht vertragsgemäß und/oder die dem Vertrag zugrundeliegenden tatsächlichen und rechtlichen Umstände (etwa Preiserhöhungen, Rechtsprechung etc.) ändern sich.[140]

3.6.4.4.2 Methodische Hilfsmittel

Neben den eigenen praktischen Erfahrungen, die zu Beginn Ihrer kautelarjuristischen Tätigkeit zugegebener Maßen noch bescheiden ausfallen werden, sollten Sie sich zur Risikoabschätzung – nachdem Sie ja bereits in der Erfüllungsplanung den typischen Vertrag erkannt haben – an einschlägigen Handbüchern, Musterverträgen und Checklisten zu typischen Fallkonstellationen (zu deren praktischer Bedeutung sogleich in Kap. 4 ausführlich) orientieren.[141] So sind Sie am ehesten in der Lage, mögliche (typische) Rechtsprobleme zu erkennen; methodisch ist deren Gebrauch auch keinesfalls zu „verteufeln", im Gegenteil sind sie als Mittel der Problemerkenntnis sogar ausdrücklich höchstrichterlich gebilligt[142]. Es ist nämlich davon auszugehen, dass typische Fallkonstellationen mit typischen Interessenlagen wiederkehren.[143] Es ist an dieser Stelle aber auch eindringlich vor den Gefahren bei der Verwendung dieser Hilfsmittel zu warnen: Gerade Vertragsmuster dürfen nicht blindlings verwendet werden.[144] Ihr Wert liegt darin, dass sie einen kautelarjuristischen Erfahrungsschatz tradieren. Die bloße Existenz einer bestimmten Klausel verdeutlicht bereits, dass das dort angesprochene Problem typischerweise als regelungsbedürftig angesehen wird. Allein hierfür kann das Vertragsmuster im nächsten Schritt als Grundlage für einen Formulierungsvorschlag dienen.

3.6.4.4.3 Allgemeine und spezielle Konfliktfelder

Neben den allgemeinen Konfliktfeldern der Vertragsgestaltung, zu denen die Nicht- und Schlechterfüllung (auch in Form der nicht rechtzeitigen Erfüllung), Böswilligkeit, Äquivalenzstörungen von Leistung und Gegenleistung[145], Einwirkungen

---

[140] Vgl. hierzu *Koch*, in: Aderhold/Koch/Lenkaitis, Vertragsgestaltung, 57.
[141] Vgl. etwa *Kanzleiter*, NJW 1995, 905, 906 f.; *Schippel*, Jura 1999, 57, 60 f.; *Zankl*, Die anwaltliche Praxis in Vertragssachen, 65; *Schmittat*, Einführung in die Vertragsgestaltung, 219 ff.; *Langenfeld*, Vertragsgestaltung, 10 ff.; *Rittershaus/Teichmann*, Anwaltliche Vertragsgestaltung, 117 ff.
[142] Vgl. *BGH*, Urt. v. 28.04.1994 – IX ZR 161/93.
[143] Vgl. *Jerschke*, DNotZ 1989, Sonderheft zum 23. Deutschen Notartag, 21 ff.
[144] Vgl. hierzu und im Folgenden *Teichmann*, JuS 2001, 973, 979 f.
[145] Anm.: Dies ist etwa dann der Fall, wenn sich der Wert der Leistungen nach Vertragsschluss unterschiedlich entwickelt, etwa bei Vereinbarung eines Festpreises und starkem Anstieg der Her-

Dritter (auch hoheitliche Eingriffe), Insolvenz oder Tod einer Vertragspartei zählen[146], gilt es stets auch ein etwaiges vertragstypisches Konfliktpotential im Auge zu behalten.

Dabei enthält das dispositive Recht regelmäßig Regeln für die Risikoverteilung im Vertragsverhältnis, etwa bei Leistungsstörungen, vgl. etwa das dezidierte Mängelrecht des Kaufrechts in den §§ 434 ff. BGB, die ohne eigenständige vertragliche Regelung zum Tragen kommen.[147] Unter Umständen sind diese Regelungen auch bereits ausreichend und werden den Interessen der Vertragsparteien, insbesondere natürlich denen des eigenen Mandanten, gerecht, in diesem Falle bedarf es keiner (abweichenden) vertraglichen Regelung. Anderenfalls sind diese unter Umständen zu ergänzen oder auch abweichend zu regeln. Hierzu werden Sie in Abschn. 6.1 im ausführlich erläuterten Musterfall zum Kaufrecht ein Beispiel in Form einer abweichenden Regelung zum Kaufmängelrecht finden, da die gesetzliche Risikoverteilung am (Gebrauchtwagen-)Kaufmarkt (unter Privaten) gänzlich unüblich ist und somit, selbst wenn die gesetzliche Regelung für Ihren Mandanten günstiger ist, vom Vertragspartner aufgrund der Marktusancen mit hoher Wahrscheinlichkeit nicht akzeptiert werden wird. Somit entspricht es auch nicht dem Interesse Ihres Mandanten als Verkäufer, einen Kaufvertrag zu entwerfen, den der Käufer letztlich nicht akzeptiert.

3.6.4.4.4 Sicherung und Sanktion
Den zuvor erkannten Risikoaspekten müssen Sie nun mit entsprechenden Sicherungs- und gegebenenfalls auch Sanktionsmechanismen begegnen, um die andere Vertragspartei zur gehörigen Erfüllung anzuhalten. Von diesen Mechanismen habe ich Ihnen zur Anschauung beispielhaft einige unter Abschn. 3.6.4.4.8 aufgeführt.[148] Einige dieser Sicherungsinstrumente können auch als Vertragsbausteine für künftige Gestaltungen in Betracht kommen; Sie finden diese in Kap. 5 erläutert.

3.6.4.4.5 Flexibilität (insbesondere Anpassungsklauseln)
Besteht eine gewisse Wahrscheinlichkeit, dass sich die dem Vertrag zugrundeliegenden Umstände ändern, so sollte der Vertrag auch ein Element der Flexibilität enthalten, um so die Möglichkeit der Anpassung zu eröffnen.[149] Einer Änderung der Sachverhaltsumstände etwa können Sie begegnen, indem Sie bestimmten von Ihnen erkannten und erwarteten Szenarien bereits Rechtsfolgen im Vertrag zuweisen.[150]

---

stellungskosten, vgl. hierzu *Rittershaus/Teichmann*, Anwaltliche Vertragsgestaltung, 112.

[146] Vgl. *Zankl*, Die anwaltliche Praxis in Vertragssachen, 66; *Junker/Kamanabrou*, Vertragsgestaltung, 4; *Rittershaus/Teichmann*, Anwaltliche Vertragsgestaltung, 112; *Koch*, in: Aderhold/Koch/Lenkaitis, Vertragsgestaltung, 57; *Langenfeld*, Vertragsgestaltung, 31.

[147] Vgl. *Junker/Kamanabrou*, Vertragsgestaltung, 4.

[148] Anm.: Eine klare und eindeutige sprachliche Regelung dient ganz sicher sogar der Streitvermeidung, ist aber „conditio sine qua non" der Erfüllungsplanung und nicht als Teil der Risikoplanung zu betrachten, a. A. *Rittershaus/Teichmann*, Anwaltliche Vertragsgestaltung, 113, die dies als erstes Mittel im Rahmen der Risikoplanung ansehen. Vgl. Sie zu den sprachlichen Anforderungen unten Kap. 4.

[149] Vgl. *Rittershaus/Teichmann*, Anwaltliche Vertragsgestaltung, 113 f., vgl. dazu auch im Folgenden.

[150] So auch *Koch*, in: Aderhold/Koch/Lenkaitis, Vertragsgestaltung, 57.

Hier können Sie auch bei der Beschreibung der Tatbestandsvoraussetzungen mit der Ihnen vom Gesetzgeber her bekannten Regelbeispielstechnik arbeiten, um etwa auch zum Zeitpunkt des Gestaltungsentwurfs von Ihnen nicht erkannte, aber zu den erkannten gleichwertige Sachverhaltsumstände vertraglich zu erfassen.

Anpassungsklauseln können eine automatische Vertragsanpassung vorsehen[151], wie etwa bei langlaufenden Lieferverträgen, bei denen sich die gelieferte Ware oder ein vergleichbares Gut hinsichtlich der Beschaffungs- oder Produktionskosten in bestimmter Weise verändert und dies sich automatisch auf den Kaufpreis auswirkt („Spannungs- und Kostenelementklauseln").[152] Daneben können bei bestimmten zu definierenden Änderungen unter den Voraussetzungen der §§ 315, 317, 307 ff. BGB auch Anpassungen von der Entscheidung einer Vertragspartei oder Dritter abhängig gemacht werden oder die Parteien werden zur Verhandlung über eine Vertragsanpassung („Neuverhandlungsklausel") verpflichtet.[153]

Solche Anpassungsklauseln lassen den Vertrag zwar „atmen", können aber im Einzelfall in Widerspruch zur Klarheit und Eindeutigkeit des Vertragswerkes treten. Gerade bei sehr offen gehaltenen Anpassungsklauseln kann unter Umständen hinsichtlich der Feststellung und Notwendigkeit einer Vertragsanpassung durch eine Schiedsklausel Rechnung getragen werden, dann entscheidet nämlich ein Dritter, ob die tatbestandlichen Voraussetzungen noch vorliegen oder eben (gerade) nicht (mehr).

3.6.4.4.6 Konfliktlösung

Solche ebengenannten Schiedsklauseln stellen aber bereits ein weiteres Handlungsfeld der Risikoplanung dar: Sind Konflikte im Zuge der Vertragsabwicklung typisch oder „aus der Natur des Vertrages vorprogrammiert", geht es nicht mehr um die Konfliktvermeidung durch vertragliche Vorbeugung, sondern um Implementierung von Konfliktlösungsmechanismen.[154] Hier kommen neben Schiedsklauseln beziehungsweise –vereinbarungen (im Sinne der §§ 1025 ff. ZPO) auch die obligatorische Durchführung von Schlichtungsverfahren, bei denen unter Umständen Dritte eingebunden werden (beispielsweise Mediatoren, Ombudsleute o. ä.), in Betracht. Hierdurch sollen den Vertragsparteien Lösungsmöglichkeiten bei Streit über die tatsächlichen oder rechtlichen Voraussetzungen beziehungsweise Folgen an die Hand gegeben werden, um so die Inanspruchnahme staatlicher Gerichte zu vermeiden.

Vor allem bei langfristigen Vertragsbeziehungen, also bei Dauerschuldverhältnissen wie der Miete, greift die Vertragspraxis auf derartige vertragliche Instrumente zurück, um Konflikte schnell und effizient – ohne Beteiligung staatlicher Gerichte – beizulegen. Häufig wird hiermit auch die Vorstellung besonderer Sachkunde der streitschlichtenden Stelle hinsichtlich des Konfliktgegenstandes verbunden.

---

[151] Vgl. *Bilda*, Anpassungsklauseln in Verträgen, Rn. 43 ff.
[152] Vgl. *Baur*, Vertragliche Anpassungsregelungen, 32 ff.
[153] Vgl. *Junker/Kamanabrou*, Vertragsgestaltung, 18.
[154] Vgl. *Koch*, in: Aderhold/Koch/Lenkaitis, Vertragsgestaltung, 58 f.; *Junker/Kamanabrou*, Vertragsgestaltung, 15 f., vgl. dazu auch Im Folgenden.

3.6.4.4.7 Änderung der Sachverhaltsumstände

Neben rechtlichen Gestaltungsmaßnahmen kann auch eine Änderung der Sachverhaltsumstände als Lösungsalternative in Betracht kommen, wenngleich es sich nicht um eine eigentliche Gestaltungsmaßnahme des Vertragsjuristen handelt; schließlich ist er hier ganz maßgeblich auf die Mit- beziehungsweise Zuarbeit seines Mandanten angewiesen.[155]

3.6.4.4.8 Vorsorge gegen Unsicherheiten (Erhaltungs- und Ersetzungsklauseln)

Werden kautelarjuristische Schöpfungen wider Erwarten – anderenfalls würde der gute Vertragsjurist sie dem Mandanten ja nicht zur Verwendung vorschlagen – von den Gerichten für unwirksam erklärt, dient regelmäßig eine sogenannte „Salvatorische Klausel" (Erhaltungsklausel) im Vertrag dazu, die Auswirkungen eines Verstoßes gegen zwingendes Recht in (engeren) Grenzen zu halten, kehrt sie doch – soweit wirksam vertraglich vereinbart – die Vermutungsregel des § 139 BGB, wonach die Teilunwirksamkeit eines Vertrages zu dessen gesamter Unwirksamkeit führt, regelmäßig um[156]. Ersetzungsklauseln sollen festlegen, welche vertragliche Regelung anstelle der unwirksamen Klausel tritt. Sie können eine Ersatzvereinbarung beinhalten, deren Geltung im Streitfalle gerichtlich festgestellt werden muss, oder bestimmen, dass die aufgrund der Unwirksamkeit entstehende Vertragslücke durch Auslegung, Neuverhandlung[157] oder Bestimmung einer Partei oder eines Dritten[158] zu schließen ist.

AGB-rechtlich ist eine Ersetzungsklausel nicht unproblematisch und wird wohl regelmäßig nicht mit § 306 Abs. 2 BGB zu vereinbaren sein, da eine geltungserhaltende Reduktion unwirksam ist.

3.6.4.4.9 Praxisbeispiele

Nachfolgend stelle ich Ihnen hier zusammenfassend zur Veranschaulichung einige wichtige Praxisbeispiele für Vorkehrungen zur Störfallvorsorge, Konfliktbewältigung und Abdeckung verschiedener Kausalverläufe vor, die Ihnen noch in Kap. 5 als Vertragsbausteine wieder begegnen und dort schwerpunktmäßig von mir dargestellt werden:

- Ggf. Konfliktbewältigung im Vorfeld eines Vertragsschlusses und erhöhte Vertragssicherheit auf beiden Seiten durch neutrale Vertragsgestalter, insb. bei mehrseitiger Interessenlage. So sind etwa Notare als Nicht-Interessenvertreter verpflichtet, für alle Vertragsparteien gleichermaßen den sichersten Weg zu wählen.

---

[155] Vgl. *Rittershaus/Teichmann*, Anwaltliche Vertragsgestaltung, 115.

[156] Vgl. *BGH*, Urt. v. 24.09.2002 – KZR 10/01; *Armbrüster*, DNotZ 2004, 437.

[157] Vgl. hierzu bereits oben sog. Neuverhandlungsklauseln Abschn. 3.6.4.4.5.

[158] Vgl. hierzu bereits Abschn. 3.6.4.4.5, insbesondere zur Grenze billigen Ermessens gem. §§ 315, 317 BGB.

- Vermeidung der Konfliktgefahr durch Wahl einer alternativen (ggf. weniger weit reichenden) Gestaltung.
- Gewährleistungen.
- Risikoabwälzung auf Dritte (Garantien, Bürgschaften, Schuldmitübernahmen, Versicherungen).
- Leistungsabwicklung: Zug-um-Zug-Leistung.
- Sicherungsmechanismen dinglicher (Auflassungsvormerkung, Grundschuld, Pfandrecht) oder schuldrechtlicher Art (Bürgschaft, Schuldbeitritt, Garantievertrag etc.).
- Anpassungsmechanismen (Wertsicherungsklauseln, Spekulationsklauseln, salvatorische Klauseln etc.).
- Verzugsregelung/Vertragsstrafe.
- Fristen und Bedingungen.
- Gerichtsstandsvereinbarungen/Schiedsklauseln.

3.6.4.4.10 Übungsfall zur Risikoplanung (Flexibilität: Anpassungsklausel)

Beispiel

„Musters Sonnenstunde und von Blödefelds Inflationsängste …"
Manfred Muster hat im Jahr 2015 von seiner Erbtante Elfriede Ehrlich eine größere Summe Bargeld von rd. 1.000.000 € geerbt, welches er gewinnbringend investieren möchte. Zugleich fühlt er sich dem hehren Ziel seiner Erbtante, nämlich dem Klima- und Umweltschutz, verpflichtet. Er möchte daher dieses Geld, gegebenenfalls ergänzt durch ein Bankdarlehen, in eine Anlage zur Erzeugung von Strom aus erneuerbaren Energien investieren. Von Freunden hat er gehört, dass sich die Investition in Sonnenstrom (Strom aus solarer Strahlungsenergie) in den letzten Jahren besonders „gerechnet habe", da es eine über 20 Jahre ihrer Höhe nach garantierte Einspeisevergütung gebe und diese Anlagen sehr wartungsarm seien. Er erkundigt sich daraufhin eingehend nach den wirtschaftlichen Rahmenbedingungen, insbesondere nach den Modalitäten des Gesetzes für den Ausbau erneuerbarer Energien (Erneuerbare-Energien-Gesetz – EEG 2014). Er erfährt daraufhin, dass die Einspeisevergütung nach dem EEG 2014 für eine von ihm geplante Solarstromanlage mit einer installierten Leistung von 500 kwp (d. h. einer kleinen Anlage im Sinne von § 37 EEG 2014), die nach dem 31. Dezember 2015 in Betrieb genommen wird, nicht mehr von der (nach den bis dato geltenden EEG a. F. als Regel gewährten) Einspeisevergütung für Solarstrom, von der ihm noch seine Freunde berichtet hatten, profitieren würde, sondern er danach für den produzierten Strom aus der geplanten Anlage nur noch eine aus seiner Sicht weniger attraktive und weitaus komplizierter zu bestimmende Marktprämie erhalte (vgl. zum Regel-Ausnahme-Verhältnis § 19 Abs. 1 EEG 2014). Somit muss Herr Muster die geplante Investition unbedingt noch im Jahre 2015 tätigen. „Je früher, desto besser", denkt er, zumal die Einspeisevergütung für Solarstrom im Laufe des Jahres 2015 auch laufenden weiteren Absenkungen ausgesetzt sei. Das nötige Eigenkapital für eine solche Investition kann er allein aus seiner Erbschaft

aufbringen, weswegen er sich zumindest nicht noch mit den Banken auseinandersetzen muss. Allerdings stehen keine ausreichend großen (Dach-)Flächen zur Installation einer Solarstromanlage in seinem Eigentum. Er möchte daher von dem Eigentümer des mit einer Dachfläche von 10.000 qm recht großen Blödefeld-Baumarktes, Herrn von Blödefeld, die Dachfläche zur Installation seiner Solarstromanlage für die Dauer von mindestens 20 Jahren mieten. Denn solange wird die Einspeisevergütung aus Solarstrom nach dem EEG (zzgl. Inbetriebnahmejahr) noch garantiert. Herr Muster und Herr von Blödefeld einigen sich grundsätzlich auf die Überlassung der Dachflächen gegen eine Mietzinszahlung. Hiernach soll dann in den Monaten Mai und Juni 2015 die geplante Solarstromanlage mit einer installierten Leistung von 500 kwp errichtet werden. Der Mietzins soll wie folgt vereinbart werden:[159]

1. Sachverhaltsvariante:
Herr Muster möchte hinsichtlich der an Herrn von Blödefeld zu leistenden Mietzinszahlungen ein möglichst überschaubares wirtschaftliches Risiko eingehen, d. h. die Miete sollte möglichst nur eine prozentuale Rechengröße für Herrn Muster darstellen. Wie würden Sie Herrn Muster hinsichtlich der grundlegenden Gestaltung der Mietzinsklausel des abzuschließenden Mietvertrages beraten?

2. Sachverhaltsvariante:
Nun wechseln Sie die Seiten: Sie beraten Herrn von Blödefeld bei der Gestaltung der Mietzinsklausel. Dieser möchte eine feste jährliche Mietzinszahlung. Er möchte dabei zudem sicherstellen, dass die Inflation den Mietzins angesichts der langen Mietdauer nicht „auffrisst". Welche Gestaltungsmöglichkeiten bieten sich an?

Wie würden Sie als Vertragsjurist für die beiden vorstehenden Fallkonstellationen jeweils eine kurze Mietzinsklausel aus Sicht des Mieters und aus Sicht des Vermieters unter Beachtung des Preisklauselgesetzes (PrKG) gestalten?

Lösungsvorschlag
Vorliegend ist auf eine möglichst praktikable und flexible Gestaltung der entsprechenden Klausel aus Sicht des jeweils verfolgten Interesses (Mieter versus Vermieter) hinzuarbeiten. Angesichts der relativ geringen Miethöhe wird aus Praktikabilitätsgründen (weniger Zahlungsflüsse und somit weniger administrativer Aufwand auf beiden Seiten) und zur stärkeren wirtschaftlichen Vergleichbarkeit beider Sachverhaltsvarianten einheitlich eine jährliche Mietzahlung zugrundegelegt, wenngleich in beiden Varianten entsprechend dem gesetzlichen Regelmodell in § 556b Abs. 1 BGB, gerade bei der Festmiete, eine monatlich zu Monatsbeginn im Voraus fällige Miet- beziehungsweise Abschlagszahlung ohne Weiteres darstellbar ist.

Hauptanwendungsfall für die Notwendigkeit einer flexiblen Gestaltung ist bei langfristigen Verträgen der Wunsch der Beteiligten nach einer Anpassung der Geldleistung an die zu erwartende Preisentwicklung. Diese Anpassung erfolgt meist durch typische Klauseln, die die Höhe der Geldleistung an die Entwicklung eines entsprechenden Preisindexes knüpfen.

---

[159] Anm.: An dieser Stelle geht es allein um die Gestaltung der Mietzinsklausel, nicht jedoch um weitere rechtliche Probleme in der Gestaltung, wie etwa die dingliche Absicherung, vgl. Sie hierzu das weitere Beispiel in Abschn. 5.3.3.2.

Hinsichtlich der Gestaltung von Mietzinsklausel sollten Sie hier grundsätzlich die praxisrelevanten Gestaltungsformen einer sog. Umsatzmiete (als passende Gestaltung für die erste Sachverhaltsvariante aus Mietersicht als fester Rechengröße am Umsatz[160]) und einer Festmiete (mit Preisindizierung als passende Gestaltung für die zweite Sachverhaltsvariante[161]) kennenlernen.

Wie nachfolgend oder ähnlich könnte demnach eine Mietzinsklausel aussehen. Beachten Sie die unterschiedlichen Perspektiven beider Sachverhaltsvarianten:

1. **Sachverhaltsvariante: „Mieterfreundliche Mietzinsklausel"**

„(1) Ab der Inbetriebnahme beträgt die jährliche Miete …. % der dem Mieter zustehenden jährlichen Einspeisevergütung (netto) nach dem Gesetz für den Vorrang Erneuerbarer Energien (Erneuerbare-Energien-Gesetz – EEG) in der jeweils geltenden Fassung.

(2) Der Vermieter hat das Recht, die hierüber vom Netzbetreiber erstellten Unterlagen und Rechnungen einzusehen und hiervon eine Abschrift zu erhalten.

(3) Die Miete ist jährlich zu ermitteln und im Nachhinein zur Zahlung fällig. Die erste Zahlung ist fällig mit Vollendung des Kalenderjahres, in dem die Solarstromanlage in Betrieb genommen wurden. Die Miete muss spätestens am 31.03. des jeweiligen Folgejahres auf das in Abs. 4 bezeichnete Bankkonto eingegangen sein.

(4) Der Mieter überweist die Miete auf folgende Bankverbindung:

    Bank/Sparkasse: ....

    Bankleitzahl: ....

    Kontonummer: ....

    Kontoinhaber: ...."

2. **Sachverhaltsvariante: „Vermieterfreundliche Mietzinsklausel einschließlich sog. Preisgleitklausel"**

„(1) Der Mietzins beträgt jährlich _____ Euro (in Worten: _____ Euro).

(2) Die Miete ist jährlich im Nachhinein zur Zahlung fällig. Die erste Zahlung ist fällig mit Vollendung des Kalenderjahres, in dem die Solarstromanlage in Betrieb genommen wurde. Die Miete muss spätestens am 31.01. des jeweiligen Folgejahres auf das in Abs. 4 bezeichnete Bankkonto eingegangen sein.

(3) Zur Wertsicherung des Mietzinsanspruches wird Folgendes vereinbart: Ändert sich der vom Statistischen Bundesamt festgestellte Verbraucherpreisindex

---

[160] Anm.: Denkbar als Anknüpfungspunkt – wenngleich weit weniger gebräuchlich – sind natürlich auch andere betriebswirtschaftliche Kenngrößen, wie etwa der Gewinn. Bei all diesen betriebswirtschaftlichen Kenngrößen muss festgelegt werden, nach welchen Maßstäben diese bestimmt und ermittelt werden, etwa nach dem HGB.

[161] Anm.: Daneben ist auch die Staffelmiete üblich und durchaus weit verbreitet.

(Gesamtindex) für Deutschland (VPI) (2014 = 100) jeweils um mehr als fünf Prozent gegenüber dem Stand vom 1. Januar _____, so erhöht oder vermindert sich im gleichen prozentualen Verhältnis die Höhe des zu zahlenden Mietzinses von dem auf die Änderung folgenden Monatsersten an. Bei jeder erneuten Änderung dieses Indexes um mehr als fünf Prozent gegenüber dem Stand der letzten Anpassung ändert sich der jeweils letzte Mietzins entsprechend.[162]

(4) Der Mieter überweist die Miete auf folgende Bankverbindung:

> Bank/Sparkasse: ....
> Bankleitzahl: ....
> Kontonummer: ....
> Kontoinhaber: ...."

Wie Sie sehen, ermöglichen die beiden oben dargestellten Lösungen die Berücksichtigung der jeweiligen Interessen (etwa hinsichtlich der Preisentwicklung) und gewähren somit die Interessenvertretung durch die Vertragsgestaltung.

3.6.4.5 Ziel- und Interessenkonflikte (Risikomatrix)

In der Praxis haben sich zur Vorbereitung einer aufgeklärten Mandantenentscheidung sogenannte Interessen- und Risikomatrizen[163] bewährt, in denen anhand der Gewichtung der Mandanteninteressen sämtliche vertragliche Ziele und Interessen der Gestaltung anhand verschiedener Risikoklassen dargestellt sind.[164] Dient die Risikomatrix als Risikoallokationsinstrument vertraglicher Risiken[165], so werden in der Interessenmatrix die Mandanteninteressen unterschiedlich gewichtet aufgeführt. Für die Gewichtung der Interessen werden regelmäßig drei Klassen A, B und C (hohes („Dealbreaker", wenn diese nicht vorliegen), mittleres und geringes Gewicht) gebildet, die häufig auch den Rahmen von Vertragsverhandlungen bilden. Bei der Beurteilung der Risikoklassen geht es in der Darstellung zunächst darum,

---

[162] Anm.: Bei Preisklauseln ist bei der Vertragsgestaltung besondere Sorgfalt geboten: Seit dem 14.09.2007 gilt das PrKG, das grundsätzlich verbietet, dass der Betrag von Geldschulden nicht unmittelbar und selbsttätig durch den Preis oder Wert von anderen Gütern oder Leistungen bestimmt wird, die mit den vereinbarten Gütern oder Leistungen nicht vergleichbar sind (§ 1 Abs. 1 PrKG). Ausnahmen sind zulässig (im vorliegenden Fall nach § 3 Abs. 1 d PrKG).

[163] Anm.: Diese ist nicht im klassischen betriebswirtschaftlichen Sinne zu verstehen (vgl. etwa statt vieler Gabler Wirtschaftslexikon Online: „Die Risikomatrix ist ein Instrument zur Risikokommunikation. Risiken werden nach ihrem potenziellen Schaden und dessen Eintrittswahrscheinlichkeit unterteilt. Diese Wahrscheinlichkeit kann sowohl auf Grundlage vergangenheitsbasierter Daten als auch auf Basis subjektiver Einschätzungen beruhen", http://wirtschaftslexikon. gabler.de/Archiv/255136/risikomatrix-v4.html (letzter Aufruf 21.07.2015), sondern vielmehr als Risikoallokationsinstrument vertraglicher Risiken, vgl. *Koch*, in: Aderhold/Koch/Lenkaitis, Vertragsgestaltung, 55.

[164] Vgl. bereits *Rehbinder*, Vertragsgestaltung, 35.

[165] Vgl. *Koch*, in: Aderhold/Koch/Lenkaitis, Vertragsgestaltung, 55.

3.6 Methodische Vorgehensweise im Einzelnen

das jeweilige vertragliche Risiko einer oder gegebenenfalls mehreren Vertragsparteien zuzuordnen und sodann die Eintrittswahrscheinlichkeit zu gewichten. Die Art dieser Darstellung fällt je nach Mandanten oder Vertragsjuristen recht unterschiedlich aus. Nachfolgend zeige ich Ihnen hierfür ein Beispiel auf (Abb. 3.5):

Nr.	Thema	Fundstelle	Risikozuweisung	Kommentar, Hinweis auf Unklarheiten (◊), (Ver-)Handlungsempfehlung (☞)
1	Sicherheiten	§ 17 Ziff. 2 des Entwurfs	Auftraggeber / Auftragnehmer	(1) Die Bestellung von Grundpfandrechten ist nicht möglich; es kann vom Auftraggeber lediglich die Bewilligung zur Eintragung eines Nutzungsrechts am Grundstück (Nießbrauch) verlangt werden, wenn der Auftragnehmer die hierdurch entstehenden Kosten trägt. (2) Die Verpfändung von Gesellschaftsanteilen bedarf der Zustimmung des Auftraggebers, die dieser allerdings nur aus wichtigem Grund verweigern darf. (3) Step-in-rights für die finanzierende Bank sind vorgesehen. Insoweit ist auch ein Vorrang dieses Eintrittsrechts der Bank vor dem Kündigungsrecht/Selbsteintrittsrecht des Auftraggebers vorgesehen, da die Bank unter bestimmten Umständen den Verzicht auf die Kündigung verlangen kann. ◊ Unklar ist die Regelung in § 17 Ziff. 2 des Entwurfs: Hiernach kann die Bank unter Darlegung berechtigter Gründe verlangen, dass der Auftraggeber sein Kündigungsrecht gem. § 17 Ziff. 5 des Entwurfs "ausübt", um die Rechtsfolgen der Ziff. 2 (Recht zum Selbsteintritt/zur Benennung eines Dritten) auszulösen. Bei einer Ausübung des Kündigungsrechts endet aber der Vertrag, so dass ein Eintritt nicht mehr möglich ist. ☞ Diese Step-in-rights sind anders als bisher vorgesehen in einem direct agreement zwischen dem Auftraggeber, dem Auftragnehmer und der Bank zu regeln. Andernfalls sollte im Entwurf ausdrücklich geregelt werden, dass die Einräumung der Step-in-rights im Wege eines Vertrages zu Gunsten Dritter erfolgt.

Abb. 3.5 Beispiel Risikomatrix. (Anm.: Eigene, bereits recht detaillierte Darstellung, vgl. Sie auch die dahingegen recht simpel gehaltene „Risikomatrix" zum ÖPP-Projekt „Schulen Kreis Düren", http://www.partnerschaften-deutschland.de/fileadmin/Daten/Transparenz/Schulen_Kreis_Dueren/Risiken_PPP-Schulen_Dueren.pdf, zuletzt besucht am 21.07.2015)

3.6.4.6 Auswahl einer Gestaltung

Am Ende dieses ganzen Prozesses steht die Auswahl einer bestimmten Gestaltung unter den von Ihnen als Vertragsjuristen vorgeschlagenen Gestaltungsoptionen.[166] Diese Sachentscheidung trifft der Mandant auf Grundlage der bis hierher erfolgten Belehrung und Beratung durch den Vertragsjuristen. Hierzu hat der Vertragsjurist ggf. ein Gutachten zu erstatten. In diesem gilt es, die dargestellten Vor- und Nachteile zu gewichten und sodann zu einer Entscheidung zu gelangen.[167] Bei der Entscheidungsfindung des Mandanten hilft der Vertragsjurist also bereits durch Aufstellung der Vor- und Nachteile, insbesondere der einzelnen Risiken. Regelmäßig erwartet der Mandant (zu recht) am Ende des Beratungsprozesses auch eine eindeutige Handlungsempfehlung von dem Vertragsjuristen, so dass am Ende Ihrer Arbeit – wie auch bei der Erstellung eines Rechtsgutachtens bei der Lösung eines Klausurfalles – ein (eindeutiges) Ergebnis stehen kann (teils sogar stehen muss). Leitend sollte hier der „Grundsatz des sichersten Weges" sein; es sollte somit derjenigen Gestaltung der Vorzug gegeben werden, welche für den Mandanten das geringste Risiko bedeutet. Regelmäßig empfiehlt es sich, neben dem kautelarjuristischen Gutachten in einem Begleitschreiben die wesentlichen Vor- und Nachteile der vorgeschlagenen Gestaltung zumindest in einem zusammenfassenden Überblick zu benennen und im Übrigen auf das Gutachten zu verweisen. Denn die Erfahrung zeigt, dass der (gerade juristisch wenig beschlagene) Mandant häufig nur das zusammenfassende Begleitschreiben eingehend liest und dem abschließenden Rat seines Vertragsjuristen vertraut. Deswegen sollte insbesondere auch das Begleitschreiben sorgfältig verfasst sein.

3.6.5 Ausformulierung der Gestaltung

Nachdem sich der Mandant für eine Gestaltung entschieden hat, ist diese durch Sie als Vertragsjurist auszuformulieren.

Sie setzen also dem auf einem festen Fundament stehenden, in seinen Grundmauern mit einem individuellen Grundriss und Innenausbau versehenen Haus das Dach auf[168] und schließen so Ihre Arbeit am Hausbau zumindest bildlich ab (Abb. 3.6).

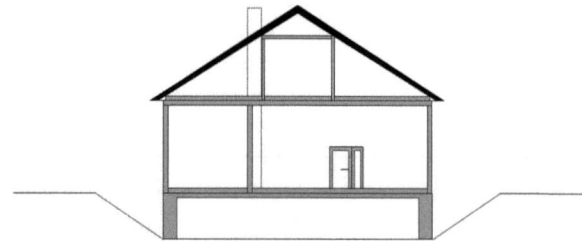

Abb. 3.6 Hausbau (Teil 4) Dachbau/Ausformulierung

---

[166] Vgl. *Rittershaus/Teichmann*, Anwaltliche Vertragsgestaltung, 115 f.

[167] Anm.: Die Abwägung, welcher Vor- oder Nachteil ihn dazu veranlassen könnte, die eine oder andere Gestaltung zu wählen, kann letztlich nur der Mandant treffen, vgl. *Teichmann*, JuS 2001, 973, 979.

[168] Dies entspricht zwar nicht technisch exakt dem Vorgehen in der Bauausführung, jedoch rundet es bildlich die Arbeit des (planenden und bauleitenden) Architekten ab.

Was Sie bei der Ausformulierung der Gestaltung strukturell, sprachlich und taktisch zu beachten haben, welcher Hilfsmittel Sie sich bedienen und wie Sie dies praktisch effizient umsetzen können, erläutere ich Ihnen im nächsten Kap. 4.

Resümee

Sie haben in Kap. 3 erfahren, welche Haupt- und Nebenpflichten Ihr Vorgehen bei der Vertragsgestaltung überlagern. Hierbei sind insbesondere die strikte Orientierung an den Sachzielen und Interessen des Mandanten hervorzuheben, wozu auch die Vermeidung potentieller Konflikte zählt. Auf Grundlage einer umfassenden Informationsermittlung muss der Vertragsentwurf nicht nur rechtsbeständig (und bei mehreren Gestaltungsalternativen auch grundsätzlich dem sichersten Weg folgend), sondern auch zukunftstauglich und flexibel sein.

Das methodisch geleitete Vorgehen bei der Erstellung eines Vertragswerkes darf nicht darüber hinwegtäuschen, dass es sich bei der Vertragsgestaltung um einen dynamischen Prozess handelt, der es erfordert, den Blick zwischen tatsächlicher und rechtlich gewünschter Sachlage stets hin- und herwandern zu lassen, und unter Umständen das parallele und auch mehrfache Durchlaufen einzelner Phasen der Gestaltung erforderlich macht.

Bildlich gesprochen schaffen Sie mit der Ermittlung des Regelungsziels das Fundament Ihres Vertragswerkes, auf das Sie das im Rahmen der Feststellung des Regelungsbedarfs statisch geplante Haus mit Hilfe der im Rahmen der Umsetzung des Regelungsbedarfs anzustellenden Erfüllungs- und Risikoplanung errichten und mit dem Aufsetzen des Daches bildlich abschließen. Ihr Haus wird den inneren und äußeren Einflüssen nur standhalten, wenn alle Teile statisch und baulich intakt sind und Sie keinen Arbeitsschritt vergessen haben. Worauf Sie hierbei grundsätzlich zu achten haben und wie Sie methodisch vorgehen, um keinen notwendigen Arbeitsschritt zu vergessen, dies sollten Sie in diesem Kap. 3 erlernt haben.

Welcher Hilfsmittel Sie sich hierbei bedienen und welche Stadien Ihr Hausbau im Einzelnen rein praktisch durchläuft, stelle ich Ihnen nunmehr in Kap. 4 vor.

4 Struktur und Technik der Vertragsgestaltung

Lernziele von Kapitel 4
Nachfolgend sollen Sie die notwendigen technischen Fertigkeiten bis hin zur endgültigen selbstständigen Niederschrift eines Vertragswerkes erlernen. Neben zahlreichen praktischen Tipps zur Arbeitserleichterung werde ich Ihnen im Einzelnen erläutern, wie ein Vertrag zu strukturieren ist, welche sprachlichen Anforderungen es zu beachten gibt und insbesondere welcher Hilfsmittel Sie sich bedienen können und wie Sie diese effizient zum Einsatz bringen. Mit der Erstellung eines Vertragsentwurfs hat es jedoch nicht sein Bewenden. Ich werde Ihnen hier auch den Weg und die einzelnen Stadien schildern, die Ihr Vertragswerk vom ersten Entwurf bis hin zur Durchführung zu nehmen hat. Besonderes Augenmerk sollten Sie dabei auf die Erläuterungen zur Vertragsverhandlung legen. Diese wird Sie in Ihrer Rolle als Vertragsjurist gerade im Anfangsstadium Ihrer beruflichen Tätigkeit besonders fordern. Deswegen mache ich Sie zunächst mit dem grundsätzlichen Ablauf von Vertragsverhandlungen sowie möglichen Problemen und Lösungsansätzen vertraut, also dem Wissen, das Ihnen bei den ersten eigenen Vertragsverhandlungen von großem Nutzen sein wird.

4.1 Vertragstechnik

Die Vertragskonzipierung und letztlich die Vertragsniederschrift, insbesondere die Erstellung der Struktur und des Aufbaus, stellt einen ständigen Prozess der Bewertung und Auswahl von Tatsachen und der Formulierung juristischer Gestaltungsmöglichkeiten dar, an dessen Anfang – wie zuvor gezeigt – die Problemdefinition (also die Bestimmung des Sachziels und dessen rechtliche Einordnung) steht, und die mit dem fertigen Vertragsentwurf abschließt. Sie stellt somit keine isolierte Phase der Vertragsgestaltung dar, sondern steht in vielfältiger Wechselbeziehung zu den zuvor beschriebenen einzelnen Abschnitten.

Wie Sie methodisch im Einzelnen vorzugehen haben, habe ich Ihnen in Kap. 3 erläutert. Nachfolgend zeige ich Ihnen zunächst diejenigen technischen Fertigkeiten auf, die notwendig sind, um einen ersten Vertragsentwurf schriftlich zu fixieren. Schließlich muss der Vertrag die gegenseitigen Rechte und Pflichten der Vertragsparteien genau und eindeutig bestimmen und kann sich dabei nicht allein in der (zufälligen) Ansammlung juristischer Fachtermini erstrecken. Hier sind bestimmte Fertigkeiten gefordert, wie ein effektives und präzises Formulieren der vertraglichen Rechte und Pflichten, die „neben" den juristisch-methodischen Kenntnissen sachgedanklich mit vorausgesetzt werden.

Das Vertragswerk muss daher gewisse Mindestanforderungen im Hinblick auf juristische, informationelle und sprachliche Anforderungen erfüllen. So muss das juristisch zwingend Notwendige geregelt sein, der Vertrag muss übersichtlich, informativ und darf nicht widersprüchlich sein, sondern muss eine konsistente Regelungsmaterie darstellen.

4.1.1 Vertragsinhalt

Zwar hängt der Inhalt des konkreten Vertragsentwurfs stark in seinen (zu regelnden) Einzelheiten von der jeweiligen rechtlichen Gestaltungsnotwendigkeit ab. Dennoch lassen sich auch, was die Strukturierung und den Aufbau von Vertragswerken anbelangt, einige Allgemeingültigkeiten zur Zuordnung des Inhalts identifizieren, die es zu beachten gilt.[1] Die Vorgaben zum Inhalt des Vertrags werden einerseits durch das Regelungsziel, d. h. also primär durch das Sachziel, und sodann durch die zugrundeliegenden Rechtsnormen gesetzt.

So sind in einem Vertragswerk stets die „essentialia negotii" zu regeln. Neben den Vertragsparteien werden hier die notwendigen Vertragsinhalte, d. h. insbesondere die vertragstypischen Hauptleistungspflichten und -rechte (bei synallagmatischen Rechtsverhältnissen also Leistung und Gegenleistung), bestimmt.

Beispiel

Als „essentialia negotii" des Kaufvertrags sind gem. § 433 BGB folgende Bestandteile zwingend zu bestimmen, da anderenfalls kein Kaufvertrag vorliegt:
- Festlegung der Vertragsparteien: Verkäufer und Käufer,
- zu verkaufende Sache,
- Kaufpreis,
- Übergabe- und Übereignungspflicht des Verkäufers und
- Verpflichtung des Käufers zur Zahlung des Kaufpreises und zur Abnahme der gekauften Sache.

---

[1] Vgl. hierzu auch *Koch*, in: Aderhold/Koch/Lenkaitis, Vertragsgestaltung, 75 f., dazu auch im Folgenden.

> **Beispiel**
> Bei einer GmbH-Satzung gibt (neben der Form in § 2 GmbHG) der § 3 GmbHG den notwendigen Mindestinhalt des Gesellschaftsvertrags an:
> - die Firma und den Sitz der Gesellschaft,
> - den Gegenstand des Unternehmens,
> - den Betrag des Stammkapitals und
> - die Zahl und die Nennbeträge der Geschäftsanteile, die jeder Gesellschafter gegen Einlage auf das Stammkapital (Stammeinlage) übernimmt.

Die eigentliche vertragliche Grundstruktur wird somit bereits durch die dem Regelungsziel zugrundeliegenden Rechtsnormen vorgegeben. Werden nämlich weitere, nicht zwingend regelungsbedürftige Rechte und Pflichten in Ihrem Vertragsentwurf nicht berücksichtigt, greift Gesetzesrecht, wie bspw. bei der Bestimmung von Leistungsort und -zeit gem. §§ 269, 271 BGB. Ob dies den Interessen der Vertragsparteien (primär Ihres Mandanten) entspricht, ist Gegenstand der Frage des Gestaltungsbedarfs und damit bereits in Kap. 3 ausreichend thematisiert worden. Grundsätzlich müssen in Ihrem Vertragsentwurf ja – neben den „essentialia negotii" – nur diejenige Regelung aufgenommen werden, die von der gesetzlichen (dispositiven) Regelung zur Berücksichtigung der Parteiinteressen abweichen. Einer Wiederholung des Wortlautes einzelner Rechtsnormen bedarf es nämlich grundsätzlich nicht, es kann allerdings – neben taktischen Erwägungen – auch unter dem Gesichtspunkt der Verständlichkeit des Vertragswerks aus sich selbst heraus unter Umständen sinnvoll sein, gesetzliche (dispositive) Regelungen in den Vertragstext zu integrieren.[2] Ein anschauliches Beispiel genau dieser Erwägungen finden Sie zum Ende dieses Buches in Abschn. 6.2.

4.1.2 Vertragsstruktur und -aufbau

4.1.2.1 Notwendigkeit der Strukturierung

Eine bestimmte zwingende Reihenfolge oder Strukturierung ist für die Inhalte von Vertragswerken gesetzlich grundsätzlich nicht vorgesehen. Dennoch sollte ein Vertragswerk, ähnlich wie auch ein Gesetz in seinem Aufbau, einer bestimmten Systematik und inneren Struktur folgen. Sie ergibt sich aus dogmatischen Notwendigkeiten, aus der Eigenart des Vertragswerkes und aus den Festlegungen bzw. Anforderungen des Mandanten.[3] Es sollte dementsprechend

---

[2] Vgl. hierzu im Einzelnen und auch zu den Ausnahmen hiervon Kap. 3, dort insbesondere zu den Zweckmäßigkeitserwägungen unter Abschn. 3.6.3.4. Im Übrigen kann sich auch die deutsche Vertragspraxis nicht der Tendenz aus dem anglo-amerikanischen Rechtskreis zu allumfassenden Vertragswerken, die gerne auch Normen im Wortlaut oder sinngemäß wiederholen, entziehen, vgl. hierzu auch *Koch,* in: Aderhold/Koch/Lenkaitis, Vertragsgestaltung, 76.

[3] Vgl. etwa *Langenfeld,* Vertragsgestaltung, 25 f., der allerdings teils sehr strikt auf die Einhaltung des „gesetzlichen Systems" „drängt".

- in sich geschlossen,
- klar und
- zweifelsfrei sowie
- aus sich heraus verständlich und
- nachvollziehbar sein.

Schließlich müssen neben den Vertragsparteien auch unbeteiligte Dritte, insbesondere der Richter im Streitfalle, das Vertragswerk ohne Weiteres verstehen können.[4] Entsprechend dem zuvor genannten Nutzen kann man von einem „äußeren" Gebot der Strukturierung sprechen. Schließlich beschreibt dieser Blick von außen auf das fertige Vertragswerk doch primär die Sichtweise eines streitentscheidenden Richters. Ist das Vertragswerk etwa nicht klar gegliedert, wenn etwa sachlich zusammenhängende Regelungspunkte, wie bspw. zur Mängelhaftung und deren Verjährung bei einem Kaufvertrag nicht zusammenhängend geregelt sind, so kann diese Intransparenz auch vor dem Hintergrund des § 307 Abs. 1 S. 2 BGB zur einer (teilweisen) Unwirksamkeit Ihres Vertragswerks führen.

Die Strukturierung des eigenen Vertragswerkes dient neben der Befriedigung dieses „äußeren" Gebotes auch „eigenen, inneren" Zwecken (aus dem Mandatsverhältnis), wie der

- eigenen gedanklichen Gliederung (etwa durch verschiedene Gliederungsebenen),
- Förderung der Übersichtlichkeit (etwa durch Zwischenüberschriften),
- Förderung der Lesbarkeit des Vertragswerkes (etwa durch Erstellung eines Indexes/Inhaltsverzeichnisses),
- eigenen Vollständigkeitsprüfung (etwa im Abgleich mit Vertragsmustern und Checklisten) sowie
- besseren Verständlichkeit für den Mandanten.

Diese „inneren" Zwecke betreffen also die eigene Arbeit des Vertragsjuristen; sie fördern diese und die Akzeptanz des Arbeitsergebnisses beim Mandanten.

4.1.2.2 Übliche Formen der Gliederung

Es empfiehlt sich zunächst eine Aufteilung der einzelnen Regelungspunkte (Detailregelungen) in Sachgruppen (Regelungsbereiche) und die entsprechende Bildung von Gliederungspunkten und Ebenen sowie von aussagekräftigen Überschriften[5]. Bei umfangreichen Vertragswerken kann ein vorangestelltes Inhaltsverzeichnis die Übersichtlichkeit zusätzlich fördern.[6]

Grundsätzlich muss die Gliederung stringent einem einheitlichen Schema folgen. Typisch ist eine degressive Gestaltung vom Wichtigen zum Nebensächlichen;

---

[4] Vgl. *Schmittat*, Einführung in die Vertragsgestaltung, 56 ff.; *Weber*, JuS 1989, 818, 821; *Koch*, in: Aderhold/Koch/Lenkaitis, Vertragsgestaltung, 77.

[5] *Koch*, in: Aderhold/Koch/Lenkaitis, Vertragsgestaltung, 77 m.w.N.

[6] *Weber*, JuS 1989, 636, 642.

ganz wie bei einem rein Informationszwecken dienenden Text soll auch der Vertrag zunächst über seinen wesentlichen Inhalt (Regelungsgehalt) Auskunft geben, also über die Hauptleistungspflichten, bevor etwa Störfallklauseln, die nur bei einer nicht vertragsgerechten Abwicklung greifen, Erwähnung finden. Dies ist aber nicht zwingend, wie Sie gleich anhand weiterer Gliederungsmöglichkeiten sehen werden. Jedoch muss ein gewählter Gliederungsgrundsatz stringent eingehalten werden. Dementsprechend sollten die Grundsätze sowohl für die Aufeinanderfolge der Regelungsbereiche wie auch für die Detailregelungen innerhalb der Regelungsbereiche gelten. Anhaltspunkte für mögliche Gliederungen bieten die einschlägigen gesetzlichen Bestimmungen des zu regelnden Vertragstypen.

Übliche Gliederungen können erfolgen:

- Chronologisch (entlang der Leistungskette)

Als Beispiel soll ein synallagmatisches Vertragsverhältnis dienen: Zunächst Verpflichtung zu Hauptleistung und Gegenleistung und danach erst denklogisch die dinglichen Erfüllungsgeschäfte, d. h. den Vollzug des schuldrechtlichen Vertrags, danach etwa Berücksichtigung künftiger Entwicklungen („Langzeit"-Folgen) etc. Dieser Aufbau folgt zugleich einer inneren „juristischen Logik".

- Angelehnt an die Gesetzesgliederung
  – vom Besonderen zum Allgemeinen

Zunächst sind dann die besonderen schuldrechtlichen Regelungen etwa zum Kaufvertrag (einschl. Vorsorge für Pflichtverletzungen), danach die allgemeinen schuldrechtlichen Regelungen (bspw. zum Leistungsort und -zeit), sodann dingliche Regelungen (insb. Erfüllung) und abschließend „Sonstiges" zu regeln. Sind also Regelungen zum Verbrauchsgüterkauf einschlägig, sind zunächst diese, sodann die nächst allgemeineren Regelungen zum Kauf, sodann zum Schuldrecht Allgemeiner Teil etc. zu regeln.

  – vom Allgemeinen zum Besonderen

Die Vorgehensweise ist dann entsprechend spiegelbildlich. Sie ist regelmäßig gleichbedeutend mit folgender Systematik: Vom Grundlegenden zum weniger Bedeutsamen bzw. vom Häufigen zum Seltenen (sog. „degressiver Aufbau").

Dies kann sich etwa bei kautelarjuristisch geschaffenen und typengemischten Vertragswerken empfehlen, da eine exakte schuldrechtliche Einordnung wie bei den Standardvertragstypen nicht ohne weiteres möglich ist.

Wichtig ist, dass Sie hier erkennen, dass es trotz aller Vertragsmuster, die es auf dem „kautelarjuristischen Markt" gibt, keinen „allein glückselig machenden Königsweg" gibt. Solange Ihr Vertragsentwurf einer logisch stringenten Struktur folgt und inhaltlich zusammengehörige Regelungspunkte zusammen regelt, ist hiergegen nichts einzuwenden. Auf der anderen Seite sollten Sie sich auch vor Augen führen, dass Sie nicht alles von Grunde auf neu erfinden müssen und auch nicht sollten.

Dort, wo es bereits kautelarjuristisch geschaffene Vertragstypen gibt, die einen anerkannten und auch gerichtserprobten Aufbau aufweisen, müssen Sie nicht „das Rad neu erfinden". Im Gegenteil, es zeichnet den guten Vertragsjuristen aus, auf Bekanntes aufzubauen, aber Überkommenes (etwa infolge von Gesetzesnovellierungen, geänderter höchstrichterlicher Rechtsprechung) zu hinterfragen und anzupassen.

4.1.2.3 Typischer Vertragsaufbau

Aus der Struktur Ihres Vertrages folgt dann der grundsätzliche Vertragsaufbau, dem die Vertragsniederschrift folgt. Ähnlich wie Sie es für Ihre gutachterlich zu lösenden Klausuren erlernt haben, eine Lösungsskizze zu erstellen und erst dann, d. h. mit gedanklich vollständiger Lösung, die (mechanische) Niederschrift zu beginnen, müssen Sie nach Entwicklung Ihrer grundlegenden Vertragsstruktur sodann den weiteren Aufbau ableiten. Die eigentliche Vertragsniederschrift ist so gesehen nur noch „mechanisches Ausfüllen" Ihrer zuvor geleisteten gedanklichen kautelarjuristischen Arbeit. Allerdings ist der Aufbau im Einzelfall auch während der Niederschrift stets zu hinterfragen und gegebenenfalls anzupassen.

In der Formularpraxis (dazu sogleich unter Abschn. 4.2) haben sich bestimmte Aufbauschemata herausgebildet, nach denen die jeweiligen Regelungsgegenstände Ihres Vertragsentwurfs nach Sachgruppen gegliedert werden.[7] Gemein ist diesen Schemata folgender grober äußerer Aufbau, unter den sich die zuvor herausgebildete Struktur häufig wunderbar fassen lässt (Tab. 4.1):

Tab. 4.1 Grundschema des äußeren Vertragsaufbaus

Grundschema des äußeren Vertragsaufbaus	
Sog. „Vorspann"	• Vertragsüberschrift („Rubrum") • Bezeichnung der Parteien („Rubrum") • Präambel[a] • Definitionen[b]
Hauptleistungspflichten/Regeln der Vertragsdurchführung	• Vertragsgegenstand • Leistungsinhalt: Modalitäten der Leistung und der Gegenleistung (bspw. Zeit und Ort) • Vertragsdurchführung • Nebenpflichten • Vertragslaufzeit (bei Dauerschuldverhältnissen) • Kündigung/Verlängerungsrechte (bei Dauerschuldverhältnissen)[c] etc.
Störfallvorsorge	• Störungen bei der Leistungserbringung (bspw. Nicht-, Schlecht- oder Späterfüllung, Änderungen in den Verhältnissen der Parteien) • Sicherungsinstrumente

---

[7] Vgl. *Junker/Kamanabrou*, Vertragsgestaltung, 23.

4.1 Vertragstechnik

Tab. 4.1 (Fortsetzung)

Grundschema des äußeren Vertragsaufbaus	
Schlussbestimmungen	• Konfliktbewältigungsmechanismen (Gerichtsstandsvereinbarung, Schiedsvereinbarung)[d] • Rechtswahl • Schriftformklausel • Salvatorische Klausel

[a] Vgl. hierzu Abschn. 5.2.1 im Einzelnen.
[b] Vgl. hierzu Abschn. 5.2.2 im Einzelnen.
[c] Anm.: Diese werden teilweise unter Störfallvorsorge verortet, vgl. etwa *Junker/Kamanabrou,* Vertragsgestaltung, 23; *Koch,* in: Aderhold/Koch/Lenkaitis, Vertragsgestaltung, 78.
[d] Anm.: Diese werden teilweise unter der Störfallvorsorge, teils in den Schlussbestimmungen verortet, vgl. statt vieler etwa die Ansätze bei *Junker/Kamanabrou,* Vertragsgestaltung, 24; *Koch,* in: Aderhold/Koch/Lenkaitis, Vertragsgestaltung, 78.

Nachdem die Vertragsüberschrift zunächst möglichst treffend den gewählten Vertragstyp kennzeichnen soll, sind die Parteien so präzise wie möglich zu bezeichnen. Hierzu gehört neben einer korrekten Firmierung auch die vollständige Bezeichnung der Vertretungsverhältnisse.

> **Beispiel**
>
> Dies spielt nicht nur im Unternehmensrechtsverkehr, etwa bei einer handlungsunfähigen GmbH mit der Bezeichnung des bzw. der gesetzlichen Vertreter(s), also etwa zweier gesamtvertretungsberechtigter Geschäftsführer A und B, sondern auch bei familienrechtlichen Bezügen, etwa den gemeinsam vertretungsberechtigten Eltern des beschränkt geschäftsfähigen minderjährigen Kindes, eine Rolle.

Es folgen die Haupt- und Nebenleistungspflichten sowie die Regeln zur Vertragsdurchführung, in deren Rahmen die Modalitäten der jeweiligen Leistungserbringung zu benennen sind, und sodann die Regelungen zur Störung bei der Leistungserbringung. Keine einheitliche Empfehlung kann hinsichtlich der (jeweiligen inneren) Reihenfolge von Haupt- und Nebenleistungspflichten sowie Gewährleistungsregeln gegeben werden, ebenso ob im Rahmen der Leistungserbringung gegebenenfalls bereits die Vereinbarung über Sicherungsmittel aufzunehmen ist.[8]

> **Beispiel**
>
> Es kann sich zwar anbieten, einen Eigentumsvorbehalt beim Kaufvertrag als Sicherungsmittel unmittelbar im Anschluss an die Leistungserbringung zu regeln. Dahingegen wird etwa bei einem befristeten Mietvertrag und der Bestellung von Mietsicherheiten, etwa einer Kaution, die Reihenfolge anders aussehen: Hier

---
[8] So auch *Koch* in: Aderhold/Koch/Lenkaitis, Vertragsgestaltung, 78.

kann die Mietdauer etwa in direktem Zusammenhang mit den Hauptleistungspflichten gleich zu Beginn, dahingegen die Mietkaution erst bei der Störfallvorsorge geregelt sein.

Verstehen Sie bitte daher den vorstehenden groben Aufbau nur als „Anregung" oder „Richtschnur", an der Sie sich zu Beginn Ihrer Tätigkeit als Vertragsjurist orientieren können. Und vergessen Sie nicht: Es gibt keinen verbindlichen Aufbau! Solange Ihr Aufbau einer erkennbaren o.g. Grundregel folgt, ist der Aufbau zumindest nicht grundsätzlich zu beanstanden.

4.1.2.4 Praxisbeispiel des Aufbaus eines Austauschvertrages

Nachfolgend habe ich Ihnen exemplarisch einen kautelarjuristisch üblichen Aufbau eines Werkvertrages aufgezeichnet, der sicher auch leicht anders erfolgen kann, ohne dass dies zu beanstanden wäre. Verlieren Sie bitte gerade als Berufseinsteiger die Scheu davor, hier etwas grundsätzlich falsch zu machen, und nehmen Sie Anleihen an bekannte und bewährte Muster!

Typischer Aufbau eines Austauschvertrages (Werkvertrag)
- Vertragsüberschrift
- Bezeichnung der Parteien
- Präambel
- Definitionen
- Gegenstand des Vertrages
- Bestandteile und Inhalte des Vertrages
- Leistungspflicht des Auftragnehmers
- Mitwirkungsverpflichtung des Auftraggebers
- Leistungsänderungen
- Termine
- Vergütung
- Abnahme
- Gefahrübergang
- Mängelhaftung
- Nachunternehmer
- Versicherungen
- Sicherheiten
- Haftung
- Vertragsdauer/Beendigung/Kündigung
- Höhere Gewalt (Force Majeure)
- Urheberrechte/Werbung
- Vertraulichkeit/Datenschutz
- Schlussbestimmungen

4.1.3 Vertragssprache

Eine der Hauptaufgaben des Vertragsjuristen besteht darin, einen Konsens der Beteiligten juristisch so zu erfassen und zu gestalten, dass am Ende der Gestaltung der wahre Wille der Beteiligten „juristisch korrekt erfasst" wird, aber „dennoch" in einen verständlichen (aber juristisch präzisen) Vertragstext mündet. Dazu ist es erforderlich, den von den Beteiligten in der Eingangsphase oder etwa in der Verhandlungsphase teilweise in Umgangs-/Laiensprache formulierten Willen in juristische Fachtermini zu „übersetzen". Andererseits hat der Vertragsjurist sich am Empfängerhorizont der Beteiligten zu orientieren, so dass am Ende zur Vermeidung eines Dissenses den Vertragsparteien der Bedeutungsgehalt ihres Vertrages bewusst sein muss.

Die gewählte (Vertrags-)Sprache sollte dabei der individuellen Sprachebene des Mandanten entsprechen (Merke: „Man kann auch in Vertragsentwürfen Dinge einfach ausdrücken... oder wirklich kompliziert."). Es sollte also ein klarer eindeutiger Stil gepflegt, umständliche Schachtelsätze vermieden werden.[9]

> **Beispiel**
>
> Eine nach dem deutschen Recht gegründete Aktiengesellschaft (AG) führt für ihre Führungskräfte ein Optionsprogramm ein. Laut diesem kann ein Mitarbeiter in einer programmrelevanten Führungsposition eine gewisse im Programm vorgesehene Anzahl an Aktien der AG zu einem bereits im Programm bestimmten Preis erwerben. Voraussetzung dafür ist – außer der relevanten Führungsposition – die Zugehörigkeit zur AG in den nächsten 4 Jahren. Verlässt der Mitarbeiter die AG früher, muss er die Aktien zurückgewähren. Dafür wird bereits in die Kaufverträge eine (Rück-)Kaufoption aufgenommen, die vorsieht, dass die AG die an den Mitarbeiter verkauften Aktien zu demselben Preis (zurück)kaufen und ein entsprechendes Optionsrecht ausüben kann, falls der Mitarbeiter die AG vor dem Ablauf von 4 Jahren verlässt.
>
> Mit den Verträgen für die Führungskräfte wird eine Rechtsanwaltskanzlei beauftragt. Die Verträge sollen in englischer Sprache verfasst werden, damit auch die ausländischen Mitarbeiter den Text verstehen können. Die Kanzlei erstellt die Verträge zum vereinbarten Zeitpunkt für die Mandantin (i.e. die o.g. AG). Diese enthalten unter anderem folgende Passage zur Sicherung der Anzahl der Aktien, die durch die o.g. Kaufoption zurückgewährt werden müssen:
>
>> In case the Shareholder no longer holds all of the Shares subject to the respective Call Option Offer at the point in time the Call-Option is exercised by Company, the Shareholder shall be obliged to, within a period of two (2) weeks from such exercise, (i) repurchase such amount of shares in Company up to an amount until the Shareholder again holds an amount of shares in Company equalling all Shares being subject to the respective Call Option Offer and (ii) transfer such amount of shares in Company to Company. In case the Shareholder fails to acquire and transfer an amount of shares in Company equalling the relevant amount of Shares subject to the respective Call Option

---

[9] Vgl. etwa die Pflicht des Notars aus § 17 Abs. 1 S. 1 BeurkG zur klaren und eindeutigen Formulierung.

Offer to Company within a period of two (2) weeks from the exercise of the Call-Option, the Shareholder shall transfer to Company the remaining Shares still held by him and (i) transfer all newly acquired shares in Company up to the amount necessary to cover the lacking amount of the Shares and/or (ii) pay to Company monetary damages for the lacking amount of shares in Company up to the relevant amount of Shares subject to the respective Call Option Offer.

Die Kompliziertheit des Textes führt dazu, dass die Passage durch den internen Unternehmensjuristen der Mandantin überarbeitet werden muss. Dieser wird die Regelung so umgestalten, dass hieraus möglichst kurze und verständliche Sätze werden. Womöglich muss er die Passage sogar komplett umgestalten, damit sie jedenfalls auch von den juristisch nicht vorgebildeten Vertragspartnern der Mandantin, d. h. den Mitarbeitern in programmrelevanter Führungsposition, verstanden werden kann.

▶ **Praxistipp** Vermeiden Sie unnötige Wiederholungen und Verkomplizierungen! Bilden Sie angemessen einfache und kurze Sätze.

Grundsätzlich sollte der Vertrag in einer Sprache gefasst werden, der beide Vertragsparteien mächtig sind (möglichst die Muttersprache), bei grenzüberschreitenden Transaktionen sollte diejenige Sprache gewählt werden, die das anzuwendende Vertragsrecht beheimatet[10]. Probleme können sich ergeben, wenn die Vertragsparteien unterschiedliche Muttersprachen aufweisen und/oder eine Vertragssprache gewählt wird, die nicht das anzuwendende Vertragsrecht beheimatet. Hier sind Missverständnisse, die sich aus der verschiedenen (Fach-)Terminologie unterschiedlicher Rechtskreise oder einer unterschiedlichen Auffassung der Vertragsparteien von deren Bedeutungsgehalt ergeben, nicht selten. Dies kann dadurch verhindert werden, dass die in der einschlägigen Vertragssprache gesetzlich entnommene Terminologie in Klammern gesetzt wird. Wird also nach dem Willen der Vertragsparteien ein englischsprachiger Vertragstext aufgesetzt, der sich nach deutschem Recht richtet, so sollte zumindest in Klammerzusätzen auf die gesetzliche (in diesem Falle deutsche) Terminologie Bezug genommen werden.

Es kann sich zudem anbieten, Verträge von vornherein bilingual aufzusetzen. Auch hier können sich Probleme bei Übersetzungs- oder Verständnisfehlern ergeben, aber auch dadurch, dass im Laufe von Vertragsverhandlungen nur eine Version als Arbeitsversion weiter bearbeitet wird, während die andere Sprachversion im Ausgangsstadium verharrt. Zwingend in diese bilingualen Verträge mit aufzunehmen ist daher eine Regelung, welche Sprachversion die herrschende, d. h. bei Unterschieden letztlich die verbindliche, ist.

▶ **Praxistipp** Wenn Sie einen Vertrag in einer Ihnen fremden Sprache zu erstellen haben, sollten Sie möglichst sicherstellen, dass ein Muttersprachler diesen am Ende Ihrer Arbeit durchliest. So werden eventuell vorhandene (fremd)sprachliche Fehler korrigiert und zudem die Lesbarkeit und Klarheit des Vertragstextes verbessert.

---

[10] Vgl. *Koch,* in: Aderhold/Koch/Lenkaitis, Vertragsgestaltung, 75, vgl. dazu auch im Folgenden.

4.2 Hilfsmittel der Vertragsgestaltung

Typische Hilfsmittel der Vertragsgestaltung habe ich Ihnen bereits in Kap. 3 im Rahmen der Darstellung der methodischen Vorgehensweise vor Augen geführt. Primär werden Sie sich eigener und fremder Vertragsmuster sowie Checklisten bedienen. Nachfolgend möchte ich Sie mit deren Gebrauch und praktischen Nutzen, d. h. primär ihrer Bedeutung im Rahmen der Ermittlung relevanter Informationen und Rechtsfragen, sowie deren wesentlicher Gefahren im täglichen Einsatz anhand von Beispielen vertraut machen.

4.2.1 Umgang mit Vertragsmustern

4.2.1.1 Standardisierte Sachverhalts- und Vertragstypen sowie Regelungstypen, Bausteine und Vertragsmuster

Wenn Sie sich wie zuvor bereits im Rahmen der methodischen Schilderung empfohlen[11] bei der Vertragskonzipierung an Standardvertragstypen des BGB, HGB etc. (bspw. Kauf-, Miet-, Dienst- oder Werkvertrag)[12] beziehungsweise kautelarjuristischen (Standard-)Vertragstypen[13] orientieren, so hat dies seine methodische Berechtigung. Schließlich lassen sich aus wiederkehrenden Lebenssachverhaltskonstellationen und damit verbundenen Regelungszielen wiederkehrende Gestaltungsaufgaben ableiten, die typische Merkmale aufweisen. Dementsprechend lassen sich rechtliche Gestaltungen in bestimmte Fallgruppen beziehungsweise Typen einteilen,[14] deren Berücksichtigung in der kautelarjuristischen Rechtsanwendung als Orientierungshilfe weitgehend anerkannt ist[15] und teils sogar als zwingende Notwendigkeit (insbesondere unter dem Gesichtspunkt der Haftungsvermeidung) erachtet wird[16]. Dabei setzt die Bildung von Vertragstypen an den vorgefundenen

---

[11] Vgl. hierzu bereits oben Abschn. 3.6 und Abschn. 4.1.

[12] Vgl. zur Lehre von den Vertragstypen etwa *Larenz*, Methodenlehre, 216 ff.; *Larenz/Canaris*, Methodenlehre, 37 ff.; *Rittershaus/Teichmann*, Anwaltliche Vertragsgestaltung, 122 ff. m.w.N.

[13] Anm.: Vgl. hierzu auch die Lehre von der Vertragsgestaltung nach Fallgruppen und Vertragstypen, vgl. *Langenfeld*, Vertragsgestaltung: Methode, Verfahren, Vertragstypen, 25 ff.; *Langenfeld*, Von der Klausel zur Vertragsgestaltung – Wandlungen der Kautelarjurisprudenz, in: FS des Rheinischen Notariats, 1998, 3. Bei diesen Orientierungshilfen handelt es sich um „Eigenschöpfungen der Kautelarjurisprudenz, die durch den Konsens der Fachleute legitimiert werden", *Langenfeld*, Vertragsgestaltung, 11. Letztlich handelt es sich um mit einer gewissen Rechtstradition anerkannte Vertragstypen oder auch typengemischte Verträgen (Kombination mit unterschiedlicher Schwerpunktbildung von Standardvertragstypen).

[14] Vgl. *Jerschke*, Sonderheft DNotZ 1989, 21, 37 ff.; *Langenfeld*, JuS 1998, 33, 34 ff.; *Rittershaus/Teichmann*, Anwaltliche Vertragsgestaltung, 122 f.; vgl. differenzierend von der Fallgruppenbildung zur Vertragstypenbildung *Langenfeld*, Vertragsgestaltung, 14 f.

[15] Vgl. etwa *Waldner*, NJW 1994, 1461; *Rawert*, NJW 1998, 2125; *Rehbinder*, Vertragsgestaltung, 49 ff.; *Koch*, in: Aderhold/Koch/Lenkaitis, Vertragsgestaltung, 60 f.; *Rittershaus/Teichmann*, Anwaltliche Vertragsgestaltung, 122 ff.; *Schmittat*, Einführung in die Vertragsgestaltung, 219 ff.

[16] Vgl. *Langenfeld*, Vertragsgestaltung, 17 f.; *Langenfeld*, JuS, 33 ff., 131 ff., 224 ff., 321 ff., 417 ff., 521 ff., 621 ff.

tatsächlichen und rechtlichen Verhältnissen an: Mithin dient die Wirklichkeit als Muster[17], so dass Sie als Vertragsjurist unter Berücksichtigung der tatsächlichen und rechtlichen Gegebenheiten die an Sie herangetragenen Fälle anhand ihrer jeweiligen Regelungsziele und tatbestandlichen Voraussetzungen zu Fallgruppen zusammenfassen und hieraus Vertragstypen entwickeln können.[18] Bestimmend für die Zuordnung zu einem bestimmten (kautelarjuristischen) Vertragstyp ist der Vertragszweck[19], der primär durch das Regelungsziel, daneben aber auch durch die tatbestandlichen Voraussetzungen geprägt ist.

Diese in der Kautelarpraxis entwickelten Vertragstypen sind durch eine Vielzahl von Merkmalen gekennzeichnet.[20] Jedoch müssen nicht alle Merkmale zur Bestimmung eines Vertragstyps vorliegen; ausreichend ist vielmehr, wenn der zu regelnde Sachverhalt dem zugeordneten Typus dem Gesamterscheinungsbild nach entspricht, also die Mehrzahl der Merkmale erfüllt beziehungsweise den wesentlichen und charakterisierenden Merkmalen entspricht.[21] Auch diese bauen zunächst auf den Standardvertragstypen des Gesetzes auf und bedienen sich derer Regelungssystematik[22], so dass entweder bei entsprechender Zuordnung des gesamten Vertrages der ganze Vertrag zunächst einem gesetzlichen Vertragstyp zugeordnet und dessen Rechtsfolgensystem insgesamt auf ihn angewendet wird oder bezogen auf einzelne Elemente eine solche partielle Zuordnung erfolgt, und konkretisieren beziehungsweise modifizieren den Regelungsgehalt im Übrigen.[23]

> **Beispiel**
>
> Enthalten also beispielsweise in der Praxis anerkannte eigenständige Vertragstypen, wie etwa ein Pferdeeinstellvertrag (Einstellen und Überlassen einer Pferdebox und gegebenenfalls weiterer Flächen, das Füttern und Ausmisten sowie die Pflicht zur Obhut über das Tier)[24], Elemente verschiedener gesetzlicher Schuld-

---

[17] Vgl. *Jerschke*, DNotZ-Sonderheft 1989, 21.

[18] Vgl. *Langenfeld*, Vertragsgestaltung, 14.

[19] Ebenso *Langenfeld*, Vertragsgestaltung, 19.

[20] Vgl. *Larenz/Canaris*, Methodenlehre, 37 ff.; *Rittershaus/Teichmann*, Anwaltliche Vertragsgestaltung, 122.

[21] Vgl. *Langenfeld*, JuS 1998, 33, 34 ff.; *Langenfeld*, Vertragsgestaltung, 14 f., 17; *Rittershaus/Teichmann*, Anwaltliche Vertragsgestaltung, 122 ff.

[22] Vgl. zu deren Verhältnis zum Gesetz auch *Langenfeld*, Vertragsgestaltung, 18 f., der zunächst allerdings etwas missverständlich darauf hinweist, dass der kautelarjuristische Vertragstyp sich nicht vom Gesetz ableitet, sondern aus der Wirklichkeit geboren ist. Richtig ist sicher, dass der kautelarjuristische Vertragstyp der Wirklichkeit entspringt, mithin der Kautelarpraxis zu verdanken ist, andererseits bauen auch diese Vertragstypen auf das kodifizierte deutsche Recht auf und konkretisieren es in weiten Teilen.

[23] Vgl. *Koch,* in: Aderhold/Koch/Lenkaitis, Vertragsgestaltung, 60; *Rittershaus/Teichmann*, Anwaltliche Vertragsgestaltung, 122 ff.

[24] Vgl. zu der Vertragstypologie und Diskussion der Frage nach der Anwendbarkeit der §§ 535 ff., 688 ff. BGB auf Einstellverträge sowie der Behandlung derartiger typengemischter Verträge *Häublein*, NJW 2009, 2982, 2983 m.w.N.

4.2 Hilfsmittel der Vertragsgestaltung

verträge, wie etwa des Miet- und Verwahrungsvertrags (§§ 535 ff., 688 ff. BGB) sowie gegebenenfalls hinzutretend des Kauf- und Dienstvertrags[25] (Beachten Sie die Ähnlichkeit zum Beherbergungsvertrag!), so kann bezogen auf einzelne klar und eindeutig zuordenbare Elemente, wie etwa bei Leistungsstörungen, das jeweilige Gesetzesrecht Anwendung finden. Wird also verdorbenes Futter an das Pferd verfüttert, kann bezogen auf dieses Element des Pferdeeinstellvertrages „Füttern" das kaufrechtliche Gewährleistungsrecht Anwendung finden. Soll allerdings auf den gesamten Vertrag rechtsgestaltend eingewirkt werden, also dieser beispielsweise gekündigt werden, muss geklärt werden, welche Typenmerkmale überwiegen, um das in diesem Fall einschlägige Rechts(folgen)regime zu identifizieren. Gerade diese Frage ist bezogen auf den Pferdeeinstellvertrag höchst umstritten[26] und verdeutlicht Ihnen bereits an dieser Stelle die Schwierigkeiten mit dem Umgang mit gesetzlichen Typen und typengemischten Verträgen.

Speziell für diese aus der (Rechts-)Wirklichkeit geborenen Fälle hat die Kautelarpraxis eigene (kautelarjuristische) Vertragstypen entwickelt, die keine ausdrückliche Entsprechung im Gesetz aufweisen oder für die aufgrund der starken Abweichung vom Regelfall eine Zuordnung zum gesetzlichen Vertragstyp nicht möglich beziehungsweise problematisch ist.[27] So ist der zuvor genannte Pferdeeinstellvertrag ein schönes Beispiel für einen echten Mischvertrag im Sinne einer Typenkombination, bei dem einzelne Rechte und Pflichten weder in Gänze den vorherrschenden §§ 535 ff. BGB (Mietrecht) noch den §§ 688 ff. BGB (Verwahrung) entnommen werden können[28], so dass dieser dementsprechend für einen kautelarjuristischen Vertragstyp prädestiniert ist.

---

[25] Beim Pferdeeinstellvertrag handelt es sich zunächst um einen einheitlichen Vertrag mit mietrechtlichem Element, vgl. *Häublein*, NJW 2009, 2982, 2983: „Neben der Box werden meist auch andere Flächen überlassen, z. B. Verkehrsflächen oder eine Reithalle. Soweit dienst- bzw. kaufrechtliche Elemente hinzutreten (Füttern, Ausmisten), bestehen gewisse Parallelen zum Beherbergungsvertrag, bei dem nach herrschender Meinung das Mietrecht dominiert. Beim Einstellvertrag kommt allerdings als vertragswesentlich und typusprägend die Pflicht zur Obhut über das Tier hinzu; er hat insoweit verwahrungsrechtlichen Charakter. Dabei kommt es – wie bei allen Geschäftsbesorgungen notwendigerweise – zu Überlappungen mit anderen, insbesondere den dienstvertraglichen Elementen; denn zur Verwahrung von Tieren gehören Fütterung und gegebenenfalls das Bewegen, z. B. bei Turnierpferden."

[26] Vgl. weiterführend statt vieler zum Meinungsstand der Kündigung *Häublein*, NJW 2009, 2982, 2984 m.w.N.

[27] Vgl. *Koch,* in: Aderhold/Koch/Lenkaitis, Vertragsgestaltung, 60 f.

[28] Vgl. *Häublein*, NJW 2009, 2982, 2984 ff. m.w.N. „Unter Berücksichtigung der typisierten Interessen der Vertragsparteien, auf denen letztlich auch das dispositive Gesetzesrecht beruht, enthalten die mietrechtlichen Normen für die Kündigungs- und die Pfandrechtsproblematik Vorgaben, die in der Regel zu angemessenen Ergebnissen führen. Bei der Haftung für Schäden am Pferd drängt dem gegenüber der Obhutsaspekt stark in den Vordergrund." *Häublein*, NJW 2009, 2982, 2987.

Von Vertragstypen zu unterscheiden sind sogenannte Reglungstypen.[29] Als solche bezeichnet man kleinere Regelungseinheiten unterhalb der Regelung eines komplexen Lebenssachverhalts, die nur einen oder einzelne Sachpunkte innerhalb eines Vertragstyps regeln. Häufig bietet sich die Verwendung von alternativen Regelungstypen innerhalb eines Vertragstyps an, so dass Kombinationen von Regelungstypen innerhalb eines Vertragstyps entstehen,[30] die auch als „Kautelenkombination" bezeichnet werden[31]. Beispiele für in der Praxis besonders relevante Regelungstypen werde ich Ihnen als (Text-)Bausteine[32] innerhalb des Baukastensystems in Kap. 5 vorstellen. Für die Bildung und Verwendung von Regelungstypen gilt grundsätzlich das (auch im Folgenden noch) zu den Vertragstypen Ausgeführte.

Die in der Kautelarpraxis entwickelten und erprobten Vertragstypen bilden sich in eigenen und kommerziell angebotenen Vertragsmustern ab, die den Kenntnisstand des kautelarjuristischen Berufsstandes wiedergeben[33]. Mithin findet die Vertragstypenlehre ihren praktischen Ausfluss in Vertragsmustern[34]. Diese können im Rahmen der einzelnen vorzunehmenden Rechtsgestaltung immer nur Orientierungshilfen geben,[35] was den Umgang mit Ihnen prägt. Ihr praktischer Nutzen ist immens.

4.2.1.2 Über Einsatzmöglichkeiten und praktischen Nutzen
Vertragsmuster können Ihnen als Vertragsjuristen zu zahlreichen Zeitpunkten und bei vielen Arbeitsschritten hilfreich zur Seite stehen.

4.2.1.2.1 Zeitersparnis – Gewähr für effizientes und rationales Arbeiten
Erster, augenscheinlicher Nutzen liegt sicher in der immensen Zeitersparnis, die in der Verwendung solcher Vertragsmuster liegt. Schließlich bieten Sie – bezogen auf den typischen Fall, den Sie abbilden – eine hohe Gewähr für brauchbare kautelarjuristische Ergebnisse[36] (mithin hohe Arbeitseffizienz), ohne dass eine rechtliche Lösung bei jeder einzelnen Vertragsgestaltung von Grund auf neu erarbeitet werden muss[37] (mithin rationale Arbeitsweise). Es wird – bei der anhand des Regelungsziels und zugrundeliegenden Lebenssachverhalts erkannten Zuordnung zu einem bestimmten Vertragstyp – also nicht darum gehen, eine vertragliche Grundstruktur

---

[29] Vgl. *Koch,* in: Aderhold/Koch/Lenkaitis, Vertragsgestaltung, 61; *Langenfeld,* Vertragsgestaltung, 19 f., dort auch zum Folgenden.
[30] Vgl. *Langenfeld,* Vertragsgestaltung, 19 f.
[31] Vgl. hierzu *Reithmann,* in: FS 125 Jahre Bayerisches Notariat, 1987, 159, 163 f.
[32] So in der Bezeichnung auch *Jerschke,* DNotZ-Sonderheft 1989, 36; eher ablehnend *Langenfeld,* Vertragsgestaltung, 20, der an der Bezeichnung „Regelungstyp" festhält.
[33] Vgl. *Teichmann,* JuS 2001, 973, 979; *Westermann,* AcP 175 (1975), 375, 376.
[34] Vgl. *Koch,* in: Aderhold/Koch/Lenkaitis, Vertragsgestaltung, 62.
[35] Vgl. *Rittershaus/Teichmann,* Anwaltliche Vertragsgestaltung, 122; *Langenfeld,* Vertragsgestaltung, 14 f., 17.
[36] Vgl. *Rittershaus/Teichmann,* Anwaltliche Vertragsgestaltung, 123.
[37] Vgl. *Koch,* in: Aderhold/Koch/Lenkaitis, Vertragsgestaltung, 61.

zu erarbeiten, sondern vielmehr darum, Einzelheiten an das aufgefundene Grundmuster anzupassen.[38]

> **Beispiel**
> Arbeiten Sie etwa in der Rechtsabteilung eines großen geschlossenen Immobilienfonds, der Eigentümer einer Shopping-Mall ist, und sollen Sie einen befristeten gewerblichen Mietvertrag für eine Modeboutique als Mieter erstellen, greifen Sie – so es sich nicht um die einzige und erstmalige Vermietung an eine Modeboutique in der Shopping-Mall handelt – zweckmäßigerweise auf bereits in der Vergangenheit abgeschlossene, befristete gewerbliche Mietverträge für Modeboutiquen zurück. Haben sich nämlich diese Mietverträge in der Vergangenheit bewährt, haben Sie in der konkreten Situation bei vergleichbarer Interessenlage zunächst anhand desselben Regelungsziels (und augenscheinlich vergleichbarem Lebenssachverhalt) „Befristete gewerbliche Vermietung von Räumen an eine Modeboutique" ein geeignetes Vertragsmuster gefunden. Allerdings müssen Sie zur Erstellung des neu abzuschließenden Mietvertrages nur noch einen Bruchteil der zuvor bei Erstellung eines ersten solchen Vertrages, mithin des Vertragstyps „befristeter gewerblicher Mietvertrag für eine Modeboutique", aufgewendeten Zeit einplanen.

Inwieweit Änderungsbedarf besteht und welche Gefahren bei der Verwendung eines Musters im Einzelnen lauern können, zeige ich Ihnen sogleich auf.

4.2.1.2.2 Exkurs: Vertragsmustersammlungen
Steht Ihnen kein solcher (auch kein vergleichbarer oder ähnlicher) Vertragstyp in Ihrer eigenen Vertragsmustersammlung zur Verfügung, bedienen Sie sich einschlägiger Vertragsmustersammlungen, die Sie regelmäßig bereits online in Fachportalen[39] oder aber in einschlägigen Formularmusterhandbüchern in Papierform[40] finden.

Diese kommerziellen Formularmuster schildern zunächst den dem Vertragsmuster zugrundeliegenden Sachverhalt und die Interessenlage. Hiervon ausgehend entwickeln Sie einen interessengerechten und angemessenen vertraglichen Lösungsvorschlag, der sich in der Praxis bewährt hat. Abweichungen von dispositivem Gesetzesrecht und Besonderheiten in der Gestaltung werden in den Anmerkungen zu einzelnen Regelungen des Vertragsmusters hervorgehoben und der Grund für die vorgenommenen abweichenden Regelungen unter Praxisgesichtspunkten erläutert. Insgesamt bilden diese Vertragsmuster für eine Vielzahl von zu entwickelnden einzelvertraglichen Lösungen eine regelmäßig sehr brauchbare Ausgangsbasis.

---

[38] Ebenso *Koch,* in: Aderhold/Koch/Lenkaitis, Vertragsgestaltung, 61.

[39] Vgl. Sie etwa nur die umfangreichen kommerziellen Formularmustersammlungen, die Sie – je nach freigeschaltetem Umfang – in der Datenbank von „beck-online" finden.

[40] Vgl. Sie etwa „Beck'sches Formularbuch GmbH-Recht", hrsg. von *Lorz/Pfisterer/Gerber,* vgl. auch die Aufstellung von Vertragsmustersammlungen bei *Koch,* in: Aderhold/Koch/Lenkaitis, Vertragsgestaltung, 62 f. m.w.N.

▶ **Praxistipp** Ausgehend von diesen Usancen sollten Sie sich also als guter Vertragsjurist sogleich nach erstmaliger Erstellung bestimmter Vertragstypen, die sich auch in Zukunft erkennbar wiederholen (können), eine eigene Formularmustersammlung – bezogen auf Ihr jeweiliges Arbeitsgebiet – unter ähnlichen Gesichtspunkten systematisiert anlegen. Diese haben aufgrund des individuelleren Zuschnitts erkennbar höheren Nutzen als allgemeiner gehaltene kommerzielle Muster.

So könnten Sie im vorliegenden Beispiel, sollte Ihnen kein eigenes Muster für einen befristeten gewerblichen Mietvertrag für eine Modeboutique vorliegen, als nächsten Schritt prüfen, ob Ihnen gegebenenfalls als Vertragsmuster ein ähnlicher befristeter gewerblicher Mietvertrag eines Mietobjekts in Ihrer Shopping-Mall vorliegt. „Im schlimmsten Falle" müssten Sie auf ein inhaltlich einschlägiges „kommerzielles" Formularmuster zum „Gewerblichen Mietvertrag" in einem Online-Fachportal oder einer Formularmustersammlung zurückgreifen.

4.2.1.2.3 Interessenausgleich

Daneben kommt in Vertragsmustern auch ein Interessenausgleich zum Ausdruck, der sich bezogen auf den geregelten Lebenssachverhalt und das verfolgte Regelungsziel in einer Vielzahl von Fällen als angemessen erwiesen hat.[41] Dieser angemessene Interessenausgleich kann so weit gehen, dass bestimmte kautelarjuristische Regelungen zwischenzeitlich tatsächlich marktüblich geworden sind, so dass ein Abweichen hiervon wiederum besonderer Begründung bedarf. Schließlich haben sich die jeweiligen Vertragsparteien in einer Vielzahl von Fällen mit ihrer Einigung auf ein kautelarjuristisches Vertragsmuster ja auf eine vom dispositiven Gesetzesrecht abweichende Regelung verständigt, das sich in der konkreten Situation als die in der Praxis angemessenere, gegebenenfalls auch eindeutiger bestimmbare Lösung gegenüber dem Gesetzesrecht herausgestellt hat. Insoweit bekommen die Vorschriften des dispositiven Gesetzesrechts und die hierin zum Ausdruck kommende Wertung des Gesetzgebers durch kautelarjuristische Muster durchaus Konkurrenz, so dass sich die Leitbildfunktion des Gesetzesrechts zumindest in den Teilbereichen, in denen ein Abweichen vom dispositiven Gesetzesrecht und die Verwendung von Vertragsmustern üblich geworden ist, verringert.

Mithin tragen anerkannte und in der Praxis bewährte kautelarjuristische Vertragsmuster auch die Gewähr der inhaltlichen Richtigkeit in sich und zwingen den guten Vertragsjuristen auch dazu, in für den konkreten Regelungsvorschlag einschlägigen Vertragsmustern geregelte Vertragspunkte anzusprechen und mit in die eigene Regelung aufzunehmen, da hierzu offensichtlich in der Praxis ein Regelungsbedürfnis besteht.[42]

---

[41] Vgl. *Rittershaus/Teichmann*, Anwaltliche Vertragsgestaltung, 124 f. m.w.N., vgl. dazu auch im Folgenden.
[42] Vgl. *BGH*, Urt. v. 28.04.1994 – IX ZR 161/93; *Rittershaus/Teichmann*, Anwaltliche Vertragsgestaltung, 124.

4.2.1.2.4 Checklistenfunktion

Dies führt mich sogleich zum nächsten Nutzen eines Vertragsmusters: Diese können im Rahmen der konkreten Gestaltungssituation dazu beitragen, regelungsbedürftige Punkte nicht zu übersehen (mithin „Vollständigkeit" und „Selbstkontrolle"). Dies dürfte sich insbesondere bei der Beurteilung der zukünftigen Entwicklung des vom Vertragstypus erfassten Lebenssachverhaltes, also etwa des bestehenden und/oder regelmäßig zu erwartenden Störpotentials, als großer Vorteil erweisen, ist doch gerade der Blick in die Zukunft für die meisten Gestaltungen besonders wichtig und weist sich aufgrund seiner kaum überschaubaren Fülle an möglichen Ereignissen gerade für den jungen und unerfahrenen Vertragsjuristen als besonders schwierig auf.[43] Mithin dienen einschlägige Vertragsmuster auch stets als Merkposten bei der Umsetzung der eigenen Gestaltung und haben somit auch die Funktion einer gedanklichen Checkliste (Zu Umgang und Nutzen von Checklisten vergleichen Sie sogleich unter Abschn. 4.2.2).[44]

4.2.1.2.5 Akzeptanz und Konsensvermittlung

Diese gemeinsame Richtigkeitsüberzeugung der Vertragsjuristen von den herausgebildeten kautelarjuristischen Vertragsmustern löst diese auch aus dem Bereich subjektiver Wertvorstellungen heraus und gibt Kriterien der Gestaltung vor, an denen sich der erfahrene Vertragsjurist orientieren und welche der junge Vertragsjurist erlernen kann.[45] Vertragsmuster können mithin auch als Argument für die Richtigkeit und Angemessenheit einer vorgeschlagenen Regelung dienen und so Akzeptanz beim eigenen Mandanten wie auch der Gegenseite vermitteln und so die Konsensfähigkeit erhöhen[46].

> **Beispiel**
>
> Ein gutes Beispiel hierfür gebe ich Ihnen im abschließenden Abschn. 6.1 dieses Buches im Übungsfall zum Gebrauchtwagenkaufvertrag unter Privaten. Auch wenn (dort) augenscheinlich für den Käufer ein Rückgriff auf das dispositive Mängelgewährleistungsrecht der §§ 434 ff. BGB von Vorteil ist, so haben sich doch im Gebrauchtwagenmarkt unter Privaten gewisse Usancen herauskristallisiert, die in zahlreichen einschlägigen Vertragsmustern ihren Niederschlag finden. Hierzu zählt eben auch ein weitgehender Gewährleistungsausschluss[47]. Erstellen Sie also als Vertragsjurist aus Käufersicht einen marktkonformen Gebrauchtwagenkaufvertrag unter Privaten, so können Sie im Rahmen der Belehrung und Beratung gegenüber Ihrem Mandanten, also dem Käufer, auf die

---

[43] Vgl. hierzu auch *Schmittat*, Einführung in die Vertragsgestaltung, 213.
[44] Vgl. etwa *Schmittat*, Einführung in die Vertragsgestaltung, 22; *Koch*, in: Aderhold/Koch/Lenkaitis, Vertragsgestaltung, 62; *Heussen*, in: Heussen/Pischel, Handbuch Vertragsverhandlung, 120 ff.
[45] Vgl. *Langenfeld*, Vertragsgestaltung, 21, dazu auch im Folgenden.
[46] Vgl. *Schmittat*, Einführung in die Vertragsgestaltung, 22; *Keim*, Beurkundungsverfahren, 78 ff.; *Weber*, JuS 1989, 818, 822.
[47] Vgl. Sie bitte hierzu im Einzelnen und m.w.N. unten Abschn. 6.1.

Marktüblichkeit der vorgeschlagenen Regelung zum Gewährleistungsausschluss verweisen und haben so ein Argument zur Hand, welches die Akzeptanz des Vertragsentwurfs durch Ihren Mandanten erhöhen wird.

4.2.1.2.6 Richtigkeitsgewähr und Haftungsvermeidung

Steht das einschlägige Vertragsmuster aber für einen Konsens „von Fachleuten auf dem betreffenden Rechtsgebiet", so stellt dies – zumindest prima facie – wie eben dargestellt auch die Gewähr einer (gewissen) inhaltlichen Richtigkeit dar.[48] Damit kann sich der Vertragsjurist bei der Gestaltung eines Lebenssachverhaltes, soweit er sich an einem einschlägigen anerkannten Vertragsmuster orientiert hat, auch gegen den Vorwurf der Pflichtverletzung bei der Belehrung und Beratung des Mandanten verteidigen, was zugleich sein Haftungsrisiko mindert[49].

4.2.1.3 Über mögliche Gefahren des Einsatzes von Vertragsmustern
4.2.1.3.1 Reflexion und individueller Zuschnitt

Bei allem Nutzen des Gebrauchs von Vertragsmustern ist bei deren Einsatz auch Vorsicht geboten.

Ihre Verwendung darf nicht unreflektiert und automatisch erfolgen. Zunächst setzt eine methodische Zuordnung des zu gestaltenden Regelungsziels und Lebenssachverhalts zu einem bestimmten Vertragsmuster eine wertende Gesamtschau aller zu regelnder Einzelheiten des Sachverhalts unter Beachtung der angeordneten Rechtsfolgen[50] voraus.[51] Erst hiernach ist bei wertender Gesamtbetrachtung überhaupt eine konkrete Zuordnung sinnvoll möglich.

Zudem muss das Vertragsmuster auf die individuell vorzunehmende Gestaltung zugeschnitten werden und nicht umgekehrt.[52] Bemühen Sie sich also darum, nicht Ihr eigenes, „in der Schublade auf seinen Einsatz wartendes" Muster auf „Biegen und Brechen" zum Einsatz zu bringen und den zu regelnden Sachverhalt und das Regelungsziel dementsprechend zu ändern (genauer zu beugen), sondern konzentrieren Sie sich zunächst auf das Wesentliche, nämlich die unverfälschte Erfassung des Sachziels, sodann die gedankliche Ermittlung des Regelungsziels, und sammeln Sie zunächst alle zur vertraglichen Umsetzung notwendigen Informationen, bevor

---

[48] Vgl. *Langenfeld*, Vertragsgestaltung, 23, dazu auch im Folgenden.
[49] Vgl. *BGH*, Urt. v. 28.04.1994 – IX ZR 161/93; *Odersky*, DNotZ-Sonderheft 1989, 49. Dies gilt primär für den selbstständigen Vertragsjuristen, der aus seinem Beratungsvertrag mit dem Mandanten unmittelbar in der Pflicht steht.
[50] Anm.: Bei kautelarjuristischen Vertragsmustern gibt es keinen direkten Zugriff auf ein gesetzliches Rechtsfolgenregime, es werden vielmehr vertraglich passende Rechtsfolgen gesetzlicher Vertragstypen, soweit sie passend erscheinen, für anwendbar erklärt, vgl. hierzu auch *Langenfeld*, Vertragsgestaltung, 24.
[51] Vgl. *Rittershaus/Teichmann*, Anwaltliche Vertragsgestaltung, 125 m.w.N., vgl. dazu auch im Folgenden.
[52] Vgl. *Koch* in: Aderhold/Koch/Lenkaitis, Vertragsgestaltung, 62; Junker/Kamanabrou, Vertragsgestaltung, 9; zur Arbeit mit Vertragsmuster und Checklisten und den Vor- und Nachteilen *Rittershaus/Teichmann*, Vertragsgestaltung, 117; *Vorbrugg*, AnwBl 1996, 251, 253; *Weber*, JuS 1987, 559, 562; *ders.*, JuS 1989, 818, 822 f.

Sie an die (endgültige) Strukturierung und Niederschrift Ihres Vertragsentwurfs (sodann auch mit Hilfe von Vertragsmustern) denken.

> **Beispiel**
>
> Beabsichtigt also im zuvor aufgezeigten Praxisbeispiel „Pferdeeinstellvertrag" Ihr Mandant gar nicht, sein Pferd in den Örtlichkeiten eines Reitvereins einzustellen, sondern geht es ihm vielmehr darum, selbst zu jedem Reittraining sein Pferd aus den eigenen Stallungen zur Reitanlage zu transportieren und dort vor Ort eine Pferdebox – etwa für den Fall eines plötzlichen Unwetters oder des bloßen Fütterns während der Aufenthaltszeit vor Ort – zur Verfügung zu haben, so entfallen von vornherein wesentliche tatbestandliche Elemente eines Pferdeeinstellvertrags, wie etwa die Pflicht zur Obhut über das Tier, so dass die in Aussicht genommene Gestaltung augenscheinlich weniger einem „klassischen Pferdeeinstellvertrag" entspricht, sondern vielleicht eher einem klassischen Mietvertrag. Hier wäre also nicht unreflektiert beim Hören eines oder mehrerer Stichworte zum Thema „Pferd" und „Einstellen eines Pferdes in eine Box" sogleich ein „Pferdeeinstellvertrag" zu erstellen, sondern es sind zunächst alle Einzelheiten des Sachverhalts zu klären.
>
> Vergleichen Sie die Situation auch mit einem „Beherbergungsvertrag". Einen solchen würden Sie wohl auch von vornherein nicht in Erwägung ziehen, wenn Ihr Mandant lediglich in einem Hotel speisen, dort aber nicht nächtigen möchte.

4.2.1.3.2 Exkurs – AGB-rechtliche Probleme bei der Verwendung von Vertragsmustern

Neben methodischen und tatsächlichen Gefahren lauern aber rechtliche Gefahren bei der Verwendung von (Vertrags)Mustern.

4.2.1.3.2.1 Einführung und Übersicht

Besondere Vorsicht bei der Verwendung von Textbausteinen und Formulartexten ist im Hinblick auf die durch das Recht der Allgemeinen Geschäftsbedingungen (AGB, vgl. §§ 305 ff. BGB) gezogenen Gestaltungsgrenzen geboten. Dies gilt für Reglungs- wie Vertragstypen gleichermaßen und insbesondere im Verhältnis Unternehmer zu Verbraucher (vgl. § 310 Abs. 3 BGB). Somit kann teils der gesamte Vertragstext, teils können allein einzelne Teile des Vertrages AGB darstellen.[53]

Zwar bringt Ihnen die Verwendung von (Vertrags)Mustern augenscheinliche Vorteile bei der Rationalisierung von hiervon betroffenen Geschäftsabläufen. Vertragsabschlüsse können insgesamt schneller, einfacher und kostengünstiger erfolgen. Allerdings ist diesem Vorgehen, zumindest nach gesetzgeberischer Wertung, immanent, dass solche Bausteine wohl primär zugunsten des Verwenders ausfallen werden und grundsätzlich der Versuchung unterliegen, vertragliche Risiken so weit

---

[53] Vgl. insoweit instruktiv die Ausführungen zu komplexen ÖPP-Verträgen und deren Verhältnis zum AGB-Recht bei *Kunkel/Weigelt*, NJW 2007, 2433 ff.

wie möglich auf den Vertragspartner abzuwälzen, ohne dass dieser die Möglichkeit hat, hierauf gebührenden Einfluss zu nehmen; dieser Gedanke liegt dem AGB-Recht zugrunde,[54] welchem in der Vertragsgestaltung grundsätzliche, insbesondere aber bei der Verwendung von Vertragsmustern beziehungsweise -bausteinen, Beachtung geschenkt werden muss.

Wegen der immensen praktischen Bedeutung des AGB-Rechts gerade bei der Verwendung von Vertragsmustern möchte ich Ihnen – ganz im Gegensatz zum übrigen Buch – hier einen kurzen Überblick über das materielle AGB-Recht geben und Sie auf diejenigen materiell-rechtlichen Punkte hinweisen, die Sie mit besonderer Sorgfalt im Rahmen ihres Gestaltungsentwurfs bedenken sollten (Tab. 4.2).

Tab. 4.2 Prüfungsreihenfolge wirksamer Einbeziehung von AGB

Prüfungsreihenfolge hinsichtlich der wirksamen Einbeziehung von AGB	
I. Anwendbarkeit der §§ 305 ff. BGB	1. Eröffnung des sachlichen Anwendungsbereichs (§ 310 Abs. 2, 4 BGB) 2. Eröffnung des persönlichen Anwendungsbereichs (§ 310 Abs. 1, 3 BGB) 3. Vorliegen von AGB (§ 305 Abs. 1 BGB): Vorformulierte Vertragsbedingungen, für eine Vielzahl von Verträgen, die durch den Verwender gestellt sein müssen
II. Einbeziehung in den Vertrag	1. Wirksame Einbeziehung (§§ 305 Abs. 2, 3, 305a BGB): Hinweispflicht, Möglichkeit der Kenntnisnahme, Einverständnis des Vertragspartners 2. Keine Einbeziehung bei überraschenden Klauseln (§ 305c Abs. 1 BGB)
III. Auslegung einzelner Klauseln	1. Grundsatz des Vorrangs der Individualabrede (§ 305b BGB) 2. Unklarheitenregel (§ 305c Abs. 2 BGB) 3. Allgemeine Auslegung (insb. §§ 133, 157 BGB)
IV. Inhaltskontrolle	1. Schranken der Inhaltskontrolle (§ 307 Abs. 3 BGB): Der Inhaltskontrolle entzogen? 2. Klauselverbote ohne Wertungsmöglichkeit (§ 309 BGB): Generelle Unwirksamkeit 3. Klauselverbote mit Wertungsmöglichkeit (§ 308 BGB): Regelmäßige Unwirksamkeit 4. Verstoß gegen Treu und Glauben gem. § 307 Abs. 1, 2 BGB (Generalklausel)

4.2.1.3.2.2 Bedeutung von AGB

AGB kommen in großem Umfang dort zum Einsatz, wo kautelarjuristisch vom dispositiven Recht abgewichen wird.[55] Insbesondere bei standardisierten Verträgen des Massenverkehrs wird die Vertragsabwicklung hierdurch rationalisiert und vereinfacht und so Geschäftsrisiken besser kalkulierbar gemacht. Dabei verschlechtern

---

[54] Vgl. hierzu etwa *Basedow*, in: MüKoBGB II, Vorbem. § 305 Rn. 2 f.; *Locher*, AGB, 7 jeweils m.w.N.

[55] Vgl. stat vieler *Stadler*, in: Jauernig, BGB § 305 Rn. 1 m.w.N., vgl. dort auch zum Folgenden.

4.2 Hilfsmittel der Vertragsgestaltung

AGB häufig die Rechtsstellung des jeweiligen Vertragspartners, indem sie ausgewogene dispositive gesetzliche Regelungen verdrängen, und dies obendrein dem Vertragspartner zumeist verborgen bleibt („Kleingedrucktes" liest man nicht)[56], was auch das eigentliche (Kern-)Problem ihrer Verwendung darstellt.

Dabei dürfte der tatsächliche Grund für die in der Regel widerspruchslose Hinnahme von AGB nach überwiegender Ansicht nicht in der wirtschaftlichen, sozialen, intellektuellen oder psychologischen Übermacht eines Vertragsteils, nämlich des Verwenders,[57] und somit im Schutz des Unerfahrenen und Schwachen gegen den Starken und Mächtigen, sondern vielmehr in einem partiellen Marktversagen, nämlich in dem Informations- und Motivationsgefälle zwischen Verwendern von AGB und deren Kunden[58], begründet liegen.[59] Denn für den Kunden lohnt es regelmäßig nicht, Zeit und Geld in diejenigen Bemühungen zu investieren, derer es bedürfte, um entweder im Verhandlungswege eine Änderung der AGB zu erreichen oder andere Anbieter ausfindig zu machen, deren AGB-Texte in diesem oder jenem Punkt eine für ihn günstigere Regelung enthalten.[60]

Betrachtet man den Anwendungsbereich des AGB-Rechts, wird zudem ein weiterer Aspekt offenbar: Das AGB-Recht entfaltet gegenüber Verbrauchern (§ 13 BGB) und Unternehmern (§ 14 BGB) unterschiedliche Schutzintensität (vgl. § 310 BGB, dazu sogleich unter Abschn. 4.2.1.3.2.3).

4.2.1.3.2.3 Anwendbarkeit der §§ 305 ff. BGB

Bevor Sie im Rahmen Ihrer Gestaltung das Augenmerk auf die (inhaltlichen) Gestaltungsgrenzen des AGB-Rechts, nämlich die §§ 307 bis 309 BGB, lenken können, müssen Sie zunächst feststellen, ob das AGB-Recht überhaupt Anwendung findet. Dies bestimmt sich zunächst danach, ob der sachliche und persönliche Anwendungsbereich der §§ 305 ff. BGB eröffnet ist.

Wichtige Bereiche des Zivilrechts, nämlich das Familien- und Erbrecht sowie das Gesellschaftsrecht wie auch Tarifverträge, Betriebs- und Dienstvereinbarungen, sind bereits aus dem sachlichen Anwendungsbereich generell, andere Bereiche partiell ausgeklammert und für Arbeitsverträge sind bei der Anwendung die

---

[56] Anm.: Zumal Wissen hier häufig auch nicht weiter helfen dürfte, da regelmäßig die gleichen AGB in der gesamten Branche verwendet werden, vgl. auch *Stadler*, in: Jauernig, BGB § 305 Rn. 1 m.w.N.

[57] Anm.: Dies wird insbesondere im Verhältnis des Unternehmers zum Verbraucher ins Feld geführt, dazu sogleich.

[58] Anm.: § 305 Abs. 1 Satz 1 BGB spricht von der anderen Vertragspartei, teils wird in der Literatur synonym vom Kunden oder Vertragspartner gesprochen, vgl. etwa bei *Basedow*, in: MüKoBGB II, Vorbem. § 305 Rn. 1 ff. und *Stadler*, in: Jauernig, BGB § 305 Rn. 1 ff.

[59] Vgl. zu dem in Einzelheiten vielschichtigen Meinungsstand auch *Basedow* in: MüKoBGB II, Vorbem. § 305 Rn. 4 f. m.w.N.; vgl. ferner *BGH*, Urt. v. 19.11.2009 – III ZR 108/08; *BGH*, Urt. v. 17.02.2010 – VIII ZR 67/09.

[60] Dieses „Marktversagen" hat seinen Grund nicht in der wirtschaftlichen oder sonstigen Übermacht der Verwender, sondern in den prohibitiv hohen „Transaktionskosten", die dem Kunden durch die Führung von Vertragsverhandlungen entstehen, vgl. *Basedow*, in: MüKoBGB II, Vorbem. § 305 Rn. 5 m.w.N.

im Arbeitsrecht geltenden Besonderheiten angemessen zu berücksichtigen, vgl. im Einzelnen § 310 Abs. 4 und 2 BGB.[61] Entwerfen Sie also einen Gesellschaftsvertrag für eine Ein-Personen-GmbH, müssen Sie die Vorgaben des AGB-Rechts nicht weiter beachten, gleiches gilt auf dem Gebiet des Erbrechts beispielsweise für den Entwurf eines Testaments.[62]

In § 310 Abs. 1 und 3 BGB sind Besonderheiten des persönlichen Anwendungsbereichs geregelt: Abs. 1 enthält Besonderheiten in der Verwendung von AGB gegenüber Unternehmern, juristischen Personen des öffentlichen Rechts und nichtrechtsfähigen öffentlich-rechtlichen Sondervermögen. Hiernach wird insbesondere deren Einbeziehung erleichtert, von teils starren Begrenzungen befreit und die allgemeine Inhaltskontrolle gem. § 307 Abs. 1 und 2 BGB an die Beachtung von Handelsgewohnheiten und -gebräuchen gebunden. Dahingegen wird der Ausschluss der Klauselverbote gem. §§ 308, 309 BGB, der – worauf § 310 Abs. 1 BGB auch ausdrücklich hinweist – allein mit der Maßgabe gilt, dass die AGB-Klauseln, die nach diesen Vorschriften unzulässig sind, auch bei Verwendung gegenüber einem Unternehmer gemäß § 307 BGB unwirksam sein können, von der Rechtsprechung als weitgehend irrelevant eingestuft, da diese regelmäßig ein Indiz für eine unangemessene Benachteiligung im Sinne von § 307 Abs. 1 und 2 BGB auch unter Unternehmern darstellen sollen.[63]

Besondere praktische Bedeutung in der Vertragsgestaltung bei der Prüfung der Eröffnung des Anwendungsbereichs dürfte den Regelungen in § 310 Abs. 3 BGB betreffend Verbraucherverträge zukommen. Diese sind in § 310 Abs. 3 BGB legal definiert als „Verträge zwischen einem Unternehmer und einem Verbraucher".

Für diese gelten nach § 310 Abs. 3 Nr. 1 BGB zunächst AGB grundsätzlich als vom Unternehmer gestellt. Damit sind grundsätzlich auch von Dritten formulierte Vertragsbedingungen („Drittbedingungen", wie beispielsweise von Notaren oder kommerziellen Anbietern) voll AGB-rechtlich zu überprüfen, es sei denn diese wurden vom Verbraucher in den Vertrag eingeführt oder individuell ausgehandelt.[64] Ersteres ist etwa dann der Fall, wenn ausdrücklich auf Veranlassung des Verbrauchers ein handelsübliches Formular verwendet wird, wie etwa ein ADAC-Vertragsmuster für den Gebrauchtwagenkauf[65].[66]

---

[61] Vgl. Sie bitte den kurzen Überblick bei *Stadler,* in: Jauernig, BGB § 310 Rn. 2 f. m.w.N. zur selbstständigen Vertiefung.

[62] Anm.: Die Abgrenzung zwischen schuld- und erb- bzw. familienrechtlichen Verträgen und solchen Verträgen, die zwar auf die eine oder andere Weise mit gesellschaftsvertraglichen Regelungen verbunden sind, aber im Kern auf die Regelung einer schuldrechtlichen Austauschbeziehung abzielen, fällt gelegentlich schwer, so beispielsweise, wenn es um Schenkungen auf den Todesfall geht; auch auf die bei Publikumsgesellschaften häufig anzutreffenden Treuhandverträge sind §§ 305 ff. BGB anzuwenden, vgl. hierzu *Basedow,* in: MüKoBGB II, § 310 Rn. 85 ff. m.w.N.

[63] Vgl. *BGH,* Urt. v. 29.10.1997 – VIII ZR 347/96 m.w.N.

[64] Vgl. *Junker/Kamanabrou,* Vertragsgestaltung, 50 m.w.N.

[65] Vgl. Sie hierzu bitte auch die Hinweise in Kap. 6 zum Übungsfall eines Gebrauchtwagenkaufvertrags unter Privaten.

[66] Vgl. *Locher,* AGB, 32 f.

4.2 Hilfsmittel der Vertragsgestaltung

Ferner sind bei Verbraucherverträgen nach § 310 Abs. 3 Nr. 2 BGB bestimmte AGB-rechtliche Bestimmungen, wie insbesondere §§ 306 und 307 bis 309 BGB, auch auf solche vorformulierten Vertragsbedingungen anzuwenden, die nur zur einmaligen Verwendung bestimmt sind, soweit der Verbraucher auf Grund der Vorformulierung auf ihren Inhalt keinen Einfluss nehmen konnte. Gleichgültig ist, ob die Klausel vom Unternehmer oder einem unbeteiligten Dritten stammt.[67] Da die Beweislast für die mangelnde Einflussnahmemöglichkeit beim Verbraucher liegt[68], sollte die Möglichkeit zur Einflussnahme auf den Vertragstext genau dokumentiert werden (ob und inwiefern dieser tatsächlich in einzelnen Teilen oder in Gänze zur Disposition gestellt wurde).

Allerdings wird diese überindividuell-generalisierende Betrachtung nach § 310 Abs. 3 Nr. 3 BGB im Rahmen des § 307 Abs. 1 und 2 BGB bei Verbraucherverträgen dahingegen ergänzt beziehungsweise „korrigiert", dass auch die konkret-individuellen Umstände der Gestaltung Berücksichtigung finden müssen. Dies kann sich in beide Richtungen für den Verbraucher auswirken, entweder begünstigend, wenn er etwa besonders unerfahren in den konkreten geschäftlichen Angelegenheiten war, sich in einer (wirtschaftlichen) Notlage befand oder überrumpelt wurde[69], oder andererseits zu seinen Lasten, wenn der Verbraucher etwa besonders fachkundig und geschäftserfahren ist[70].

Bis hierhin haben Sie sich mit der Frage beschäftigt, ob es Besonderheiten bei der Einbeziehung des AGB-Rechts in Ihren Gestaltungsüberlegungen zu beachten gilt. Erst jetzt wenden Sie sich der Frage zu, ob tatbestandlich überhaupt AGB vorliegen (§ 305 Abs. 1 BGB), es sich mithin bei den in Ihrer Gestaltung verwendeten Textelementen um für eine Vielzahl von Verträgen vorformulierte Vertragsbedingungen handelt, die durch den Verwender gestellt sein müssen.

Vertragsbedingungen in diesem Sinne sind alle Vertragsklauseln, auch nichtrechtsgeschäftlicher Art[71], die nach ihrer objektiven Erscheinung den Eindruck erwecken, den Inhalt eines vertraglichen Rechtsverhältnisses zu bestimmen[72].

Ob eine „Vielzahl" vorliegt, ergeben die Umstände des Einzelfalls.[73] Völlig ausreichend ist die bereits einmalige Verwendung eines Vertragsformulars (i.e. eines ganzen Vertragsmusters oder einzelner Regelungstextbausteine)[74], wenn das Muster

---

[67] Ganz h.M., vgl. etwa *Heinrichs,* NJW 1998, 1449 f. und *Stadler,* in: Jauernig, BGB § 310 Rn. 8 jeweils m.w.N.; differenzierend zum Meinungsstand etwa *Basedow,* in: MüKoBGB II, § 310 Rn. 70 f. m.w.N.; gegen Einbeziehung notarieller Einzelverträge, *Ulmer,* FS Heinrichs, 555 ff.; *Braunfels,* DNotZ 1997, 376.
[68] Vgl. *Locher,* JuS 1997, 389, 391; *Miethaner,* AGB-Kontrolle, 257; *BGH,* Urt. V. 15.04.2008 – X ZR 126/06.
[69] Vgl. *Coester-Waltjen,* Jura 1997, 272, 274; *Locher,* JuS 1997, 389, 391.
[70] Vgl. *Coester,* FS Löwisch, 57, 65; *Stoffels,* AGB-Recht, 178.
[71] Vgl. etwa *BGH,* Urt. v. 31.05.1990 – IX ZR 257/89.
[72] Vgl. *BGH,* Urt. v. 12.10.2005 – IV ZR 162/03 m.w.N.
[73] Vgl. *BGH,* Urt. v. 15.04.1998 – VIII ZR 377/96; *BGH,* Urt. v. 03.11.1999 – VIII ZR 269/98.
[74] Vgl. *BGH,* Urt. v. 11.12.2003 – VII ZR 31/03.

generell für eine Vielzahl von Fällen gedacht ist.[75] Sind diese vom Verwender nicht für eine *unbestimmte* Zahl von Fällen vorformuliert[76], so wird bei beabsichtigter Verwendung für eine *bestimmte* Zahl von Fällen die untere Anzahl bei mindestens 3 vorgesehenen Verwendungen angesetzt[77]. Dabei ist die Absicht mehrfacher Verwendung bei Unternehmern häufig indiziert.[78] Es ist heute anerkannt, dass das Merkmal der Vorformulierung für eine Vielzahl von Verträgen auch dann gegeben sein kann, wenn eine Vertragspartei ein von einem Dritten für eine Vielzahl von Verträgen angefertigtes Formular selbst nur ein einziges Mal verwendet.[79] Derartige Fallgestaltungen finden sich häufig dort, wo die Vertragsparteien ihren Vertragsbeziehungen im Handel erhältliche Vertragsmuster zu Grunde legen, wie beispielsweise bei Mustermietverträgen[80]. In diesem Fall ergibt sich die abstrakt-generelle Zweckbestimmung bereits aus der Zweckbestimmung des Dritten; es ist nicht erforderlich, dass der Verwender selbst eine mehrfache Verwendung plant.[81]

Als „gestellt" im Sinne von § 305 Abs. 1 S. 1 BGB gilt ein Entwurf, wenn der Verwender ohne weitere Verhandlungen die Einbeziehung der vorformulierten Bedingungen verlangt, da er hierbei rechtsgeschäftliche Gestaltungsmacht unter Ausschluss des anderen Vertragsteils einseitig in Anspruch nimmt.[82] Bloße Günstigkeit einer Klausel für eine Vertragspartei genügt hierfür hingegen nicht[83], vielmehr muss der Verwender die Einbeziehung „einseitig und diskussionslos veranlasst haben"[84].

Dahingegen stellen im Einzelnen individuell ausgehandelte Vertragsbedingungen keine AGB dar und gehen diesen – etwa bei Redundanzen, inhaltlichen Überschneidungen oder Wertungswidersprüchen – vor, § 305b BGB. Aushandeln stellt dabei kein bloßes Verhandeln dar[85], die Vertragsbedingungen müssen tatsächlich ernsthaft zur Disposition gestellt worden sein, auch wenn es am Ende nicht (notwendig) zu einer Änderung des Wortlautes der Vereinbarung kommt, da die andere Vertragspartei die Regelung letztendlich als sachgerecht akzeptiert hat[86].

---

[75] Vgl. *BGH*, Urt. v. 07.02.2010 – VIII ZR 67/09; *BGH*, Urt. v. 23.06.2005 – VII ZR 277/04.

[76] Vgl. *BGH*, Urt. v. 03.04.1998 – V ZR 6/97.

[77] Vgl. *BGH*, Urt. v. 21.03.2002 – VII ZR 493/00; *BGH*, Urt. v. 27.09.2001 – VII ZR 388/00 m.w.N. auch auf die teils abweichenden Auffassungen in der Literatur.

[78] Vgl. *BGH*, Urt. v. 13.09.2001 – VII ZR 487/99.

[79] *Kunkel/Weigelt*, NJW 2007, 2433, 2436 m.w.N.

[80] *Kunkel/Weigelt*, NJW 2007, 2433, 2436 m.w.N.

[81] *Kunkel/Weigelt*, NJW 2007, 2433, 2436 m.w.N.

[82] Vgl. *Kunkel/Weigelt*, NJW 2007, 2433, 2434 m.w.N.

[83] Vgl. *BGH*, Urt. v. 24.05. 1995 – XII ZR 172/94.

[84] Dies ist im Einzelnen stark umstritten, vgl. hierzu *Stadler*, in: Jauernig, BGB § 305 Rn. 5 m.wN.; so im Ergebnis auch *BGH*, Urt. v. 20.03.1985 – IV a ZR 223/83; *BGH*, Urt. v. 08.01.1986 – VIII ZR 313/84.

[85] Vgl. *BGH*, Urt. v. 27.03.1991 – IV ZR 90/90.

[86] Anm.: Macht der Verwender geltend, dass die Vertragsbedingungen einzeln ausgehandelt worden sind, trifft grundsätzlich ihn die Beweislast hierfür (vgl. *Kunkel/Weigelt*, NJW 2007, 2433, 2438 m.w.N.). Regelmäßig schlägt sich nämlich das individuelle Aushandeln in einer Änderung des vorformulierten Vertragstextes nieder. Werden Klauseln dagegen unverändert von dem Vertragspartner übernommen, steht dies zunächst grundsätzlich der Annahme eines individuellen

▶ **Praxistipp** Hier sind Sie als Vertragsjurist gefordert, ernsthafte Verhandlungen über den Vertragstext auch entsprechend zu dokumentieren, etwa indem Sie Verhandlungsmitschriften anfertigen, verschiedene Textfassungen und -vorschläge der Vertragsparteien dokumentieren und – für den Streitfall vor Gericht – auch archivieren.

Wird ein von einem Dritten formuliertes Vertragsmuster (Drittbedingung, vgl. oben) verwendet, muss sich der Verwender dies als „Stellen" von AGB nur zurechnen lassen, wenn es einseitig auferlegt ist; dies ist dahingegen nicht der Fall, wenn die andere Vertragspartei den Verwendungsvorschlag freiwillig akzeptiert, mithin die Möglichkeit einer alternativen Textgestaltung tatsächlich bestand.[87]

4.2.1.3.2.4 Einbeziehung in den Vertrag

Dies führt zur nächsten tatbestandlichen Voraussetzung, der Einbeziehung in den Vertrag. Jedenfalls können AGB nur Vertragsbestandteil werden, wenn die Parteien – wie in den §§ 145 ff. BGB statuiert – Einvernehmen über deren Einbeziehung in den Vertrag erzielen, was auch konkludent geschehen kann[88]. Im Unternehmensrechtsverkehr können sich hier eine Reihe weiterer materiell-rechtlicher Probleme im Rahmen der Einbeziehung stellen, wie etwa das häufig auftretende Problem kollidierender AGB, die nach den allgemeinen Grundsätzen der Rechtsgeschäftslehre und der einschlägigen Rechtsprechung zu lösen sind.[89]

Für den Rechtsverkehr mit Verbrauchern sieht § 305 Abs. 2 BGB zwei kumulative weitere Voraussetzungen für eine wirksame Einbeziehung in den Vertrag vor:
Einerseits muss auf die AGB grundsätzlich bei Vertragsschluss – und nicht erst danach – ausdrücklich hingewiesen werden (§ 305 Abs. 2 Nr. 1, 1. Alt. BGB)[90], so dass der Durchschnittskunde auch bei flüchtiger Betrachtung diese wahrnehmen kann[91]. Stattdessen kann unter Umständen auch ein deutlich sichtbarer Aushang mit Hinweis auf die AGB am Ort des Vertragsschlusses ausreichen (§ 305 Abs. 2 Nr. 1,

---

Aushandelns entgegen (vgl. *Kunkel/Weigelt*, NJW 2007, 2433, 2438 m.w.N.). Eine unverändert gebliebene Klausel gilt nämlich regelmäßig nur dann als individuell vereinbart, wenn der Verwender der Vertragsbedingungen den Vertragspartner von deren sachlichen Notwendigkeit überzeugt hat (vgl. *Kunkel/Weigelt*, NJW 2007, 2433, 2438 m.w.N.), was vom BGH jedoch nur bei Vorliegen besonderer Umstände anerkannt wird (vgl. *BGH*, Urteil vom 03.11.1999 – VIII ZR 269/98).

[87] Vgl. zum Ganzen *Stadler*, in: Jauernig, BGB § 305 Rn. 6 m.w.N.; *BGH*, Urt. v. 17.02.2010 – VIII ZR 67/09; krit. *Niebling*, ZMR 2010, 509; zust. v. *Westphalen*, ZIP 2010, 1112; zur praktischen Umsetzung *Schiffer/Weichel*, BB 2011, 1283.

[88] Vgl. *Locher*, AGB, 49 m.w.N.

[89] Vgl. Sie hierzu vertiefend *Basedow*, in: MüKoBGB II, § 305 Rn. 93 ff. m.w. Bsp. und N.

[90] Beispielsweise muss bei einem Abdruck der AGB auf der Rückseite des Vertrages ein Hinweis auf Vorderseite erfolgen (vgl. *OLG Düsseldorf*, Urt. v. 15.10.1981–18 U 50/81, siehe auch *BGH*, Urt. v. 14.01.1987 – IVa ZR 130/85).

[91] Vgl. hierzu etwa *Junker/Kamanabrou*, Vertragsgestaltung, 45 m.w.N.

2. Alt. BGB), wenn ein ausdrücklicher Hinweis etwa wegen der technischen Gegebenheiten des Vertragsschlusses unverhältnismäßig schwierig ist[92].

Daneben muss (kumulativ) der Verwender der anderen Vertragspartei die Möglichkeit der Kenntnisnahme der AGB verschaffen (§ 305 Abs. 2 Nr. 2 BGB), was beispielsweise durch Aushändigung, Ausliegen oder Aushängen der AGB geschehen kann; im Online-Handel muss die andere Vertragspartei die Möglichkeit haben, die AGB auch zu speichern.[93]

Überraschende Klauseln werden gar nicht erst Bestandteil des Vertrages, § 305c Abs. 1 BGB. Hierbei handelt es sich um solche Bestimmungen, die nach den Umständen, insbesondere dem äußeren Erscheinungsbild, so ungewöhnlich sind, dass der andere Vertragspartner mit ihnen nicht zu rechnen braucht.

> **Beispiel**
>
> Findet sich also beispielsweise in einem Kaufvertrag, dessen Regelungen den §§ 305 ff. BGB unterfallen, eine Regelung betreffend die Sachmängelhaftung, etwa Fragen der Verjährung solcher Ansprüche, nicht im Regelungskontext der übrigen Regelungen zu den Mängelrechten, sondern bspw. in den Schlussbestimmung im Kontext etwa einer salvatorischen Klausel, so dürfte eine solche Klausel allein schon aufgrund ihres (äußeren) Standorts innerhalb des Vertragswerkes objektiv so ungewöhnlich sein, dass der andere Vertragspartner mit ihr nicht zu rechnen braucht, mithin von ihr überrascht ist. Die Klausel wird somit gar nicht Bestandteil des Vertrags gem. § 305c BGB.

Andererseits kann die betreffende Klausel ihren überraschenden Charakter verlieren, wenn der Verwender deutlich auf sie hinweist.[94] Dies kann sogar dazu führen, dass hierin dann eine Individualabrede im Sinne des § 305 Abs. 1 S. 3 BGB liegen kann, so die andere Vertragspartei sich mit ihr einverstanden erklärt hat, mit der Folge, dass § 305c Abs. 1 BGB gar nicht anwendbar ist.[95]

4.2.1.3.2.5 Auslegung einzelner Klauseln

Bevor ich Ihnen endlich die für die Vertragsgestaltung wichtige AGB-rechtliche Inhaltskontrolle nahebringen kann, muss ich Ihnen jedoch noch kurz die Grundzüge zur Auslegung von AGB erläutern. Denn erst nach Feststellung des eigentlichen (materiellen) Klauselinhalts durch Auslegung kann die Inhaltskontrolle folgen.[96]

---

[92] Denkbar ist dies beispielsweise bei Massengeschäften ohne persönlichen Kontakt, wie etwa bei Vertragsschlüssen in Parkhäusern und automatischen Waschanlagen, vgl. etwa *Locher*, AGB, 45.

[93] Vgl. *Junker/Kamanabrou*, 45 m.w.N.

[94] Vgl. etwa *Basedow*, in: MüKoBGB II, § 305c Rn. 8 m.w.N. dazu: „Ein entsprechender Hinweis ist auch dann zu bejahen, wenn in der in Großbuchstaben gefassten Überschrift einer einzelnen Klausel oder eines Klauselabschnitts klar und deutlich auf den verständlich formulierten Inhalt der Klausel oder eines Klauselabschnitts verwiesen wird."

[95] So auch *Basedow*, in: MüKoBGB II, § 305c Rn. 8 m.w.N.

[96] Vgl. *BGH*, Urt. v. 10.02.1999 – IV ZR 324/97.

4.2 Hilfsmittel der Vertragsgestaltung

Da AGB ihrem Wesen nach für eine Vielzahl von Verträgen vorformuliert sind, sind sie nach ihrem typischen Sinn einheitlich so auszulegen, wie sie von verständigen, redlichen, rechtsunkundigen, durchschnittlichen Vertragspartnern unter Abwägung der Interessen der normalerweise beteiligten Kreise verstanden werden[97], so dass deren jeweilige Entstehungsgeschichte irrelevant ist[98].

Nach dem Grundsatz des Vorrangs der Individualabrede (§ 305b BGB) gehen ausdrücklich oder stillschweigend ausgehandelte Regelungen[99], die vor oder nach Vertragsschluss wirksam vereinbart wurden, den AGB vor und verdrängen so die widersprechende AGB-Klausel, auch wenn die Beteiligten den Widerspruch zu einer AGB-Klausel nicht immer erkennen mögen[100]. Die Auslegung der Individualabrede erfolgt schließlich nach allgemeinen Regeln (insbesondere §§ 133, 157 BGB)[101], nicht nach den besonderen Auslegungsregeln für AGB, zu denen wir nun kommen: §§ 305c Abs. 2, 306 BGB.

Als Kehrseite zu der einseitigen Formulierungsgewalt folgt auch die Verantwortung des Verwenders für die Klarheit seiner AGB, was selbst dann gilt, wenn er diese nicht selbst formuliert, sondern die von anderen formulierten AGB für seine Zwecke übernommen hat.[102] Dementsprechend wäre es unangemessen, wenn im Falle objektiv mehrdeutiger Klauseln die daraus sich ergebenden Risiken beide Parteien gleichermaßen träfen; daher können bei mehrdeutigen AGB-Klauseln die allgemeinen Regeln nicht eingreifen, an ihre Stelle tritt der Grundsatz, dass die Unklarheit der AGB-Klauseln zu Lasten desjenigen geht, der sie eindeutig hätte formulieren können, vgl. § 305c Abs. 2 BGB.

Die Unklarheitenregel gem. § 305c Abs. 2 BGB kann jedoch nur dort angewandt werden, wo die streitige AGB-Klausel tatsächlich unklar ist.[103] Sie setzt dementsprechend die Feststellung voraus, dass hinsichtlich des Bedeutungsgehalts nach

---

[97] Ständige Rechtsprechung, vgl. etwa *BGH*, Urt. v. 15.06.1989 – VII ZR 205/88; *BGH*, Urt. v. 09.05.2001 – VIII ZR 208/00; *BGH*, Urt. v. 08.12.1999 – IV ZR 40/99; der Sinngehalt der AGB-Klausel ist „nach objektiven Maßstäben, losgelöst von der zufälligen Gestaltung des Einzelfalles und den individuellen Vorstellungen der Vertragsparteien, unter Beachtung ihres wirtschaftlichen Zwecks und der gewählten Ausdrucksweise" zu ermitteln, vgl. grundlegend *BGH*, Urt. v. 02.10.1956 – VI ZR 179/55.

[98] Vgl. *BGH*, Urt. V. 17.05.2000 – IV ZR 113/99; *Basedow*, in: MüKoBGB II, § 305c Rn. 30.

[99] Vgl. *BGH*, Urt. v. 06.02.1996 – XI ZR 121/95.

[100] Vgl. *BGH*, Urt. v. 21.09.2005 – XII ZR 312/02; *BGH*, Urt. v. 09.04.1987 – III ZR 84/86.

[101] Vgl. *BGH*, Urt. v. 16.06.1982 – IVa ZR 270/80.

[102] Vgl. *Basedow*, in: MüKoBGB II, § 305c Rn. 28, vgl. dazu auch im Folgenden.

[103] Hier zieht der *BGH* zu recht eine „scharfe Trennlinie zwischen der Auslegung, mit deren Hilfe zunächst der Inhalt der Klausel oder Formularbedingung zu ermitteln ist, und der auf § 305c Abs. 2 beruhenden Entscheidung zum Nachteil des Verwenders, die erst dann getroffen werden kann, wenn zuvor im Wege der Auslegung Inhalt und Tragweite der Klausel oder Formularbedingungen nicht haben eindeutig geklärt werden können", *Basedow*, in: MüKoBGB II, § 305c Rn. 32 m. Verw. auf *BGH*, Urt. v. 26.10.1977 – VIII ZR 197/75.

objektiver Auslegung der Klausel Zweifel bestehen, die Klausel also hiernach zwei- oder mehrdeutig bleibt.[104]

Damit dürfen auch nicht an sich eindeutige AGB-Klauseln im Namen der Unklarheitenregel so „ausgelegt" werden, dass das „Auslegungsergebnis" am Ende den materiellen Kriterien der Vertragsgerechtigkeit, wie sie in den §§ 307 bis 309 BGB niedergelegt sind, Rechnung trägt[105] und so das Verbot der geltungserhaltenden Reduktion gem. § 306 Abs. 2 BGB konterkarieren würde.

4.2.1.3.2.6 Inhaltskontrolle

Sind die AGB insgesamt wirksam in den Vertrag einbezogen, unterliegen Sie der Inhaltskontrolle nach §§ 307 bis 309 BGB, die in vollem Umfang nur bei Klauseln stattfindet, die von den gesetzlichen Regelungen abweichen oder diese ergänzen (§ 307 Abs. 3 S. 1 BGB), wohingegen Leistungsbestimmungen und Entgeltregeln im Sinne von § 307 Abs. 3 S. 2 BGB nur der Transparenzkontrolle gem. § 307 Abs. 1 S. 2 i.V.m. S. 1 BGB unterliegen.

Die Inhaltskontrolle nach den §§ 307 bis 309 BGB bildet das Kernstück des AGB-Rechts in den §§ 305 ff. BGB. Diese schränken die inhaltliche Gestaltungsfreiheit in der Vertragsgestaltung weit über die allgemeinen zivilrechtlichen Schranken, etwa des § 138 BGB, hinaus, in erheblichem Maße ein und schaffen so den aus Sicht des Gesetzgebers notwendigen Ausgleich für die regelmäßig mangelnde Möglichkeit der anderen Vertragspartei, von sich aus interessengerechte vertragliche Regelungen im Verhandlungswege mit dem Verwender zu erreichen und so eine unangemessene Benachteiligung infolge der vorherigen Abfassung der AGB[106] zu verhindern.[107] Dieser allgemein geltende Grundsatz wird durch die in § 308 und § 309 BGB geregelten Einzelfälle (teilweise) konkretisiert, so dass hierdurch auch der weitere Prüfungsablauf im Rahmen der rechtlichen Prüfung bei der Vertragsgestaltung („vom Speziellen zum Allgemeinen") vorgezeichnet ist:

In § 309 BGB sind die sogenannten „Klauselverbote ohne Wertungsmöglichkeit" normiert, bei deren tatbestandlichem Vorliegen die AGB-Klausel unwirksam ist, ohne dass die unangemessene Benachteiligung der anderen Vertragspartei besonders festgestellt werden muss.[108]

In § 308 BGB sind die sogenannten „Klauselverbote mit Wertungsmöglichkeit" normiert. Den dort aufgeführten gesetzlichen Tatbeständen ist gemein, dass unbe-

---

[104] Vgl. *BGH*, Urt. v. 29.05.2009 – V ZR 201/08; *BGH*, Urt. v. 19.01.2005 – XII ZR 107/01; *BGH*, Urt. v. 22.03.2002 – V ZR 405/00; *BGH*, Urt. v. 11.03.1997 – X ZR 146/94; *OLG Düsseldorf*, Urt. v. 13.10.1988 – 8 U 232/87; vgl. auch allg. zum Verhältnis zwischen Unklarheitenregel und normativer Auslegung *Hellwege*, Allgemeine Geschäftsbedingungen, einseitig gestellte Vertragsbedingungen und die allgemeine Rechtsgeschäftslehre, 498 ff.

[105] So auch *Basedow*, in: MüKoBGB II, § 305c Rn. 32.

[106] Anm.: Dies betrifft auch die insoweit gleich zu behandelnden Klauseln in Einzelverträgen im Sinne von § 310 Abs. 3 Nr. 2 BGB bei Verbraucherverträgen.

[107] Vgl. *Stadler*, in: Jauernig, BGB Vorbemerkungen zu den §§ 307–309 Rn. 1 m.w.N., vgl. dort auch zum Folgenden.

[108] Vgl. auch *Junker/Kamanbrou*, Vertragsgestaltung, 47.

4.2 Hilfsmittel der Vertragsgestaltung

stimmte Rechtsbegriffe enthalten sind, die der streitentscheidende Richter im Einzelfall auszulegen hat.[109]

Zu guter Letzt müssen diejenigen Vertragsklauseln, die weder nach § 309 BGB noch nach § 308 BGB unwirksam sind, an der Generalklausel des § 307 Abs. 1 S. 1 BGB gemessen werden. Hiernach sind Klauseln unwirksam, wenn sie die andere Vertragspartei entgegen den Geboten von Treu und Glauben unangemessen benachteiligen. Dies ist gemäß der Zweifelsregel in § 307 Abs. 2 BGB dann der Fall, wenn eine Bestimmung entweder mit wesentlichen Grundgedanken der gesetzlichen Regelung, von der abgewichen wird, nicht zu vereinbaren ist (Nr. 1) oder wesentliche Rechte oder Pflichten, die sich aus der Natur des Vertrags ergeben, so einschränkt, dass die Erreichung des Vertragszwecks gefährdet ist (Nr. 2). Damit macht § 307 Abs. 2 Nr. 1 BGB den Leitbildcharakter gesetzlicher Regelungen (insbesondere eines bestimmten Vertragstyps) zum Maßstab der Unangemessenheitskontrolle,[110] wohingegen § 307 Abs. 2 Nr. 2 BGB insbesondere solche Verträge erfasst, die kein gesetzliches Leitbild haben, wie beispielsweise der kautelarjuristische Vertragstyp des Leasingvertrages. Hier wird an die ständige Rechtsprechung, nach der sich der Verwender nicht von der Nichterfüllung sogenannter „Kardinalpflichten" freizeichnen beziehungsweise seine Haftung wesentlich einschränken kann, angeknüpft.[111]

Zusammenfassend legt also die Generalklausel des § 307 Abs. 1 und 2 BGB den Prüfungsmaßstab fest, der für die offene Inhaltskontrolle von AGB maßgeblich und stark von der Rechtsprechung geprägt ist.

▶ **Praxistipp** Es ist für Sie deswegen unabdingbar, die einschlägige Rechtsprechung regelmäßig zu verfolgen und bei der Gestaltung (etwa unter Zuhilfenahme eines guten Kommentars) zu berücksichtigen.

Auf einzelne in §§ 309, 308 BGB aufgeführte Klauseln werde ich noch gesondert im Rahmen des Vertragsbaukastens in Kap. 5 hinweisen, einen Überblick über diese (ihrem wesentlichen Inhalt nach regelmäßig leicht verständlichen) Regelungen müssen Sie sich allein schon wegen ihrer hohen Praxisrelevanz jedoch selbst verschaffen.

Bei der Auslegung dieser Vorschriften müssen Sie zudem berücksichtigen, dass sie bis auf § 307 Abs. 1 S. 2 BGB weitgehend der Umsetzung der Richtlinie 93/13

---

[109] Vgl. auch *Junker/Kamanbrou*, Vertragsgestaltung, 47 m.w.N.
[110] Anm.: Damit gewinnen die dispositiven gesetzlichen Bestimmungen wie auch allgemein anerkannte Rechtsgrundsätze eine gewisse Verbindlichkeit (vgl. *Stadler*, in: Jauernig, BGB § 307 Rn. 10 m. Verw. auf *BGH*, Urt. v. 09.10.1985 – VIII ZR 217/84; *BGH*, Urt. v. 16.03.1999 – XI ZR 76/98). Dahingegen sind bei Verträgen ohne gesetzliches Leitbild die von der Rechtsprechung entwickelten Rechtsgrundsätze heranzuziehen, vgl. *Stadler*, in: Jauernig, BGB § 307 Rn. 10, dazu auch sogleich.
[111] Vgl. (*BGH*, Urt. v. 29.01.1968 – II ZR 18/65, *BGH*, Urt. v. 11.03.1968 – III ZR 72/65, *BGH*, Urt. v. 12.10.1978 VII ZR 220/77.

EWG[112] dienen und damit, soweit sie sich auf die Richtlinie beziehen, einer richtlinienkonformen Auslegung unterliegen.[113]

Daneben ist auch darauf hinzuweisen, dass die §§ 307 bis 309 BGB teils dadurch an Bedeutung verloren haben, dass die gesetzlichen Mängelgewährleistungsrechte des Käufers im Rahmen des Verbrauchsgüterkaufs gem. §§ 475 bis 477 BGB auch bei einer Individualvereinbarung zwingend sind.[114] Dies unterstreicht andererseits die Bedeutung der §§ 475 bis 477 BGB für die Gestaltungsaufgaben rund um den Verbrauchsgüterkauf.

4.2.1.3.2.7 Rechtsfolgen

Das Rechtsfolgenregime ist in § 306 BGB geregelt. Wenn AGB ganz oder teilweise nicht in den Vertrag einbezogen wurden oder unwirksam sind, bleibt der Vertrag im Übrigen wirksam, § 306 Abs. 1 BGB. Nur ausnahmsweise ist im Falle einer unzumutbaren Härte für eine Vertragspartei der gesamte Vertrag unwirksam, § 306 Abs. 3 BGB. Die hierin zum Ausdruck kommende Umkehr der Vermutungsregel der Gesamtnichtigkeit gem. § 139 BGB dient somit augenscheinlich der anderen Vertragspartei, der regelmäßig an der Aufrechterhaltung des (gesamten) Vertrages gelegen sein wird[115].

An die Stelle der unwirksamen Regelung tritt die inhaltlich entsprechende gesetzliche Reglung; fehlt es an solchem dispositiven Gesetzesrecht, etwa bei gesetzlich nicht geregelten Vertragstypen, muss die nunmehr entstehende vertragliche Lücke im Wege der ergänzenden Vertragsauslegung geschlossen werden.[116] Eine geltungserhaltende Reduktion, d. h. eine Reduzierung der unwirksamen Klausel auf das gerade noch rechtlich zulässige Maß, ist jedenfalls rechtlich nicht zulässig, da anderenfalls der Einsatz unangemessener AGB für den Verwender risikolos wäre und das gesetzgeberische Ziel grundlegend verfehlt wäre.[117]

Die mit der Inhaltskontrolle verbundene Feststellung der Unwirksamkeit von AGB beziehungsweise einzelnen AGB-Klauseln kann dabei nicht nur im Individualprozess zwischen dem Verwender und der anderen Vertragspartei relevant werden, sondern bereits bei präventiver Geltendmachung im Wege der Verbandsklage nach dem Unterlassungsklagengesetz (UKlaG), wenn die dort genannten anspruchsberechtigten Stellen, u. a. Wirtschafts- und Verbraucherverbände, gegen den Verwender oder auch Empfehler der inkriminierten AGB(-Klausel) Unterlas-

---

[112] Richtlinie 93/13/EWG vom 05.04.1993 über missbräuchliche Klauseln in Verbraucherverträgen (ABl. EG 1993 L 95, S. 29).

[113] Vgl. *Stadler*, in: Jauernig, BGB Vorbemerkungen zu den §§ 307–309 Rn. 1: „Der EuGH überlässt die Missbrauchskontrolle konkreter Klauseln anhand materiell-rechtlicher Maßstäbe zu Recht weitgehend den nationalen Gerichten (mit Verweis auf *EuGH*, Urt. v. 01.04.2004 – C-237/02; die Klauseln im Anhang zu Klausel Richtlinie 93/13/EWG Art. 3 Abs. 3 sind nicht abschließende Beispiele (*EuGH*, Urt. v. 26.04.2012 – C-472/10)".

[114] Vgl. hierzu auch die Meinungs- und Rechtsprechungsübersicht bei *Stadler*, in: Jauernig, BGB Vorbemerkungen zu den §§ 307–309 Rn. 2 m.w.N.

[115] Vgl. etwa *Basedow*, in: MüKoBGB II, § 306 Rn. 1 ff. m.w.N.

[116] Inwieweit hierfür vorgesehene „Salvatorische Klauseln" selbst unwirksam sein können, erläutere ich in Abschn. 5.2.14.2.

[117] Vgl. *Junker/Kamanbrou*, Vertragsgestaltung, 49 m.w.N.

sungsklage erheben und einen Verstoß gegen §§ 307 bis 309 BGB rügen. Soweit in diesem Verbandsprozess das entscheidende Gericht die Unwirksamkeit der inkriminierten AGB(-Klausel) feststellt, kann es dem Kläger eine Veröffentlichungsbefugnis nach § 7 UKlaG erteilen.[118] Eine andere Vertragspartei kann sich zu einem späteren Zeitpunkt auf dieses Urteil berufen, die inkriminierte AGB-Klausel gilt dann unter den Voraussetzungen des § 11 Abs. 1 UKlaG als unwirksam.[119]

Sie sehen also, dass die nicht-wirksame Gestaltung von AGB eine über den individuellen Vertrag hinausgehende Breitenwirkung entfalten kann. Dies sollte Ihnen auch als Beleg für die herausgehobene Stellung des AGB-Rechts im Rahmen der Vertragsgestaltung dienen.

4.2.1.4 Gesetzliche Musterverträge

Tatsächlich gibt es neben kautelarjuristischen Vertragsmustern auch voll ausformulierte gesetzliche Musterverträge. Anschauliche Beispiele hierfür sind die beiden Musterprotokolle in Anlage zu § 2 Abs. 1a GmbHG, d. h. „a) Musterprotokoll für die Gründung einer Einpersonengesellschaft" und „b) Musterprotokoll für die Gründung einer Mehrpersonengesellschaft mit bis zu drei Gesellschaftern", die als „politische Überbleibsel" der in letzter Sekunde aus dem Entwurf des Gesetzes zur Modernisierung des GmbH-Rechts und zur Bekämpfung von Missbräuchen vom 23.10.2008 („MoMiG") gestrichenen Mustersatzung in das GmbHG Eingang fanden.[120] Beide vereinen sämtliche zur Gründung und Anmeldung einer GmbH zum Handelsregister notwendigen Dokumente, und zwar einmal für Einpersonengesellschaft und einmal für Mehrpersonengesellschaft mit bis zu drei Gesellschaftern. Das Herzstück einer jeden GmbH-Gründung, mithin der Gesellschaftsvertrag, ist hier ebenfalls enthalten, auch wenn die Regelungen dort nicht über den gem. § 3 Abs. 1 GmbHG gesetzlich geforderten Mindestinhalt („essentialia negotii") eines GmbH-Gesellschaftsvertrags hinausgehen. Die Verwendung des einschlägigen Musterprotokolls macht weder den Gang zum Notar im Hinblick auf die Beurkundungspflicht (vgl. § 2 Abs. 1 S. 1 GmbHG) entbehrlich, noch führt sie zu einer Beschleunigung des Eintragungsverfahrens beim Handelsregister.[121] Da der Inhalt des Gesellschaftsvertrags nicht über das gesetzlich geforderte Mindestmaß hinausgeht, fehlen Vertragsklauseln in den wichtigsten Regelungsbereichen eines GmbH-Gesellschaftsvertrages und stehen einem relevanten praktischen Einsatz dieses gesetzlichen Mustervertrags im Wege. Entfaltet also eine nach diesem gesetzlichen Muster gegründete GmbH erste Geschäftsaktivitäten, stößt sie regelmäßig sogleich an ihre Grenzen der Praxistauglichkeit, weswegen der Gesellschaftsvertrag geändert werden muss, was zu Vertragsfolgekosten führt, die der gute Vertragsjurist zu meiden sucht[122].

---

[118] Anm.: Hiernach kann die Urteilsformel mit der Bezeichnung des verurteilten Beklagten auf dessen Kosten im Bundesanzeiger veröffentlich werden.
[119] Vgl. zu dieser Systematik etwa *Baetge*, ZZP 112 (1999), 329; *Greger*, NJW 2000, 2457.
[120] Vgl. hierzu BGBl. I 2008, 2044 ff.
[121] Anm.: Damit liegt der „einzige" Vorteil des Musterprotokolls bei wertender Betrachtung in einer möglichen Ersparnis der Kosten für individuelle Vertragsgestaltung.
[122] Vgl. Abschn. 3.3.2.

4.2.1.5 Beispiel eines kautelarjuristischen Vertragsmusters und Praxistipp

Beiliegend habe ich Ihnen ein kurzes kautelarjuristisches Vertragsmuster nebst Praxis- und Vertiefungshinweisen wortwörtlich zur Veranschaulichung beigefügt[123], so dass Sie sich mit dem Gebrauch solcher kommerziellen Muster vertraut machen. Bitte beachten Sie, dass die im Muster hochgestellten Zahlen sich auf die unten stehenden Anmerkungen des Musters selbst beziehen und wortwörtlich zitiert sind.

Beispiel

„Echter Vertrag zugunsten Dritter[1, 10, 11]

Kaufvertrag zwischen

...

(Versprechender)
und
...
(Versprechensempfänger)

§ 1 Vertragsgegenstand
(1) Der Versprechende verkauft hiermit den nachfolgend genannten Gegenstand an den Versprechensempfänger und verpflichtet sich, bis spätestens ... den Kaufgegenstand an ... (nachfolgend „Dritter")[3] *zu übergeben und diesem das Eigentum daran zu verschaffen (nachfolgend die „Leistung"): ...*[2]
(2) Der vom Versprechensempfänger zu zahlende Kaufpreis beträgt ... Euro zuzüglich Mehrwertsteuer und ist 5 Tage nach Ablieferung fällig.

§ 2 Echter Vertrag zugunsten Dritter
(1) Der Dritte erwirbt unmittelbar das Recht, die Leistung an sich zu verlangen (echter Vertrag zugunsten Dritter).[4] *Der Versprechensempfänger ist berechtigt, die Leistung an den Dritten zu fordern.*[5]
(2) Im Falle von Leistungsstörungen kann der Dritte Schadensersatz neben der Leistung, insbesondere im Falle des Verzugs gemäß den § 280 Abs. 1 und 2 i.V.m. § 286 und § 311 Abs. 2 und 3 BGB unmittelbar gegenüber dem Versprechenden geltend machen.
(3) Sämtliche anderen Rechte im Zusammenhang mit diesem Vertrag, insbesondere Gestaltungsrechte, Minderungsrechte sowie Schadensersatzansprüche statt der Leistung bleiben dem Versprechensempfänger vorbehalten.[6]
(4) Der Versprechende und der Versprechensempfänger können das Recht des Dritten einvernehmlich aufheben oder ändern, ohne dass es der Zustimmung des Dritten bedarf.[7]
(5) Sollte der Dritte die Leistung gegenüber dem Versprechenden gemäß § 333 BGB ablehnen, so kann der Versprechensempfänger Leistung an einen anderen Dritten oder an sich verlangen.[8]

---

[123] Es handelt sich um die wörtliche Übernahme eines „echten Vertrages zugunsten Dritter" von *Voigt* in: Beck'sche Online-Formulare Vertrag, Ziff. 1.7.

§ 3 Sach- und Rechtsmängelhaftung
Die Haftung für Sach- und Rechtsmängel richtet sich nach den gesetzlichen Vorschriften. Jedoch verjähren die Ansprüche wegen Sach- und Rechtsmängel der Kaufsache innerhalb eines Jahres nach Ablieferung.[9]

§ 4 Weitere kaufrechtliche Regelungen
...
..., den ...
...
(Unterschriften der Beteiligten)

Anmerkungen

Sachverhalt
1. Der (echte) Vertrag zugunsten Dritter ist kein besonderer schuldrechtlicher Vertragstypus. Er begründet lediglich das Recht eines Dritten, eine Leistung aufgrund eines zwischen Versprechensempfängers und Versprechendem geschlossenen Vertrags zu fordern. Jede schuldrechtliche Verpflichtung kann daher als (echter) Vertrag zugunsten Dritter ausgestaltet werden. Exemplarisch wird hier ein einfacher Kaufvertrag zu Grunde gelegt, der das sog Deckungsverhältnis zwischen Versprechensempfänger und Versprechendem darstellt. Den Rechtsgrund für die Zuwendung des Versprechenden an den Leistungsempfänger bildet das sog Valutaverhältnis. Der Leistungsaustausch findet im sog Vollzugsverhältnis zwischen Drittem und Versprechendem statt. Die Form des Vertrags zugunsten Dritter bestimmt sich nach den Regelungen im Deckungsverhältnis.

Materielles Recht
2. Wie in anderen Vertragsverhältnissen sollte daher dezidert geregelt werden, welche Leistungen vom Forderungsrecht des Dritten umfasst werden, insbesondere wenn der Versprechende mehrere Verpflichtungen übernommen hat.
3. Der Dritte muss noch nicht namentlich spezifiziert sein, es reicht, wenn die Person des Dritten bestimmbar ist. Denkbar ist auch, dem Versprechensempfänger ein einseitiges Bestimmungsrecht einzuräumen (Staudinger/Jagmann BGB § 328 Rn 17). Allerdings ist im Falle eines Grundstückskaufvertrags die Eintragung einer Vormerkung zugunsten eines noch zu bestimmenden Dritten nicht möglich, sondern nur eine Vormerkung zugunsten des Versprechensempfängers auf Übereignung an den Dritten (BGH NJW 1983, 1543).
4. Dies dient zur Klarstellung, insbesondere um eine Abgrenzung zum unechten Vertrag zugunsten Dritter vorzunehmen. Beim unechten Vertrag zugunsten Dritter erwirbt der Dritte kein eigenes Forderungsrecht, lediglich der Versprechensempfänger kann Leistung an den Dritten verlangen.
5. Diese Regelung gewährt dem Versprechensempfänger ein eigenes Forderungsrecht und entspricht der gesetzlichen Vermutungsregel des § 335 BGB.
6. Der Vertrag sollte klar regeln, welche Neben- oder Sekundärrechte dem Dritten unmittelbar zustehen sollen und welche allein dem Versprechensempfänger vorbehalten bleiben. Ohne eine solche Regelung ist der Umfang der eingeräumten Rechtsposition durch Auslegung zu ermitteln. Sofern Gestaltungsrechte aus-

geübt werden und der Vertrag zurück abzuwickeln ist, erfolgt die Rückabwicklung nach allgemeinen Grundsätzen innerhalb der einzelnen Leistungsbeziehungen (Deckungsverhältnis, Valutaverhältnis).
7. Ohne diesen Vorbehalt könnte das Forderungsrecht dem Dritten nur mit dessen Zustimmung entzogen werden.
8. Mit dieser Regelung sollen die Rechtsfolgen für den Fall der Ablehnung durch den Dritten klargestellt werden.
9. Ob Verbraucherschutzrecht Anwendung findet, richtet sich nach dem Deckungsverhältnis. Wenn der Versprechensempfänger Verbraucher iSv § 13 BGB ist, so gelten folglich die verbraucherschützenden Vorschriften für den Vertrag zugunsten Dritter. Unerheblich ist hingegen die Verbrauchereigenschaft des Dritten (Staudinger/Jagmann BGB § 328 Rn 29). Die im Formular vorgesehene Verkürzung der Verjährung ist demnach nur wirksam, wenn Kaufgegenstand eine gebrauchte Sache (vgl § 475 Abs. 2 BGB) oder Versprechensempfänger ein Unternehmer ist.

Prozessrecht und Verfahrenshinweise
10. Sollte der Vertrag zugunsten Dritter in einem Prozessvergleich enthalten sein, so kann der Dritte aus ihm nur vollstrecken, wenn er an seinem Abschluss formell beteiligt war (MünchKommBGB/Gottwald BGB § 328 Rn 95). Er muss mithin dem Rechtsstreit beigetreten und im Titel als Berechtigter benannt sein.

Steuern
11. Der Vertrag zugunsten Dritter, der einen Anspruch des Dritten auf Übereignung des Grundstücks begründet, ist gem § 1 Abs. 1 GrEStG grunderwerbsteuerbar. Auch das Valutaverhältnis, also die Rechtsbeziehung zwischen Versprechensempfänger und Drittem kann einen steuerpflichtigen Vorgang darstellen, beispielsweise wenn diesem auch ein Grundstückskaufvertrag zu Grunde liegt. Problematisch sind insbesondere Fallgestaltungen, in denen der Dritte noch nicht feststeht und dem Versprechensempfänger insoweit ein Benennungsrecht zusteht. Hier kann möglicherweise ein steuerbarer Zwischenerwerb des Versprechensempfängers mit der Folge einer doppelten Steuerpflicht vorliegen. Dabei soll maßgeblich sein, ob dem Versprechensempfänger ein eigenes Erwerbsrecht zusteht. In diesem Fall soll die Benennung des Dritten einer Abtretung eines Auflassungsanspruchs gleichzusetzen sein, so dass ein steuerbarer Zwischenerwerb vorliegt (vgl § 1 Abs. 1 Nr. 5, 7 GrEStG). Gleiches soll gelten, wenn der Versprechensempfänger die Macht hat, mit dem Leistungsanspruch zu handeln und er insoweit eigene wirtschaftliche Interessen verfolgt (dazu näher Baßler BWNotZ 1996, 169)."

▶ **Abschließender Praxistipp zum Umgang mit Vertragsmustern**
Bestimmte Sachverhaltskonstellationen kehren immer wieder. Die Wiederholung verlangt die gleiche präzise Antwort für jeden Einzelfall. Es ist sehr sinnvoll, Texte vorzuschlagen, die ihre Bewährungsprobe bereits bestanden haben.
Als Vertragsjurist profitieren Sie von Ihren eigenen „gebündelten Erfahrungen". Sie sollten sich daher (arbeitsökonomisch!) für bestimmte

wiederkehrende Fälle im Hinblick auf bestimmte regelmäßig regelungsbedürftige Detailprobleme „Standardlösungen" zu Recht legen. Diese Regelungen sind dann „abstrahiert vorhanden" und werden im konkreten Einzelfall „aktiviert". Dies kann durch Regelungen einzelner Problembereiche in Form eines Textbausteins bzw. durch Verkettung zahlreicher Bausteine zu einem Mustervertrag geschehen.

Berücksichtigen Sie dabei stets die Gegebenheiten des Einzelfalls und arbeiten Sie diese entsprechend in das verwendete Muster ein. Umgekehrt darf der stets individuelle Sachverhalt keinesfalls in ein Vertragsmuster hineingezwängt werden!

Gerade in Ihrer Ausbildung und der Anfangszeit Ihrer Berufstätigkeit sollen und müssen Sie mangels eigener Muster verstärkt mit kommerziellen Vertragsmustern arbeiten. Übernehmen Sie diese keinesfalls unreflektiert, sondern vergegenwärtigen Sie sich zunächst die methodische Vorgehensweise, wie sie in diesem Lehrbuch geschildert ist. Erstellen Sie somit zunächst immer ein eigenes Grundgerüst an Ideen und zu regelnden Punkten und verwenden Sie erst im nächsten Schritt einschlägige kommerzielle Vertragsmuster. Dies verhindert, dass Sie bereits zu Beginn Ihrer Tätigkeit als Vertragsjurist „betriebsblind" werden und Vertragsmuster allzu leichtfertig (blind) übernehmen. Denn auch die Güte kommerzieller Vertragsmuster variiert enorm, nicht alle bieten stets die Gewähr der Vollständigkeit, Aktualität und inhaltlichen Richtigkeit; sie sind nur als Arbeitshilfe zu verstehen!

4.2.2 Umgang mit Checklisten

4.2.2.1 Praktischer Nutzen

Die Verwendung von Checklisten gehört ebenso wie die Verwendung von Vertragsmustern zum Alltag des Vertragsjuristen. Checklisten bieten dabei eine hohe Gewähr für effizientes und rationales Arbeiten.

Oftmals zielen Checklisten darauf ab, die für den zu erstellenden Vertrag regelmäßig zu ermittelnden Informationen vollständig einzuholen beziehungsweise zu erfragen („Stoffsammlungsfunktion").

Durch die Verwendung von für den zu erstellenden Vertrag einschlägigen Checklisten stellt der Vertragsjurist auch sicher, dass er im Rahmen der Erfüllungs- und Risikoplanung zumindest die typischen gegenwärtigen und zukünftigen Probleme des einschlägigen Lebenssachverhaltes erfasst und in seinem Vertragsentwurf verarbeitet („Plausibilität und Vollständigkeit der zu regelnden Vertragsthemen").

▶ **Praxistipp** Gerade in der Anfangszeit Ihrer beruflichen Tätigkeit als Vertragsjurist können Sie auch auf (methodische) Checklisten zur Überwachung Ihrer eigenen Arbeitsschritte bei der Vertragsgestaltung zurückgreifen, mithin auf die Anleitungen – wie in dem vorliegenden Buch – zur Erstellung von Vertragswerken („Überwachung der eigenen Arbeitsschritte").

Die Verwendung von Checklisten bietet somit eine Möglichkeit, den eigenen Arbeitserfolg für den Mandanten zu optimieren, indem Sie die typischen Regelungspunkte und -probleme des konkreten Lebenssachverhalts zunächst mit ihrer Hilfe ermitteln, bevor Sie sich ganz individuellen Problemen widmen, die nicht durch generalisierende Checklisten erfasst werden. Damit haben Sie sogleich einen Überblick über das Arbeitsergebnis: Ist die gefundene vertragliche Lösung plausibel und vollständig („Plausibilitäts- und Vollständigkeitskontrolle")? Damit bieten sie Ihnen auch die Möglichkeit, die eigenen Arbeitsschritte auf Vollständigkeit zu überwachen („Selbstkontrolle").

4.2.2.2 Beispiele und Vertiefungshinweise

Tatsächlich gibt es auch für Checklisten gesetzliche Regelungsbeispiele, auch wenn diese natürlich nicht als „Checkliste" bezeichnet sind. So stellt etwa das „Gesetz über den Nachweis der für ein Arbeitsverhältnis geltenden wesentlichen Bedingungen (Nachweisgesetz – NachwG)"[124] eine „Quasi"-Checkliste für die Erstellung von (dort erfassten) Arbeitsverträgen zur Hand, ohne als solche deklariert zu sein. § 2 Abs. 1 S. 1 NachwG verlangt nämlich, dass der Arbeitgeber spätestens einen Monat nach dem vereinbarten Beginn des Arbeitsverhältnisses die wesentlichen Vertragsbedingungen schriftlich niederzulegen, die Niederschrift zu unterzeichnen und dem Arbeitnehmer auszuhändigen hat.[125] § 2 NachwG führt in der Folge diejenigen Informationen auf, die für den abzuschließenden Arbeitsvertrag von Ihnen als Vertragsjuristen zur Erstellung eines solchen Arbeitsvertrages ohnehin vom Arbeitnehmer zu erfragen beziehungsweise sonst zu klären sind (etwa im Hinblick auf abzuführende Sozialversicherungsbeiträge). Somit können Sie als junger Vertragsjurist – unabhängig vom Vorliegen eines Vertragsmusters – dieses Gesetz zunächst als Checkliste für die Erstellung eines Arbeitsvertrages verwenden.

§ 2 NachwG „Nachweispflicht":

(1) Der Arbeitgeber hat spätestens einen Monat nach dem vereinbarten Beginn des Arbeitsverhältnisses die wesentlichen Vertragsbedingungen schriftlich niederzulegen, die Niederschrift zu unterzeichnen und dem Arbeitnehmer auszuhändigen. In die Niederschrift sind mindestens aufzunehmen:

---

[124] „Ein Arbeitsvertrag ist ein privatrechtlicher, gegenseitiger Austauschvertrag. Der Arbeitnehmer ist zu persönlichen (§ 613 BGB) Leistungen von fremdbestimmter, abhängiger oder unselbständiger Arbeit unter der Leitung und Weisung des Arbeitgebers und der Arbeitgeber zur Zahlung einer Vergütung verpflichtet. Für den Abschluss des Arbeitsvertrages gilt grundsätzlich Formfreiheit. … Dieser Grundsatz der Formfreiheit wird durch das Nachweisgesetz (NachwG) nicht in Frage gestellt. Das NachwG gilt für Arbeitnehmer und gibt diesen das Recht, vom Arbeitgeber einen Nachweis über die vereinbarten Arbeitsbedingungen in Form einer Niederschrift zu verlangen. … Statt einer Niederschrift können die Daten in einen Arbeitsvertrag übernommen werden. Dies entspricht der arbeitsrechtlichen Praxis." *Schrader/Klagges* in: Schaub/Schrader/Straube/Vogelsang, Arbeitsrechtliches Formular- und Verfahrenshandbuch, A Rn. 41 ff. m.w.N.

[125] Vgl. Sie zu den Rechtsfolgen für den Arbeitgeber, soweit er seiner Verpflichtung, einen Nachweis der wesentlichen Arbeitsvertragsbedingungen (oder einen Arbeitsvertrag, mit dem er die gleichen rechtlichen Wirkungen herbeiführt) abzuschließen, nicht nachkommt, bitte *Schrader/Klagges* in: Schaub/Schrader/Straube/Vogelsang, Arbeitsrechtliches Formular- und Verfahrenshandbuch, A Rn. 46 m.w.N.

1. der Name und die Anschrift der Vertragsparteien,
2. der Zeitpunkt des Beginns des Arbeitsverhältnisses,
3. bei befristeten Arbeitsverhältnissen: die vorhersehbare Dauer des Arbeitsverhältnisses,
4. der Arbeitsort oder, falls der Arbeitnehmer nicht nur an einem bestimmten Arbeitsort tätig sein soll, ein Hinweis darauf, daß der Arbeitnehmer an verschiedenen Orten beschäftigt werden kann,
5. eine kurze Charakterisierung oder Beschreibung der vom Arbeitnehmer zu leistenden Tätigkeit,
6. die Zusammensetzung und die Höhe des Arbeitsentgelts einschließlich der Zuschläge, der Zulagen, Prämien und Sonderzahlungen sowie anderer Bestandteile des Arbeitsentgelts und deren Fälligkeit,
7. die vereinbarte Arbeitszeit,
8. die Dauer des jährlichen Erholungsurlaubs,
9. die Fristen für die Kündigung des Arbeitsverhältnisses,
10. ein in allgemeiner Form gehaltener Hinweis auf die Tarifverträge, Betriebs- oder Dienstvereinbarungen, die auf das Arbeitsverhältnis anzuwenden sind.

Der Nachweis der wesentlichen Vertragsbedingungen in elektronischer Form ist ausgeschlossen.

(1a) Wer einen Praktikanten einstellt, hat unverzüglich nach Abschluss des Praktikumsvertrages, spätestens vor Aufnahme der Praktikantentätigkeit, die wesentlichen Vertragsbedingungen schriftlich niederzulegen, die Niederschrift zu unterzeichnen und dem Praktikanten auszuhändigen. In die Niederschrift sind mindestens aufzunehmen:

1. der Name und die Anschrift der Vertragsparteien,
2. die mit dem Praktikum verfolgten Lern- und Ausbildungsziele,
3. Beginn und Dauer des Praktikums,
4. Dauer der regelmäßigen täglichen Praktikumszeit,
5. Zahlung und Höhe der Vergütung,
6. Dauer des Urlaubs,
7. ein in allgemeiner Form gehaltener Hinweis auf die Tarifverträge, Betriebs- oder Dienstvereinbarungen, die auf das Praktikumsverhältnis anzuwenden sind.

Absatz 1 Satz 3 gilt entsprechend.

(2) Hat der Arbeitnehmer seine Arbeitsleistung länger als einen Monat außerhalb der Bundesrepublik Deutschland zu erbringen, so muß die Niederschrift dem Arbeitnehmer vor seiner Abreise ausgehändigt werden und folgende zusätzliche Angaben enthalten:

1. die Dauer der im Ausland auszuübenden Tätigkeit,
2. die Währung, in der das Arbeitsentgelt ausgezahlt wird,
3. ein zusätzliches mit dem Auslandsaufenthalt verbundenes Arbeitsentgelt und damit verbundene zusätzliche Sachleistungen,
4. die vereinbarten Bedingungen für die Rückkehr des Arbeitnehmers.

(3) Die Angaben nach Absatz 1 Satz 2 Nr. 6 bis 9 und Absatz 2 Nr. 2 und 3 können ersetzt werden durch einen Hinweis auf die einschlägigen Tarifverträge, Betriebs- oder Dienstvereinbarungen und ähnlichen Regelungen, die für das Arbeitsverhältnis gelten. Ist in den Fällen des Absatzes 1 Satz 2 Nr. 8 und 9 die jeweilige gesetzliche Regelung maßgebend, so kann hierauf verwiesen werden.

(4) Wenn dem Arbeitnehmer ein schriftlicher Arbeitsvertrag ausgehändigt worden ist, entfällt die Verpflichtung nach den Absätzen 1 und 2, soweit der Vertrag die in den Absätzen 1 bis 3 geforderten Angaben enthält.

Tatsächlich ist eine kommerzielle Checkliste zur Begründung eines Arbeitsverhältnisses, also ein Einstellungsfragebogen, zwar etwas umfangreicher als § 2 NachwG, stellt sich aber nicht wesentlich anders dar als die durch den Gesetzgeber selbst aufgestellte „Quasi"-Checkliste für die Erstellung von dort erfassten Arbeitsverträgen[126].

4.2.3 Übersicht über das praktische Vorgehen in der Vertragsgestaltung (Arbeitsschritte)

Zusammen mit Ihrem Grundwissen und Ihrem methodischen und praktischen Wissen über die Vertragsgestaltung empfiehlt sich das folgende praktische Vorgehen in der Vertragsgestaltung (Tab. 4.3):

Tab. 4.3 Arbeitsschritte der Vertragsgestaltung

Arbeitsschritte der Vertragsgestaltung	
I. Vorbereitende Überlegungen	1. Ist der maßgebende Sachverhalt hinreichend klar? 2. Ist die Gestaltungsaufgabe eindeutig fixiert? 3. Wie sieht die Interessenlage der Vertragsbeteiligten aus?
II. Vertragsrechtlich zu regelnde Themen	1. Entsprechen die zu regelnden Themen einem bestimmten Vertragstypus? (z. B. einem BGB-Vertragstypus, einem aus der Kautelarpraxis herausgebildeten Typus, einem „Mischvertrag" oder einem Vertrag „sui generis"?) 2. Die Stoffsammlung (Was muss, was soll geregelt werden?, Verwendung typischer Klauseln) 3. Wie sollten die einzelnen Regelungsgegenstände vertragsrechtlich ausgestaltet werden? • Zwingender Inhalt von Verträge (Beispielsweise Vertragsparteien) • Zu empfehlender Inhalt des Vertrags (Beispielsweise Ansprüche bei Verzug oder anderen Pflichtverletzungen) • Allgemeine Vertragsklauseln (Schriftform, Wettbewerbsverbot, Salvatorische Klausel, etc.) 4. Gliederung der in den Vertrag aufzunehmenden Regelungsgegenstände 5. Formulierung der einzelnen Vertragsklauseln

Stark angelehnt an *Lenkaitis*, in: Koch/Aderhold/Lenkaitis, Vertragsgestaltung, 87.

---

[126] Vgl. z. B. „Muster: Personalfrageboden", *Schrader/Klagges* in: Schaub/Schrader/Straube/Vogelsang, Arbeitsrechtliches Formular- und Verfahrenshandbuch, A Rn. 26–27 mit Kommentaren und Nachweisen.

4.3 Vertragsgenese – Der Weg vom Vertragsentwurf bis hin zur Durchführung

Wie Sie Ihren Vertragsentwurf methodisch konzipieren, was Sie hierbei in der praktischen Umsetzung alles zu beachten haben und welcher Hilfsmittel Sie sich hierzu bedienen, habe ich Ihnen nun zuvor erläutert.

Jedoch hat der Prozess der Vertragsgestaltung mit der Konzeption und Niederschrift des Vertragsentwurfs nicht sein Bewenden. Der Vertragsentwurf soll ja schließlich auch zur Umsetzung gelangen, er muss also zunächst in einen Vertragsschluss münden. Hierzu muss der Vertragsentwurf von allen beteiligten Vertragsparteien akzeptiert werden (Privatautonomie!). Dies setzt häufig weitere Zwischenschritte voraus, an denen Sie als Vertragsjurist (meist in federführender Rolle) mitwirken.

4.3.1 Erster Vertragsentwurf

Zwar kommt dem ersten Vertragsentwurf bereits große – und oftmals auch allein ausschlaggebende – Bedeutung bei. Schließlich halten Sie als Vertragsjurist bei dessen Gestaltung zunächst (allein) „die Zügel in der Hand" – wenngleich im Interesse und unter (notwendiger) Mitwirkung des Mandanten. Jedoch können sich an einen ersten Vertragsentwurf (teils schwierige und langwierige) Vertragsverhandlungen anschließen, bis Sie schließlich zur finalen Vertragsausfertigung und zu guter Letzt zur Vertragsdurchführung gelangen.

Derlei Vertragsverhandlungen werden Sie regelmäßig dort führen und als Vertragsjurist mit begleiten, wo – mithilfe des von Ihnen erstellten Vertragsentwurfs – keine standardisierten (Massen-)Geschäfte geschlossen werden und kein übermäßiges Machtgefälle zwischen den beteiligten Vertragsparteien, wie etwa bei Verbraucherverträgen, die allerdings durch AGB – und somit auch durch den gesetzgeberischen Schutz der §§ 305 ff. BGB – bestimmt sind, besteht.[127] Bei derartigen Verträgen kommt – mangels abändernder Verhandlungsergebnisse – dem ersten Vertragsentwurf bereits finaler Charakter bei und es kommt sogleich zur Vertragsausfertigung und Vertragsdurchführung.

Schließen sich allerdings Vertragsverhandlungen an den ersten Vertragsentwurf an (dazu sogleich ausführlich), so setzen Sie als Vertragsjurist mit diesem regelmäßig bereits den personellen und strukturellen Ausgangspunkt für jene.[128] Schließlich obliegt dem Entwurfsverfasser regelmäßig die Verhandlungsführung, stammt doch das originäre „wording" aus dessen „Feder" und somit auch dessen Verständnis vom Vertragstext.[129] Nachfolgende – im Weg der Vertragsverhandlung erzielte – Vertragsfassungen orientieren sich an diesem ersten Vertragsentwurf. Regelmäßig

---
[127] Vgl. *Junker/Kamanabrou*, Vertragsgestaltung, 21.
[128] Vgl. *Zankl*, Vertragssachen, 50 ff.; *Ponschab/Schweizer*, Kooperation, 269 ff.
[129] Vgl. *Koch*, in: Aderhold/Koch/Lenkaitis, Vertragsgestaltung, 65 m.w.N., vgl. dazu auch im Folgenden.

werden vom ursprünglichen Vertragstext abweichende spätere Textversionen durch „Mark-ups" (hervorgehobenen Änderungen von der Ausgangs- beziehungsweise Vorfassung) kenntlich gemacht, die die Genese eines Vertragswerkes über einzelne Verhandlungsrunden (allein schon optisch) recht deutlich kennzeichnen. Damit dürfte Ihnen aber auch schon klar sein, dass der erste Vertragsentwurf bereits die Positionen und Interessen des Mandanten zu einzelnen Regelungsgegenständen absteckt und so maßgeblichen Einfluss auf die folgende Vertragsverhandlung nimmt. Allerdings liegt in dem augenscheinlichen Vorteil als Kehrseite auch die (notwendigerweise) frühere Offenbarung der eigenen Verhandlungspositionen beziehungsweise -interessen.

Dementsprechend mag ein einseitiger erster Vertragsentwurf, der mit Maximalforderungen „gespickt" ist, formal zwar maximalen Spielraum für Verhandlungen bringen, andererseits kann er aber auch „bereits den Bogen überspannen" und das Vertrauensverhältnis der (künftigen) Vertragsparteien zu diesem sehr frühen Zeitpunkt nachhaltig (vor allem für die Vertragsverhandlungen) beeinträchtigen.[130] Hier dürfte aber nichts anderes als das bereits in Kap. 3 zum methodischen Vorgehen Ausgeführte gelten: Ein Vertrag erfordert neben dem Angebot auch die Annahmeerklärung der anderen Vertragspartei. Mithin sollten Sie stets um die Abgabe eines redlichen Angebots mit realistischer Aussicht auf Akzeptanz bei der Gegenseite bemüht sein. Hierzu gehört, dass Sie bereits im Rahmen des ersten Gestaltungsentwurfs die Interessen der anderen Vertragspartei(en) angemessen berücksichtigen[131]; dieses Vorgehen liegt beispielsweise auch marktgängigen Vertragsmustern zugrunde[132].

Umgekehrt kann die andere Vertragspartei mit der Übermittlung eines ausgeglichenen ersten Vertragsentwurfs auch in die Defensive gedrängt werden, kann diese doch mit ihren Änderungswünschen sehr schnell als diejenige Vertragspartei gelten, die einen Vertragsschluss verhindert.

4.3.2 Vertragsverhandlung

Die „Kunst des Verhandelns" wird zunehmend als zentraler Kern juristischer Kompetenz „wiederentdeckt".[133] In der juristischen Ausbildung hat das Thema bislang jedoch wenig Platz erhalten.[134] Dabei kommt ihr in der späteren juristischen Praxis

---

[130] Vgl. *Koch*, in: Aderhold/Koch/Lenkaitis, Vertragsgestaltung, 65

[131] Vgl. *Rehbinder*, Vertragsgestaltung, 10 f.

[132] Vgl. hierzu Abschn. 4.2.1.

[133] *Bickel*, JuS 2000, 1247; *Erbacher*, Verhandlungsführung; *Haft*, BB 1998, Beilage 10, 15; *Heussen*, ZKM 2003, 18; *Hohmann*, ZKM 2003, 48; *Quinting*, in: Eyer (Hrsg.), Report Wirtschaftsmediation, 33; *Saner*, Verhandlungstechnik.

[134] Anm.: Teilweise finden sich Mediationsveranstaltungen in Form von Projektgruppen, wie beispielsweise PG „Mediation und Familienrecht" oder PG „Wirtschaftsmediation" an der rechtswissenschaftlichen Fakultät der Freien Universität Berlin, oder (recht allgemein gehaltene) Veranstaltungen im Rahmen der Vermittlung von Sprachkompetenz, wie etwa „Negotiation and Mediation" im Studiengang „Wirtschaft und Recht" an der Technischen Hochschule Wildau (vgl. TH Wildau WR), die sich doch der Thematik widmen.

große Bedeutung bei, schließlich kommen viele Vertragsschlüsse ohne Verhandlung gar nicht zustande. Mit der „juristischen Methode" allein ist einer erfolgreichen Vertragsverhandlung jedenfalls gerade nicht beizukommen, es lohnt also eine grundlegende Einführung in die „Kunst des Verhandelns" anhand eines Lehrbuches.[135]

Über den Erfolg von Vertragsverhandlungen entscheidet eine ganze Reihe von Faktoren, wie insbesondere der persönlich-stilistische Umgang der Verhandlungsparteien und deren taktisch-strategisches Vorgehen.[136] Beides ist stark von den verhandelnden Personen geprägt, weswegen hier sozialpsychologische Aspekte besondere Beachtung verdienen.[137] Was Sie bei der Vorbereitung und Durchführung von Vertragsverhandlungen beachten sollten, erläutere ich Ihnen im Folgenden, nachdem ich Ihnen Ihre Rolle bei möglichen Verhandlungssituationen nahegebracht habe.

4.3.2.1 Über die Rolle des Vertragsjuristen

Verträge ergänzen gesetzliche Regelungen, in denen die Wertungen des Gesetzgebers niedergelegt sind. In ihnen versuchen die Vertragsparteien, ihre gegenseitigen (häufig stark divergierenden) Interessen in Einklang zu bringen, sie sind also in der Regel Ausdruck eines Kompromisses, eines gegenseitigen Nachgebens. Sie als Vertragsjurist zielen in Ihrer Beratung naturgemäß auf einen möglichst günstigen Vertragsabschluss zugunsten Ihres eigenen Mandanten ab; hierfür werden Sie in der Regel mandatiert und dementsprechend für ein wirtschaftlich günstiges Ergebnis bezahlt. Sie müssen dabei den genuinen Interessenkonflikt der Vertragspartner neben der Vertragsplanung und der eigentlichen Vertragsgestaltung insbesondere auch im Hinblick auf Ihre Verhandlungsstrategie (hier primär hinsichtlich der Akzeptanz des eigenen Mandanten, aber auch der anderen Vertragspartei sowie von Zugeständnisoptionen) berücksichtigen. Strategische Überlegungen spielen bei der Planung und Durchführung von Vertragsverhandlungen neben psychologischen Faktoren, wie etwa Verhandlungsmacht, und handwerklichen Techniken, wie etwa Verhandlungsgeschick, die entscheidende Rolle.

Damit bestimmt sich Ihre Rolle als Vertragsjurist zunächst nach dem jeweils erteilten Mandat: So sind Sie etwa als Notar Nicht-Interessenvertreter und somit unparteiischer Mittler mit Warn- und Hinweisfunktion, Sie erstellen ein ausgewogenes Vertragswerk, einen Kompromiss, nach den Weisungen beider Parteien und leiten dieses durch die Beurkundung.[138] Dahingegen werden Sie etwa als Unternehmensjurist regelmäßig einen interessengeprägten Vertragsentwurf erstellen und sodann die Vertragsverhandlung (gegebenenfalls in Zusammenarbeit mit dem Vertragsjuristen der Gegenseite, etwa einem Rechtsanwalt oder Unternehmensjuristen)

---

[135] Vgl. insofern eindrucksvoll und weiterführend die Ausführungen in Teil 1 „Die Tradition: Konfliktentscheidung nach der juristischen Methode" bei *Ponschab/Schweizer*, Kooperation, 17 ff.
[136] Vgl. etwa auch *Rittershaus/Teichmann*, Anwaltliche Vertragsgestaltung, 24, die den Verhandlungsstil und die Verhandlungstaktik in den Mittelpunkt ihrer Betrachtungen rücken.
[137] Vgl. etwa *Heussen,* in: Heussen/Pischel, Handbuch Vertragsverhandlung, 222 ff.; *Bierbrauer*, in: *Gottwald/Haft*, Verhandeln, 34 ff.; *Haft*, Verhandlung, 166 ff.; *Klinger/Bierbrauer* in: *Haft/ Schlieffen*, Handbuch Mediation, § 5 Rn. 25 ff.; *Ponschab/Schweizer*, Kooperation, 94 ff.
[138] Vgl. etwa *Junker/Kamanabrou*, Vertragsgestaltung, 22.

strukturieren und leiten.[139] Die Letztentscheidung über gefundene Verhandlungsergebnisse (zumeist Verhandlungskompromisse) trifft hingegen Ihr Mandant. Somit kann Ihre eigene Rolle auch durch die Einbindung Ihres eigenen aber auch des gegnerischen Mandanten variieren: Ist eine Verhandlungssituation festgefahren, kann es sinnvoll sein, die Mandanten selbst verhandeln zu lassen, so dass Sie als Vertragsjurist unter Umständen nur für die juristische Umsetzung gefundener Verhandlungslösungen zuständig sind. Allerdings werden Sie regelmäßig in jeder Phase, auch wenn Sie nicht die unmittelbare Verhandlungsführung innehaben, dem Mandanten beratend zur Seite stehen und ihn über die rechtliche Tragweite einzelner vorgeschlagener Änderungen belehren, so dass der Mandant auch in der konkreten Verhandlungssituation seine Verhandlungsposition, mögliche Zugeständnisoptionen und eine Änderung seiner Verhandlungsstrategie im Hinblick auf den weiteren Verlauf der Verhandlungen beurteilen kann.

4.3.2.2 Möglichkeit und Notwendigkeit einer Verhandlungssituation

Vertragsverhandlungen werden, wie ich Ihnen bereits vor Augen geführt habe, nicht in allen Gestaltungsfällen geführt. Voraussetzung für die Durchführung von Vertragsverhandlungen ist zunächst einmal, dass überhaupt ein Spielraum zur Umsetzung wirtschaftlicher Vorstellungen besteht. In Alltagssituation ist das Führen von Vertragsverhandlungen regelmäßig nicht vorgesehen.[140] Auch wenn diese Fälle im rechtgeschäftlichen Verkehr quantitativ wohl eindeutig überwiegen, man denke etwa an den täglichen „Brötchenkauf beim Bäcker" oder den Einkauf von Lebensmitteln im Supermarkt, darf dies nicht darüber hinwegtäuschen, dass insbesondere bei wirtschaftlich bedeutenderen Rechtsgeschäften Vertragsverhandlungen „unverzichtbar" sind,[141] man denke etwa nur an einen Gebrauchtwagenkauf unter Privaten (vgl. dazu auch das Beispiel in Abschn. 6.1) oder einen Werkvertrag eines Unternehmers über die Errichtung einer Produktionshalle. Sicher spielen – was wohl ohne Weiteres einsichtig ist – Vertragsverhandlungen im Geschäftsverkehr zwischen Unternehmern eine große Rolle.

Gemeinhin lässt sich folgende Faustformel aufstellen: Handelt es sich nicht um ein „klassisches" standardisiertes Verkehrsgeschäft und besteht keine einseitige Machtposition, werden Vertragsverhandlungen wohl regelmäßig stattfinden.[142]

4.3.2.3 Der (äußere) Rahmen von Vertragsverhandlungen

Auch die Vertragsverhandlung sollte wie bereits der Entwurf einer Gestaltung nicht planlos ablaufen, sondern einer vorher festgelegten Struktur folgen. Mithin bedarf es einiger Vorbereitung, um überhaupt erst die Voraussetzungen zu schaffen, effi-

---

[139] Vgl. *Koch,* in: Aderhold/Koch/Lenkaitis, Vertragsgestaltung, 66 m.w.N., vgl. dazu auch im Folgenden.

[140] Vgl. *Koch,* in: Aderhold/Koch/Lenkaitis, Vertragsgestaltung, 65.

[141] *Rehbinder*, Vertragsgestaltung, 61 f.; siehe ferner *Döser*, Vertragsgestaltung, 65; *Ritterhaus/Teichmann*, Vertragsgestaltung, 21 ff. und den Hinweis bei *Medicus*, BGB AT, Rn. 464.

[142] So deutlich auch *Koch,* in: Aderhold/Koch/Lenkaitis, Vertragsgestaltung, 66.

zient, d. h. ressourcenschonend und ergebnisorientiert, und letztlich erfolgreich zu verhandeln.[143]

Im Vorfeld von Vertragsverhandlungen stellen sich dabei zunächst technische Fragen, die hier als äußerer Rahmen der Vertragsverhandlung zusammengefasst und von den nachfolgenden inhaltlich-strategischen Überlegungen, also insbesondere der Festlegung der Verhandlungsstrategie, zu trennen sind. Zur Planung und Strukturierung des äußeren Rahmens einer Vertragsverhandlung zählen folgende Faktoren: Die Auswahl eines Verhandlungsortes, die Zeitplanung, die Zusammenstellung einer Verhandlungsdelegation und die Rollenzuweisung innerhalb dieser Gruppe sowie der grundsätzliche Umgang mit Informationen.

4.3.2.3.1 Planung und Struktur

Zunächst sollten Sie im Rahmen der Planung und Strukturierung – genauso wie die Gegenseite – einen Verhandlungsführer und gegebenenfalls bereits zu Beginn Spezialzuständigkeiten innerhalb Ihrer Verhandlungsdelegation festsetzen und die Gegenseite hierüber informieren.[144] Dies ist einerseits wichtig, damit von Beginn Ihrer Verhandlungen an die Ansprechpartner für Fachfragen und für (Gesamt-)entscheidungen und somit die Kommunikationswege feststehen. Zudem kann sich ein weiteres Problem innerhalb der eigenen Delegation ergeben: Sind Zuständigkeiten nicht im Vorfeld geklärt, wird es regelmäßig zu Auseinandersetzungen und Widersprüchen innerhalb der eigenen Delegation kommen, was zudem ein schlechtes Bild in der Außenwirkung – gerade bei der Gegenseite – erzeugen und zu schlechteren Verhandlungsergebnissen („Wirkung der mangelnden Geschlossenheit") führen kann.[145] Die Rollenverteilung kann aufgrund der hier erfolgten Personenwahl bereits Bedeutung für die (noch darzustellenden) strategischen Überlegungen spielen. Hieran erkennen Sie einmal mehr, dass auch die einzelnen vorbereitenden Schritte im Vorfeld einer Vertragsverhandlung keine isolierten Prozessschritte im Sinne eines strikten Nacheinanders sondern wiederum einen dynamischen Prozess der ständigen Bewertung und Nachjustierung darstellen.

Als Nächstes sollte – und dies entspricht den Gepflogenheiten – von Seiten des (initialen) Entwurfsverfassers als Gesprächsführer[146] ein Verhandlungsort und ein grober Zeitplan vorgeschlagen werden.[147] Dies bedeutet jedoch nicht, dass allein dem Entwurfsverfasser dieses Recht zusteht. Jedoch muss eine Seite den Anfang machen und dies ist regelmäßig diejenige, die den Vertragsentwurf „in den Ring geworfen hat". Deswegen sollten im Sinne einer zügigen Vertragsverhandlung auch diese vorgenannten Punkte sogleich mit Übersendung des Vertragsentwurfs mitgeteilt werden, was jedoch eine Vorabfestlegung auf der eigenen Seite erfordert.

Die Gegenseite sollte diese (organisatorischen) Mitteilungen – wie auch die Unterbreitung des Vertragsentwurfs selbst – zunächst als Angebot verstehen, wel-

---

[143] Vgl. *Rittershaus/Teichmann*, Anwaltliche Vertragsgestaltung, 22 f., die treffend davon sprechen, dass zunächst ein „Drehbuch" geschrieben werden müsse.
[144] Vgl. *Haft*, Verhandlung, 159 f.
[145] Vgl. *Rittershaus/Teichmann*, Anwaltliche Vertragsgestaltung, 23.
[146] Vgl. hierzu auch *Zankl*, 50; *Rittershaus/Teichmann*, Anwaltliche Vertragsgestaltung, 23.
[147] Anm.: Hieran können Sie nochmals die Bedeutung des ersten Vertragsentwurfs ermessen, siehe auch Abschn. 4.3.1.

ches selbstredend abgeändert beziehungsweise weiter präzisiert werden muss. Deswegen sollten die Vertragsparteien – unter Berücksichtigung von Änderungswünschen und weiterer Präzisierung – in einem nächsten Schritt einen detaillierten Zeitplan unter (möglichst) genauer Festlegung der zu behandelnden Themen(-komplexe) einvernehmlich beschließen.[148] Die Reihenfolge der zu behandelnden Themen (-komplexe) ergibt sich meist aus dem Aufbau des Vertragsentwurfs („Chronologie des Vertragswerkes"), kann aber andererseits auch der inhaltlichen Gewichtung folgen. Wichtig ist, dass Sie in Ihrer Planung den inhaltlichen Punkten auch ausreichend Zeit für die regelmäßig zunächst informative und sodann argumentative Phase der Verhandlung einräumen; einige erkennbar für jede Vertragspartei wichtige Themen(-komplexe) werden regelmäßig mehr Zeit beanspruchen. Die (einzelne) Vertragsverhandlung wird regelmäßig folgenden Verlauf nehmen[149]:

Beachten Sie dabei, dass sich nach der Eröffnungsphase, in der die Begrüßung und gegenseitige Vorstellung der Verhandlungsdelegation etc. erfolgt, eine (Orientierungs-)Phase anschließen sollte, in der Sie den Rahmen der Verhandlungen abstecken. Dies kann insbesondere dann relevant werden, wenn sich Ihre Vertragsverhandlungen etwa auf mehrere miteinander verbundene Einzelvertragswerke erstreckt. Hieran schließt sich ein Phase an, in der einzelne inhaltliche Themen (-komplexe) behandelt werden, in denen sich die Vertragsparteien, regelmäßig unter Führung des Entwurfsverfassers, gegenseitig über deren Bedeutungsgehalt informieren („Informationsphase"), bevor sie schließlich in die streitige Argumentation einsteigen („Argumentationsphase"), an deren Ende eine Entscheidung in der Sache über den Regelungsgehalt einzelner vertraglicher Themen häufig in der Form eines Kompromisses erfolgt („Entscheidungsphase"). Kommt es in dieser Phase zu keiner Annäherung zwischen den Verhandlungspartnern, so kann es anstelle eines Kompromisses auch zu einem Abbruch der Verhandlungen kommen. Abschließend werden die gefundenen Kompromisse beziehungsweise Entscheidungen zusammengefasst, um Missverständnisse zu vermeiden; dies kann etwa unterbleiben, wenn die Parteien sich häufig in Verhandlungen gegenüberstehen und insoweit vertraut sind oder die Zeit für solche Zusammenfassungen fehlt – was jedoch nicht zu empfehlen ist, da mögliche Missverständnisse unbedingt auf diesem Wege vermieden werden können und sollten.

▶ **Praxistipp** Planen Sie grundsätzlich lieber „zu viel" Zeit für erkennbar strittige Themen(-komplexe) ein als zu wenig. Sollten Sie vorfristig einzelne Punkte beziehungsweise Komplexe abgehandelt haben, nutzen Sie diese Zeit für Verhandlungspausen, in denen Sie das Klima pflegen und so auf die Verhandlungsatmosphäre positiv einwirken.

---

[148] Vgl. *Koch*, in: Aderhold/Koch/Lenkaitis, Vertragsgestaltung, 67; *Rittershaus/Teichmann*, Anwaltliche Vertragsgestaltung, 23.

[149] Der äußere Rahmen wird in einzelne Phasen unterteilt, die je nach Autor stark differieren, vgl. im Einzelnen etwa *Däubler*, Verhandeln, 52 ff.; *Williams*, Legal Negotiation, 70 ff.; *Gottwald*, in: *Gottwald/Haft*, Verhandeln, 65 ff.; *Rittershaus/Teichmann*, Anwaltliche Vertragsgestaltung, 23; vgl. auch die Einteilung in nur vier Phasen bei *Junker/Kamanabrou*, Vertragsgestaltung, 31 f. in eine Orientierungs-, Diskussions-, Annäherungs- bzw. Abbruchphase und die Niederlegung des Verhandlungsergebnisses; die hiesige Darstellung ist im Folgenden angelehnt an *Haft*, Verhandlung, 123 ff.

Andererseits kann es in bestimmten Situationen auch hilfreich sein, „künstlich" Zeitdruck aufzubauen und so Entscheidungen zu einzelnen Punkten zu beschleunigen. Ist also die Rückreise einer Verhandlungsdelegation an einen anderen Ort gebucht, kann ein längeres Verhandeln über vorherige Tagesordnungspunkte bis hin zum finalen Tagesordnungspunkt mit einem für Ihre Verhandlungsseite bestimmten beabsichtigten Ergebnis (aufgrund eines regelmäßig bestehenden hohen Einigungsdrucks) durchaus sinnvoll sein, hierzu aber sogleich im Rahmen der Ausführungen zu den Instrumenten der Einflussnahme.

4.3.2.3.2 Atmosphäre und Kultur des gemeinsamen Verhandelns

Auch wenn Verhandlungsstil und -taktik neben der argumentativen Auseinandersetzung sicher eine gewichtige Rolle spielen, so sind diese nicht immer allein ausschlaggebend für das Ergebnis von Verhandlungen, teilweise dürfte die richtige Verhandlungsatmosphäre und eine Kultur des Miteinanders viel wichtiger und letztlich für den erfolgreichen Abschluss von Vertragsverhandlungen sogar ausschlaggebend sein.[150] Genau wie im übrigen Dienstleistungssektor (etwa im Einzelhandel), gehört es zu einem ergebnisorientierten, situativ angemessenen Verhalten der anderen Vertragspartei gegenüber, dieser in Verhandlungen aufmerksam zuzuhören und diese keinesfalls (auch nicht emotional) zu ignorieren, sich einer höflichen Ausdrucksweise zu bedienen („verbindlich im Ton aber hart in der Sache") und im Übrigen (etwa durch kleine Gesten, wie das rechtzeitige Anbieten von Speisen und Getränken) eine möglichst angenehme Atmosphäre zu schaffen. Verbale Entgleisungen, etwa Vergreifen im Umgangston („verbale Kraftmeierei") beziehungsweise Kränkungen, oder Drohungen, wie etwa das Setzen von Ultimaten beziehungsweise „in die Ecke drängen" (etwa mit überzogenen Forderungen beziehungsweise Überstrapazieren der eigenen Machtposition), können die Verhandlungsatmosphäre vergiften und zum Scheitern der Verhandlungen führen. Lassen Sie hingegen Ihren geschriebenen Worten in Form des ersten Vertragsentwurfs nunmehr auch im Rahmen der Vertragsverhandlungen Taten folgen, indem Sie ergebnisorientiert neben eigenen auch fremde Interessen ernstlich zur Kenntnis nehmen und sich Sachargumenten gegenüber offen zeigen und Einigungsmöglichkeiten herausarbeiten, zeigen Sie der anderen Vertragspartei gegenüber Respekt und Fairness und vermitteln so Glaubwürdigkeit.[151]

4.3.2.3.3 Geheimhaltung vertraulicher Informationen

Häufig unvermeidlich im Rahmen von Vertragsverhandlungen, d. h. noch im Vorfeld eines Vertragsschlusses, ist es, dass im Rahmen von Vertragsverhandlungen bestimmte vertrauliche wirtschaftliche Informationen, insbesondere „unternehmenseigenes Know-how", preisgegeben werden.

---

[150] Anm.: Damit ist keine „plumpe Kumpelei" gemeint, diese kann im Gegenteil sogar schädlich sein. Vgl. hierzu etwa auch *Koch*, in: Aderhold/Koch/Lenkaitis, Vertragsgestaltung, 67; *Rittershaus/Teichmann*, Anwaltliche Vertragsgestaltung, 24, vgl. dazu auch im Folgenden.

[151] Dabei ist es ein Gebot der Selbstverständlichkeit, dass Sie hierbei auch unfaire Verhandlungspraktiken unterlassen sollten, vgl. hierzu auch *Heussen*, in: Heussen/Pischel, Handbuch Vertragsverhandlung, 220 ff.

So machen etwa Vertragsverhandlungen bei der Einräumung von Nutzungslizenzen an Patenten keinen Sinn, ohne dass die andere Vertragspartei über den Inhalt dieser Patente informiert wird. Noch einleuchtender mag dies bei einem Unternehmensverkauf sein, bei dem sämtliche Unternehmensaktiva und -passiva dem potentiellen Erwerber offenbart werden müssen. Erforderlich sind diese Informationen zumindest für die Preisfindung. Kommt es in der Folge zu keinem Vertragsschluss, sind diese Informationen (zumindest teilweise) offenkundig ohne angestrebte wirtschaftliche Verwertung bereits an einen Dritten (im schlimmsten Falle einen unmittelbaren Wettbewerber) „übergegangen". Mit ihrer Mitteilung im Rahmen von Vertragsverhandlungen besteht die Gefahr, aufgrund dieser „verlorenen" vertraulichen Informationen beziehungsweise dieses offenbarten Know-hows Wettbewerbsvorteile gegenüber anderen zu verlieren, soweit hier keine rechtliche Sicherung vorgesehen ist.[152]

Wie Sie bereits anhand dieser (hier nur angedeuteten) Beispiele erkennen können, sollten die Parteien einen weitestmöglichen Schutz für die Preisgabe vertraulicher Informationen beziehungsweise „unternehmenseigenen Know-hows" im Rahmen von Vertragsverhandlungen vereinbaren. Übliche Instrumente zur Sicherung vertraulicher Informationen stellen sogenannte Geheimhaltungsvereinbarungen[153] dar. Hierin verpflichten sich die Parteien für eine genau bestimmte Laufzeit unter Androhung von Schadensersatz beziehungsweise Vertragsstrafe im Falle der Zuwiderhandlung dazu, das von einer Partei mitgeteilte Know-how beziehungsweise die genauer bezeichnete vertrauliche Information geheim zu halten und keinesfalls Dritten zugänglich zu machen.[154] Hiermit haben Sie zumindest rechtlich die Voraussetzungen für einen wirksamen Schutz getroffen, die tatsächlichen Schwierigkeiten dürften dann regelmäßig im Nachweis eines Verstoßes hiergegen liegen (mehr zu gegebenenfalls zu treffenden Beweislastvereinbarungen unten in Kap. 5). Wie Sie aber am Umgang mit vertraulichen Informationen sehen, kann auch solch eine Vereinbarung grundsätzlich kein Vertrauen (er)schaffen, es kann allenfalls vorhandenes sichern helfen. Wo kein Vertrauen in die Verschwiegenheit und Seriosität der andern Vertragspartei vorhanden ist, machen Vertragsverhandlungen – gerade über vertrauliche Informationen und „unternehmenseigenes Know-how" – und damit bereits der Vertragsentwurf keinen Sinn; von einem Vertragsschluss ist von vornherein Abstand zu nehmen.

4.3.2.4 Verhandlungs(grund)typen

Neben diesen äußeren Rahmenbedingungen hängen – im Rahmen meiner Darstellungen zum „guten Umgang der Vertragsparteien" untereinander ist es bereits deutlich geworden – Ablauf und Ergebnis von Vertragsverhandlungen ganz maßgeblich

---

[152] Vgl. hierzu das Beispiel und die Ausführungen bei *Gildeggen/Willburger*, Internationale Handelsgeschäfte, 254 ff. m.w.N., vgl. hierzu auch nachfolgend.

[153] Anm.: Diese sind meist unter ihrer englischen Bezeichnung bekannt: „Non-disclosure Agreement", „Confidentiality Agreement", „Secrecy Agreement".

[154] Zum regelmäßigen Inhalt und Problemen der Rechtswahl, vgl. *Gildeggen/Willburger*, Internationale Handelsgeschäfte, 255 f.

von den beteiligten Personen ab, die – neben unterschiedlichen Temperamenten – auch unterschiedliche Verhaltensweisen bei Verhandlungen an den Tag legen.[155]

In der Sozialpsychologie werden hier der kooperative, der individualistische und der kompetitive Verhandlungstyp unterschieden.[156] Während der kooperative Verhandlungstyp darum bemüht ist, sowohl sein eigenes als auch das Verhandlungsergebnis der Gegenseite zu maximieren („win-win-Situation"), ist der individualistische Verhandlungstyp unabhängig von den Auswirkungen auf der Verhandlungsgegenseite allein am eigenen (maximalen) Verhandlungsergebnis interessiert. Dahingegen geht es dem kompetitiven Verhandlungstypen gerade darum, das eigene Verhandlungsergebnis zu Lasten der Verhandlungsgegenseite zu maximieren.

Je nachdem, welche Verhandlungstypen aufeinandertreffen, fällt das Verhandlungsergebnis allein aufgrund dieser sozialpsychologischen Typenunterschiede sehr unterschiedlich aus; dementsprechend ist das Verhandlungsergebnis bereits dadurch „determiniert", an welchem Typus sich die Gegenseite orientiert.[157] Mit Hilfe der Spieltheorie[158] untersuchen Sozialpsychologen anhand des sogenannten „Gefangenendilemmas"[159] die Auswirkungen des Aufeinandertreffens verschiedener Vertrags(verhandlungs)typen[160]; interessant ist dabei insbesondere, inwieweit sich bestimmte Verhandlungsausrichtungen im Laufe der Zeit als Reaktion auf die jeweils gewählte Ausrichtung der Gegenseite ändern.[161]

---

[155] Vgl. *Junker/Kamanabrou*, Vertragsgestaltung, 26.

[156] Vgl. etwa *Heussen,* in: Heussen/Pischel, Handbuch Vertragsverhandlung, 222 ff.; *Bierbrauer*, in: *Gottwald/Haft*, Verhandeln, 34 ff.; *Haft*, Verhandlung, 166 ff.; *Klinger/Bierbrauer* in: Haft/Schlieffen, Handbuch Mediation, § 5 Rn. 25 ff.; *Ponschab/Schweiz*er, Kooperation, 94 ff., 104 ff., 108 ff.; *Junker/Kamanabrou*, Vertragsgestaltung, 26, vgl. dazu auch im Folgenden.

[157] Vgl. *Koch*, in: Aderhold/Koch/Lenkaitis, Vertragsgestaltung, 68; *Junker/Kamanabrou*, Vertragsgestaltung, 26.

[158] Anm.: Die Spieltheorie als Methodenwissenschaft stellt Methoden zur Analyse interdependenter Entscheidungsprobleme zur Verfügung, also solcher Probleme, in denen mehrere Akteure durch ihre individuellen Entscheidungen gegenseitig ihr Wohlergehen beeinflussen. Damit untersucht sie solche Situationen, in denen das Ergebnis nicht von einem Entscheider allein bestimmt werden kann, sondern nur von mehreren Entscheidern gemeinsam. Dabei versucht sie unter anderem, daraus das rationale Entscheidungsverhalten in sozialen Konfliktsituationen abzuleiten. Vgl. hierzu *Winter*, Grundzüge der Spieltheorie, 9 ff. sowie *Rieck*, Spieltheorie, insbesondere die dort aufgeführten Definitionen und sehr anschaulichen Anwendungsbeispiele.

[159] Anm.: Das Gefangendilemma bezeichnet ein Spiel, das die Wirkung des Nash-Gleichgewichts (das wichtigste Lösungskonzept der Spieltheorie) demonstrieren soll. Es ist so konstruiert, dass die Spieler gemeinsam ein anderes Interesse haben als jeder einzelne Spieler aus seiner individuellen Perspektive. Das Auseinanderklaffen dieser beiden Perspektiven wird oft als Konflikt zwischen kollektiver und individueller Rationalität bezeichnet, vgl. zum Gefangenendilemma *Rieck*, Spieltheorie, 47. Weiterführend rege ich an, die Ausführungen und anschaulichen Beispiele „Das Gefangenendilemma mal anders" sowie „Das Gefangenendilemma und die Spülmaschine" bei *Rieck*, Gefangenendilemma zu lesen.

[160] Vgl. Sie zum Ablauf und den Ergebnissen *Bierbrauer* in: Gottwald/Haft, Verhandeln, 34, 41 ff.; *Klinger/Bierbrauer* in: Haft/Schlieffen, Handbuch Mediation, § 5 Rn. 27 ff.; *Saner*, Verhandlungstechnik, 98 ff.

[161] Vgl. hierzu Ausführungen und Beispiel bei *Junker/Kamanabrou*, Vertragsgestaltung, 26 ff. sowie die ausführlichere Darstellung bei *Bierbrauer* in: Gottwald/Haft, Verhandeln, 34, 41 ff.

Sehr schematisch stellt sich das Verhalten der unterschiedlichen Verhandlungstypen gegenüber ihren jeweiligen Verhandlungspartnern wie folgt dar (Tab. 4.4):

Tab. 4.4 Verhalten der Verhandlungsgrundtypen gegenüber den jeweiligen Verhandlungspartnern

	Kooperativer Partner	Kompetitiver Partner	Individualistischer Partner
Kooperativer Spieler	Die Einigung ist meistens schnell erreicht, da die beiden Verhandlungspartner kooperativ agieren.	Der kompetitive Partner versucht, den kooperativen Spieler „über den Tisch zu ziehen", verhandelt sehr hart (teilweise nach dem Motto „Alles oder Nichts"). Die Einigung hängt maßgeblich von der Kompromissbereitschaft des kooperativen Spielers ab (Risiko – viel zu hohe Akzeptanz eigener Nachteile).	Der individualistische Partner verfolgt ausschließlich seine Interessen, kann aber aufgrund des eigenen Interesses am Vertragsschluss zumindest bedingt kooperativ wirken. Der kooperative Spieler trägt durch seine Kompromissbereitschaft zum Vertragsschluss bei.
Kompetitiver Spieler	Der kompetitive Spieler versucht, den kooperativen Partner „über den Tisch zu ziehen", verhandelt sehr hart (teilweise nach dem Motto „Alles oder Nichts"). Die Einigung hängt maßgeblich von der Kompromissbereitschaft des kooperativen Partners ab (Risiko – viel zu hohe Akzeptanz eigener Nachteile).	Die Einigung fällt sehr schwer, nicht selten werden die Verhandlungen ganz oder auf Zeit abgebrochen. Das eigene Interesse am Vertragsschluss wird durch den Wunsch der Gewinnmaximierung zu Lasten der Gegenseite häufig vernachlässigt.	Der kompetitive Spieler versucht, den individualistischen Partner „zu überrumpeln", verhandelt hart, zielt auf die Schädigung des Partners ab. Die Einigung kommt häufig nur dann zustande, wenn der individualistische Partner keine andere Möglichkeit hat, sein Interesse zu befriedigen, oder Wege findet, dem kompetitiven Spieler ebenso hart entgegen zu treten.
Individualistischer Spieler	Der individualistische Spieler verfolgt ausschließlich seine Interessen, kann aber aufgrund des eigenen Interesses am Vertragsschluss zumindest bedingt kooperativ wirken. Der kooperative Partner trägt durch seine Kompromissbereitschaft zum Vertragsschluss bei.	Der kompetitive Partner versucht, den individualistischen Spieler „zu überrumpeln", verhandelt hart, zielt auf die Schädigung des Spielers ab. Die Einigung kommt häufig nur dann zustande, wenn der individualistische Spieler keine andere Möglichkeit hat, sein Interesse zu befriedigen, oder Wege findet, dem kompetitiven Spieler ebenso hart entgegen zu treten.	Die Einigung kann dann erreicht werden, wenn die beiden Verhandlungspartner den Vertragsschluss als das wichtigste Ziel wahrnehmen und entsprechend zumindest bedingt kooperativ agieren.

4.3 Vertragsgenese – Der Weg vom Vertragsentwurf bis hin zur Durchführung

Bezogen auf die Grundtypen[162] zeigt sich nach alledem, dass der individualistische Typ am flexibelsten reagiert, indem er sich auf die anderen beiden Grundtypen einstellt, wohingegen die beiden anderen Grundeinstellungen vor grundsätzliche Probleme gestellt sind: Während der Verhandelnde zwar mit einer kooperativen Haltung grundsätzlich viel erreichen kann, wird er gegen einen kompetitiven Verhandlungstypen keine Erfolge erzielen, sondern vielmehr scheitern.[163] Entweder wird dieser ihn „ausbluten lassen" oder – falls die (modellhafte) kooperative Selbstaufopferung am Ende doch nicht groß genug ist – die Verhandlungen werden am Ende ergebnislos scheitern, da keine Einigung erzielt wurde. Dahingegen wird der individualistische Verhandlungstyp gegen den kompetitiven sich sehr viel eher durch seine (modellhaft) frühe Gegenwehr behaupten, was selbstverständlich auch zum Scheitern der Verhandlungen aber jedenfalls nicht zum „Ausbluten" der anderen Vertragspartei führen kann.

Inwieweit Sie sich später im praktischen Berufsalltag als Jurist tatsächlich detailliert mit mathematischen Formeln an der „Prognose" Ihrer Verhandlungsergebnisse versuchen, lasse ich hier dahingestellt. In jedem Falle sollten Sie als Quintessenz aus der Übertragung von Ergebnissen aus dem Gefangenendilemma in Ihre spätere Verhandlungspraxis mitnehmen, dass – bei ganz einfacher tabellarischer Gegenüberstellung von gemeinsamen und rein individuellem Nutzen bestimmter Verhandlungsergebnisse (zur Darstellung und Gewichtung von einzelnen Verhandlungspunkten sogleich bei Verhandlungsspielraum und -strategie) das beste Verhandlungsergebnis je nach Sichtweise variiert, und zwar nach jeweiliger individueller und gemeinsamer Sicht. Das objektiv beste Ergebnis in Form des größten gemeinsamen Nutzens erzielen die Spieler (Verhandlungsparteien) nicht, wenn sie durchgehend jeweils nur ihren eigenen größtmöglichen Nutzen verfolgen. Dieses Verhandlungsverhalten wird auf Dauer dazu führen, dass – auch bei anfänglicher Kooperationsbereitschaft der anderen Seite – nach einiger Zeit die andere Partei nicht mehr bereit ist, Rücksicht (in Form von Konzessionen) auf den anderen zu nehmen. Dies kann sich in Blockadehaltungen oder schlimmsten Falle im Abbruch der Verhandlungen äußern.

> ▶ **Praxistipp** Versuchen Sie also in Ihren Vertragsverhandlungen sich individuell auf die Gegenseite einzustellen, um am Ende das gesamte Spiel zu gewinnen! Merken Sie: Der Köder muss dem Fisch schmecken, nicht dem Angler!
> Wenn Sie also mit einem kompetitiven Partner zu tun haben, bereiten Sie sich gut vor, stellen Sie Fragen, appellieren Sie an die jeweiligen Interes-

---

[162] Anm.: Hier werden die Grundtypen ohne Berücksichtigung individueller Spielstrategien, wie etwa der erfolgreichen Strategie „*tit for tat*" („Zug um Zug") oder „*tit-for-two-tat*", analysiert. Die „*tit for tat*"-Strategie bedeutet, dass der Spieler mit einem kooperativen Zug die Verhandlungen eröffnet, und dann den jeweils letzten Zug seines Partners nachmacht. Die strikt gespielte Strategie „*tit for tat*" ist einfach und wirkungsvoll sowie in der Regel langfristig erfolgreich. Bei Fehlkommunikation bzw. Missverständnissen (z. B. eine Kooperation wird als Verrat missverstanden) kann es hier zu sich perpetuierenden Defekten kommen, so dass es hier sogar zu einem andauernden Konflikt aus Vergeltungsreaktionen führen kann („*Vendetta*" = ital. für Blutrache).
[163] Vgl. zum Ganzen *Junker/Kamanabrou*, Vertragsgestaltung, 27 f., dazu auch im Folgenden.

sen und ignorieren Sie eventuelle Kränkungen und scharfe Kommentare. Setzen Sie selbst Ihre Grenzen, verteidigen Sie diese, beachten Sie aber den seitens des Partners auf Sie ausgeübten Rechtfertigungsdruck nicht. Wenn Ihnen ein individualistischer Partner gegenüber steht, bemühen Sie sich um einen logischen, ergebnisorientierten und qualitativ hochwertigen Verhandlungsaufbau, argumentieren Sie beweisbar und nachvollziehbar, vermeiden Sie Behauptungen und Versprechungen sowie Ausübung jeglichen Drucks. Arbeiten Sie mit Daten und Fakten und zeigen Sie Verständnis für die Ziele und Wünsche Ihres Partners.

Der kooperative Verhandlungspartner wird von Ihnen Ehrlichkeit, Glaubwürdigkeit und Verbindlichkeit erwarten, sich über Ihre Zeit und Geduld freuen und Ihre Bereitschaft zuzuhören zu schätzen wissen. Dementsprechend sollten Sie Ihrem Partner Respekt zeigen und deutlich machen, dass Sie Ihrerseits seine Kooperation sehr zu würdigen wissen.

4.3.2.5 Verhandlungsspielraum und Verhandlungspositionen

Im Vorfeld von Vertragsverhandlungen müssen Sie sich über zwei weitere Faktoren im Klaren sein, bevor Sie (abschließend) Ihre Verhandlungsstrategie festlegen: Sie müssen den eigenen Verhandlungsspielraum ermitteln sowie die eigene und gegnerische Verhandlungsposition einschätzen.

4.3.2.5.1 Verhandlungsspielraum

Bereits im Rahmen der Ermittlung des Regelungsbedarfs, genauer bei der Festlegung der Gestaltungsoptionen, hatte ich Sie darauf hingewiesen (vgl. Abschn. 3.6.4.5 Ziel- und Interessenkonflikte (Interessen- und Risikomatrix)), dass sich nicht immer alle Sachziele und Interessen des Mandanten in gleichem Maße realisieren lassen, schließlich stehen entsprechende Interessen der anderen Vertrags(verhandlungs)partei (häufig diametral) entgegen und eine Einigung auf einen gemeinsam getragenen Vertragstext erfordert Kompromisse der Parteien.

Deswegen hat im Vorfeld von Vertragsverhandlungen eine Gewichtung oder auch Rückbesinnung auf eines oder einige der Vertragsziele sowie bestimmte Interessen zu erfolgen. Dementsprechend sind prioritäre Ziele und Interessen zu bestimmen, die dann den Rahmen von Vertragsverhandlungen abstecken. Soweit Sie „Ihre Hausaufgaben" bereits im Rahmen des ersten Gestaltungsentwurfs gemacht haben und die Sachziele und Interessen des Mandanten nach Erörterung in ein Rangverhältnis zueinander gestellt haben,[164] können Sie nunmehr auf dieser Grundlage sehr leicht den Verhandlungsspielraum ermitteln.

Wenn nicht, müssen Sie spätestens in Vorbereitung einer Vertragsverhandlung im Einvernehmen mit dem Mandanten und der gesamten Verhandlungsdelegation eine Interessengewichtung am besten in tabellarischer Form vornehmen. Ich empfehle

---

[164] Anm.: Als Vertragsjurist können und sollten Sie zur Gewichtung einzelner Interessen argumentativ vorgetragene Vorschläge unterbreiten, letztlich fällt aber der Mandant die Entscheidung über deren Rangverhältnis.

4.3 Vertragsgenese – Der Weg vom Vertragsentwurf bis hin zur Durchführung   149

Ihnen hierzu eine Dreiteilung der Interessen in die Klassen A (hohe, unverzichtbare Gewichtung, „Dealbreaker"), B (mittleres Gewicht) und C (geringes Gewicht).[165]

Damit wird zugleich festgelegt, welcher Verhandlungsspielraum zu einzelnen Themenkomplexen besteht: Unverzichtbar wichtige Punkte sind nicht verhandelbar, erwartet die andere Verhandlungspartei hier ein Entgegenkommen, so scheitern die Verhandlungen im Regelfall. Kein Vertragsschluss ist hier regelmäßig die bessere Alternative als eine Einigung mit zu weit gehenden Kompromissen. Bei den beiden anderen Interessenklassen B und C ist regelmäßig ein Entgegenkommen möglich, fraglich ist nur „der Preis" dafür, sie bilden somit den eigentlichen eigenen Verhandlungsspielraum. Neben dem eigenen Verhandlungsspielraum sollten Sie sogleich auch den Verhandlungsspielraum der Gegenseite versuchen zu antizipieren.[166]

Neben den vorstehenden Ausführungen soll Ihnen nachfolgendes Beispiel zur Anschauung für die selbstständige Festlegung von Interessenklassen dienen:

Praxisbeispiel

Schließen Sie als Vermieter einen Mietvertrag über die Vermietung eines Einfamilienhauses für eine in der Zukunft liegende Zeitspanne ab, ohne dass Sie das Mietobjekt bereits (gesichert) erworben haben, sollten Sie unbedingt eine aufschiebende Bedingung (vgl. zu Einsatz und Nutzen dieses Elementes im Einzelnen in Kap. 5) in den Mietvertrag aufnehmen[167], da Sie sich anderenfalls der Gefahr von Schadensersatzzahlungen o. ä. aussetzen, so Sie das Mietobjekt nicht (oder nicht rechtzeitig) erwerben. Hierbei handelt es sich zweifelsohne um einen Punkt mit A-Gewichtung, auf den Sie im Rahmen der Vertragsverhandlung keinesfalls verzichten können. Dies sollten Sie der anderen Verhandlungspartei argumentativ überzeugend nahebringen. Steht dahingegen die Übernahme bestimmter Kostenpositionen, etwa anteiliger Beurkundungskosten oder bestimmte Herstellungspflichten vor Bezug des Mietobjekts, oder die Vereinbarung eines Staffelzinses, in Rede, so stellen dies rein wirtschaftlich zu beurteilende Faktoren dar, die – in Abhängigkeit von der geforderten Dimension – vorliegend einen entsprechenden Verhandlungsspielraum eröffnen können.

---

[165] Anm.: Beispiele dieser Matrix finden Sie unter Abschn. 3.6.4.5
[166] Vgl. auch *Koch*, in: Aderhold/Koch/Lenkaitis, Vertragsgestaltung, 68.
[167] Anm.: Diese kann dann etwa wie folgt lauten: „Dieser Mietvertrag steht unter der aufschiebenden Bedingung, dass ein wirksamer notarieller Kaufvertrag über den Grundbesitz, auf dem sich das Mietobjekt befindet (im Folgenden „der Grundbesitz"), zwischen dem… (als Verkäufer des Grundbesitzes) und dem Vermieter (als Käufer des Grundbesitzes) wirksam zustande gekommen ist, zu Lasten des Grundbesitzes und zu Gunsten des Vermieters eine Auflassungsvormerkung in das Grundbuch eingetragen worden ist und dieser Vormerkung keine Rechte vorgehen, mit Ausnahme der derzeit eingetragenen Rechte und solcher Rechte, die der Vermieter selbst zur Eintragung bewilligt hat, und der Besitz am Grundbesitz auf den Vermieter übergegangen ist. Der grundbuchlichen Eintragung der Auflassungsvormerkung zugunsten des Vermieters (als Käufer des Grundbesitzes) im Grundbuch gleichgestellt ist die Bestätigung des den Kaufvertrag beurkundenden Notars, dass der rangrichtigen Eintragung der Auflassungsvormerkung zu Gunsten des Vermieters (als Käufer des Grundbesitzes) keine Hindernisse entgegenstehen."

4.3.2.5.2 Verhandlungsmacht

Unterscheiden sich die Machtpositionen der Verhandlungsparteien stark voneinander, so kann dies den Verhandlungsspielraum stark einschränken und die Verhandlung von vornherein prägen.

Regelmäßig spielen unterschiedlich stark ausgeprägte Macht- und damit Verhandlungspositionen im Unternehmensrechtsverkehr eine große Rolle.[168] Diese können sich grundsätzlich ergeben aus der Markt- oder Wettbewerbssituation[169], oder der Abhängigkeit einer Vertragspartei von einem solchen Vertragsschluss, etwa aufgrund der Stellung als Anbieter eines (gegenwärtig) knappen Gutes, welches die andere Vertragspartei dringend für die eigene Produktion benötigt.[170] Bei einem solchen Machtgefälle besteht – in den Grenzen des rechtlich zulässigen[171] – von vornherein die Gefahr, dass diejenige Partei mit überlegener Machtposition hieraus ihren Nutzen ziehen wird, wohingegen die andere (unterlegene) Partei in starkem Maße zu Zugeständnissen bereit sein muss. Häufig kann sich die in diesem Machtgefälle unterlegene Partei nur wirkungsvoll verteidigen, indem sie ein Scheitern der Verhandlungen androht. Hierüber soll und muss sich die verhandlungsmächtigere Partei stets im Vorhinein bewusst sein und sollte dementsprechend behutsam mit ihrer größeren Verhandlungsmacht umgehen, schließlich soll ja auch die spätere Vertragsdurchführung einvernehmlich und vertrauensvoll erfolgen und ein späteres Zusammentreffen der Vertragsparteien unter umgekehrten Vorzeichen sollte auch nicht von vornherein ausgeschlossen werden („Man sieht sich immer zweimal im Leben"[172]).

4.3.2.6 Verhandlungstechniken und Verhandlungsstrategien

Nach alledem gilt es nunmehr, im Vorfeld der Durchführung von Vertragsverhandlungen die Verhandlungsstrategie zu determinieren, um die eigenen festgelegten, zumindest die wesentlichen Verhandlungsziele zu erreichen. Hierzu können Sie

---

[168] Vgl. Sie hierzu bereits oben Abschn. 4.3.2.2, nur hier wird es in der Regel wohl überhaupt noch zu Vertragsverhandlungen kommen. Beim Verbrauchervertrag, bei dem zweifelsohne regelmäßig auch ein Machtgefälle zwischen Unternehmer und Verbraucher besteht, werden in der Regel keine Vertragsverhandlungen geführt. Allerdings ist auch bei Verträgen zwischen Verbrauchern ein Machtgefälle bei Vertragsverhandlungen durchaus anzutreffen. Es soll vorliegend jedoch aufgrund der insgesamt geringeren wirtschaftlichen Bedeutung nicht weiter vertieft werden.

[169] Anm.: Etwa aufgrund der Stellung einer Vertragspartei als marktbeherrschendes Unternehmen (bspw. Monopolist). Hier ergeben sich allerdings kartellrechtliche (Folge-)Probleme im Rahmen der §§ 18 ff. GWB (bzw. Art. 102 f. AEUV), die im Rahmen von Vertragsverhandlungen den Verhandlungsspielraum des Monopolisten wiederum einschränken können, vgl. etwa § 19 GWB bzw. Art. 102 AEUV.

[170] Vgl. hierzu *Junker/Kamanabrou*, Vertragsgestaltung, 28; *Koch,* in: Aderhold/Koch/Lenkaitis, Vertragsgestaltung, 68, vgl. dazu auch im Folgenden.

[171] Anm.: Hier sind die vor Diskriminierung schützenden Vorschriften zu beachten, wie etwa die bereits erwähnten kartellrechtlichen Vorschriften, aber auch die zivilrechtliche Generalklausel des § 138 BGB.

[172] Anm.: Man denke hierbei etwa an die alte Rivalität vom Microsoft und Apple und den ständigen Wandel in den Beziehungen der beiden Unternehmen („Erz-Rivale und Retter in der Not"), vgl. *Kerbusk/Höges*, DER SPIEGEL 33/1997, 71 ff.

4.3 Vertragsgenese – Der Weg vom Vertragsentwurf bis hin zur Durchführung

sich neben der grundsätzlichen strategischen Ausrichtung bestimmter manipulativer Verhandlungstechniken bedienen, derer Sie sich bewusst sein müssen.

4.3.2.6.1 Manipulationstechniken – (exemplarische) Instrumente der Einflussnahme

Sprachwissenschaftlich handelt es sich bei einer Manipulation um „eine globale und langfristige Überrumpelungsstrategie, die auf eine tiefgreifende Bewusstseinsveränderung zielt und dabei die wahren Absichten der Sprecher verschleiert"[173]. Sie ist von der bloßen Persuasion zu unterscheiden, die eine situationsbedingte „sporadische Überredungstechnik"[174] darstellt. Beide zielen darauf ab, die Meinung und das Verhaltensweise des Hörers zu lenken, jedoch zielt die Manipulation auf die vollständige Beherrschung der Kommunikation, während Persuasion eher auf eine gewünschte Aussage gezielt ist. Persuasion ist in praktisch jeder Kommunikation gegeben, während die Manipulation vorausgeplant, vorbereitet und bewusst eingesetzt wird.

Da ein Machtgefälle nicht immer gegeben ist, müssen auch andere Instrumente der Einflussnahme eingesetzt werden, um die andere Partei zu lenken. Typische Manipulationstechniken sind die „Fuß-in-die-Tür"-Technik und die „Tür-ins-Gesicht"-Technik. Daneben können Sie auch durch geschickte Formulierungen („Formulierungsfallen") Einfluss auf die Entscheidungsfindung des Verhandlungspartners nehmen.

4.3.2.6.1.1 „Fuß-in-die-Tür"-Technik

Bei der „Fuß-in-die-Tür"-Technik wird dem Verhandlungspartner zunächst ein kleines Zugeständnis abgerungen und sodann darauf aufbauend im engen sachlichen (und meistens auch zeitlichen)[175] Zusammenhang ein größeres Anliegen durchgesetzt.[176] Dabei macht sich der Verhandler das menschliche Bedürfnis zu Nutze, anderen Menschen gegenüber sein eigenes Handeln als beständig und widerspruchsfrei zu präsentieren und umgekehrt Rückzieher und Widersprüche zu vermeiden („Wer A sagt muss auch B sagen.").[177] Dass dieses „Vorgehen über Umwege" die Wahrscheinlichkeit des Erreichens des erstrebten größeren Anliegens gegenüber dem direkt vorgebrachten Anliegen erhöht, zeigen verschiedene Untersuchungen[178].[179] Mein Vorschlag an Sie lautet: Probieren Sie es doch einfach bei einer Ihrer nächsten Verhandlungen einmal aus!

---

[173] Wolff, Sprachmanipulation, S. 4.
[174] Ebenda., vgl. dazu auch im Folgenden.
[175] Vgl. dazu sogleich eingehender unter Abschn. 4.3.2.6.1.2.
[176] Vgl. Grundlegend dazu (in Form eines Experiments) *Freedman/Fraser*, 4 Journal of Personality and Social Psychology, 195 ff.; ausführlich ebenfalls *Cialdini*, Überzeugen, 91 ff.
[177] Vgl. *Cialdini*, Überzeugen, 91 ff.; *Bierbrauer*, in: *Gottwald/Haft*, Verhandeln, 34, 49 f., 100.
[178] Vgl. *Freedman/Fraser*, 4 Journal of Personality and Social Psychology, 195 ff.
[179] Vgl. auch die zusammenfassenden Beispiele bei *Koch*, in: Aderhold/Koch/Lenkaitis, Vertragsgestaltung, 72 und *Junker/Kamanabrou*, Vertragsgestaltung, 28 f. jeweils m.w.N.

Umgekehrt können Sie sich natürlich in Kenntnis dieser einfachen Manipulationstechnik auch gegen einen solchen Versuch der Gegenseite probat wehren, indem Sie deutlich machen, dass Sie die Manipulation durchschaut haben und nunmehr eine deutliche Grenze Ihrer Konzessionsbereitschaft ziehen. Lassen Sie die Gegenseite ihr Vorbringen und die Zusammenhänge sachlich erläutern, drängen Sie diese damit in die Verteidigungsrolle!

> **Beispiel**
>
> Während der Verhandlungen über einen langlaufenden (befristeten) Mietvertrag bittet der zukünftige Mieter den Vermieter um den Austausch des Duschvorhangs im Badezimmer, da dieser „bereits abgenutzt, unsauber und unhygienisch" sei. Nachdem der Vermieter sich damit einverstanden erklärt hat, bittet der Mieter (weiter) um den Austausch der Silikonfugen im ganzen Bad. Da der Vermieter die (zumindest teilweise) Verunreinigung des Badezimmers mit dem ersten Zugeständnis bereits selbst bestätigt und akzeptiert hat, bleib ihm nichts anderes übrig, als die Fugen auf eigene (jedoch noch erträgliche) Kosten austauschen zu lassen. Dabei hat der Mieter die „Fuß-in-die-Tür"-Technik erfolgreich eingesetzt.[180]

Vielleicht liegt Ihnen persönlich aber die folgende Technik besser.

4.3.2.6.1.2 „Tür-ins-Gesicht"-Technik

Der Ansatz der „Tür-ins-Gesicht"-Technik besteht darin, eine Konzessionsfalle aufzubauen[181]: Zunächst wird ein großes Zugeständnis der Gegenseite verlangt, auf welches diese (bereits kalkuliert) nicht eingehen wird. Sodann wird in unmittelbarer zeitlicher Abfolge das eigentlich erstrebte (kleinere) Anliegen vorgetragen, mit dem die Gegenseite (gefühlt) unter Zugzwang gesetzt wird, wenigstens dieses als Konzession gegenüber dem zuvor bereits abgelehnten Ansinnen zu gewähren („Prinzip der Reziprozität").[182]

> **Beispiel**
>
> Während der Verhandlungen über einen langlaufenden (befristeten) Mietvertrag bittet der Mieter den Vermieter um die komplette Sanierung des Badezimmers (einschließlich des Austausches der Badewanne, des Waschbeckens und der Toilettenschüssel wie auch der Verlegung neuer Fliesen), da dieses „bereits abgenutzt, unsauber und unhygienisch" sei. Da die komplette Sanierung des Bade-

---

[180] Anm.: Da nicht jeder Verhandlungspartner sich so leicht überreden lässt, bietet diese Technik – wie auch das Beispiel – keine Gewähr des Erfolgs.

[181] Vgl. *Haft,* Verhandlung, 23; *Cialdini,* Überzeugen, 70 ff.; *Bierbrauer,* in: Gottwald/Haft, Verhandeln, 34, 51 f., dazu auch im Folgenden.

[182] Vgl. auch mit Beispielen *Koch,* in: Aderhold/Koch/Lenkaitis, Vertragsgestaltung, 73; *Junker/ Kamanabrou,* Vertragsgestaltung, 29 f. jeweils m.w.N.

zimmers für den Vermieter zu teuer wäre, lehnt er die Bitte ab. Daraufhin bittet der Mieter zumindest um den Austausch der Silikonfugen im Badezimmer. Da dieser Austausch für den Vermieter keine „unerträglich" hohen Kosten darstellt, akzeptiert er die Bitte des zukünftigen Mieters und lässt die Fugen auf eigene Kosten austauschen. Dabei hat der Mieter die „Tür-ins-Gesicht"-Technik erfolgreich eingesetzt.[183]

Während diese Manipulationstechnik erfolgversprechend nur in engem zeitlichen Zusammenhang eingesetzt werden kann, da bei größeren zeitlichen Abständen die Konzessionsbereitschaft nachweislich nachlässt[184], kann die „Fuß-in-die-Tür"-Technik auch wirksam eingesetzt werden, wenn kein enger zeitlicher Zusammenhang besteht oder verschiedene Personen die betreffenden Verhandlungspositionen ansprechen, da sie stärker auf das Selbstbild der Gegenseite abzielt[185].

4.3.2.6.1.3 Formulierungsfallen

Durch geschickte Formulierung von Entscheidungsalternativen können Sie Ihren Verhandlungspartner unter Umständen auch manipulieren.[186] In Abhängigkeit von der Risikoneigung des Verhandlungspartners kann je nachdem, ob eine Entscheidungsalternative positiv oder negativ formuliert ist, das Zustimmungsergebnis variieren. So sollen Menschen eher risikovermeidend agieren, wenn Entscheidungsalternativen positiv gehalten sind, wohingegen sie eher risikogeneigt handeln, wenn die gleichen Entscheidungsalternativen negativ formuliert sind. Der Grund hierfür liegt darin, dass ein sicherer Gewinn der Wahrscheinlichkeit eines Gewinns und umgekehrt die Wahrscheinlichkeit eines Verlusts dem sicheren Verlust vorgezogen wird.[187]

> **Beispiel**
>
> So kann in einem Mietvertrag die Untervermietung negativ „Der Mieter darf das Mietobjekt nicht ohne schriftliche Zustimmung des Vermieters untervermieten" oder positiv „Die Untervermietung des Mietobjekts bedarf einer schriftlichen Zustimmung des Vermieters" formuliert werden. Die positive Formulierung ist für den Verhandlungspartner leichter zu akzeptieren und führt somit seltener zu Diskussionen, als eine negative.

---

[183] Anm.: Auch hier kann das Beispiel keine Gewähr des Erfolgs übernehmen.
[184] Vgl. *Junker/Kamanabrou*, Vertragsgestaltung, 30 m.w.N.
[185] Vgl. *Bierbrauer*, in: *Gottwald/Haft*, Verhandeln, 52; *Junker/Kamanabrou*, Vertragsgestaltung, 30.
[186] Vgl. Junker/Kamanabrou, Vertragsgestaltung, 31 mit anschaulichem Beispiel, vgl. dazu auch im Folgenden.
[187] Vgl. *Bierbrauer*, in: *Gottwald/Haft*, Verhandeln, 59.

4.3.2.6.2 Verhandlungsstrategie
4.3.2.6.2.1 Grundkonzepte

In „Entsprechung" zu den oben vorgestellten drei Verhandlungsgrundtypen werden regelmäßig drei Verhandlungsgrundstrategien unterschieden: Die Integrative Strategie, die Strategie der Fairness und die Maximalistische Strategie.[188]

Während unter der maximalistischen Strategie weit mehr an Zugeständnissen vom Verhandlungspartner verlangt wird, als man selbst nach realistischer eigener Einschätzung zu erreichen glaubt, um so (vermeintlich) einen möglichst großen Spielraum für Zugeständnisse zur Durchsetzung der eigentlichen Verhandlungsziele zu schaffen, zielen die beiden anderen Strategien von vornherein weniger stark auf ein konfrontatives Vorgehen mit dem Aufbau von Maximalforderungen. Wenden beide Verhandlungspartner die maximalistische Strategie an, so werden – ganz offenkundig – die Ausgangspositionen für Verhandlungen regelmäßig zu weit auseinanderliegen, um realistisch eine Einigung erzielen zu können; ein sofortiger Abbruch ist naheliegend. Andererseits birgt auch die einseitige Anwendung dieser Strategie die Gefahr, vom Verhandlungspartner auf Dauer nicht (mehr) Ernst genommen zu werden, liegen doch die ursprünglich aufgebauten Ausgangspositionen häufig zu weit von den späteren (angestrebten) Kompromissen entfernt[189], wodurch der Verhandlungspartner auch die Strategie unrealistischer Maximalforderungen durchschaut.

Dahingegen zielt die Strategie der Fairness von Anfang an auf ein möglichst angemessenes, faires Ergebnis für beide Verhandlungspartner. Damit wird im Gegensatz zur maximalistischen Strategie die Gefahr des Scheiterns minimiert, indem die Interessen des Partners von vornherein berücksichtigt werden. Andererseits ist dieser Strategie die Gefahr immanent, hinsichtlich der eigenen Verhandlungsziele zu wenig zu erreichen, wenn die Verhandlungsgegenseite (allzu) kompetitiv (ver)handelt.

Mit der integrativen Strategie sollen Konflikte um Positionen verhindert werden, sie setzt auf ein sach- und interessenorientiertes Verhandlungsverhalten mit dem Ziel der Gewinnmaximierung für beide Verhandlungspartner („Win-Win-Verhandlung"). Werden die beiderseitigen Interessen befriedigt, stellt dies also das optimale Verhandlungsergebnis für die Verhandlungspartner dar. Die Strategie verfehlt ihr Ziel in solchen Verhandlungssituationen, in denen die eine Verhandlungspartei nur auf Kosten der anderen Verhandlungspartei einen Vorteil erlangen kann. Die Umsetzung dieser Strategie ist allerdings recht schwierig einzuüben, außerdem ist sie aufwendig in der Durchführung, da sie ein gewisses Maß an Kreativität und Phantasie erfordert.[190]

---

[188] Vgl. *Bierbrauer*, in: *Gottwald/Haft*, Verhandeln, 65, 69 f.; *Jandt/Gilette*, Konfliktmanagement, 9 ff., 184; *Koch*, in: Aderhold/Koch/Lenkaitis, Vertragsgestaltung, 68 f.; *Junker/Kamanabrou*, Vertragsgestaltung, 32, vgl. dazu jeweils auch im Folgenden.

[189] Vgl. hierzu auch *Ponschab/Schweizer*, Kooperation, 215.

[190] Vgl. *Junker/Kamanabrou*, Vertragsgestaltung, 32.

4.3.2.6.2.2 Harvard-Konzept

Die Harvard-Verhandlungsmethode[191] stellt eine Erweiterung der integrativen Verhandlungs(grund)strategie dar und stellt sachbezogenes Verhandeln in den Mittelpunkt der Betrachtungen; es wird nicht um Positionen „gefeilscht", sondern die strittigen Fragen sollen entsprechend der Interessen der Verhandlungspartner nach Bedeutung und Sachgehalt entschieden werden.[192] Das Verhandlungskonzept fußt auf fünf Prinzipien[193]:

(1) Trennung von Sach- und Beziehungsebene,
(2) Ausrichtung an Parteiinteressen, nicht Positionen,
(3) Entwicklung von Lösungen zum beiderseitigen Vorteil,
(4) Anwendung objektiver Entscheidungskriterien, und
(5) Entwicklung der besten Alternative zur Übereinkunft[194].

(1) Trennung von Sach- und Beziehungsebene: Der in Verhandlungen zum Ausdruck gebrachte Widerspruch zu einzelnen Vorschlägen der Gegenseite ist nicht als Kritik an der Person beziehungsweise Angriff auf die Gegenseite aufzufassen, sondern als sachlicher Widerspruch. Dementsprechend sachlich muss der Vortrag der Verhandlungspartner auch erfolgen: Verbindlich im Ton, aber durchaus hart in der Sache; persönliche Elemente sollten dementsprechend nicht leitend sein.[195] Dazu gehört selbstredend, dass die Verhandlungspartner sich gegenseitigen Respekt zollen, indem sie die andere Seite ernst nehmen, dieser zuhören und diese ausreden lassen. Durchaus hilfreich ist es, wenn sich die Verhandlungspartner der persönlichen Beziehungsebene bewusst werden[196] und sich so selbst in die Vorstellungen und auch Gefühlswelt[197] der anderen Verhandlungspartei hineinversetzen[198] sowie gemeinsam Problemlösungen erarbeiten, anstelle der anderen Seite eine vorgefertigte Lösung anzubieten[199]. Durch diese relativ einfache kommunikative Rücksichtnah-

---

[191] *Fisher/Ury/Patton*, Das Harvard-Konzept; dieses Werk erschien erstmals 1981 unter dem Originaltitel „Getting to Yes". Inhaltlich umfasst dieses Buch die Untersuchung verschiedener Verhandlungsmethoden durch ein Forscherteam der Harvard-Universität, innerhalb des Harvard Negotiation Project.
[192] Vgl. dazu auch zusammenfassend *Koch*, in: Aderhold/Koch/Lenkaitis, Vertragsgestaltung, 70 sowie *Junker/Kamanabrou*, Vertragsgestaltung, 33, jeweils m.w.N.
[193] Vgl. *Fisher/Ury/Patton*, Das Harvard-Konzept, 20.
[194] Anm.: Zu den vier vorgenannten Aspekten trat im Laufe des Harvard Negotiation Project noch dieser weitere Aspekt hinzu.
[195] *Fisher/Ury/Patton*, Das Harvard-Konzept, 34, 41 ff.; *Däubler*, Verhandeln, 43; *Ritterhaus/Teichmann*, Vertragsgestaltung, 24.
[196] *Bühring-Uhle/Eidenmüller/Nelle*, Verhandlungsmanagement, 9; *Fisher/Ury/Patton*, Das Harvard-Konzept, 50 f.; *Gottwald*, in: Gottwald/Haft, Verhandeln, 73; *Schulz von Thun*, Störungen, 51.
[197] *Fisher/Ury/Patton*, Das Harvard-Konzept, 62 ff.
[198] *Erbacher*, Verhandlungsführung, 64 f.; *Ponschab/Schweizer*, Kooperation, 155 ff.; Nicht nur auf Verhandlungen bezogen *Schulz von Thun*, Störungen, 54 ff.
[199] *Fisher/Ury/Patton*, Das Harvard-Konzept, 59 ff., Zum Misstrauen gegenüber fremden Vorschlägen *Breidenbach*, Mediation, 93 f.

me lassen sich bereits übliche Kommunikationsfehler, wie „mangelndes Zuhören", „Aneinandervorbeireden", unterschiedliches sachliches Verständnis, vermeiden.[200]

(2) Ausrichtung an Parteiinteressen, nicht Positionen: Führt ein Beharren auf Positionen in Verhandlungen häufig zu deren Scheitern, da sich diese nicht miteinander vereinbaren lassen, so können die hinter den Positionen stehenden Interessen häufig gleichzeitig (zumindest teilweise) befriedigt werden.[201]

> **Hierzu ein Beispiel:**[202]
>
> Ein Ehepaar bereitet sich auf einen Besuch vor. Beim Kochen streiten sich der Mann und die Frau in der Küche um die letzte vorrätige naturbelassene Zitrone. Beide beharren darauf, dass ihnen die Zitrone zustehe. Ein (schlechter) Kompromiss führt am Ende dazu, dass die Zitrone geteilt wird. Der Mann nutzt das Fruchtfleisch für die Zubereitung einer Fischsoße und wirft die Schale in den Müll, die Frau reibt die Zitronenschale in die Füllung einer Torte und wirft das Fruchtfleisch in den Müll.
>
> Dieses Beispiel zeigt zweierlei gut: Zum einen kann auch der Streit um Positionen, hier nämlich Besitz und weitere Verwendung der einen noch vorhandenen Zitrone, zu einem gütlichen Ende führen. Die Positionen müssen nicht zwingend unvereinbar sein. D. h. auch ein solcher Streit ist grundsätzlich dem Kompromiss zugänglich – was meistens bei der Darstellung des Harvard-Konzepts unter den Tisch gekehrt wird[203]. Allerdings zeigt das Beispiel auch weiter, dass der Umstand, dass die Parteien hier nicht über die hinter ihren Positionen stehenden Interessen kommuniziert haben, zu (situativ) suboptimalen Ergebnissen führen kann: Hätte der Mann der Frau erklärt, dass er lediglich das Fruchtfleisch benötigt und umgekehrt die Frau dem Mann mitgeteilt, dass sie nur die Zitroneneschale braucht, hätten beide die Zitrone interessengerecht wie folgt geteilt: Der Mann hätte das ganze Fruchtfleisch erhalten und für seine Soße nutzen können, nachdem die Frau die komplette Zitronenschale abgerieben hätte.

Unter Interesse ist in diesem Kontext eine Bestrebung zu verstehen, i.e. „das, woran jemandem sehr gelegen ist"[204], wohingegen eine Position einen bereits angenommenen Standpunkt, eine Einstellung darstellt.

Bei Verhandlungen geht es letztlich nicht um Positionen, sondern um Interessen. Dementsprechend sollten diese auch zur Sprache gebracht, gegenseitig gewürdigt und in den Mittelpunkt der Betrachtungen gerückt werden.[205] Selbst wenn die Ver-

---

[200] Vgl. *Junker/Kamanabrou*, Vertragsgestaltung, 34 m.w.N.

[201] *Fisher/Ury/Patton*, Das Harvard-Konzept, 34, 69 ff.;

[202] Vgl. hierzu auch das Beispiel von *Fisher/Ury/Patton*, Harvard-Konzept, 90.

[203] Vgl. etwa das einseitige Beispiel von unvereinbaren Positionen bei *Koch,* in: Aderhold/Koch/Lenkaitis, Vertragsgestaltung, 70 f.

[204] Vgl. http://www.duden.de/rechtschreibung/Interesse#Bedeutung3b, zuletzt besucht am 23.07.2015.

[205] *Fisher/Ury/Patton*, Das Harvard-Konzept, 89 f.; *Ponschab/Schweizer*, Kooperation, 163, 242 ff.

handlungsparteien naturgemäß gemeinsame, gegenläufige und neutrale Interessen verfolgen, so kann der Blick auf das jeweilige Verhältnis dieser Interessen zueinander bereits viele vermeintliche Probleme als Scheinprobleme entlarven und so die Möglichkeit geben, sich auf die Lösung der eigentlichen Probleme, nämlich die Vereinbarkeit gegenläufiger Interessen, zu konzentrieren.[206] Auch hier empfiehlt es sich wieder, in Vorbereitung von Vertragsverhandlungen die Interessen der anderen Verhandlungspartei zu antizipieren und sich so bereits im Vorfeld zu fragen, welche „Position" die andere Partei wohl einnehmen wird, und so erkennbare Problemfelder bereits durch entsprechend direkte interessengeleitete Ansprache zu entschärfen.[207]

(3) Entwicklung von Lösungen zum beiderseitigen Vorteil: Diese strikte Interessenorientierung schafft denn auch die beste Voraussetzungen dafür, ein Verhandlungsergebnis, das beiden Parteien zum Vorteil gereicht („Win-Win-Situation"), zu erzielen.[208] Natürlich wird es auch Verhandlungspunkte geben, bei denen die Verbesserung des eigenen Ergebnisses nur eine Verschlechterung des Ergebnisses der Gegenseite mit sich bringt und umgekehrt.[209] Insoweit stößt das (stete) Streben nach einer „Win-Win-Situation" natürlich an seine Grenzen.

Tatsächlich lohnt sich aber gerade in solchen vermeintlich ausweglosen Situationen ohne Wahlmöglichkeit der „Blick über den Tellerrand". Häufig lassen sich auch in diesen Bereichen Wahlmöglichkeiten schaffen, indem man gemeinschaftlich – gegebenenfalls zunächst im Wege des „Brainstormings" – nach alternativen Lösungen sucht, die zunächst nach dem Denkansatz jeder einzelnen Verhandlungspartei nicht vorgesehen waren.[210]

(4) Anwendung objektiver Entscheidungskriterien: Gerade bei widerstreitenden Interessen, beispielsweise bei der Vereinbarung der Miethöhe bei einem Mietvertrag, kann es sinnvoller und häufig der einzig weiterführende Weg sein, objektive Entscheidungskriterien für eine Lösung heranzuziehen[211], etwa im Falle der Miethöhe einen Mietspiegel zur Bestimmung der ortsüblichen Miete. Hier werden sich die Verhandlungsparteien also auf allgemeingültige Normen oder Verfahren verständigen, um so in ihren Verhandlungen zu einer Entscheidung in der Sache zu gelangen.[212]

(5) Entwicklung der besten Alternative zur Übereinkunft: Auch wenn die Verhandlungspartner mit dem Ziel einer Übereinkunft in die Verhandlungen gehen, so muss eine Einigung nicht in jedem Falle die beste Lösung für beide Partner darstellen. Wie etwa oben bereits bei der Darstellung zur Verhandlungsmacht dargestellt, muss im Falle eines übermächtigen Verhandlungspartners die Zustimmung zum

---

[206] Vgl. hierzu Beispielsfragen bei *Ponschab/Schweizer*, Schlüsselqualifikationen, 183.
[207] *Bühring-Uhle/Eidenmüller/Nelle*, Verhandlungsmanagement, 108 ff.; *Fisher/Ury/Patton*, Das Harvard-Konzept, 80 ff.; *Jandt/Gilette*, Konfliktmanagement, 157 f.
[208] *Fisher/Ury/Patton*, Das Harvard-Konzept, 34, 89 ff.
[209] Vgl. *Koch*, in: Aderhold/Koch/Lenkaitis, Vertragsgestaltung, 71, dazu auch im Folgenden.
[210] Vgl. hierzu *Junker/Kamanabrou*, Vertragsgestaltung, 36 m.w.N.
[211] Hierzu *Fisher/Ury/Patton*, Das Harvard-Konzept, 133 ff.
[212] Vgl. *Fisher/Ury/Patton*, Das Harvard-Konzept, 34, 120 ff.

(ungünstigen) Verhandlungsergebnis nicht immer das beste Resultat für die weniger mächtige Verhandlungspartei darstellen, sondern kann vielleicht eine Verweigerung der Zustimmung viel eher die probate Antwort auf das Verhandlungsergebnis geben.[213] Die Verhandlungspartner müssen sich daher stets fragen, was die beste Möglichkeit für sie wäre, käme es nicht zu einer Einigung.[214] Soweit kein Vertragsschluss die bessere Alternative für eine Verhandlungspartei darstellt als ein schlechter Vertragsschluss, sollte dies auch der anderen Partei – zwar nicht als unmittelbare Drohung, insoweit würden Sie die Sachebene verlassen – deutlich gemacht werden, damit diese ihren Verhandlungsspielraum erneut überdenkt.[215]

Ungünstige Verhandlungsergebnisse kann man am ehesten vermeiden, indem man sich eigene Limits setzt, bei deren Überschreitung die Verhandlungen scheitern.[216] Allerdings sollte man sich hierdurch nicht vor alternativen Lösungsansätzen verschließen.

4.3.2.7 Gesamtschau über mögliche Probleme und Lösungen

Dies leitet sogleich über zu möglichen weiteren Problemen im Rahmen der Vertragsverhandlung, die sich gegebenenfalls erst bei einer Gesamtschau über die bisherige Vertragsverhandlung erschließen. So können etwa die Auswirkungen von Änderungen an einer Vereinbarung Auswirkungen auf eine (unter Umständen auch ganz) andere Vereinbarung zeitigen. Verhandlungen können sich „festfahren", da keine Einigung zu bestimmten Regelungsbereichen erfolgt. Gerade der Blick auf bisher getätigte Investitionen birgt zudem die Gefahr der sogenannten Verstrickung in sich, ein zumindest für eine Verhandlungspartei nicht unerhebliches Problem. Kurzum: Die Verhandlungen können in eine „Krise" geraten, in der ein Abbruch der Verhandlung sehr wahrscheinlich ist.

4.3.2.7.1 Mögliche Probleme
4.3.2.7.1.1 „Krise"

Ist der Erfolg für die Verhandlungspartner nach wie vor interessant, kann im Falle einer Krise die Gesamtschau einzelner Problemkomplexe und auch der Verhandlungen insgesamt sehr hilfreich sein. Zunächst sind die Symptome dieser Krise zu erforschen, um sodann deren möglichen Ursachen auf den Grund zu gehen.[217] Gerade bei komplexen Verhandlungsgegenständen sollte das Problem zunächst – soweit bislang noch nicht erfolgt – weiter strukturiert und in Einzelprobleme zerlegt werden. Haben sich die Parteien einen entsprechenden Gesamtüberblick verschafft, so kann etwa zunächst im Wege des (gemeinsamen) „Brainstormings" nach allen denkbaren Lösungsmöglichen nunmehr auch bezogen auf die erkannten Einzelpro-

---

[213] *Jandt/Gilette*, Konfliktmanagement, 145 ff.; *Ponschab/Schweizer*, Kooperation, 109.
[214] *Fisher/Ury/Patton*, Das Harvard-Konzept, 141 ff. Dabei handelt es sich nicht um eine Verhandlungsmethode im klassischen Sinn, sondern eher um eine Absicherung gegen unvorteilhafte Abschlüsse.
[215] Vgl. *Heussen*, in: Heussen/Pischel, Handbuch Vertragsverhandlung, 209.
[216] Vgl. *Junker/Kamanabrou*, Vertragsgestaltung, 37 m.w.N., vgl. dazu auch im Folgenden.
[217] Vgl. *Rittershaus/Teichmann*, Anwaltliche Vertragsgestaltung, 24 m.w.N.

bleme gesucht werden, ohne diese zunächst zu bewerten, um sodann nach gemeinsamer Bewertung vielleicht doch noch zu einer praktikablen Gesamtlösung zu gelangen.[218] Mögliche Probleme können an dieser Stelle nur durch aktive Kommunikation und Hereinversetzen in die jeweils andere Verhandlungspartei gelöst werden, wichtig ist jedenfalls das „aktive Fragen" und Forschen nach Akzeptanzproblemen zu einzelnen Regelungsbereichen und Lösungsmöglichkeiten im Gesamtkontext. Hilfreich kann es sein, der Gegenseite Hilfe und zusätzliche Anreize anzubieten, wie etwa die Zurverfügungstellung von eigenem oder fremdem Know-how.[219]

Beispiel
So kann etwa bei einem verhandelten Unternehmenskauf das Angebot und sodann auch die Aufnahme in die vertragliche Vereinbarung einer zeitlich begrenzten kostenlosen Beratungsmöglichkeit des Erwerbers durch den Veräußerer, der sein eigenes zu veräußerndes Unternehmen ja per se zunächst einmal besser kennt, einen zusätzlichen Anreiz schaffen, um eine festgefahrene Verhandlung wieder „anzuschieben".[220]

4.3.2.7.1.2 „Verstrickung" als Sonderproblem
Bei der Verstrickung handelt es sich um eine selbstgestellte Falle. Die hiervon betroffene Partei hält selbst in einer schwierigen, unter Umständen aussichtslosen Position (und somit objektiv irrational) an ihren bisherigen Bemühungen und eingesetzten Mittel fest, um diese nicht zu verlieren.[221] Dieser irrationale Durchhaltewille zeigt sich nicht nur in Vertragsverhandlungen, sondern ist gerade im wirtschaftlichen Alltag weit verbreitet: Wer beispielsweise Aktien (selbstredend in der Hoffnung des Kursanstiegs) erwirbt, die jedoch in der Folge im Kurs (nicht nur kurzfristig) fallen, hält die Aktien häufig allein aus dem Grunde, dass er diese nicht unter dem höheren Einstandspreis veräußern möchte. Dies dürfte aber ökonomisch betrachtet nur vernünftig sein, wenn er in der Hoffnung steigender Kurse weitere Aktien derselben Gesellschaft zum nunmehr günstigeren Preis erwirbt („und damit den Einstandspreis verbilligt"), anderenfalls zeugt dieses ökonomisch unvernünftige Verhalten nur von der Unfähigkeit zum rechtzeitigen Ausstieg, mithin seiner Verstrickung in die bereits getätigte Investition. Der Ausstieg hier fällt umso schwerer, da der sichere (gegebenenfalls geringe) Verlust regelmäßig vom Betroffenen höher bewertet wird als ein (gegebenenfalls objektiv) ungleich höheres Verlustrisiko[222].

---

[218] Vgl. *Haft*, Verhandlung, 102; *Rittershaus/Teichmann*, Anwaltliche Vertragsgestaltung, 25.
[219] Vgl. *Haft*, Verhandlung, 100 ff.
[220] Beispiel in Anlehnung an *Rittershaus/Teichmann*, Anwaltliche Vertragsgestaltung, 25.
[221] *Bühring-Uhle/Eidenmüller/Nelle*, Verhandlungsmanagement, 47 ff., *Bierbrauer*, in: *Gottwald/Haft*, Verhandeln, 53, 55 f.; ausführlich zu Vermeidungsstrategien *Klinger/Bierbrauer* in Haft/Schlieffen, Handbuch Mediation, § 5 Rn. 93; siehe ferner *Haft*, Verhandlung, 198.
[222] Anm.: vgl. Sie hierzu bereits den Hinweis auf psychologische Faktoren oben bei der Wahl von positiv und negativ gehaltenen „manipulativen Formulierungen", Abschn. 4.3.2.6.1.

Man muss also auch Verluste in Vertragsverhandlungen realisieren können und gegebenenfalls Verhandlungen auch abbrechen, um am Ende nicht einem infolge Verstrickung objektiv betrachtet zu ungünstigen Verhandlungsergebnis zuzustimmen. Hilfreich ist es, wenn der Verhandelnde sich ein Limit zur Zielerreichung setzt, über das hinaus er keine Aufwendungen mehr tätigt.[223]

4.3.2.7.1.3 „Dead lock"
Können sich die Verhandlungspartner auf einen bestimmten Verhandlungspunkt auch nach langen punktuell alternativen Überlegungen und Diskussionen nicht einigen („dead lock"), hilft unter Umständen nur noch, den strittigen Punkt nicht mehr einzeln, sondern im Gesamtpaket mit anderen Reglungspunkten zu verhandeln und so einen Gesamtkompromiss zu erzielen.[224] Ein Nachgeben in einem oder mehreren Regelungspunkten wird dann mit einem Nachgeben der anderen Verhandlungspartei bei dem bislang nicht der Einigung zugänglichen Punkt honoriert.[225] Anderenfalls bliebe bei einem solchen „dead lock" nur der ergebnislose Abbruch der Vertragsverhandlungen.

Beispiel

Möchte der Berater in einem Beratungsvertrag mit seinem Kunden eine (gesetzlich zulässige) Haftungsbeschränkung vereinbaren, mit der sein Kunde partout nicht einverstanden ist, und drohen die Verhandlungen über diesen Beratungsvertrag hieran zu scheitern, kann ein möglicher Kompromiss wie folgt aussehen: Nachgeben in mehreren anderen Punkten: Die geschuldeten Vergütungssätze auf Stundenbasis werden erhöht und es wird eine Mindestvergütung vereinbart. Hierfür wird die Haftungsbeschränkung gestrichen. Der Berater kann so im Gegenzug auf eigene Kosten eine entsprechende (Spezial-)Versicherung für den Fall einer Fehlberatung in dem (nunmehr vertraglich vereinbarten) Beratungsmandat abschließen.

4.3.2.7.2 Scheitern von Vertragsverhandlungen
Trotz allen Bemühens um eine Überwindung möglicher Probleme im Rahmen der Vertragsverhandlungen kann es dennoch zu einem Scheitern der Verhandlungen kommen, der angestrebte Vertrag wird nicht abgeschlossen. Dieses Risiko haben Sie als Vertragsjurist dem Mandanten bereits an verschiedenen Stellen der Vorbereitung und während der Verhandlungen bewusst gemacht („Besser kein Vertrag als

---

[223] Bierbrauer, in: *Gottwald/Haft*, Verhandeln, 53, 55 f.; ausführlich zu Vermeidungsstrategien *Klinger/Bierbrauer* in: Haft/Schlieffen, Handbuch Mediation, § 5 Rn. 93; siehe ferner *Haft*, Verhandlung, 198 ff. Kritisch zum Limit *Fisher/Ury/Patton*, Das Harvard-Konzept, 142 ff.
[224] Vgl. *Koch,* in: Aderhold/Koch/Lenkaitis, Vertragsgestaltung, 73.
[225] Vgl. *Rehbinder,* AcP 174 (1974), 265, 297.

ein ungünstiger Vertrag" etc.).[226] Als Vertragsjurist müssen Sie den Mandanten aber auch hier vor möglichen weitergehenden rechtlich und wirtschaftlich nachteiligen Folgen eines solchen Scheiterns warnen und bewahren: Im Falle eines nicht vermeidbaren wie auch gewollten Scheiterns müssen Sie darauf achten, dass das eigene Verhalten im Rahmen der Vertragsverhandlungen keinen Ansatz für eine Haftung nach §§ 311 Abs. 2, 241 Abs. 2, 280 Abs. 1 BGB („Verschulden bei Vertragsverhandlungen") bietet. Dementsprechend sollten die Verhandlungen (zumindest nach außen) nicht grundlos, abrupt und ohne jede Vorankündigung abgebrochen und der Anlass für die nunmehr nicht mehr für möglich gehaltene Einigung nach Möglichkeit deutlich gemacht werden.[227]

4.3.2.7.3 Lösungsmöglichkeit: Mediation

Alternativ zu einem Scheitern und gegebenenfalls auch schon früher kann und sollte gerade in den Fällen, in denen bereits erhebliche Energie in die Verhandlungen und deren Vorbereitung geflossen ist, über die Möglichkeit einer Mediation nachgedacht werden.[228] Bei einer solchen Mediation wird ein neutraler Dritter als Mittler in den im Laufe der Vertragsverhandlungen entstandenen oder noch im Entstehen befindlichen Konflikt eingeschaltet, um so die Verhandlungspartner bei ihren Verhandlungen zu unterstützen.[229] Der Mediator besitzt keine Entscheidungskompetenz, sondern unterstützt die Parteien insbesondere kommunikativ bei der Entwicklung von Lösungsmöglichkeiten. Da er weder Positionen, noch Interessen im gegebenen Konflikt inne hat, fällt es ihm leichter, sich von dem Konflikt zu distanzieren und neue, vielleicht auch unerwartete, Lösungsvorschläge zu machen. Der Mediator soll den beiden Parteien helfen, sich von Positionen zu lösen, statt dessen auf Interessen zu konzentrieren und so einer Lösung näher zu kommen.

4.3.3 Vertragsausfertigung

Am Ende der Vertragsverhandlung steht als Verhandlungsergebnis ein Kompromiss, den es gilt nun zu Papier zu bringen und sodann auszufertigen, das heißt von den Vertragsparteien unterzeichnen zu lassen.

Hier sind Sie als Vertragsjurist wieder in vorderster Linie gefordert: Der eigentlichen Vertragsunterzeichnung sollte eine Überprüfung des Vertragswerkes auf Vollständigkeit und Korrektheit vorangehen. Hier steht insbesondere die Prüfung an,

---

[226] Vgl. oben Abschn. 4.3.2.5.1.
[227] Vgl. *Rittershaus/Teichmann*, Anwaltliche Vertragsgestaltung, 25.
[228] Vgl. etwa auch *Junker/Kamanabrou*, Vertragsgestaltung, 38.
[229] *Breidenbach/Henssler*, Mediation, 1; *Dendorfer*, DB 2003, 135, 136 f.; *Eidenmüller*, BB 1998, Beilage 10, 19; *Haft*, BB 1998, Beilage 10, 15; *von Hoyningen-Huene*, JuS 1997, 352; *Kracht* in: Haft/Schlieffen, Handbuch der Mediation, § 12 Rn. 9 ff.; vgl. dazu auch im Folgenden.

ob alle – bis zum Ende des Vertragsprozesses – gewünschten Gestaltungen in den Vertrag mit aufgenommen und dabei auch alle Verhandlungsergebnisse berücksichtigt und korrekt umgesetzt wurden, also sich auch nicht noch Widersprüche in den Vertrag durch letzte Vertragsänderungen (bspw. im Rahmen der Vertragsverhandlungen) hineingeschlichen haben. Grundsätzlich haben Sie hier gedanklich noch einmal alle Schritte im Groben zu durchlaufen, die ich Ihnen in Kap. 3 und 4 (bis dato) erläutert habe (insbesondere zur Vertragstechnik).

Besondere Probleme können sich im Hinblick auf das Sicherstellen der Vollständigkeit gerade bei umfangreichen Vertragswerken oder solchen mit verschiedenen Anlagen ergeben.

Zur Sicherstellung der Vollständigkeit empfiehlt es sich etwa, wenn stellvertretend für die Vertragsparteien deren Vertragsjuristen sich rechtzeitig vor Ausfertigung und Unterzeichnung der Verträge zusammensetzen und die fertigen Vertragsentwürfe Seite für Seite durchgehen (Vollständigkeitsprüfung), diese jeweils gegenzeichnen (Paraphieren)[230] und nachträglich heften oder ösen.

Sinn und Zweck dieses Vorgehens ist der Schutz gerade sehr umfangreicher Verträge gegen nachträgliche Veränderung oder Austausch einzelner Seiten. Die Paraphierung hat zudem den praktischen Nutzen, dass sich der endgültig unterzeichnete (paraphierte) Text auf den ersten Blick von den teils zahlreichen und gegebenenfalls noch länger im Umlauf befindlichen Entwurfsversionen unterscheiden lässt.

Teilweise stellt im Unternehmensrechtsverkehr die Paraphierung durch den fachlich verantwortlichen Vertragsjuristen auch eine interne Vorbedingung zur rechtsverbindlichen Unterzeichnung durch den Vertretungsberechtigten dar; sie signalisiert: Diese Version ist intern geprüft und darf unterzeichnet werden.

4.3.4 Vertragsdurchführung, insbesondere Vertragscontrolling

Die Vertragsdurchführung gehört zwar nicht mehr zur Vertragsgestaltung im engeren Sinne, Erwähnung muss sie hier dennoch finden: Denn die nachvertragliche Rolle, d. h. die Zeitspanne nach dem eigentlichen Vertragsschluss, wird in der Praxis häufig unterschätzt. Gerade bei komplexen (lang laufenden) Verträgen spielt die eigentliche Vertragsdurchführung jedoch eine bedeutende Rolle (insbesondere bei Dauerschuldverhältnissen oder längerfristig angelegten Austauschverträgen wie z. B. Unternehmensverträgen mit Investitions- und Arbeitsplatzgarantien etc.)[231]. Auch die Vertragsdurchführung stellt an den Vertragsjuristen erhebliche Anforde-

---

[230] Diese Gegenzeichnung erfolgt regelmäßig im Wege der Paraphierung, bei der auf jeder einzelnen Seite eines Dokuments jeweils rechts unten durch die beteiligten Vertragsparteien eine billigende Zustimmung zu dem Vertragstext durch Anbringen eines Kurzzeichens, regelmäßig der Initialen, erfolgt. Für jede Vertragspartei paraphieren in der Praxis meist eine bis zwei Person(en).

[231] Anm.: Hier sind methodische und technische Besonderheiten bei der Planung und Umsetzung gegenüber reinen Austauschverträgen zu beachten, weswegen ich Ihnen in Kap. 6 in Umsetzung der in diesem Buch vermittelten methodischen und technischen Kenntnisse auch einen Austauschvertrag in Form eines Kaufvertrages und ein Dauerschuldverhältnis (und zugleich Organisationsvertrag) in Form eines Gesellschaftsvertrags zur Übung und Veranschaulichung unterbreite.

4.3 Vertragsgenese – Der Weg vom Vertragsentwurf bis hin zur Durchführung

rungen und erfordert großes Know-How und Erfahrung, etwa bereits bei der Umsetzung von Austauschverträgen: Hier bietet das Gesetz regelmäßig keine Hilfestellung, wie der eigentliche Vertragsvollzug sachgerecht zu erfolgen hat. Zu denken ist hier etwa an vertragliche Zielvorgaben, wie den Vollzug in Registern (Grundbuch, Handelsregister, Güterrechtsregister etc.), die Sicherung von Leistung und Gegenleistung oder ähnliches. Dem Vertragsjuristen kommt also allgemein die Aufgabe zu, die Einhaltung gesetzlicher, gesellschaftsrechtlicher und sonstiger vertraglicher Vorschriften im Vertragswesen zu kontrollieren.

Besondere Bedeutung für die Sicherstellung der ordnungsgemäßen Vertragsdurchführung kommt dem sogenannten Vertragscontrolling[232] zu. Im Rahmen des Vertragscontrollings werden im Zuge aktiver Risikobewertung in Anlehnung an existierende Vertragsverhältnisse die Einhaltung sämtlicher Wirksamkeits- und aller möglichen Regressvoraussetzungen, d. h. etwa bis zum Ablauf der letzten Gewährleistungsfrist, jedes einzelnen Vertragsschlusses kontrolliert.[233] Um eine effektive Kontrolle zu gewährleisten ist es sinnvoll, sämtliche Wirksamkeitsvoraussetzungen sowie Rechte und Pflichten eines jeden geschlossenen Vertrages in einem edv-technischen Controlling-Instrument zu erfassen,[234] um so etwa einzelne notwendige Handlungen vorzunehmen, wie etwa Aufforderung zu bestimmten Handlungen oder Mahnungen der Gegenseite. So verschaffen Sie sich einen Überblick und stellen zugleich sicher, dass die mit dem (jeweiligen) Vertragsschluss verfolgten Ziele aus Sicht Ihres Mandanten auch erreicht werden.[235] Inwieweit Sie selbst als Vertragsjurist das Vertragscontrolling übernehmen oder hierin eingebunden sind, ist Frage des übernommenen Mandates (so bei freiberuflich tätigen Vertragsjuristen) bzw. der Unternehmensstruktur (so bei Unternehmensjuristen).

▶ **Praxistipp** Ausdrücklich zu empfehlen ist die Erfassung sämtlicher Wirksamkeitsvoraussetzungen sowie Rechte und Pflichten aus jedem geschlossenen Vertrag in einem edv-technischen Controlling-Instrument.

Im Rahmen des Vertragscontrollings können sich beispielhaft die folgenden Aufgaben für Sie als Vertragsjurist ergeben (unter Umständen in Zusammenarbeit mit der internen Revision sowie ggf. weiteren Unternehmensabteilungen):

---

[232] In der Betriebswirtschaftslehre wird mit Controlling eine Unternehmenssteuerung verstanden, die durch Koordination von Planung, Kontrolle sowie Informationsversorgung hilft, die Führungsfähigkeit von Organisationen zu verbessern, vgl. *Horváth*, Controlling, 67 f.

[233] Vgl. hierzu *Heussen*, in: Heussen/Pischel, Handbuch Vertragsverhandlung, 365 ff.

[234] Anm.: Der Vertragsjurist kann auch wie von *Koch*, in: Aderhold/Koch/Lenkaitis, Vertragsgestaltung, 80 vorgeschlagen, hierzu eine Übersicht anlegen. Mit einer bloßen Übersicht dürfte der Vertragsjurist aber schnell an kapazitive Grenzen der Kontrolle gelangen, sobald die Anzahl der zu kontrollierenden Verträge bestimmte quantitative Grenzen übersteigt. Sinnvoll erscheint wohl die Übertragung in normale Controllinginstrumente, die automatisiert Wiedervorlagen o. ä. erzeugen.

[235] Vgl. *Koch*, in: Aderhold/Koch/Lenkaitis, Vertragsgestaltung, 80.

Mögliche Aufgaben des Vertragsjuristen im Rahmen des Vertragscontrollings
- Überwachung der Einhaltung gesetzlicher Vorschriften
- Pflege/Aufbereitung eines aktuellen Informationsstandes (Stand der Vertragsabwicklung, ggf. vorgenommene Vertragsergänzungen etc.)
- Vertragsverwaltung (Archivieren/Auffinden von Verträgen, Vermeidung von Verlust von Verträgen/Vertragsbestandteilen)
- Überwachung von inhaltlichen Risiken von Verträgen (z. B. Stand von einzelnen Bearbeitungsprozessen)
- Überwachung von Fristen, Vertragsoptionen etc. („Führung des Fristenbuchs")
- Überwachung von Genehmigungs-/Freigabeprozessen

Als weiterführende Literatur zum Thema „Vertragsmanagement, Vertragsdurchführung und Vertragscontrolling" empfehle ich Ihnen: Heussen/Pischel (Hrsg.), Handbuch Vertragsverhandlung und Vertragsmanagement, 4. Auflage, Köln 2014.

Resümee

In diesem 4. Kapitel haben Sie sich zunächst mit den technischen Fertigkeiten und dem Einsatz von Hilfsmitteln in der Vertragsgestaltung grundlegend vertraut gemacht, die Sie – nach Erlernen der Grundlagen (Kap. 2) und Methodik der Vertragsgestaltung (Kap. 3) – nunmehr auch in die Lage versetzen sollten, selbstständig, effizient und systematisch Verträge für einfache wie auch komplexe Lebenssachverhalte zu erstellen.

Ihr bis hierhin erlerntes Wissen zur Vertragsgestaltung können Sie anhand der beiden Beispielsfälle (nebst dezidierter Musterlösung) zum Ende dieses Buches in Kap. 6 sogleich testen und festigen.

Mit dem hier vermittelten Fertigkeiten sollten Sie nämlich einerseits bereits in der Lage sein, einfache Verträge von Grund auf selbst zu strukturieren. Hierzu haben Sie neben den grundlegenden Anforderungen an Inhalt und Sprache insbesondere kautelarjuristisch übliche Formen der Gliederung von Vertragswerken kennengelernt. Daneben haben Sie den Umgang mit den kautelarjuristisch bedeutsamsten Hilfsmitteln, nämlich Vertragsmustern und Checklisten, und deren praktischen Nutzen (vgl. insbesondere Abschn. 4.2), aber auch die in deren Einsatz liegenden tatsächlichen und rechtlichen Gefahren kennengelernt. Damit haben Sie aber andererseits auch schon das notwendige Rüstzeug erlernt, um selbst komplexere kautelarjuristische Standardverträge systematisch zu gestalten.

Ich habe Ihnen auch einen Überblick über die einzelnen Stadien der Vertragsgestaltung vom ersten Entwurf bis hin zur Durchführung gegeben. Dabei habe ich Sie insbesondere mit Ihrer Stellung und Ihren Aufgaben bei Vertragsverhandlungen vertraut gemacht. Sie sollten hiernach mit dem grundsätzlichen Ablauf von Vertragsverhandlungen sowie möglichen Problemen und Lösungsansätzen vertraut und damit in der Lage sein, Vertragsverhandlungen (zumindest) grundsätzlich zu strukturieren, zu planen und (selbstständig oder begleitend) durchzuführen.

Einzelne Elemente der Vertragsgestaltung

5

Lernziele von Kap. 5
Nachdem Sie in Kap. 3 die grundlegende Methodik und in Kap. 4 Technik und Hilfsmittel der Vertragsgestaltung kennengelernt haben, möchte ich Sie nachfolgend mit „typischen Klauseln" in Form eines Vertragsbaukastens für allgemeine, wiederkehrende Regelungsaufgaben vertraut machen, so dass Sie am Ende dieses Kapitels in der Lage sind, sich Ihr erstes eigenes Instrumentarium zur Bewältigung allgemeiner, typisch wiederkehrender Gestaltungsaufgaben anzulegen.

5.1 Einführung und Hinweise zur Nutzung eines (selbst erstellten) Baukastensystems

Anknüpfen möchte ich an meine Ausführungen in Kap. 4, in dem ich Ihnen die Bedeutung von standardisierten Sachverhalts- und Vertrags- sowie Regelungstypen vor Augen geführt habe und Ihnen den effizienten Umgang mit Textbausteinen und Vertragsmustern erläutert habe: Gibt es typische, rechtsgebietsunabhängige Regelungsbereiche, dann gibt es auch in der Kautelarpraxis typische Antworten hierauf in Form von allgemein einsatzbaren Einzelklauseln (vgl. Sie hierzu nochmals die Ausführungen zu den „Regelungstypen" in Abschn. 4.2.1.1). Die gerade in der anfänglichen Vertragspraxis besonders relevanten Einzelklauseln möchte ich Ihnen im Folgenden vorstellen. Richtig eingesetzt, bilden diese „Einzelbausteine" ein ganzes Baukastensystem, das Sie in der täglichen praktischen Arbeit je nach Gestaltungsbedarf kumulativ zum Einsatz bringen können.

Die Reihenfolge der Darstellung dieser Einzelbausteine orientiert sich an ihrer typischen Stellung im Vertragswerk selbst (vergleichen Sie hierzu bitte Abschn. 4.1.2.3).

In den Vertiefungshinweisen der Fußnoten werde ich auch zu den Grenzen der Gestaltungsbefugnis, die sich aus dem „Recht der Allgemeinen Geschäftsbedingungen" gem. §§ 305 ff. BGB ergeben, im Bedarfsfall Stellung nehmen und Ihnen hierzu vertiefende Literaturhinweise geben. Die textliche Darstellung jedoch wird sich auf die grundlegende Einführung erstrecken.

5.2 Überblick über wichtige (Einzel-)Instrumente der Vertragsgestaltung

In diesem Abschnitt werde ich Ihnen folgende in der allgemeinen Vertragspraxis besonders wichtige rechtsgebietsunabhängige Vertragsbausteine vorstellen (Tab. 5.1):

Tab. 5.1 Übersicht über besonders wichtige gebietsunabhängige Vertragsbausteine

Vertragsbaustein	Ggf. spezielle Ausprägung
Präambel	
Definitionen	
Rechtstechnische Verknüpfungen	Bedingung, Befristung
	Option
	Rücktrittsvorbehalt
Vertragsdauer und Kündigung	
Ausschlussfrist	
Sicherungsmechanismen	Wertsicherungsklausel
	Verzugszins
	Vertragsstrafe
	Vormerkung und Auflassung
	Eigentumsvorbehalt
	Verpfändung
	Vinkulierung
	Zwangsvollstreckungsunterwerfung
Garantieversprechen und Beschaffenheitsvereinbarungen	Verschuldensunabhängige Beschaffenheitsvereinbarung
	Verschuldensunabhängige Garantie bestimmter Beschaffenheitsmerkmale
	Selbstständige Garantie
Zugang und Zustellung	
Beweislastvereinbarung	
Rechtswahl	
Schiedsvereinbarung	Schiedsvereinbarung
	Schiedsklausel
Gerichtsstandsvereinbarungen	Kaufmännische Gerichtsstandsvereinbarung
	Internationale Gerichtsstandsvereinbarung
	Nachträgliche Gerichtsstandsvereinbarung
Schlussklauseln	Salvatorische Klausel
	Schriftformklausel
	Kostenübernahme

5.2.1 Präambel

Präambeln stehen am Anfang Ihres Vertrags, noch vor Beginn der eigentlichen gewählten Vertragsnumerik und grundsätzlich vor dem eigentlichen Regelungsgehalt Ihres Vertrages.[1]

Präambeln sollten keineswegs generell und grundsätzlich zum Einsatz gelangen, sondern nur dort in den Vertrag aufgenommen werden, wo diese auch Sinn machen.

So dürfte ihr Einsatz etwa bei einfachen, kurzfristig abzuwickelnden Austauschverhältnissen, wie etwa dem einfach gelagerten Kfz-Kaufvertrag, den ich Ihnen in Abschn. 6.1 als Übungsfall ausführlich erläutere, kaum in Betracht kommen – geschweige denn überhaupt sinnstiftend sein. Sie wird hier vielmehr überflüssig und damit – schon wegen der hiermit verbundenen Gefahren überflüssiger Regelungen (dazu sogleich) – wegzulassen sein. Dahingegen kann es bei umfangreichen, „untypischen" Gestaltungen, wie etwa einem Unternehmenskaufvertrag, oder insbesondere bei Dauerschuldverhältnissen durchaus sinnvoll sein, eine Präambel niederzulegen. Aber auch hier sollte sie nicht schematisch zum Einsatz gelangen.

Dort, wo ihr Einsatz sinnvoll sein mag, handelt es sich – zumindest im deutschrechtlichen Raum – regelmäßig um spezielle kautelarjuristische Vertragstypen mit einer längeren Entstehungsgeschichte.

In einer Präambel werden nämlich – ohne ausdrückliche Verpflichtungsformulierungen – die Ausgangslage und Entstehungsgeschichte der Vereinbarung, hier insbesondere von welchen zwischen den Parteien unstreitigen tatsächlichen Angaben zum Umfeld und Vorfeld sowie von welchen rechtlichen Annahmen das Vertragswerk getragen ist (Feststellungsfunktion[2]), sowie die wesentlichen Zielvorstellungen und Motivation(en) bzw. die Geschäftsgrundlage im Sinne von § 313 BGB der Vertragsparteien zum Vertragsschluss, niedergelegt.

Dementsprechend ist sie so zu fassen, dass sich beide Vertragsparteien in ihr „wiederfinden"; einseitige Darstellungen sind zu vermeiden. Sie sollen so das Verständnis vom gesamten Regelwerk aber auch zu einzelnen Regelungsbereichen erleichtern. Dies kann insbesondere beim Verständnis komplizierter Detailregelungen wie auch beim Verständnis fragmentarischer Regelungen im Hinblick auf den eigentlichen Vertragsinhalt und die teils mühsame Suche nach zusammengehörigen Regelungen äußerst hilfreich sein. Darüber hinaus kann ihr auch eigenständige Bedeutung zukommen, wenn das Vertragswerk im Nachhinein eine Lücke, Unklarheit oder sogar einen Widerspruch aufweist, die durch eine ergänzende Vertragsauslegung überwunden werden müssen (Verständnis-[3], Anpassungs- und Ergänzungsfunktion[4]). Unter Umständen bietet sie auch Ansatzpunkte zu Fragen der Geschäftsgrundlage beziehungsweise ihres Wegfalls und kann damit der Vertragsanpassung oder -beendigung dienen, wenn man aus einer Präambel Rückschlüsse auf die

---

[1] Vgl. hierzu auch *Schmittat*, Einführung in die Vertragsgestaltung, 144 ff.; *Döser*, NJW 2000, 1451 ff.; *Langenfeld*, Vertragsgestaltung, 40 f., vgl. dazu auch im Folgenden.

[2] Vgl. *Langenfeld*, Vertragsgestaltung, 41.

[3] Vgl. *Zankl*, 122; *Schmittat*, Einführung in die Vertragsgestaltung, 145.

[4] Vgl. *Langenfeld*, Vertragsgestaltung, 42.

grundlegenden Zwecke und Vorstellungen der Beteiligten ziehen kann („Geschäftsgrundlagenfunktion"[5]).

Damit zeigt sich allerdings auch der begrenzte Anwendungsbereich und auch zugleich die Gefahr einer Präambel: Das in der Präambel Niedergelegte greift grundsätzlich erst dann ein, wenn die vertragliche Regelung keine zufriedenstellende Regelung ermöglicht. Denn wenn die vertragliche Regelung aus sich heraus verständlich ist und sich die Ausgangsdaten und die Zwecke aus der getroffenen Regelung ergeben, ist eine Präambel schlichtweg überflüssig und sollte – wie alles Überflüssige – eher vermieden werden. Birgt doch alles Überflüssige stets die Gefahr von Widersprüchen oder letztlich unkontrollierbaren Auslegungsmöglichkeiten (durch den ggf. später streitentscheidenden Richter).

Allerdings dort, wo durch eine Präambel abstrakte Vertragsklauseln verdeutlicht werden, stellt die Präambel einen begründeten Anwendungsfall dar.

▶   **Merke** In der Praxis sollte eine Präambel mit Bedacht eingesetzt werden, da sie sowohl Risiken in sich birgt als auch zur Störfallvorsorge beitragen kann.
Begründete Anwendungsbereiche der Präambel finden sich regelmäßig dort, wo durch sie eine sehr abstrakte vertragliche Regelung erklärt und verdeutlicht wird. Durch die Erläuterung der mit dem Vertrag verfolgten Motivation der Parteien kann Dritten das Verständnis für die gewählte Gestaltung erleichtert und ggf. bei einer (im Streitfalle vom Richter) vorgenommenen ergänzenden Vertragsauslegung sichergestellt werden, dass die vorgenommene Auslegung dem (hypothetischen) Parteiwillen zumindest weitestgehend entspricht.

Präambeln finden sich hauptsächlich in der angelsächsischen Vertragsrechtspraxis (hier allerdings meist durchgängig), aber auch im übrigen grenzüberschreitenden Geschäftsverkehr.[6] Dies gilt umso mehr für (oftmals seitenlange) Definitionen (dazu insofern überleitend sogleich), ohne die ein angelsächsisches Vertragswerk regelmäßig nicht auskommt. Deswegen möchte ich es mir nicht nehmen lassen, Ihnen ein englischsprachiges Beispiel für eine Präambel (in englischsprachigen Verträgen auch „Background" genannt oder unter „Whereas" platziert) zu einer Vertraulichkeitserklärung zu geben:

Beispiel

„Preamble

*The Interested Party is interested in acquisition of the real property located in ... (legal details:) (hereinafter referred to as the „**Property**"). In order to evaluate the Property the Interested Party requires access to certain documents and other*

---

[5] Vgl. *Langenfeld*, Vertragsgestaltung, 41; *OLG München*, Urt. v. 02.05.1994 – 2 UF 1322/93.
[6] Vgl. hierzu und den dortigen Besonderheiten *Döser*, NJW 2000, 1451, 1453; vgl. auch *Langenfeld*, Vertragsgestaltung, 40 f., dazu auch im Folgenden.

materials relating to the Property which the Seller deems to be of a confidential nature. The Seller is willing to disclose, cause to be disclosed or to arrange the disclosure of such confidential information to the Interested Party subject to the Interested Party's acceptance of the terms and conditions of this confidentiality agreement."

5.2.2 Definitionen

Definitionen vermeiden die ständige Wiederholung von textlich umfangreichen Begrifflichkeiten und straffen so das Vertragswerk. Damit fördern sie dessen begriffliche und gedankliche Klarheit und Verständlichkeit. Die Vertragsparteien haben unabhängig von den gesetzlichen Definitionen die Möglichkeit, Begrifflichkeiten eigenständig und unter Umständen auch abweichend von diesen zu bestimmen. Zwingende Voraussetzung für ihre Verwendung ist jedoch, dass sie im Vertrag in der Folge stets einheitlich verwandt werden. Dementsprechend dienen Definitionen auch der Einheitlichkeit der verwendeten Vertragssprache und so der Rechtssicherheit des Vertragswerks.

In einfach gelagerten Fällen, insbesondere bei einer übersichtlichen Anzahl an verwendeten Definitionen (Empfehlung: bis zu vier Begriffsbestimmungen), genügt es, diese an der Stelle, an welcher der Begriff erstmalig verwandt wird, zu verankern. Auch wenn erste Begriffe häufig, insbesondere bei Grundstücksverkäufen, bereits im Vorspann, also bei der Bezeichnung der Parteien und in der Präambel, definiert werden (vgl. hierzu vorheriges Beispiel), empfiehlt es sich aus Gründen der Klarheit und Struktur eines Vertragswerkes, einen eigenständigen Regelungsabschnitt (etwa einen eigenständigen Regelungsparagraphen) für Definitionen zu schaffen und dann dort alle im Vertragswerk aufgeführten Definitionen gesammelt aufzuführen. Dieser Usus ist gerade in der angelsächsischen Vertragsrechtspraxis weit verbreitet. Werden Definitionen dahingegen über das Vertragswerk verteilt, fördert dies nicht gerade dessen Lesbarkeit und Verständlichkeit. Diese kann allenfalls durch die Verwendung eines Verzeichnisses der im Vertragstext verstreut aufgeführten Definitionen verbessert werden. Grundsätzlich sollten aber – ähnlich dem Vorgehen des modernen Gesetzgebers – im Vertragstext verwendete Definitionen – wie bereits dargestellt – in einem eigenständigen Regelungsabschnitt gebündelt aufgeführt werden.

Obgleich die Redundanz- und Zirkelfreiheit eine Selbstverständlichkeit beim Definieren sein sollte, zeigen viele Praxisbeispiele, dass der folgende Hinweis an dieser Stelle keinesfalls verfehlt ist: Eine Definition darf keine Bestandteile enthalten, die aus dem Rest der Definition logisch folgen, und darf Dasselbe nicht durch Dasselbe erklären. Vergleichen Sie hierzu bitte folgende vertragliche Definitionsbeispiele, die diese Grundregeln (vermeintlich) nicht berücksichtigen:

Beispiel

„Confidential Information" means data, information, and materials that (1) relate to the ‚Business' or the business of the ‚Customers', regardless of whether

the data or information constitutes a ‚Trade Secret', and (2) include Trade Secrets and/or Confidential Information.

„Denkmäler: alle Denkmäler nach § 1 des Denkmalschutzgesetzes in der jeweils gültigen Fassung."

Während die erste Definition einen unverzeihbaren (da sinnlosen) Zirkelschluss enthält, löst sich die (scheinbare) Redundanz des zweiten Beispiels wie folgt auf: Verweisen Sie, wie im obigen Beispiel, auf eine gesetzliche Regelung, hier eine oder mehrere Vorschriften eines Landesdenkmalschutzgesetzes, so stellen Sie hier lediglich Begriffsklarheit durch Bezugnahme auf das Begriffsverständnis einer bestimmten gesetzlichen Norm her, die sich unter Umständen nicht zwingend aus der Gesetzesanwendung ergibt.[7]

Dem ersten Beispiel lässt sich auch ein weiteres wichtiges Prinzip bei der Verwendung von definierten Begriffen im weiteren Vertragstext entnehmen: Definierte Begriffe sind im weiteren Textverlauf einheitlich kenntlich zu machen. Dies kann etwa dadurch geschehen, dass Sie als Vertragsjurist diese in Anführungszeichen setzen oder etwa in Kapitalschrift setzen. Wichtig ist, dass sich definierte Begriffe vom übrigen Vertragstext und der dort verwendeten Terminologie erkennbar absetzen. So sehen Sie etwa in dem ersten zuvor aufgeführten Beispiel, dass der Begriff „Business" („Geschäft") einmal in und einmal ohne Anführungszeichen steht. Damit ändert sich der Bedeutungsgehalt dieses Begriffes. Bei der ersten Verwendung in Anführungszeichen handelt es sich um ein zuvor definiertes „Business" mit einem festen Bedeutungsgehalt (beispielsweise zur Bezeichnung des Geschäftsfelds einer der Vertragsparteien), im zweiten Falle um das Geschäft beziehungsweise Geschäftsfeld eines Kunden, wobei der Begriff des Kunden wiederum genauer definiert ist.

5.2.3 Rechtstechnische Verknüpfungen: Bedingung, Befristung, Option und Rücktrittsvorbehalt

Den in diesem Abschnitt behandelten Vertragsbausteinen ist – neben ihrer außerordentlich großen Bedeutung als allgemeine Gestaltungselemente in vielen Rechtsgebieten[8] – gemein, dass sie rechtstechnisch die Wirkungen einer Vertragsgestaltung abzustufen beziehungsweise mit anderen (Rechts-)Tatsachen dergestalt zu verknüpfen suchen, dass bestimmte Rechtswirkungen von besonders definierten (tatsächlichen wie rechtlichen) Ereignissen abhängig gemacht werden und so entweder automatisch oder nach dem Willen einer oder mehrerer Vertragspartner eintreten (können). Sie schaffen so im praktischen Ergebnis eine vorläufige Rechtslage, bei

---

[7] Anm.: So kann es sein, dass vorliegend etwa nicht ein bestimmtes Landesdenkmalschutzgesetz Anwendung findet (bei bundesländübergreifenden vertraglichen Pflichten o. ä.) und der vertraglich verwendete Begriff „Denkmal" erst durch diese definitorische Verknüpfung eine bestimmte Bedeutung, nämlich des in Bezug genommenen bestimmten Gesetzes, erhält.

[8] Ebenso *Schmittat*, Einführung in die Vertragsgestaltung, 124 ff.

der vereinbarte Bindungen noch nicht eintreten, von selbst wieder entfallen können beziehungsweise wieder auflösbar sind.[9]

5.2.3.1 Bedingung, Befristung
5.2.3.1.1 Bedingung

Gemäß § 158 BGB können die Parteien durch Vereinbarung einer Bedingung die mit einem Rechtsgeschäft verbundenen Wirkungen vom Eintritt eines zukünftigen ungewissen Ereignisses abhängig machen. Dabei können die Wirkungen entweder bis zum Bedingungseintritt hinausgeschoben werden (aufschiebende Bedingung gemäß § 158 Abs. 1 BGB) oder von diesem Zeitpunkt an wegfallen (auflösende Bedingung gemäß § 158 Abs. 2 BGB). Die rechtsgeschäftliche Bedingung ist dabei von anderen bedingungsähnlichen Wirksamkeitsvoraussetzungen (insbesondere der Rechtsbedingungen)[10] und von artverwandten Rechtsinstituten[11] zu unterscheiden, was gegebenenfalls – nämlich dann, wenn Sie als Vertragsjurist durch mehrdeutige Formulierung keine ordentliche Arbeit geleistet haben – nach den jeweiligen Umständen des Einzelfalles durch Auslegung zu ermitteln ist.[12] Jedenfalls darf durch eine Bedingung keine unzumutbare Ungewissheit über den künftigen Rechtszustand entstehen; dies erklärt auch die Bedingungsfeindlichkeit einiger Rechtsgeschäfte. So kann etwa eine wirksame Auflassung nur unbedingt und unbefristet erklärt werden, vgl. § 925 Abs. 2 BGB.[13] Während der Schwebezeit, die erst endet, wenn die Bedingung eintritt oder ausfällt, bestehen zwischen den Parteien weitgehende Bindungen, die durch flankierende Regelungen in §§ 160 bis 162 BGB sichergestellt werden sollen, damit der mit dem Rechtsgeschäft bezweckte wirtschaftliche Erfolg auch tatsächlich erreicht wird. Mit Eintritt oder Ausfall der Bedingung ist das Geschäft entweder endgültig wirksam oder auf Dauer wirkungslos.

Aufgrund des Automatismus der Bedingung darf über deren Eintritt kein Zweifel bestehen, da sie ja schließlich vom Willen der Parteien unabhängig eintreten soll. Für die Vertragsgestaltung bedeutet dies, dass die Bedingung selbst und die Folgen ihres Eintritts mit größter Sorgfalt und Präzision zu formulieren sind. Zumal es auch

---

[9] Vgl. *Schmittat*, Einführung in die Vertragsgestaltung, 124.

[10] Anm.: Neben den Rechtsbedingungen (vgl. *Rövekamp*, in: BeckOK BGB, § 158 Rn. 9) sind dies insbesondere die Gegenwarts- oder Vergangenheitsbedingungen (vgl. *BayObLG*, Urt. v. 05.12.1966 – BReg. 1a Z 32/66). Zweifelhaft ist auch, ob die §§ 158 ff. BGB gelten, wenn der zur Bedingung gemachte Umstand ausschließlich von Willensentschluss eines der Beteiligten abhängen soll, ein Fall der sogenannten Potestativbedingung (*Rövekamp*, in: BeckOK BGB, § 158 Rn. 11 m. w. N.). Insbesondere auf den häufigen Fall der Rechtsbedingungen sind die §§ 158 ff. BGB – auch durch ihre Erwähnung im Vertrag wird die Rechtsbedingung nicht zu einer rechtsgeschäftlichen – weder unmittelbar noch entsprechend anwendbar (vgl. *RG*, Urt. v. 02.03.1934 – III 117/33; *BGH*, Urt. v. 11.02.2004 – XII ZB 158/02). Rechtsbedingungen liegen vor, wenn die Voraussetzungen für das Zustandekommen und die Wirksamkeit eines Rechtsgeschäfts auf gesetzlichen Vorschriften beruhen, wie etwa in dem Falle, dass ein Vertrag kraft gesetzlicher Anordnung der behördlichen Genehmigung oder der Zustimmung eines Dritten bedarf, vgl. hierzu *Rövekamp*, in: BeckOK BGB, § 158 Rn. 9 m. w. N.

[11] Anm.: Hierbei handelt es sich etwa um Beweggrund, Rücktrittsvorbehalt oder Auflage.

[12] *Rövekamp*, in: BeckOK BGB, § 158 Vorbem., vgl. dazu auch im Folgenden.

[13] Das formelle Grundbuchrecht verträgt solche Unsicherheiten nicht.

einem Beweisstreit über den Bedingungseintritt vorzubeugen gilt. Speziell diesem Problem sollten Sie in der Vertragsgestaltung durch Einsatz einer Dokumentationsregel (gegebenenfalls kombiniert mit einer Beweislastregel, vgl. dazu sogleich) begegnen, d. h. durch möglichst genaue Bestimmung, welche Nachweise über den Bedingungseintritt zu erbringen sind (bspw. Nachweis einer Kaufpreiszahlung durch Notarbestätigung).[14]

Dabei gelangen Bedingungen selbstredend nicht nur bei den schuldrechtlichen Vereinbarungen zum Einsatz, sondern werden häufig auch bei den dinglichen Vollzugsgeschäften gewählt. Vergleichen Sie hierzu zwei typische Anwendungsbeispiele:

Beispiel

Der klassische Eigentumsvorbehalt dürfte Ihnen bekannt sein. Vergegenwärtigen Sie sich bitte, dass es sich um ein klassisches Anwendungsbeispiel einer aufschiebenden Bedingung handelt. Der Kaufgegenstand wird bereits übergeben, jedoch erfolgt die Einigung über den Eigentumswechsel unter der aufschiebenden Bedingung (§ 158 Abs. 1 BGB) der vollständigen Zahlung des Kaufpreises.

Aus dem Personengesellschaftsrecht sollte Ihnen der Anwendungsfall in Bezug auf § 176 Abs. 1 und 2 i. V. m. § 128 HGB ebenfalls geläufig sein: Die unbeschränkte persönliche Haftung des Kommanditisten für die nach seinem Gesellschaftsbeitritt aber noch vor seiner Eintragung als Kommanditist im Handelsregister begründeten Gesellschaftsverbindlichkeiten. Der von Ihnen als Vertragsjurist gut beratene Kommanditist wird somit den Beitritt zur Kommanditgesellschaft nur unter der aufschiebenden Bedingung seiner Eintragung in das Handelsregister erklären.

▸ Sinn und Zweck der Verankerung einer Bedingung im Vertragswerk ist es,
  • ein Rechtsgeschäft an sich künftig verändernde Umstände anzupassen,
  • die Rechtswirkung von mehreren sonst voneinander unabhängigen Rechtsgeschäften zu verknüpfen,
  • Rechtsgeschäfte in ihren Auswirkungen abzustufen und/oder
  • in Austauschverhältnissen die Leistungspflichten durch die infolge der Bedingung geschaffene Abhängigkeit des Erfüllungsgeschäfts von der vereinbarten Leistung zu sichern.

---

[14] Anm.: Vergegenwärtigen Sie sich für die Ausgangskonstellation folgende grundsätzliche Beweislastverteilung: Hinsichtlich des Eintritts einer aufschiebenden Bedingung trifft grundsätzlich denjenigen die Beweislast, der seinen Anspruch aus dem bedingten Geschäft herleitet (*BGH*, Urt. v. 29.06.1981 – VII ZR 299/80). Gleiches gilt für denjenigen, der unter Berufung auf den Eintritt einer auflösenden Bedingung ein Recht für sich beansprucht (*BGH*, Urt. v. 23.03.1966 – Ib ZR 14/64). Dementsprechend trägt auch diejenige Partei die Beweislast für einen unbedingten Vertragsabschluss, die den geltend gemachten Anspruch darauf stützt (*RG*, Urt. v. 30.01.1924 – I 930/23; *BGH*, Urt. v. 10.06.2002 – II ZR 68/00; *Westermann*, in: MüKoBGB I, § 158 Rn. 49; *Ellenberger*, in: Palandt, Einf. v. § 158 Rn. 14; a. A. – vom Beklagten zu beweisende Einwendung – *Wolf*, in: Soergel, Vor § 158 Rn. 40 f.).

Die Bedingung ist somit ein grundsätzlich probates Mittel, ein Vertragswerk wirklich rechtssicher zu gestalten. Dies kann allerdings – und dieses Risiko wird von den Parteien oftmals unterschätzt – zu Lasten insbesondere der Flexibilität und auch Praktikabilität gehen. Denn der durch die Bedingung hervorgerufene Automatismus der Vertragsanpassung ist nicht immer zu empfehlen. Um zu vermeiden, dass sich die beim Bedingungseintritt automatisch eintretende (u. U. dann nicht mehr gewünschte) Rechtswirkung entfaltet, sollte der Vertragsjurist als Folge des Bedingungseintritts über die vertragstechnisch ggf. alternativ bessere Verwendung eines Gestaltungsrechts, etwa in Form einer Option oder eines Rücktrittsvorbehalts, für die betroffene Vertragspartei nachdenken (vgl. dazu sogleich).

5.2.3.1.2 Befristung

Der Bedingung verwandt ist die in § 163 BGB geregelte Befristung (Zeitbestimmung), die vom Gesetzgeber entsprechend behandelt wird. Diese erfährt vorliegend deswegen keine besondere Erläuterung; die Erläuterungen zur Bedingung gelten entsprechend. Häufig werden beide Vertragsinstrumente miteinander kombiniert, vergleichen Sie hierzu bitte auch den diesen Abschnitt abschließenden Übungsfall in Abschn. 5.2.3.4.

5.2.3.2 Option

Sowohl die Bedingungsfeindlichkeit einiger Rechtsgeschäfte[15], wie auch der in der Rechtswirklichkeit verbreitete Wunsch, Rechtslagen zu schaffen, in denen bestimmte Rechtsbindungen allein von der einseitigen Willensentschließung einer Partei abhängig sein sollen, haben zu einem vertragstechnischen Instrumentarium geführt, welches ich hier zusammenfassend als Option bezeichnen möchte[16], wenngleich die diesem Zweck dienenden nachfolgend aufgeführten Konstrukte rechtstechnisch sehr verschiedenartig sind.[17]

Gemeinsames Wesensmerkmal all dieser Optionsgestaltungen ist jedoch, dass ein Vertragspartner bereits verbindlich an den Abschluss eines Rechtsgeschäfts (meist befristet und/oder widerruflich) gebunden werden soll, während es dem anderen Vertragspartner noch überlassen bleibt, das Rechtsgeschäft beidseitig bindend zur Geltung zu bringen. Dabei bleibt es den Beteiligten überlassen, ob die Ausübung der Option im freien Ermessen des Begünstigten steht oder an bestimmte weitere Voraussetzungen geknüpft wird.

---

[15] Anm.: Wie oben bereits angedeutet, sind etwa im Grundstücksverkehr Bedingungen weniger gebräuchlich, weil sie sich allenfalls auf den schuldrechtlichen Teil beziehen können. Vgl. Sie hierzu nochmals § 925 Abs. 2 BGB für die Auflassung.

[16] Ebenso *Schmittat*, Einführung in die Vertragsgestaltung, 134 m. w. N. zur uneinheitlich verwendeten Terminologie; vgl. hierzu auch im Folgenden.

[17] Anm.: Für eine Option beziehungsweise einen Optionsvertrag hat sich tatsächlich bislang keine eindeutige Gestaltungsform herausgebildet. Letzten Endes ist an dieser Stelle für Ihre praktische Arbeit nur wichtig, dass Sie die verschiedenen hiervon erfassten Konstruktionen kennen.

In der Praxis wichtige Erscheinungsformen sind[18]:

- Vertrag mit Optionsvorbehalt,
- bindendes Vertragsangebot,
- Vertragsschluss mit einem offen ohne Vertretungsmacht auftretenden Vertreter,
- Abschluss eines Vertrages mit Einräumung eines freien Rücktrittsrechts und
- einseitig verpflichtender Vorvertrag (hierzu mehr unter Abschn. 5.3.1[19]).

Beim Vertrag mit Optionsvorbehalt erfolgt der Vertragsschluss unter einer aufschiebenden Potestativbedingung[20], welche die noch nicht gebundene Vertragspartei durch eigenes Tun, regelmäßig nur durch eine eigene Geltungserklärung, auslösen kann. Dieser einseitig belastende Schwebezustand wird, um ihn noch einigermaßen zumutbar für die Gegenseite zu gestalten, regelmäßig zeitlich, gelegentlich auch sachlich auf bestimmte Bereiche der Vereinbarung begrenzt sein.[21] Nicht unüblich ist auch die „gebundene Option", die (gegebenenfalls kumulativ) die Optionserklärung vom Eintritt beziehungsweise Nichteintritt eines bestimmten Ereignisses abhängig macht.

> **Beispiel**
>
> Ein bekanntes Anwendungsbeispiel stellt die Verlängerungsoption bei Dauerschuldverhältnissen, insbesondere beim Miet- beziehungsweise Pachtvertrag dar und könnte etwa wie folgt lauten:
> 1. Das Pachtverhältnis beginnt am … und wird für eine Zeitdauer von … Jahren, d. h. bis zum … fest abgeschlossen.
> 2. Der Pächterin wird das Recht eingeräumt, die Pachtzeit um 2 x … Jahre durch einseitige Erklärung zu verlängern (Optionsrecht). Dieses Recht muss spätestens … Monate vor Ablauf der Pachtzeit schriftlich ausgeübt werden. Für die Wahrung der Frist ist der Zugang bei der Verpächterin maßgeblich.
> 3. Wird kein Optionsrecht ausgeübt, verlängert sich das Pachtverhältnis jeweils um …, wenn es nicht spätestens … Monate vor Ablauf der Pachtzeit schriftlich gekündigt wurde.

Das bindende Vertragsangebot: Beim bindenden Vertragsangebot fehlt es noch an dem eigentlichen Vertragsschluss, schließlich sind (wenigstens) zwei korrespondierende Willenserklärung hierfür notwendig. Hier wird das Vertragsangebot mit einer Annahmefrist verbunden, mit deren Ablauf die Annahme nicht mehr wirksam

---

[18] Vgl. *Schmittat*, Einführung in die Vertragsgestaltung, 134 ff. m. w. N.

[19] Anm.: Da es sich um eine Vorstufe der Option handelt (Vgl. Schmittat, Einführung in die Vertragsgestaltung, 136 f.), wird dieser nicht hier, sondern als Besonderheit in der Vertragsgestaltung unter Abschn. 5.3.1 behandelt.

[20] Anm.: Bei diesem hängt es lediglich vom Willen des Verpflichteten ab, das Geschäft gelten zu lassen, vgl. Sie hierzu bereits den Verweis und die Ausführungen in Fn. 10.

[21] Vgl. *Schmittat*, Einführung in die Vertragsgestaltung, 134, dazu auch im Folgenden.

erfolgen kann, vgl. § 148 BGB. Es kann auch flexibler ausgestaltet werden, indem das Angebot auch nach Ablauf der Bindungsfrist noch wirksam bleibt, aber durch einen Widerruf des Anbietenden beseitigt werden kann.[22] Nach alledem kann man Optionsverträge und bindende Angebote in der Vertragspraxis als funktional gleichwertig bezeichnen; sie können wahlweise zum Einsatz gelangen.

Bei einem Vertragsschluss mit einem offen ohne Vertretungsmacht auftretenden Vertreter handelt es sich um eine Gestaltungsform, die besonders häufig bei notariellen Beurkundungen[23] vorkommt. Hierbei kommt dem Vertretenen eine vergleichbare Rechtsstellung zu wie in den beiden zuvor genannten Optionsformen[24], vgl. §§ 177 Abs. 1, 178 BGB. Der Vertretene hat es nämlich ebenso in der Hand, durch seine einseitige Erklärung den betreffenden Vertrag zu genehmigen oder dies eben nicht zu tun. Bis zur Genehmigung oder deren Verweigerung durch den vollmachtlos Vertretenen bleibt der Vertrag nämlich schwebend unwirksam. Die andere Partei hat aber die Möglichkeit, diesen Schwebezustand durch Aufforderung nach § 177 Abs. 2 BGB zu beseitigen. Häufig tritt ein ausdrücklich vollmachtloser Vertreter auf, wenn ein Vertragsbeteiligter der Unterzeichnung des Vertrages nicht beiwohnen kann, wie etwa bei (dauerhaftem oder längerfristigem) Aufenthalt im Ausland, und auch im Vorfeld des Vertragsschlusses keine Vollmacht erteilen konnte oder wollte, etwa aus Zeit- oder Kostengründen. Für den vollmachtlosen Vertreter besteht auch nicht das sonst übliche Haftungsrisiko gemäß § 179 Abs. 1 und 2 BGB. Er haftet in diesem Falle nicht, da die andere Vertragspartei den Mangel der Vertretungsmacht durch vorherige Offenlegung kannte, vgl. § 179 Abs. 3 BGB. Teilweise lässt sich sogar ein anwesender Vertragsbeteiligter förmlich vollmachtlos vertreten, um etwa erst weitere (meist wirtschaftliche und/oder rechtliche) Fragen noch klären zu können und sodann den Vertrag erst durch seine Genehmigung zu einem späteren Zeitpunkt in Kraft zu setzen. Auch hier steht das Ergebnis einer Option im vorgenannten Sinne gleich.

Soweit der Vertrag schließlich ein freies (d. h. rücktrittsgrundfreies, vgl. dazu sogleich unter Abschn. 5.2.3.3), regelmäßig zeitlich befristetes Rücktrittsrecht dergestalt einräumt, dass ein Leistungsaustausch vor Erledigung des Rücktrittsrechts nicht stattfindet, eine Rückabwicklung im geregelten Rücktrittsfalle somit nicht erforderlich ist und die vertraglichen Rücktrittsfolgen jegliche Ansprüche (gegebenenfalls mit Ausnahme der unmittelbaren Vertragskosten) für den Rücktrittsfall ausschließen, kann auch dieses freie Rücktrittsrecht funktional zu den Optionen gezählt werden.[25] Schließlich steht auch hier die Durchführung des Vertrags im Belieben des Rücktrittsberechtigten, ohne dass nennenswerte wirtschaftliche Unterschiede zu den vorherigen Konstellationen bestehen. Wenngleich hier bereits ein

---

[22] Vgl. zum Ganzen auch das abschließende Beispiel unter Abschn. 5.2.3.4 sowie die Ausführungen bei *Schmittat*, Einführung in die Vertragsgestaltung, 134 f., dazu auch im Folgenden.

[23] Anm.: Allerdings hat der Notar hier kritisch zu prüfen, ob der materiell Betroffene hierdurch nicht um die mit der Beurkundung verbundene Aufklärung gebracht wird.

[24] So auch *Schmittat*, Einführung in die Vertragsgestaltung, 135.

[25] Ebenso *Schmittat*, Einführung in die Vertragsgestaltung, 136.

wirksamer Vertrag zustande gekommen ist und durch den Rücktritt zunächst auch nur in ein Rückgewährschuldverhältnis umgewandelt wird.

Vergleichen Sie zu diesen Gestaltungsinstrumenten zusammenfassend und veranschaulichend bitte den diesen Abschnitt abschließenden Übungsfall in Abschn. 5.2.3.4.

5.2.3.3 Rücktrittsvorbehalt

Bei gegenseitigen Verträgen regeln die §§ 323 ff. BGB das gesetzliche Verfahren für einen Rücktritt. Mit Zugang der Rücktrittserklärung erlöschen die beiderseitigen Leistungsansprüche und der Vertrag wird in ein Rückgewährschuldverhältnis umgewandelt, auf welches die §§ 346 ff. BGB Anwendung finden.

Wird ein vertragliches Rücktrittrecht vereinbart, so kann der Rücktritt grundsätzlich ohne Einhaltung des insoweit dispositiven Verfahrens nach § 323 BGB[26], also insbesondere der Nachfristsetzung, ausgestaltet werden. Bei formularmäßiger Verwendung (AGB!) sind §§ 309 Nr. 4, 8a und 13, 308 Nr. 2 und 3 sowie 307 Abs. 2 BGB zu beachten.[27]

Typische Anwendungsbereiche finden sich zuvorderst in der abweichenden Regelung gesetzlich erfasster Leistungsstörungen sowie der Erfassung von bestimmten vertraglichen Risiken, für die keine Vertragspartei eine Verantwortung übernehmen will, wie etwa die Verantwortung zur Leistung oder Nachteilshinnahme etwa in Form von Kostentragung.[28]

Bei der Abfassung eines vertraglichen Rücktrittsrechts müssen folgende Punkte bedacht und geregelt werden:[29]

Der Rücktrittsgrund ist so genau wie möglich zu fassen. Sie müssen somit festlegen, welches Ereignis durch Eintritt oder Nichteintritt das vertragliche Rücktrittsrecht auslösen soll. Achten Sie hierbei auch darauf, dass sich, soweit die Herbeiführung des Rücktrittsgrundes im Einflussbereich nur einer Vertragspartei liegt, die vertragliche Gestaltung dem oben genannten freien Rücktrittsrecht annähern kann. Bemühen Sie sich also um eine weitest mögliche Verobjektivierung des Rücktrittsgrundes.

Daneben müssen Sie regeln, wem das Rücktrittsrecht zusteht, d. h. zuvorderst klären, ob es sich um ein – wie im Regelfall – nur einer (vertraglich begünstigten) Partei zustehendes (einseitiges) Gestaltungsrecht handelt oder beiden Parteien diese Gestaltungsmöglichkeit eingeräumt wird. Genau in diesem Falle müssen Sie insbesondere bedenken, dass sich die ursprünglich zum Schutz einer Partei eingeräumte

---

[26] Vgl. zum dispositiven Charakter von § 323 BGB *RG*, Urt. v. 13.10.1905 – II 57/05; *RG*, Urt. v. 20.05.1922 – II 685/21; *BGH*, Urt. 06.02.1954 – II ZR 176/53; *BGH*, Urt. v. 28.09.1984 – V ZR 43/83.

[27] Vgl. *Schmidt*, in: BeckOK BGB, § 323 Rn. 3. m. w. N. Danach erscheint angesichts der Leitbildfunktion des § 323 BGB insbesondere problematisch, inwieweit in AGB das Rücktrittsrecht von einem Vertretenmüssen des Verwenders abhängig gemacht werden kann, vgl. hierzu auch eingehend *Canaris*, FS Ulmer, 1073, 1090 f. m. w. N.

[28] Vgl. *Schmittat*, Einführung in die Vertragsgestaltung, 129.

[29] Vgl. zum vertraglichen Regelungsbedarf nachfolgend auch *Schmittat*, Einführung in die Vertragsgestaltung, 131 ff.

Gestaltungsoption zu einer Gefährdung genau dieser (intendiert schützenswerten) Partei entwickeln kann, wie nachfolgendes Beispiel veranschaulichen soll:

> **Beispiel**
> So kann etwa das vertragliche Rücktrittsrecht zugunsten des Käufers eines Grundstückes für den Fall eines bestimmten Mangels des Grundstücks bei gleichzeitiger Einräumung dieses Rücktrittsrechts auch zugunsten des Verkäufers dazu führen, dass der Verkäufer von dem Kaufvertrag zurücktritt, obgleich dies weder der ursprünglichen gesetzlichen Ausgangslage noch der konkreten Interessenlage entspricht, etwa weil der Käufer lieber am Vertrag festhalten und andere Mängelrecht geltend machen möchte.

Hier ist es sinnvoll, nur der intendiert schützenswerten Partei dieses Rücktrittsrecht einzuräumen, was Sie insbesondere auch im Laufe von Vertragsverhandlungen beachten sollten.

Sie sollten ferner Regelungen zu Form und Frist der Ausübung des Rücktrittsrechts vertraglich verankern, schließlich dient die Vereinbarung einer Rücktrittsfrist der Rechtssicherheit und auch die Bestimmung der Form der Rücktrittserklärung dient der Rechtsklarheit und Beweisbarkeit.[30]

Zu guter Letzt sollten Sie auch die Rücktrittsfolgen regeln, soweit die gesetzlichen Rücktrittsfolgen nicht der (gemeinsamen) Interessenlage der Parteien entsprechen.

Zur Veranschaulichung der hiernach gegebenen vertraglichen Gestaltungsmöglichkeiten aus diesem Abschnitt sowie zu deren Kombinierbarkeit und Abgrenzung unter Nennung möglicher Vor- und Nachteile habe ich das diesen Abschnitt abschließende Beispiel für Sie gebildet.

5.2.3.4 Übungsfall „Ja, aber nur unter der Bedingung, dass ..."

Konrad Kredithai („K") will im März 2015 von Victor Vaul („V") ein unbebautes Grundstück kaufen und dieses mit einem Mehrfamilienhaus bebauen. Dieses will er in Wohnungseigentum aufteilen und die Wohnungen anschließend einzeln verkaufen.

Der aktuelle Bebauungsplan („B-Plan") lässt die beabsichtigte Bebauung nicht zu. Die örtlich zuständige Gemeinde plant jedoch, einen B-Plan aufzustellen, der genau diese Bebauung ermöglichen wird. Da es jedoch noch gemeindeinterne Widerstände gibt, ist unklar, ob der B-Plan bis Ende 2015 aufgestellt sein wird. Sollte dies jedoch nicht der Fall sein, hat K kein weiteres Interesse an Erwerb und geplanter Nutzung des Grundstücks, denn auf eine zeitnahe Bauausführung kommt es ihm gerade an. V vertraut auf die Gemeinde und will den Grundstücksverkauf schon jetzt durchführen.

---

[30] Inwieweit gerade eine Befristung sinnvoll und möglich ist vgl. *Schmittat*, Einführung in die Vertragsgestaltung, 131 f.

Was können beziehungsweise sogar müssen Sie vertraglich veranlassen? Welche denkbare Lösungsansätze würden Sie entwickeln und wie würden Sie diese im Vertragsentwurf umsetzen wollen?

1. Lösungsvariante: Ausgestaltung als Bedingung
Einleitende Hinweise zur inhaltlichen Ausgestaltung:
Der Kaufvertrag kann in Kombination mit einer Befristung bis zum 31. Dezember 2015 (§§ 163, 158 Abs. 2 BGB) entweder aufschiebend bedingt auf das rechtzeitige wirksame Inkrafttreten des oben genannten B-Plans (§ 158 Abs. 1 BGB) oder aber auflösend bedingt (§ 158 Abs. 2 BGB) für den Fall des nicht rechtzeitigen wirksamen Inkrafttretens dieses B-Plans geschlossen werden.

Zu regeln ist dabei insbesondere Folgendes

- Die Bestimmung der Frist für die wirksame Befristung,
- Die genauen, objektiv nachprüfbaren Voraussetzungen für den Bedingungseintritt sowie
- In Abhängigkeit von der Ausgestaltung als aufschiebende oder auflösende Bedingung:
  - Ggf. Einzelheiten zum Rechtszustand bis zum Bedingungseintritt des Vertrages und
  - zur Kostenfolge der Auflösung des Vertrages.

Vorschlag für eine geeignete (rudimentäre) Formulierung
„Präambel[31]

Der Käufer ist Bauunternehmer und beabsichtigt auf dem vertragsgegenständlichen Kaufgrundstück, das zu dem im Bebauungsplan ... vom ... gegenwärtig als [Gewerbegebiet] ausgewiesenen Bereich der Gemarkung ... gehört, ein Mehrfamilienhaus gemäß dem vorgelegten Bebauungs- und Betriebskonzept vom ..., welches den Vertragsparteien bekannt ist, zu errichten.

§ 1 Aufschiebende Bedingung
Dieser Vertrag steht unter der aufschiebenden Bedingung, dass ein Bebauungsplan, in dessen räumlichen Geltungsbereich das Kaufgrundstück belegen ist, die bauliche Nutzung des Kaufgrundstücks entsprechend dem Bebauungs- und Betriebskonzept vom ... zulässt und dieser bis zum 31. Dezember 2015 wirksam in Kraft getreten ist. Ist dies nicht der Fall, trägt der Verkäufer alle bis dahin bereits entstandenen Kosten dieses Vertrages."

---

[31] Zur Erläuterung: Hier – wie im Übrigen in zahlreichen Immobilienkaufverträgen – liegt tatsächlich ein begründeter Anwendungsfall einer Präambel vor, da sich aus dieser der Gesamtkontext der weiteren Regelungsgegenstände, insbesondere die Motivation zu dem beurkundeten Immobilienkaufvertrag, zweifelsfrei ergibt. Vgl. Sie hierzu bitte eingehend Abschn. 5.2.1.

Vertiefende Hinweise zur inhaltlichen Ausgestaltung
Nachteil der gewählten Bedingung ist der Automatismus, da – vom (weiteren) Willen der Vertragsparteien K und V unabhängig – mit deren Nichteintritt innerhalb der Befristung der Kaufvertrag zwingend unwirksam wird. So könnte es etwa sein, dass der Käufer zwischenzeitlich auch ohne den vertraglich definierten Bedingungseintritt am Vertrag festhalten will, da etwa das Inkrafttreten des B-Plans in absehbarer Zukunft erfolgen wird und sich die zeitliche Perspektive des K – etwa wegen Verzögerungen in dessen internen Projektierungs- und Planungsablauf – geändert hat. Dann wäre nämlich bei der hier gewählten Gestaltungsform der Bedingung eine rechtzeitige Vertragsänderung erforderlich, wollten K und V an dem Vertrag weiter festhalten.

Anstelle einer Bedingung könnte dann – insofern zweckmäßiger – ein Rücktrittsvorbehalt, der nicht ausgeübt werden muss (vgl. hierzu die 3. Lösungsvariante), vereinbart werden.

Weitere typische Beispiele für Bedingungen sind etwa die Baureifmachung eines Grundstücks oder die Mietfreiheit.

Besonderheiten im Hinblick auf § 925 Abs. 2 BGB
Vorliegend galt es zudem, Besonderheiten im Hinblick auf § 925 Abs. 2 BGB bei der Gestaltung zu beachten, da die Auflassung selbst nicht an Bedingungen geknüpft werden kann.

Hier besteht aber folgende Möglichkeit: Die Auflassung kann beispielsweise „unbedingt" erklärt werden und dem Notar ein Treuhandauftrag erteilt werden, die Auflassung erst dann dem Grundbuchamt zum Vollzug einzureichen, wenn die Bedingung des Kaufvertrages erfüllt ist. Würde diese aber dennoch – etwa aufgrund eines Versehens – vor Bedingungseintritt an das Grundbuchamt zum Vollzug eingereicht werden, würde der Käufer als neuer Eigentümer eingetragen, obwohl der zugrundeliegende Vertrag eventuell noch gar nicht oder nicht mehr wirksam ist.

Sicherer wenngleich etwas kostenintensiver ist es, die Auflassung erst dann zu erklären, wenn der Vertrag endgültig wirksam geworden ist.

Hier zeigt sich einmal mehr, dass geringe Kosten und größtmögliche Sicherheit nicht immer in Einklang zu bringen sind. Beide Möglichkeiten sind dem Mandanten mit dem deutlichen Hinweis auf die Risiken der ersten Variante vor Augen zu führen.

2. Lösungsvariante: Bindendes Vertragsangebot
Einleitende Hinweise zur inhaltlichen Ausgestaltung:
Der zu beurkundende Grundstückskaufvertrag kann auch in ein Angebot und eine spätere Annahme aufgespalten werden. Dies ist auch grundsätzlich als sogenannte Stufenbeurkundung gem. § 128 BGB zulässig und möglich.[32]

In diesem Falle möchte der Anbietende jedoch regelmäßig nicht unbefristet an sein Angebot gebunden sein. Das Angebot selbst ist daher regelmäßig befristet oder

---
[32] Anm.: Dies ist beim Kaufvertrag anders als bei der Auflassung! Weshalb diese hier nicht im Angebot enthalten sein darf!

aber der Verkäufer wird sich selbst ein Widerrufsrecht vorbehalten. Beides kann auch – wie im nachfolgenden Formulierungsvorschlag – miteinander kombiniert werden.

Ein weiterer Praxishinweis für die Vertragsregelungstechnik: Bei solchen Angeboten wird der vollständige Kaufvertragstext dem Angebot angefügt. Fangen Sie also nicht an, den Vertragstext in Angebotsform (im Wortsinne) umzuformulieren! Im Angebot selbst finden sich die weiteren erforderlichen Regelungen wie etwa die Befristung und die Frage, wie die Frist gewahrt werden kann.

Vorschlag für eine geeignete (rudimentäre) Formulierung
„V macht K nachstehendes Angebot zum Abschluss eines Grundstückskaufvertrages. An dieses Angebot hält sich V bis zum 31. Dezember 2015 unwiderruflich gebunden. Wird das Angebot nicht innerhalb der Frist angenommen, erlischt es nicht, es kann jedoch von V jederzeit widerrufen werden.[33] Zur Wirksamkeit der Annahme genügt deren Erklärung zu notariellem Protokoll, ohne dass es des Zugangs der Annahmeerklärung bei V bedarf.[34] Der Notar, vor dem die Annahme erklärt wird, wird jedoch gebeten, dem V unverzüglich eine Ausfertigung der Annahmeerklärung zu übersenden.

Das Angebot hat den folgenden Wortlaut:

[An dieser Stelle ist nun der vollständige Text des Kaufvertrages (ohne Auflassung!) einzufügen.]"

Vertiefende Hinweise zur inhaltlichen Ausgestaltung
Wenn der Angebotsempfänger an der Beurkundung des Angebots beteiligt ist, können ihm auch die Kosten des Angebots für den Fall übertragen werden, dass das Angebot nicht angenommen wird (etwa dann, wenn das Angebot auf ausdrücklichen Wunsch des Käufers bereits jetzt abgegeben wird, dieser aber aus Gründen, die in seiner Sphäre liegen, die Freiheit der Annahme wünscht).

Die Annahme des Kaufvertragsangebots wird dann vom Käufer bei einem Notar erklärt. Diesem muss eine Ausfertigung des Angebots vorliegen.[35] Der Kaufvertrag selbst wird bei der Beurkundung der Annahme nicht noch einmal verlesen.

---

[33] Anm.: Vorteil dieser Variante ist, dass nach dem 31. Dezember 2015 der V zwar nicht mehr an seine Willenserklärung gebunden ist, aber sich ändernde Umstände, die nunmehr für eine Verlängerung der ursprünglich zwischen den Parteien vereinbaren Frist sprechen, Berücksichtigung finden können: Es bedarf bei einer Annahme nach dem 31. Dezember 2015 keiner neuen Beurkundung des Angebotes. Dies bedeutet neben der höheren Flexibilität auch eine (mögliche) deutliche Kostenersparnis (Beurkundungskosten!).

[34] Anm.: Hier machen Sie von der Möglichkeit des § 151 BGB Gebrauch, vgl. vertiefend hierzu Abschn. 5.2.8.

[35] Anm.: Dies wird teilweise mit der Begründung bestritten, der Annehmende könne hierauf verzichten. Hierauf sollten Sie sich als Vertragsjurist jedoch vor dem Hintergrund größtmöglicher Rechtssicherheit nicht einlassen.

Besonderheiten im Hinblick auf § 925 Abs. 1 S. 1 BGB
Auch hier gilt es wiederum, Besonderheiten bei der Auflassung zu beachten: Diese kann nur bei gleichzeitiger Anwesenheit beider Vertragsteile erklärt werden (vgl. § 925 Abs. 1 S. 1 BGB). Die Vertretung ist dabei jedoch nicht ausgeschlossen. Deshalb wird der Anbieter den Angebotsempfänger zugleich unter Befreiung von § 181 BGB Vollmacht erteilen, auch in seinem Namen die Auflassung zu erklären, wenn er die Annahme beurkunden lässt. Dies genügt für die „gleichzeitige Anwesenheit". Entsprechend wäre die vorherige Formulierung dahingehend etwa wie folgt zu ergänzen:

„V bevollmächtigt hiermit K unter Befreiung von den Beschränkungen des § 181 BGB, mit der Annahme des Kaufvertrages gleichzeitig auch die Auflassung in seinem Namen zu erklären und alle zur vertragsgemäßen Durchführung des Kaufvertrages erforderlichen Erklärungen abzugeben und entgegenzunehmen."

3. Lösungsvariante: Ausgestaltung als Rücktrittsvorbehalt
Einleitende Hinweise zur inhaltlichen Ausgestaltung:
Statt einer auflösenden Bedingung oder eines befristeten Angebots kann auch ein Rücktrittsvorbehalt vereinbart werden, der an den Eintritt bestimmter, objektiv nachprüfbarer Umstände gebunden ist. Gegenüber dem „Automatismus" der Bedingung hat dies den Vorteil, dass die Parteien flexibler auf bestimmte zukünftige Situationen reagieren können.

Zu regeln ist dabei insbesondere Folgendes

- Festlegung eines objektiv nachprüfbaren Rücktrittsgrunds,
- Die begünstigte Partei (d. h. wem steht das Rücktrittsrecht überhaupt zu?),
- Die Form der Ausübung des Rücktrittsrechts (zur objektiven Nachprüfbarkeit),
- Die Frist und inhaltliche Beschränkung der Ausübung des Rücktrittsrechts (Schließlich möchte die belastete Partei nicht bis in alle Ewigkeit mit der Möglichkeit des Rücktritts der begünstigten Partei belastet sein, weswegen eine Befristung üblich und in dem vorliegenden Falle auch eine inhaltliche Beschränkung – wie nachfolgend – ebenfalls sinnvoll mit dem Instrumentarium zu kombinieren sind, §§ 163, 158 Abs. 2 BGB) sowie
- Die Kostenfolgen: Was ist bis zur endgültigen Wirksamkeit des Vertrages zu tun (Lasten und Kosten)? (Weitere) Kosten der Auflösung des Vertrages durch den Rücktritt: Zu wessen Lasten gehen diese?

Vorschlag für eine geeignete (rudimentäre) Formulierung
„Dem Käufer steht das Recht zum Rücktritt von diesem Vertrage zu, wenn nicht bis zum 31. Dezember 2015 ein Bebauungsplan, in dessen räumlichen Geltungsbereich das Kaufgrundstück belegen ist, in Kraft getreten ist, der die bauliche Nutzung des Kaufgrundstücks entsprechend dem Bebauungs- und Betriebskonzept vom ... zulässt.

Das Rücktrittrecht erlischt, wenn der Bebauungsplan in Kraft getreten ist, bevor der Rücktritt erklärt wurde.

Der Rücktritt ist wirksam erklärt, wenn die schriftliche Rücktrittserklärung dem anderen Vertragsteil oder dem beurkundenden Notar bis zum [31. Januar 2016 – 18.00 Uhr] per Einschreiben mit Rückschein zugegangen ist.

Der Notar soll die Eintragung der Vormerkung erst veranlassen, wenn der Käufer schriftlich erklärt hat, dass er den Rücktritt nicht ausübt oder wenn der Verkäufer ihn hierzu schriftlich anweist.

Bei Ausübung des Rücktritts trägt der [Käufer]³⁶ die Kosten dieser Urkunde und der Rückabwicklung."

Vertiefende Hinweise zur inhaltlichen Ausgestaltung
In Ihrer Gestaltung unbedingt vermeiden sollten Sie rein subjektive Rücktrittsgründe (bspw. „… kann zurücktreten, wenn sich die mit dem Kauf verbundenen Vorstellungen nicht erfüllen."), es sei denn dem Verkäufer ist es gleichgültig, dass das Recht zum Rücktritt in das Belieben des Käufers gestellt ist. Ein wirtschaftlicher Kompromiss bei einer so weitreichender Rechteeinräumung könnte dann etwa vorsehen, dass der Zurücktretende wenigstens sämtliche Beurkundungskosten trägt.

5.2.4 Vertragsdauer und Kündigung

Während Austauschverträge mit dem Vertragsschluss beginnen und „automatisch" mit der vollzogenen Leistungsabwicklung enden, muss dieser Vertragspunkt bei Verträgen mit Dauerwirkung geregelt werden, bei denen eine zeitliche Begrenzung vom Mandanten gewünscht ist.

Entsprechend enthalten mögliche Vertragsklausel somit Anfangs- und Endtermin aber auch Verlängerungs- und Kündigungsklauseln beziehungsweise Kombinationen der vorgenannten Möglichkeiten.[37]

Teilweise existieren bereits gesetzlich vorgegebene ordentliche Kündigungsfristen, von denen ggf. einseitig zu Lasten einer Vertragspartei nicht abgewichen werden kann (Mindest-/Höchstfristen), wie etwa die in Abhängigkeit von der Dauer des Arbeitsverhältnisses abgestuften Kündigungsfristen bei Arbeitsverhältnissen in § 622 BGB.

Teilweise müssen ordentliche Kündigungsmöglichkeiten erst kautelarjuristisch geschaffen werden, wie etwa die Einräumung einer ordentlichen Kündigungsmöglichkeit für Gesellschafter einer GmbH. Ggf. müssen beim Ausspruch einer Kündigung auch Folgeprobleme im Hinblick auf den Fortbestand des Vertragsverhältnisses bedacht und abweichend von der dispositiven Gesetzeslage geregelt werden, wie etwa bei der Gesellschaft bürgerlichen Rechts[38].

---

[36] Anm.: Dies kann natürlich auch der *Verkäufer sein, dies ist Verhandlungssache!*
[37] Vgl. *Langenfeld*, Vertragsgestaltung, 45.
[38] Anm.: Diese wird durch Kündigung gem. § 723 BGB aufgelöst und nach Maßgabe der §§ 730 ff. BGB abgewickelt, soweit der Gesellschaftsvertrag keine Fortsetzungsklausel im Sinne von § 736 Abs. 1 BGB enthält. In diesem Falle führt die Kündigung nicht zur Auflösung, sondern zum Aus-

5.2 Überblick über wichtige (Einzel-)Instrumente der Vertragsgestaltung

Beispiel

„... *§ 3 Mietdauer*
(1) Das Vertragsverhältnis beginnt am 01.04.2011 und endet

  a) am 31.12.2031, falls die Solarstromanlage bis zum 31.12.2011 in Betrieb genommen wird.
  b) am 31.12.2032, falls die Solarstromanlage nach dem 31.12.2011 in Betrieb genommen wird.

(2) ... "

5.2.5 Ausschlussfrist

Ansprüche unterliegen nach Maßgabe der §§ 194 ff. BGB der Verjährung. Mit Eintritt der Verjährung erlischt der Anspruch zwar nicht, dem Schuldner stehen aber grundsätzlich ein dauerhaftes Leistungsverweigerungsrecht gem. § 214 BGB sowie unter Umständen weitere Gegenrechte zu. Dies kann aber gerade in Vertragsverhältnissen nach Eintritt der Verjährung zu ungewollten Ergebnissen führen.[39]

Deswegen sollten Sie als Vertragsgestalter gerade unter der Maßgabe des sichersten Weges unter Umständen besser eine sogenannte Ausschlussfrist setzen, wenn Sie einen Anspruch tatsächlich zeitlich begrenzen wollen.[40] Denn mit Ablauf der vertraglich gesetzten Ausschlussfrist erlischt der betreffende Anspruch; die Möglichkeit der Geltendmachung von dauerhaften Einreden besteht in diesem Falle nicht.[41]

---

scheiden des Kündigenden unter Fortbestand der Gesellschaft zwischen den übrigen Gesellschaftern. Vgl. Sie im Gegensatz hierzu die Regelungen zur OHG in § 131 Abs. 3 Nr. 3 HGB.

[39] Anm.: Etwa zu der von den Parteien initial an und für sich unerwünschten Aufrechnungsmöglichkeit, vgl. § 215 BGB.

[40] Anm.: Ausschlussfristen, für die im Unterschied zu den detaillierten Verjährungsregelungen der §§ 194 ff. BGB keine allgemein geltenden Bestimmungen bestehen, beruhen nicht nur auf Vertrag, sondern auch auf Gesetz oder richterlicher Bestimmung, wobei ihre Dauer durch zeitlich feste Begrenzung oder durch einen unbestimmten Begriff, wie z. B. „unverzüglich" in § 121 Abs. 1 S. 1 BGB, festgelegt sein kann. Materiell-rechtliche Gegenstände sind etwa: Gestaltungsrechte (bspw. § 622 Abs. 2 BGB), absolute Rechte (bspw. § 64 UrhG), aber auch Ansprüche (etwa § 13 ProdHaftG). Zu den praktisch wichtigsten Fällen zählen tarifvertraglich vereinbarte Ausschlussfristen (bspw. § 4 Abs. 4 S. 3 TVG) sowie die Nachhaftungsbegrenzungsregeln der § 160 HGB oder § 327 Abs. 4 AktG, vgl. zum Ganzen *Grothe*, in: MüKoBGB I, Vorbem. zu § 194, Rn. 10 m. w. N.

[41] Anm.: Selbstverständlich unterliegt auch der Einsatz einer Ausschlussfrist den allgemeinen Gestaltungsgrenzen. Neben den in diesem Falle spezielleren Grenzen, wie etwa § 475 BGB (Verbrauchsgüterkauf) oder bei (entsprechender) Verkürzung § 13 ProdHaftG, sind hier die AGB-rechtlichen Grenzen hervorzuheben, die im Geltungsbereich spezialgesetzlicher Vorschriften naturgemäß zurücktreten, wie u. a. §§ 309 Nr. 7, § 309 Nr. 8b ee und Nr. 8b ff. BGB. So steht nach der Rechtsprechung einer Erleichterung der Verjährung zugunsten des Verwenders eine formularmäßige Vereinbarung einer Ausschlussfrist zur Geltendmachung der Gewährleistungsansprüche nach Erkennbarkeit des Mangels gleich, vgl. *BGH*, Urt. v. 28.10.2004 – VII ZR 385/02.

5.2.6 Sicherungsmechanismen

Sicherungsmechanismen haben den Zweck, eine Vertragspartei vor der Leistungsunfähigkeit bzw. -unwilligkeit der anderen Vertragspartei, aber auch vor wirtschaftlicher Entwertung der geschuldeten Gegenleistung zu schützen.

Dieses Regelungsinstrumentarium mag gerade bei einigen Ihrer Mandanten zum Zeitpunkt des Vertragsschlusses auf wenig Verständnis stoßen, da zu diesem Zeitpunkt die Vertragsparteien mit ihrer Zustimmung zum Vertragsschluss vertragskonformes Verhalten, insbesondere ihren Erfüllungswillen, explizit bekunden. Jedoch zeigt gerade die Vertragspraxis und die Rechtswirklichkeit der Gerichte ein ganz anderes Bild: Die nicht vertragsgerechte Erfüllung dieser Leistungsverhältnisse beschäftigt die Gerichte nämlich tagtäglich ebenso wie die nicht vertragsgerechte Gestaltung dieser Vertragsverhältnisse durch den Vertragsjuristen, wenn etwa gesetzliche Regelungen, die nicht unbedingt dem Mandanteninteresse entsprechen – mangels abweichender vertraglicher Vereinbarung – zur Anwendung gelangen oder das Erfüllungsinteresse aufgrund „überlanger" Verfahrensdauer hierdurch nicht mehr interessengerecht abgedeckt ist. Dementsprechend wichtig ist es, dass Sie als Vertragsjurist diesen wichtigen Bereich in der Gestaltung stets besondere Beachtung schenken. Gerade im Rahmen der Risikoplanung stellen Sie ja auf nicht ganz fernliegende Fehlentwicklungen des der Gestaltung zugrundeliegenden Lebenssachverhaltes ab, indem Sie mögliche tatsächliche und rechtliche Änderungen prognostizieren und Ihrer Konzeption zugrunde legen, damit nicht das dem individuell zu regelnden Einzelfall selten voll entsprechende gesetzliche Instrumentarium zur Anwendung gelangt. Ändern sich etwa die zugrundeliegenden wirtschaftlichen Verhältnisse derart gravierend, dass Leistung und Gegenleistung nicht mehr äquivalent sind, steht als gesetzliches Instrumentarium – mangels anderweitiger Regelung – allenfalls die Störung der Geschäftsgrundlage zur Seite.[42]

Als Sicherungsmechanismen können verschiedene Instrumente zum Einsatz kommen, wie etwa:

- Wertsicherungsklausel,
- Verzugszins,
- Vertragsstrafe,
- Vormerkung und Auflassung,
- Eigentumsvorbehalt,
- Verpfändung,
- Vinkulierungen oder
- Zwangsvollstreckungsunterwerfung.[43]

---

[42] Anm.: Gegebenenfalls auch die ergänzende Vertragsauslegung, beides mit ungewissem Ausgang, vgl. zu den Fallgruppen und möglichen „Gefahren" *Lorenz*, in: BeckOK BGB, § 313 Rn 34–67; ggf. hat auch das befindende Gericht eine dem Parteiwillen entsprechende Lösung im Wege ergänzender Vertragsauslegung zu finden, vgl. *BGH*, Urt. v. 30.10.1974 – VIII ZR 69/73; *BGH*, Urt. v. 25.01.1967 – VIII ZR 206/64; *BGH*, Urt. v. 02.02.1983 – VIII ZR 13/82.

[43] Anm.: Daneben kommen natürlich noch weitere Sicherungsmittel – je nach Betätigungsfeld gerade auch als Standardbausteine – in Betracht, wie etwa Aufrechnungs- und Zurückhaltungsverbote (zu beachten sind hierbei etwa §§ 390–395, 556b BGB sowie AGB-rechtlich insbesondere

5.2 Überblick über wichtige (Einzel-)Instrumente der Vertragsgestaltung

Das Grundmuster ist dabei – bis auf die hier aufgeführte beinahe selbst erklärende Wertsicherung – stets dasselbe: Sollte die Gegenleistung nicht erfolgen, so ist derjenige, der bereits geleistet hat, durch das Sicherungsinstrument nicht allein auf den Erfüllungswillen der anderen Vertragspartei angewiesen. So wird etwa die Gegenleistung dadurch sichergestellt, dass dem Berechtigten ein Pfandrecht an den dem Verpflichteten zu Eigentum übertragenen Mobilien oder Immobilien bestellt wird, bei einigen Vertragstypen besteht bereits – ohne explizite vertragliche Begründung – ein gesetzliches Pfandrecht wie etwa das Pfandrecht des Vermieters aus dem Mietverhältnis an Sachen des Mieters gemäß §§ 562 ff. BGB[44]. Bei der Wertsicherung ist diese Aussage dahin zu modifizieren, dass Leistung und Gegenleistung über die gesamte Vertragslaufzeit einem bestimmten wirtschaftlich definierten Äquivalent entsprechen sollen, und zwar wiederum unabhängig vom Erfüllungswillen der jeweils anderen Vertragspartei.

Eigentumsvormerkung (§ 883 BGB) und Auflassung (§ 925 BGB) haben Sie kurz bereits im Rahmen des Übungsfalles in Abschn. 3.6.2.5 in ihrer Wirkung als Sicherungsmittel und im Zusammenspiel kennengelernt. Ergänzend sei hier auf das Veräußerrisiko einer solchen Vormerkung für die Fälle hingewiesen, dass es zur Nichterfüllung des Kaufvertrages kommt: In diesem Falle muss nämlich der begünstigte Erwerber die Löschung der Vormerkung bewilligen, die im Falle der Weigerung einzuklagen ist. In der Vertragspraxis verlangt der Verkäufer häufig vor Eintragung der Vormerkung einen Finanzierungsnachweis (durch geeignete Bankunterlagen), um dieses Risiko zumindest zu mindern.[45]

Die Vinkulierung als Abtretungsbeschränkung (vgl. § 399 Alt. 2 BGB), insbesondere im Gesellschaftsrecht als Abtretungsbeschränkung hinsichtlich der „Mitgliedschaft" zur Sicherung der persönlichen Beziehungen der Gesellschafter (vgl. etwa § 15 Abs. 5 GmbHG), sowie den Eigentumsvorbehalt bei Mobilien (§§ 449, 158 Abs. 1, 929 BGB) lernen Sie noch als Sicherungsmittel im Rahmen der großen Übungsfälle in Kap. 6 nebst Erläuterungen kennen.

Die notariell beurkundete Zwangsvollstreckungsunterwerfung[46] als einseitige Erklärung, die keiner Annahme durch den Gläubiger bedarf[47], gibt dem hieraus

---

§ 309 Nr. 3 BGB), die Verarbeitungsklausel (vgl. § 950 BGB) oder die Treuhand, der besondere Bedeutung zur Sicherung der Vertragsabwicklung beim Grundstückskauf zukommt. Wollte man an dieser Stelle jedoch versuchen, alle Sicherungsmechanismen darzustellen, würde dies den Rahmen dieses Lehrbuches sprengen. Ich habe mich daher auf die für Sie aus meiner Sicht gerade in der anfänglichen Praxis wichtigsten beschränkt.

[44] § 562 BGB findet auf Wohnraummietverhältnisse (vgl. § 535 BGB), auch im Sinne von § 549 Abs. 2, 3 BGB einschließlich der Untermiete, sowie für Mietverhältnisse über Grundstücke (vgl. § 578 Abs. 1 BGB) und über Räume, die keine Wohnräume darstellen (§ 578 Abs. 2 BGB), also insbesondere Gewerbe- und Geschäftsräume (vgl. etwa *AG Lemgo*, Urt. v. 06.04.2006 – 18 C 385/06 zum Pferdeeinstellungsvertrag), Anwendung.

[45] Vgl. auch *Langenfeld*, Vertragsgestaltung, 50.

[46] Es handelt sich um eine Prozesshandlung, auf die die Vorschriften des materiellen Rechts grundsätzlich keine Anwendung finden, vgl. *BGH*, Urt. v. 01.02.1985 – V ZR 244/83, (ständige Rechtsprechung); jüngst wieder *BGH*, Urt. v. 20.03.2008 – IX ZR 2/07; *BGH*, Urt. v. 29.05.2008 – V ZB 6/08; *BGH*, Urt. v. 17.04.2008 – V ZB 146/07; *Wolfsteiner*, in: MüKoZPO II, § 794 Rn. 143.

[47] Ständige Rechtsprechung, vgl. etwa *BGH*, Urt. v. 01.02.1985 – V ZR 244/83; *BGH*, Urt. v. 20.03.2008 – IX ZR 2/07; vgl. auch *Wolfsteiner*, in: MüKoZPO II, § 794 Rn. 143; a. A. *Wagner*, Prozessverträge, 779.

Berechtigten aufgrund der Umkehrung der prozessualen Initiativlast ein sehr weitgehendes Sicherungsmittel zur Hand[48]. Schließlich kann jeder vollstreckungsfähige Anspruch, der einer vergleichsweisen Regelung zugänglich und nicht auf Abgabe einer Willenserklärung gerichtet ist sowie nicht den Bestand eines Mietverhältnisses über Wohnraum betrifft, Gegenstand der Unterwerfung sein, solange er hinreichend bestimmt ist.[49] Ein Beispiel für ihren zweckgerechten Einsatz gebe ich Ihnen (ergänzend) im Rahmen der Erläuterungen zum Vertragsstrafeversprechen (Abschn. 5.2.6.3).

5.2.6.1 Wertsicherungsklausel

Wertsicherungsklauseln sollen Veränderungen im Wertverhältnis von vereinbarter Leistung und Gegenleistung, regelmäßig eine Geldschuld, vertraglich erfassen und entsprechend im Zeitablauf der Vertragsabwicklung anpassen.[50] Dies kann durch eine (häufig) automatische oder (auch optional) erst noch durch eine Partei zu vollziehende Anpassung der vereinbarten Geldschuld an den Preis oder Wert von anderen Gütern oder Leistungen bestimmt werden, die mit den vereinbarten Gütern oder Leistungen vergleichbar oder auch nicht vergleichbar sind. Als Gestaltungsgrenze müssen Sie hierbei insbesondere das Gesetz über das Verbot der Verwendung von Preisklauseln bei der Bestimmung von Geldschulden (PrKG) beachten und sich mit dessen Regelungssystematik vertraut machen. § 1 PrKG verbietet nämlich die automatische Bindung einer Geldschuld an eine vertragsfremde Bezugsgröße (Gleitklausel), wie etwa eine derartige automatische Kopplung der Miete an die Verbraucherpreise (sogenannter Verbraucherpreisindex (VPI) – der vom statistischen Bundesamt monatlich ermittelte Preisindex für die Lebenshaltung aller privaten Haushalte in Deutschland).[51] Die §§ 3 bis 7 PrKG enthalten wiederum Ausnahmen vom Verbot der Preisklauseln.[52]

In der Vertragspraxis zu beachten sind die daneben existierenden spezialgesetzlichen Ausnahmen, wie etwa in § 557b BGB für die (generell zulässige) Indexierung bei Wohnraummietverhältnissen[53] und die (zusätzlichen) Anforderung an die

---

[48] Vgl. *Hoffmann*, in: BeckOK ZPO, § 794 Rn. 39, ders.: „Muss normalerweise der Gläubiger Klage erheben, um einen Titel zu erstreiten, bewirkt die Unterwerfungserklärung, dass der Schuldner sich gegen eine Vollstreckung nach §§ 795, 767, 797 Abs. 4 ZPO zur Wehr setzen muss."

[49] Vgl. *Wolfsteiner*, in: MüKoZPO II, § 794 Rn. 201 ff.; *Hoffmann*, in: BeckOK ZPO, § 794 Rn. 48 ff. jeweils m. w. N.

[50] Vgl. *Schmittat*, Einführung in die Vertragsgestaltung, 150 ff.; *Langenfeld*, Vertragsgestaltung, 65 f.

[51] Vgl. *Schmittat*, Einführung in die Vertragsgestaltung, 151.

[52] Anm.: Das PrKG stellt zugleich ein schönes Beispiel für ein Verbotsgesetz mit Ausnahmevorbehalt dar.

[53] „Die Vorschrift ist auf alle Wohnraummietverhältnisse mit Ausnahme der in § 549 Abs. 2, 3 (BGB) genannten Mietverhältnisse ohne Rücksicht auf ihre Laufzeit anwendbar. Bei preisgebundenem Wohnraum sind zusätzlich die spezialgesetzlichen Vorschriften für öffentlich geförderten Wohnungsbau zu beachten. Auf Wertsicherungsklauseln in der Geschäftsraummiete findet die Vorschrift keine Anwendung. Hier gilt das Preisklauselgesetz (PrKG).", *Schüller*, in: BeckOK BGB § 557b Rn. 2.

Gestaltung aus anderen Vorschriften, wie insbesondere dem AGB-Recht [54], so etwa aus § 309 Nr. 1 BGB.

Betrachten Sie hierzu auch nochmals den kurzen Übungsfall: „Musters Sonnenstunde und von Blödefelds Inflationsängste…" (vgl. oben unter Abschn. 3.6.4.4.10).

5.2.6.2 Verzugszins

Die gesetzlichen Regelungen zum Schuldnerverzug in den §§ 286 ff. BGB sind bereits sehr weitreichend, und doch kann auch in Fällen des Verzugs das Mandanteninteresse hierdurch nicht hinreichend gewahrt sein. So kann etwa gewünscht sein, den Gläubiger von der gesetzlichen Obliegenheit der Mahnung zu befreien, soweit nicht ein Fall entbehrlicher Mahnung nach § 286 Abs. 2 BGB vorliegt. Teilweise dient die Verankerung einer solchen Klausel in einem Vertragswerk auch nur der Veranschaulichung der vertraglichen Pflichten und erhöht so die Lesbarkeit des Vertragswerkes für die Vertragsparteien.

Soweit die Gestaltung den AGB-rechtlichen Anwendungsbereich berührt, sind insbesondere die Grenzen der §§ 309 Nr. 5b, 308 Nr. 5 und 6, 307 BGB zu beachten.[55]

Betrachten Sie zur weiteren Veranschaulichung den folgenden kurzen Übungsfall:

> **Beispiel**
>
> **„Pünktlichkeit ist keine Zier… und weiter kommt man mit ihr …"**
> Manfred Muster kauft im Oktober 2014 eine Eigentumswohnung zu einem Kaufpreis von 100.000,00 €. Nach dem Kaufvertrag ist der Kaufpreis am 10. Tag nach schriftlicher Mitteilung des Notars an ihn, dass die nach dem Kaufvertrag bestimmten Voraussetzungen („Eintragung der Vormerkung", „Vorliegen von Genehmigungen und Löschungsunterlagen" etc.) erfüllt sind, zur Zahlung fällig. Entscheidend soll das Absendedatum der Mitteilung sein. Über (Verzugs-) Zinsen ist in dem Kaufvertrag keine Regelung getroffen.
>
> Der Notar versendet am 1. November 2014 die schriftliche Mitteilung (Poststempel). Manfred Muster zahlt aufgrund von Schwierigkeiten mit seiner Bank per Eilüberweisung erst am 11. Dezember 2014, um 11.30 Uhr. Der Verkäufer hat Herrn Muster nicht wegen der Zahlung des Kaufpreises angemahnt.
>
> Manfred Muster möchte nun wissen,
> – ob er wegen der verspäteten Zahlung Zinsen zahlen muss;
> – wenn ja, wie hoch der Zinssatz ist, und
> – wie hoch die Summe der Zinsen ist.[56]

---

[54] Vgl. Sie bitte für Preisanpassungsklauseln, die gegen das AGB-Recht verstoßen etwa *BGH*, Urt. v. 01.02.1984 – VIII ZR 54/83; *BGH*, Urt. v. 12.07.1989 – VIII ZR 297/88.

[55] Vgl. ausführlicher *Schmittat*, Einführung in die Vertragsgestaltung, 148.

[56] Anm.: Eine sehr hilfreiche Internetadresse zur Bewältigung dieser Aufgabe finden Sie auf www.basiszins.de. Hier finden Sie die gesammelten Basiszinssätze der letzten Jahre und „Hilfestellungen" zu der Frage, welche Tage eigentlich in die Zinsberechnung einbezogen werden. Daneben verfügt die Seite über einen übersichtlichen Zinsrechner.

Lösungsvorschlag
Verzugszins:
Manfred Muster muss wegen der nicht fristgerechten Zahlung des Kaufpreises Verzugszinsen zahlen. Seit der Schuldrechtsreform hat § 286 BGB die Mahnung (wie im vorliegenden Fall) zum Eintritt des Verzugs beispielsweise in solchen Fällen „überflüssig" gemacht, in denen der Zahlung gem. § 286 Abs. 2 Nr. 2 BGB „ein Ereignis vorauszugehen hat und eine angemessene Zeit für die Leistung in der Weise bestimmt ist, dass sie sich von dem Ereignis an nach dem Kalender berechnen lässt" (hier: „Absendung der notariellen Fälligkeitsmitteilung" und „10. Tag nach schriftlicher Mitteilung").

Höhe des Verzugszinses
Für die Zeit des Verzuges fallen gem. § 288 BGB Verzugszinsen an, die 5 Prozentpunkte über dem Basiszinssatz gem. § 247 BGB liegen. Zur damaligen Zeit lag der Basiszinssatz bei −0,73 %. Somit betrug der Verzugszins 4,27 %.

Berechnung des Verzugszinses
Die Kaufpreiszahlung war am 10. Tag nach Absenden der schriftlichen Mitteilung des Notars, also am 11. November 2014, zur Zahlung fällig. Dieser Tag wird für die Zinsberechnung nicht mitgerechnet, weil der Verzug ja erst mit dessen Ablauf beginnt, vgl. § 187 Abs. 1 BGB. Mitgerechnet wird jedoch der Tag, an dem letztlich gezahlt wird, vgl. § 188 Abs. 1 BGB. Zinsen werden in diesem Fall also für die Tage vom 12. November bis einschließlich dem 11. Dezember 2014 gezahlt. Bei insgesamt 30 Zinstagen ergibt sich eine Zinssumme von 350,96 € sowie – falls sich die Zahlung sogar noch weiter verzögert – für jeden weiteren Tag 11,70 €.

Damit die Kaufvertragsparteien ihre Rechte kennen, könnte etwa die folgende kurze ergänzende Erläuterung in den notariellen Kaufvertrag aufgenommen werden
„ ... Der Notar hat darauf hingewiesen, dass der Käufer ohne Mahnung in Verzug kommt, wenn er den Kaufpreis nicht fristgerecht zahlt. Der gesetzliche Verzugszinssatz beträgt jährlich 5 Prozentpunkte über dem Basiszinssatz, zurzeit insgesamt 4,27 %."

5.2.6.3 Vertragsstrafe
Die Vereinbarung einer Vertragsstrafe im Sinne von §§ 339 ff. BGB soll die gehörige Erfüllung der vertraglichen Hauptverbindlichkeit als Druckmittel sichern und dem Gläubiger den Nachweis eines Schadens ersparen.[57] Dabei sind Voraussetzungen und Zeitpunkt der „Verwirkung" der Vertragsstrafe zu regeln, wobei unter Verwirkung der Eintritt derjenigen Umstände zu verstehen ist, die den Gläubiger berechtigen, die Vertragsstrafe zu fordern. Zu unterscheiden ist das sogenannte unselbstständige (akzessorische, d. h. in Abhängigkeit von der nicht-gehörigen Erfül-

---
[57] Vgl. etwa *BGH*, Urt. v. 20.01.2000 – VII ZR 46/98; *OLG Celle*, Urt. v. 22.03.2001 – 13 U 213/00; *OLG Rostock*, Urt. v. 08.03.2004 – 3 U 118/03.

5.2 Überblick über wichtige (Einzel-)Instrumente der Vertragsgestaltung

lung der Hauptverbindlichkeit) von dem selbstständigen Strafversprechen, bei dem eine erzwingbare Hauptverbindlichkeit fehlt.

Praktische Bedeutung erlangt die Vertragsstrafe insbesondere als Druckmittel dort, wo sich die Schadensbezifferung schwierig gestaltet, etwa in den Fällen, in denen nur ein Affektionsinteresse berührt ist, oder aber auch in den Fällen, in denen es um die Sanktionierung von Unterlassungs- oder nur schwer einklagbaren Leistungspflichten geht.[58]

Mit ihrer doppelten Zwecksetzung ist die inhaltliche Abgrenzung der Vertragsstrafe von einer Reihe weiterer Gestaltungselemente teils recht schwierig und bedarf in der Gestaltung besonderer Sorgfalt, so unterscheidet sie sich etwa von reinen Schadenspauschalen[59], Verfallklauseln und Garantieverpflichtungen[60]. Gerade die saubere Abgrenzung zum Garantieversprechen (vgl. dazu im Folgenden sogleich eingehender in Abschn. 5.2.7) muss in der Gestaltung unmissverständlich erfolgen, schließlich kann eine Vertragsstrafe nur bei einem Vertretenmüssen verwirkt werden, wohingegen die Garantiehaftung verschuldensunabhängig eingreift. Bezieht sich die Abrede auf ein vergangenes Verhalten, handelt es sich um ein garantieähnliches Versprechen[61].

Betrachten Sie zur weiteren Veranschaulichung den folgenden kurzen Übungsfall, den ich mit einer Zwangsvollstreckungsunterwerfung als weiterem Sicherungsmittel kombiniert habe:

Beispiel

„Strafe muss sein ..."

Konrad Käufer („K") kauft im März 2015 eine Wohnung, die noch vom Victor Verkäufer („V") bewohnt wird. Die Übergabe der geräumten Wohnung soll am 1. Mai 2015 stattfinden. Weil K dem V „nicht über den Weg traut" und dieser nach eigener Aussage auch noch keine neue Wohnung gefunden hat (V's Aussage hierzu: „Ist aber kein Problem, bis dahin werde ich schon ein neue Wohnung gefunden haben."), möchte K ein gewisses Druckmittel gegen den V in der Hand haben und sich für den Fall absichern, dass sich der Umzug des V verzögert.
Welche vertragliche Klausel(n) wäre(n) in diesem Falle sinnvoll?

Lösungsvorschlag
Generelle Hinweise zur inhaltlichen Gestaltung:
Denkbar ist hier etwa die Vereinbarung einer Vertragsstrafe im Sinne von § 341 BGB, also ein Strafversprechen für die nicht gehörige Erfüllung. Die Strafe ist verwirkt, wenn der Schuldner in Verzug kommt (§ 339 BGB). Die Strafe kann neben

---

[58] Vgl. *Schmittat*, Einführung in die Vertragsgestaltung, 148.
[59] Vgl. *Janoschek*, in: BeckOK BGB, § 339 Rn. 1, dazu auch im Folgenden.
[60] Vgl. hierzu auch *Schmittat*, Einführung in die Vertragsgestaltung, 149 m. w. N.
[61] Vgl. *BGH*, Urt. v. 23.06.1988 – VII ZR 117/87; *Grüneberg*, in: Palandt, § 339 Rn. 1.

der Erfüllung verlangt werden (§ 341 Abs. 1 BGB). Ein darüber hinausgehender Schaden kann zusätzlich geltend gemacht werden (§ 341 Abs. 2, 340 Abs. 2 BGB). Dementsprechend können die Vertragsklauseln folgendermaßen formuliert werden:

„Wird die (zuvor definierte) Wohnung nicht (pünktlich) zum 1. Mai 2015 geräumt und frei von Mietverträgen übergeben, schuldet der Verkäufer dem Käufer eine Vertragsstrafe von 1.200 Euro monatlich. Angebrochene Monate gelten als ganzer Monat."

Um den Druck noch weiter zu erhöhen, ist über das Vertragsstrafeversprechen hinaus darüber nachzudenken, ob der Verkäufer wegen dieser Zahlung der Zwangsvollstreckung unterworfen werden kann. Soweit er sich hierauf einlässt, könnte ergänzend die folgende einseitig verpflichtende Erklärung durch V abgegeben werden, die allerdings notariell zu beurkunden ist[62]:

„Wegen dieser Zahlung unterwirft sich der Verkäufer hiermit der sofortigen Zwangsvollstreckung in sein gesamtes Vermögen aus dieser Urkunde. Vollstreckbare Ausfertigung kann jederzeit ohne weiteren Nachweis erteilt werden."

Als noch weiter gehendes Sicherungsmittel (und gegebenenfalls in Kombination mit der vorherigen Klausel) könnte die folgende vollstreckbare Räumungsverpflichtung als Druckmittel eingesetzt werden:

„Der Verkäufer verpflichtet sich, die Wohnung bis zum 1. Mai 2015 vollständig zu räumen und besenrein an den Käufer zu übergeben. Wegen dieser Verpflichtung unterwirft sich der Verkäufer hiermit der sofortigen Zwangsvollstreckung aus dieser Urkunde. Vollstreckbare Ausfertigung kann jederzeit ohne weiteren Nachweis erteilt werden."

- ▶ Weitere Praxishinweise zur Gestaltung der Sicherungsmittel aus dem vorherigen Beispiel
  - In AGB verbietet § 309 Nr. 6 BGB die Vertragsstrafe zugunsten des Verwenders.
  - In Mietverträgen verbietet § 555 BGB die Vertragsstrafe zugunsten des Vermieters.
  - Eine Zwangsvollstreckungsunterwerfung wie oben bedarf der notarieller Beurkundung (§ 794 Abs. 1 Nr. 5 ZPO), anderenfalls steht sie einem vollstreckbaren Urteil nicht gleich.
  - Unterschied der Vertragsstrafe zum sog. Reugeld (§ 353 BGB): Ein Reugeld gibt dem Schuldner die Möglichkeit, sich gegen Zahlung dieses Geldes vom Vertrag zu lösen. Die Vertragsstrafe hingegen setzt grundsätzlich den Fortbestand des Vertrages voraus und dient dazu, den anderen Vertragspartner zur Erfüllung anzuhalten.

---

[62] Vgl. zu dem schwierigen Verhältnis von Vertragsstrafe und Zwangsvollstreckungsunterwerfung die Darstellung des Meinungsstandes bei *Wolfsteiner*, in: MüKoZPO II, § 794 Rn. 218, 93 m. w. N.

- Weitere Beispiele für die Vereinbarung einer Vertragsstrafe: Verspätete Bezugsfertigkeit beim Bauträger, verspätete Herstellung einer anderen Sache.
- Da die Unterwerfungserklärung eine prozessuale Erklärung ist, die die materiell-rechtliche Lage unangetastet lässt, wird sie von materiell-rechtlichen Unwirksamkeitsgründen nicht erfasst. Sie unterliegt damit auch grundsätzlich nicht der AGB-Kontrolle.[63]

5.2.7 Garantieversprechen und Beschaffenheitsvereinbarungen

Beschaffenheitsvereinbarungen und Garantien spielen – auch außerhalb von Herstellergarantien im Sinne von § 443 BGB – im Wirtschaftsverkehr eine große Rolle.[64] Grundsätzlich schützen sie bestimmte Erwartungen des Leistungsempfängers an den Leistungsgegenstand durch eine (je nach Vereinbarung abgestufte) Einstandspflicht des Sachleistungsschuldners für das Vorhandensein. Dabei ergibt sich für die Kautelarpraxis die folgende Dreistufigkeit der Einstandspflicht des Sachleistungsschuldners, in aufsteigender Reihenfolge:

- (Verschuldensabhängige) Beschaffenheitsvereinbarung des Leistungsgegenstandes im Sinne schlichter Leistungs- und Handlungspflichten,
- verschuldensunabhängige Garantie bestimmter Beschaffenheitsmerkmale beziehungsweise Umweltbeziehungen des Leistungsgegenstandes und
- losgelöst vom zugrundeliegenden Leistungsverhältnis, eine selbstständige Garantie von Tatsachen und Umständen, die über die Beschaffenheit des Leistungsgegenstandes hinausgehen[65].

Dementsprechend finden sich häufig in Vertragswerken auch Vertragsklauseln zur Beschaffenheit des Leistungsgegenstandes und Garantien, die je nach ihrer konkreten Ausgestaltung abweichend von den dispositiven gesetzlichen Regelungen entweder den Gläubiger oder aber den Schuldner begünstigen sollen. Vor dem Hintergrund gesetzlicher Gestaltungsgrenzen engen sie den Bereich, für den der jeweilige Sachleistungsschuldner für etwaige Mängel aus dem Schuldverhältnis zu haften hat, entweder ein oder erweitern den Anwendungsbereich gegenüber der einschlägigen gesetzlichen Regelung.

---

[63] Ständige Rechtsprechung, vgl. etwa *BGH*, Urt. v. 18.12.1986 – IX ZR 11/86; jüngst wieder *BGH*, Urt. v. 30.03.2010 – XI ZR 200/09; *Lackmann*, in: MusielakZPO, § 794 Rn. 30; abweichend *Wolfsteiner*, in: MüKoZPO II § 794 Rn. 130 f., 261 ff., „der eine schuldrechtliche causa für die prozessuale Unterwerfung konstruiert und diese einer AGB-Kontrolle unterwirft. Dies ist aber wegen der prozessualen Natur der Unterwerfungserklärung zweifelhaft." *Hoffmann*, in: BeckOK ZPO, § 794 Rn. 58, dort auch vertiefend m. w. N.

[64] Vgl. *Schmittat*, Einführung in die Vertragsgestaltung, 90, vgl. dazu auch im Folgenden.

[65] Bei einer Garantie verspricht der Schuldner für die Erfüllung bestimmter Leistungsmerkmale einzustehen. Dieses Einstehen kann zwar der Rechtsfolge nach einem pauschalierten Schadensersatz oder einer Vertragsstrafe gleichkommen. Jedoch ist die saubere Abgrenzung notwendig, da die Garantie verschuldensunabhängig in den Verantwortungsbereich des Schuldners fällt, während die schadensrechtlichen Instrumente nach allgemeinen Grundsätzen verschuldensabhängig bleiben.

Häufigster Anwendungsfall in der Vertragsgestaltung für solche (Sach-)Mängelklauseln und Garantieversprechen ist sicher der Kaufvertrag, weswegen ich Ihnen anhand des kaufrechtlichen Sachmangelbegriffs die an dieser Stelle an Sie gestellte kautelarjuristische Gestaltungsaufgabe veranschaulichen möchte. Vergegenwärtigen Sie sich hierzu bitte zunächst den dreistufigen kaufrechtlichen Fehlerbegriff des § 434 Abs. 1 S. 1, 2 BGB, die weiteren Fehlerbegriffe des § 434 BGB und sodann die weitere Systematik, insbesondere die §§ 442, 444 BGB, im Hinblick auf die Vertragsgestaltung.

BGB, § 434 Sachmangel

(1) Die Sache ist frei von Sachmängeln, wenn sie bei Gefahrübergang die vereinbarte Beschaffenheit hat. Soweit die Beschaffenheit nicht vereinbart ist, ist die Sache frei von Sachmängeln,
1. *wenn sie sich für die nach dem Vertrag vorausgesetzte Verwendung eignet, sonst*
2. *wenn sie sich für die gewöhnliche Verwendung eignet und eine Beschaffenheit aufweist, die bei Sachen der gleichen Art üblich ist und die der Käufer nach der Art der Sache erwarten kann.*

Zu der Beschaffenheit nach Satz 2 Nr. 2 gehören auch Eigenschaften, die der Käufer nach den öffentlichen Äußerungen des Verkäufers, des Herstellers (§ 4 Abs. 1 und 2 des Produkthaftungsgesetzes) oder seines Gehilfen insbesondere in der Werbung oder bei der Kennzeichnung über bestimmte Eigenschaften der Sache erwarten kann, es sei denn, dass der Verkäufer die Äußerung nicht kannte und auch nicht kennen musste, dass sie im Zeitpunkt des Vertragsschlusses in gleichwertiger Weise berichtigt war oder dass sie die Kaufentscheidung nicht beeinflussen konnte.

(2) Ein Sachmangel ist auch dann gegeben, wenn die vereinbarte Montage durch den Verkäufer oder dessen Erfüllungsgehilfen unsachgemäß durchgeführt worden ist. Ein Sachmangel liegt bei einer zur Montage bestimmten Sache ferner vor, wenn die Montageanleitung mangelhaft ist, es sei denn, die Sache ist fehlerfrei montiert worden.
(3) Einem Sachmangel steht es gleich, wenn der Verkäufer eine andere Sache oder eine zu geringe Menge liefert.

BGB, § 442 Kenntnis des Käufers

(1) Die Rechte des Käufers wegen eines Mangels sind ausgeschlossen, wenn er bei Vertragsschluss den Mangel kennt. Ist dem Käufer ein Mangel infolge grober Fahrlässigkeit unbekannt geblieben, kann der Käufer Rechte wegen dieses Mangels nur geltend machen, wenn der Verkäufer den Mangel arglistig verschwiegen oder eine Garantie für die Beschaffenheit der Sache übernommen hat.
(2) Ein im Grundbuch eingetragenes Recht hat der Verkäufer zu beseitigen, auch wenn es der Käufer kennt.

BGB, § 444 Haftungsausschluss

Auf eine Vereinbarung, durch welche die Rechte des Käufers wegen eines Mangels ausgeschlossen oder beschränkt werden, kann sich der Verkäufer nicht berufen, soweit er den Mangel arglistig verschwiegen oder eine Garantie für die Beschaffenheit der Sache übernommen hat.

Im Hinblick auf die Vertragsgestaltung sollten Sie nun zumindest materiell-rechtlich unterscheiden können zwischen

- der Beschaffenheitsvereinbarung nach § 434 Abs. 1 S. 1 BGB,
- der Kenntnisklausel nach § 442 BGB und
- der Ausschlussklausel des § 444 BGB.

Die Beschaffenheitsvereinbarung ist im Bereich der Vertragsgestaltung der wichtigste Gestaltungsbereich der Mängelhaftung. Sie ist von der Garantie abzugrenzen. Die Beschaffenheitsvereinbarung definiert die Sachmängelfreiheit. In ihr wird unter Zugrundelegung des subjektiven Fehlerbegriffs festgelegt, was als Beschaffenheit der Kaufsache definiert ist und somit auch keinen Mangel darstellt.[66] Da bei einer Vertragsgestaltung grundsätzlich der Wille der Parteien zur Geltung kommen soll, sollte eine Beschaffenheitsvereinbarung deswegen immer eingesetzt und so gestaltet werden, dass sie die – auch ergänzende – Anwendung von § 434 Abs. 1 S. 2 BGB völlig ausschließt.

Da nach § 442 Abs. 1 S. 1 BGB (Kenntnis des Käufers) die Rechte des Käufers wegen eines Mangels ausgeschlossen sind, wenn er bei Vertragsschluss den Mangel kennt, sollte (ergänzend) in jeden Kaufvertrag aufgenommen werden, welche konkreten Eigenschaften der Kaufsache, die objektiv als Mangel angesehen werden könnten, dem Käufer bekannt sind.

Als Anwendungsbereich des § 444 BGB verbleibt im Bereich der Vertragsgestaltung dann im Grunde genommen nur eine von der Beschaffenheitsvereinbarung nach § 434 Abs. 1 S. 1 BGB nicht erfasste negative Eigenschaft der Kaufsache, die der Käufer nicht kannte. Nur für diesen dem Käufer nicht bekannten Mangel haftet der Verkäufer dann noch, wenn er diesen verschwiegen oder eine Garantie für die Beschaffenheit der Sache übernommen hat.

Beispiele

für (der Praxis – unabhängig von ihrer Güte – entnommene (übliche)) Vereinbarungen über Sach- und Rechtsmängel in Kauf- beziehungsweise Werkverträgen:

Die Kaufsache „wird gekauft wie besichtigt" und „ist probegefahren".

„Der Kaufgegenstand wird verkauft unter Gewähr für den lastenfreien Besitz- und Eigentumsübergang, soweit nicht Rechte ausdrücklich in diesem Vertrag

---

[66] Anm.: Dies gilt auch, wenn dies ggf. nach objektiver Betrachtungsweise als Mangel zu verstehen ist, etwa nach § 434 Abs. 1 S. 2 Nr. 2 BGB. Denn die weiteren Fehlerbegriffe des § 434 Abs. 1 S. 2 BGB gelten nur subsidiär.

übernommen werden. Die Verkäufer leisten dafür Gewähr, dass der Vertragsgegenstand auf die Käuferin übertragen wird frei von Zinsen, Steuern und Abgaben, einschließlich Erschließungsabgaben, die bis zum Besitzübergangsstichtag anfallen (unabhängig von dem Datum der Zustellung des Beitragsbescheides). Die Verkäufer versichern, dass die volle Ersterschließung des Grundstücks abgeschlossen ist und die Käuferin hierfür keine Erschließungskosten oder Ausgleichsabgaben nach dem BauGB treffen. Die Verkäufer sind verpflichtet, die Käuferin von derartigen Kosten freizustellen."

"Die Verkäufer versichern, dass ihnen keine Baulasten bekannt sind."

"Das Grundstück wird lastenfrei in Abteilung II und III des Grundbuchs verkauft."

"Die Verkäufer versichern, dass ihnen von verborgenen Mängeln nichts bekannt ist. Von dem Haftungsausschluss ausgenommen sind Schadensersatzansprüche aus der Verletzung des Lebens, des Körpers oder der Gesundheit, wenn die Verkäufer, ihre gesetzlichen Vertreter oder Erfüllungsgehilfen eine Pflichtverletzung zu vertreten haben, und Ansprüche wegen sonstigen Schäden, die auf einer vorsätzlichen oder grob fahrlässigen Pflichtverletzung der Verkäufer, ihrer gesetzlichen Vertreter oder Erfüllungsgehilfen beruhen."

"... Der Verkäufer garantiert hiermit im Wege eines selbständigen Garantieversprechens gemäß § 311 Abs. 1 BGB, dass die in § ___ dieses Vertrages enthaltenen Aussagen ("Verkäufergarantien") am Unterzeichnungstag, am ___ und am Vollzugsstichtag vollständig, zutreffend und nicht irreführend sind, sofern nachfolgend nicht anders bestimmt ist. Dieses Garantieversprechen ist weder eine Beschaffenheitsgarantie im Sinne der §§ 443, 444 BGB noch eine Beschaffenheitsvereinbarung im Sinne von § 434 Abs. 1 BGB. ..."

Die in der Vertragspraxis wichtigste allgemeine Grenze für Haftungsbeschränkungen bei allen Verträgen, die dem AGB-Recht unterfallen[67], bildet der § 309 Nr. 7 BGB, wonach ein Haftungsausschluss bei Verletzung von Leben, Körper, Gesundheit und bei grobem Verschulden des Verwenders bzw. des Unternehmers unzulässig ist[68].

5.2.8 Zugang und Zustellung

Willenserklärungen werden erst mit Zugang beim Erklärungsempfänger wirksam (vgl. § 130 BGB). Insoweit trägt bei Willenserklärungen, die im Rahmen der Vertragsabwicklung und -durchführung abzugeben sind, regelmäßig der Absender das

---

[67] Anm.: Achten Sie hier unbedingt (nochmals) auf die Besonderheiten beim Verbrauchervertrag i. S. v. § 310 Abs. 3 BGB.

[68] Anm.: Derartige Haftungsbeschränkungen stellen auch etwaige Einschränkungen von Mängelrechten dar.

Risiko des Zugangsnachweises. Unter dem Gesichtspunkt der Rechtssicherheit empfiehlt sich regelmäßig aus Sicht beider Vertragsparteien die Aufnahme einer Regelung, wann ein Schriftstück als zugegangen gilt. Solche sogenannten Zugangsfiktionen sind insbesondere bei Verträgen mit Dauerwirkung weit verbreitet.[69]

> **Beispiel**
>
> *„Erklärungen, die im Rahmen dieses Vertrages abgegeben werden, gelten am zweiten Werktag nach deren Aufgabe zur Post als zugegangen, wenn sie an die in § __ angegebene(n) Korrespondenzanschrift(en) abgesandt wurden."*

Auch die mögliche Gestaltung einer Annahme ohne Erklärung gegenüber dem Antragenden im Sinne von § 151 BGB sollte in die Überlegungen einbezogen werden.[70]

AGB-rechtlich zu beachten ist insbesondere § 308 Nr. 6 BGB. Danach ist die in AGB verankerte Fiktion des Zugangs von Willenserklärungen „bei Erklärungen des Verwenders von besonderer Bedeutung" problematisch.[71] Eine solche Erklärung liegt immer dann vor, wenn sie geeignet ist, die Rechtsstellung des Kunden nachteilig zu verändern.[72]

5.2.9 Beweislastvereinbarungen

Beweislastvereinbarungen sind grundsätzlich zulässig, soweit sie nicht gegen Treu und Glauben verstoßen[73] oder nach § 309 Nr. 12 BGB verboten sind[74].[75]

> **Beispiel**
>
> *„Die Beweislast für die Aufgabe zur Post unter der vertragsgemäßen Anschrift und für den Inhalt der Erklärung trägt der Erklärende."*

---

[69] Vgl. auch *Zankl*, 192 ff.
[70] Anm. Vergleichen Sie hierzu auch schon die 2. Lösungsvariante in Abschn. 5.2.3.4.
[71] *Grüneberg*, in: Palandt, § 308 Rn. 35 f. Wird auf den Zugang tatsächlich verzichtet und steht nur die Abgabe einer Willenserklärung im Raum, greift § 308 Nr. 6 nicht ein. Vielmehr handelt es sich um eine Frage der allgemeinen Rechtsgeschäftslehre. Allenfalls kann § 308 Nr. 5 berührt sein.
[72] *OLG Oldenburg*, Urt. v. 27.03.1992 – 11 U 113/91; *Wurmnest*, in: MüKoBGB II, § 308 Rn. 5; *Coester-Waltjen*, in: Staudinger, BGB, II, § 308 Rn. 6.
[73] Vgl. *BGH*, Urt. v. 01.10.1975 – VIII ZR 130/74.
[74] Unwirksam nach dem Grundsatz des Verbots der Beweiserleichterung nach § 309 Nr. 12 BGB ohne Wertungsmöglichkeit ist daher jedwede Änderung der sich aus Gesetz oder Richterrecht ergebenden Beweislast zum Nachteil des Kunden, vgl. *Wurmnest*, in: MüKoBGB II, § 309 Nr. 12 Rn. 6. Dies wird durch § 308 Nr. 6 BGB punktuell gelockert, indem die Fiktion des Zugangs in AGB nur bei Erklärungen des Verwenders von besonderer Bedeutung unwirksam ist, vgl. hierzu *Wurmnest*, in: MüKoBGB II, § 309 Nr. 12 Rn. 5 sowie Rn. 4 vertiefend zum Verhältnis zu § 308 Nr. 5 BGB, der einen gewissen Bewertungsspielraum dafür eröffnet, dass der Verwender die Abgabe der erwarteten Erklärungen in AGB fingiert.
[75] Vgl. zum Ganzen *Langenfeld*, Vertragsgestaltung, 44.

5.2.10 Schiedsgutachterklausel

Zwar sind die primären Leistungspflichten grundsätzlich im Interesse der Konfliktvermeidung so präzise wie sinnvoll und möglich zu fassen. Allerdings stößt dieser Grundsatz dort an Grenzen, wo aufgrund der tatsächlichen Voraussetzungen und der Interessenlage der Vertragsparteien eine an und für sich angestrebte Präzisierung nicht immer abschließend darstellbar oder sinnvoll ist.[76] Bei offenen, ausfüllungsbedürftigen Gestaltungen kann die Befugnis zur bindenden (weiteren) Konkretisierung von Vertragsinhalten, etwa zur Geeignetheit, Angemessenheit oder Zumutbarkeit von Leistungsinhalten, Dritten übertragen werden, was auch häufig in Form von Schiedsgutachterklauseln geschieht.[77] Vervollständigt dabei der Schiedsgutachter anstelle der Vertragsparteien den Vertragswillen und macht so konstitutiv eine zunächst noch unbestimmte Leistung zu einer bestimmten, so unterfällt diese rechtsgestaltende Leistungsbestimmung des Dritten dem unmittelbaren Anwendungsbereich der §§ 317 ff. BGB[78], während dieser bei der „bloßen" Klarstellung und Feststellung von Tatsachen vertragserheblicher Umstände nur „Erkenntnisgehilfe der Vertragsparteien" ist, für die die §§ 317 ff. BGB nur entsprechend gelten (Schiedsgutachten im engeren Sinne). Diese Abgrenzung ist nicht immer einfach, in der Vertragspraxis häufig aber auch entbehrlich. Schiedsgutachten im engeren Sinne dienen dazu, den von den Vertragsparteien objektiv bestimmten, aber nur mit Sachkunde feststellbaren Vertragsinhalt zu ermitteln, wobei die Parteien die durch das Gutachten zu treffende Bestimmung bis an die Grenze der offenbaren Unrichtigkeit als verbindlich anerkennen[79].

> **Beispiele hierfür sind**
> - Ermittlung der ortsüblichen oder einer angemessenen Miete[80],
> - Ermittlung von Betriebskosten[81],
> - Feststellung des Verkehrswerts
>   - eines Grundstücks[82] sowie
>   - von Gesellschaftsanteilen[83].

Wichtig ist hingegen die Abgrenzung von Schiedsgutachterklauseln und Schieds(gerichts)vereinbarungen gem. §§ 1029 ff. ZPO (siehe dazu sogleich in Abschn. 5.2.11),

---

[76] Vgl. *Schmittat*, Einführung in die Vertragsgestaltung, 86.
[77] Vgl. *Langenfeld*, Vertragsgestaltung, 60 f.; *Schmittat*, Einführung in die Vertragsgestaltung, 84 f., vgl. dazu auch im Folgenden.
[78] Vgl. hierzu auch *Gehrlein*, in: BeckOK BGB, § 317 Rn. 6 ff. m. w. N.
[79] Vgl. *BGH*, Urt. v. 17.01.2013 – III ZR 10/12.
[80] Vgl. *BGH*, Urt. v. 04.06.1975 – VIII ZR 243/72; *BGH*, Urt. v. 21.10.1964 – VIII ZR 64/63.
[81] Vgl. *OLG Düsseldorf*, Urt. v. 28.04.1999 – 11 U 69/98.
[82] Vgl. *BGH*, Urt. v. 06.12.1974 – V ZR 95/73.
[83] Vgl. *BGH*, Urt. v. 16.11.1987 – II ZR 111/87; *BGH*, Urt. v. 14.07.1986 – II ZR 249/85; *BGH*, Urt. v. 20.11.1975 – III ZR 112/73; *BGH*, Urt. v. 04.07.2013 – III ZR 52/12

die anhand der gewünschten Rechtsfolge zu erfolgen hat: Bei gerichtlicher Überprüfbarkeit der Entscheidung des Dritten auf offenbare Unrichtigkeit oder Unbilligkeit ist ein Schiedsgutachten, hingegen bei Ausschluss gerichtlicher Überprüfung der vom Dritten getroffenen Entscheidung ist eine Schieds(gerichts)vereinbarung gewollt.[84]

Schiedsgutachterklauseln sind je nach zugrundeliegendem Vertrag und inhaltlichem Einsatz recht unterschiedlich aufgebaut.[85] Eine solche Klausel oder (eigenständige) Vereinbarung sollte aber in jedem Falle Regelungen (beziehungsweise Bezugnahme) zu den erfassten Leistungsinhalten, zur Bestimmung des Schiedsgutachters, zum Verfahren, zur Kostentragung und gegebenenfalls zu weiteren Punkten enthalten.

> **Beispiel**
>
> In dem nachfolgenden Beispiel einer Schiedsgutachterklausel aus einem Vertragswerk bestehend aus mehreren Einzelverträgen, denen ein gemeinsamer Rahmenvertrag zugrundeliegt, heißt es etwa:
>
> „§ ___
>
> *1. Soweit in diesem Vertrag und/oder den Einzelverträgen auf einen Schiedsgutachter nach diesem § ___ verwiesen wird, ist auf Antrag einer der Vertragsparteien ein öffentlich bestellter und vereidigter Sachverständiger als Schiedsgutachter zu benennen und zu beauftragen.*
>
> > *a. Die Wahl des Sachverständigen erfolgt einvernehmlich. Kann kein Einvernehmen erzielt werden, entscheidet auf Antrag einer der Vertragsparteien der Präsident der Industrie- und Handelskammer [___].*
> > *b. Der Schiedsgutachter soll die Entscheidung innerhalb von [3] Wochen treffen. In dieser Zeit sind die Vertragsparteien berechtigt, ihre Auffassungen dem Schiedsgutachter schriftlich darzulegen. Der Schiedsgutachter entscheidet nach billigem Ermessen. Die Vertragsparteien sind berechtigt, nach Erhalt des Gutachtens binnen [2] Wochen einmalig Ergänzungsfragen zu stellen oder Einwendungen vorzutragen. Der Schiedsgutachter wird in diesem Fall ein Ergänzungsgutachten fertigen.*
> > *c. Die Kosten des Schiedsgutachters tragen die Vertragsparteien jeweils zur Hälfte. Der Schiedsgutachter soll in Fällen deutlichen Obsiegens bzw. Unterliegens die Kostenlast nach billigem Ermessen verteilen. Die Vertragsparteien verpflichten sich, den Schiedsgutachter bei seiner Tätigkeit nach besten Kräften zu unterstützen und insbesondere die erforderlichen Unterlagen zur Verfügung zu stellen.*

---

[84] Vgl. *Schmittat*, Einführung in die Vertragsgestaltung, 84.
[85] Vgl. etwa nur die unterschiedlichen exemplarisch aufgeführten Klauseln bei *Langenfeld*, Vertragsgestaltung, 61 und *Schmittat*, Einführung in die Vertragsgestaltung, 85.

d. Der Schiedsgutachter kann sich im Einvernehmen mit den Parteien zur Klärung einzelner Spezialfragen weiterer öffentlich bestellter und vereidigter Sachverständiger bedienen („weitere Sachverständige"). Hinsichtlich der weiteren Sachverständigen gelten im Übrigen die Regelungen der lit. (a) bis (c) entsprechend. ..."

Ergänzend hierzu die exemplarische Bezugnahme aus einem der Einzelverträge, einem Werkvertrag zur Errichtung eines Gebäudes:

„... Die Vertragspartner werden spätestens 4 Wochen vor dem Fertigstellungstermin gemäß __ eine gemeinsame Besichtigung des Nutzungsobjektes durchführen, zu welcher der Auftragnehmer nach Abstimmung mit den Terminwünschen des Auftraggebers einlädt, um den baulichen Zustand und die Bezugsfertigkeit des Nutzungsobjektes zu beurteilen und einen gemeinsamen Termin für die zu protokollierende Übergabe festzulegen. Entstehen bereits bei der gemeinsamen Besichtigung Meinungsverschiedenheiten über die Übergabefähigkeit, kann jede der Vertragsparteien bereits zu diesem Zeitpunkt das Schiedsgutachterverfahren nach § __ des Rahmenvertrages einleiten."

5.2.11 Schieds(gerichts)vereinbarung

In der Kautelarpraxis kommen Schieds(gerichts)vereinbarungen im Sinne von § 1029 ZPO entweder in Form einer einzelnen Vertragsklausel (Schiedsklausel) oder in Form einer selbstständigen Vereinbarung (Schiedsabrede) sowohl in Austausch- wie auch in Verträgen mit Dauerwirkung, wie etwa in Gesellschaftsverträgen, nicht selten zum Einsatz. Sie sollen der schnellen Beilegung von Rechtsstreiten aus dem Vertragsverhältnis unter Ausschluss staatlicher Gerichte dienen. Der Rahmen des weitgehend privatautonom regelbaren Verfahren mit nur einer Instanz ist im 10. Buch der ZPO in den §§ 1025 ff. ZPO vorgegeben. Vergleichen Sie zum Verständnis bitte nachfolgenden kurzen Übungsfall sowie zwei Beispiele für Schieds-(gerichts)vereinbarungen.

Kurzer Übungsfall

„Von Richters Gnaden ..." (Schiedsvereinbarung)
Die Bauunternehmer Geizig und Gierig gründen für die Durchführung zweier Bauprojekte eine Arbeitsgemeinschaft („die GG-Bau-ARGE") in Form einer Gesellschaft bürgerlichen Rechts (GbR). Die beiden eint außer dem Wunsch, mit den beiden Projekten viel Geld zu verdienen (Geizig ist stark im Einkauf der Bauelemente und beschäftigt weitgehend Billigkräfte, Gierig ist ein Verkaufstalent und verwendet gerne minderwertige Baumaterialien), nur ein Grundgedanke: Streit dürfte „vorprogrammiert" sein und den wollen sie auf keinen Fall vor den staatlichen Gerichten austragen. Diese sind ihrer Ansicht nach zu teuer, zu langsam und im Übrigen seien die Richter regelmäßig vollkommen ahnungslos in Bezug auf das Baugewerbe. Im Rahmen des Gesellschaftsvertrages wollen sie einen „besseren" Weg wählen und sich nicht „in Richters Gnaden begeben".

5.2 Überblick über wichtige (Einzel-)Instrumente der Vertragsgestaltung

Welchen Weg werden Sie wählen? Wie könnte eine entsprechende Vertragsklausel formuliert werden?

Lösungsvorschlag: Hinweise zur Schiedsvereinbarung
Gem. §§ 1029 ff. ZPO können bestimmte Rechtsstreitigkeiten den ordentlichen Gerichten durch Vereinbarung entzogen und gleichzeitig sogenannten Schiedsgerichten (vgl. zur Zusammensetzung und Bildung des Schiedsgerichtes §§ 1030 f. ZPO) zugewiesen werden. Vergegenwärtigen Sie sich bitte zunächst die einschlägigen Vorschriften, insbesondere die §§ 1029 bis 1032 ZPO, bevor Sie sich an die Formulierung einer Schiedsklausel begeben.

ZPO, § 1029 Begriffsbestimmung

(1) Schiedsvereinbarung ist eine Vereinbarung der Parteien, alle oder einzelne Streitigkeiten, die zwischen ihnen in Bezug auf ein bestimmtes Rechtsverhältnis vertraglicher oder nichtvertraglicher Art entstanden sind oder künftig entstehen, der Entscheidung durch ein Schiedsgericht zu unterwerfen.

(2) Eine Schiedsvereinbarung kann in Form einer selbständigen Vereinbarung (Schiedsabrede) oder in Form einer Klausel in einem Vertrag (Schiedsklausel) geschlossen werden.

ZPO, § 1030 Schiedsfähigkeit

(1) Jeder vermögensrechtliche Anspruch kann Gegenstand einer Schiedsvereinbarung sein. Eine Schiedsvereinbarung über nichtvermögensrechtliche Ansprüche hat insoweit rechtliche Wirkung, als die Parteien berechtigt sind, über den Gegenstand des Streites einen Vergleich zu schließen.

(2) Eine Schiedsvereinbarung über Rechtsstreitigkeiten, die den Bestand eines Mietverhältnisses über Wohnraum im Inland betreffen, ist unwirksam. Dies gilt nicht, soweit es sich um Wohnraum der in § 549 Abs. 2 Nr. 1 bis 3 des Bürgerlichen Gesetzbuchs bestimmten Art handelt.

(3) Gesetzliche Vorschriften außerhalb dieses Buches, nach denen Streitigkeiten einem schiedsrichterlichen Verfahren nicht oder nur unter bestimmten Voraussetzungen unterworfen werden dürfen, bleiben unberührt.

ZPO, § 1031 Form der Schiedsvereinbarung

(1) Die Schiedsvereinbarung muss entweder in einem von den Parteien unterzeichneten Dokument oder in zwischen ihnen gewechselten Schreiben, Fernkopien, Telegrammen oder anderen Formen der Nachrichtenübermittlung, die einen Nachweis der Vereinbarung sicherstellen, enthalten sein.

(2) Die Form des Absatzes 1 gilt auch dann als erfüllt, wenn die Schiedsvereinbarung in einem von der einen Partei der anderen Partei oder von einem Dritten beiden Parteien übermittelten Dokument enthalten ist und der Inhalt des Dokuments im Falle eines nicht rechtzeitig erfolgten Widerspruchs nach der Verkehrssitte als Vertragsinhalt angesehen wird.

(3) Nimmt ein den Formerfordernissen des Absatzes 1 oder 2 entsprechender Vertrag auf ein Dokument Bezug, das eine Schiedsklausel enthält, so begrün-

det dies eine Schiedsvereinbarung, wenn die Bezugnahme dergestalt ist, dass sie diese Klausel zu einem Bestandteil des Vertrages macht.
(4) (weggefallen)
(5) Schiedsvereinbarungen, an denen ein Verbraucher beteiligt ist, müssen in einer von den Parteien eigenhändig unterzeichneten Urkunde enthalten sein. Die schriftliche Form nach Satz 1 kann durch die elektronische Form nach § 126a des Bürgerlichen Gesetzbuchs ersetzt werden. Andere Vereinbarungen als solche, die sich auf das schiedsrichterliche Verfahren beziehen, darf die Urkunde oder das elektronische Dokument nicht enthalten; dies gilt nicht bei notarieller Beurkundung.
(6) Der Mangel der Form wird durch die Einlassung auf die schiedsgerichtliche Verhandlung zur Hauptsache geheilt.

ZPO, § 1032 Schiedsvereinbarung und Klage vor Gericht

(1) Wird vor einem Gericht Klage in einer Angelegenheit erhoben, die Gegenstand einer Schiedsvereinbarung ist, so hat das Gericht die Klage als unzulässig abzuweisen, sofern der Beklagte dies vor Beginn der mündlichen Verhandlung zur Hauptsache rügt, es sei denn, das Gericht stellt fest, dass die Schiedsvereinbarung nichtig, unwirksam oder undurchführbar ist.
(2) Bei Gericht kann bis zur Bildung des Schiedsgerichts Antrag auf Feststellung der Zulässigkeit oder Unzulässigkeit eines schiedsrichterlichen Verfahrens gestellt werden.
(3) Ist ein Verfahren im Sinne des Absatzes 1 oder 2 anhängig, kann ein schiedsrichterliches Verfahren gleichwohl eingeleitet oder fortgesetzt werden und ein Schiedsspruch ergehen.

Die Schiedsklausel könnte beispielsweise folgendermaßen aussehen:

„*§ __ Schiedsklausel*

(1) Über alle Streitigkeiten, die sich aus diesem Gesellschaftsverhältnis ergeben, sowohl zwischen Gesellschaft und Gesellschaftern, als auch zwischen den Gesellschaftern untereinander, entscheidet unter Ausschluss des ordentlichen Rechtswegs der Schlichtungs- und Schiedsgerichtshof deutscher Notare nach Maßgabe seines zum Zeitpunkt des Streites gültigen Statuts.

(2) Ort des schiedsrichterlichen Verfahrens ist Berlin."

▶ Weiterführende Praxishinweise zur Schiedsvereinbarung
- In der Ausgestaltung des Schiedsverfahrens sind die Parteien, soweit sie sich frühzeitig oder auch nach Beginn des Streites einigen können, sehr frei. Sie können aber auch wie im Beispiel auf eine eingeführte Schiedsgerichtsordnung (beispielsweise auf das schiedsrichterliche Verfahren nach der Schlichtungs- und Schiedsordnung für Baustreitigkeiten (SO Bau) der Arbeitsgemeinschaft für privates Bau- und Architektenrecht im Deutschen Anwaltverein (ARGE Baurecht)) verweisen.

- Deutsche Schiedsgerichte sind beispielsweise die der Deutschen Institution für Schiedsgerichtsbarkeit (www.dis-arb.de) oder der o. g. Schlichtungs- und Schiedsgerichtshof deutscher Notare (SGH; www.dnotv.de). Informationen zu Schiedsvereinbarungen finden Sie auch auf der Homepage der Bundesnotarkammer www.bnotk.de.
- § 1031 Abs. 5 ZPO bestimmt, dass Schiedsvereinbarungen, an denen ein Verbraucher beteiligt ist, der Schriftform bedürfen.
- In notariellen Verträgen sollte die Schiedsgerichtsordnung dort mit aufgenommen werden oder ebenfalls in notarieller Urkunde vorliegen, auf die gem. § 13a BeurkG verwiesen wird.
- Eine solche Klausel finden Sie regelmäßig in den Schlussbestimmungen eines Vertragswerkes.

Beispiel

Beispiel einer Schiedsklausel aus einem Werkvertrag zwischen einer Projektgesellschaft und einem Subauftragnehmer:

„Streitigkeiten zwischen dem Subauftragnehmer (Bau) und der Projektgesellschaft sollen wie folgt durch Schiedsverfahren unter Ausschluss des ordentlichen Rechtsweges geklärt werden:

1. *In einem ersten Schritt sind Streitigkeiten den Geschäftsführungen des Subauftragnehmers (Bau) und der Projektgesellschaft zur gemeinsamen Beratung vorzulegen.*
2. *Sollte eine Einigung innerhalb einer Frist von 2 Monaten nach der Vorlage der Streitfrage nicht zustande kommen, ist der Streit abschließend und unter Ausschluss des ordentlichen Rechtsweges durch ein Schiedsgericht auf der Grundlage der Schlichtungs- und Schiedsordnung für Baustreitigkeiten (SO Bau) der Arbeitsgemeinschaft für privates Bau- und Architektenrecht im Deutschen Anwaltsverein (ARGE Baurecht) in der jeweils geltenden Fassung zu entscheiden.*
3. *Ort des Schiedsgerichtsverfahrens im Sinne von § 1034 ZPO ist [___]. Das Schiedsgericht kann an jedem anderen geeigneten Ort tagen.*
4. *Die Schiedsgerichtsordnung wird informatorisch in der bei Vertragsschluss geltenden Fassung als Anlage [___] zu diesem Vertrag genommen."*

5.2.12 Rechtswahl

Bei vertraglichen Schuldverhältnissen besteht unter Umständen die Möglichkeit der Rechtswahl, gegebenenfalls auch nur für Teilbereiche eines Vertrages. Bei Bezügen zum ausländischen Recht und gegebenenfalls hieraus erwachsenden Zweifeln hinsichtlich des anwendbaren Rechts, die durch eine Rechtswahlklausel ausgeräumt werden können, sind Sie als Vertragsjurist gut beraten, eine solche in Ihr Vertragswerk mit aufzunehmen.[86] Besonders bei grenzüberschreitenden Transaktionen zwi-

---

[86] Vgl. *Schmittat*, Einführung in die Vertragsgestaltung, 156 m. w. N.

schen Unternehmern sollte klargestellt werden, welches Recht auf die vertraglichen Regelungen anzuwenden ist.

Auch wenn die Rechtswahl lediglich als Klausel in das Vertragswerk integriert ist, so handelt es sich doch um einen eigenständigen Vertrag, dessen Zustandekommen und Wirksamkeit sich nach eigenen Grundsätzen richtet.[87]

Kurzer Übungsfall

„Ich wähle mir mein Recht selbst ..." (Freie Rechtswahl)
Die beiden Kaufleute (Karl Käufer) aus Hamburg und V (Victor Verkäufer) aus Baden Baden schließen einen Kaufvertrag über eine Baumaschine im Wert von 100.000 €, deren einzelne Bestandteile in einer Niederlassung des V im Elsass gefertigt wurden und die auch von dort an den Käufer K ausgeliefert werden sollen. Sie sind sich darüber einig, dass das deutsche Zivilrecht seit der Schuldrechtsreform nicht mehr das ist, was es einmal war. Sie wählen – aufgrund ihrer teils in Frankreich verlebten Studienzeit und eingedenk der Tatsache, dass einige Bauteile der Maschine in Frankreich hergestellt worden sind und diese ja auch von dort ausgeliefert werden soll – für ihren Kaufvertrag französisches Recht. Ist dies möglich? Wenn ja, wie lautet eine entsprechende Vertragsklausel?

Lösungsvorschlag: Einführende Hinweise zur Rechtswahl
Die beiden Kaufleute dürfen für ihren Vertrag das französische Recht wählen. Hierbei sind (zunächst) die Art. 3 EGBGB ff. (Internationales Privatrecht (IPR)) sowie die in Art. 3 EGBGB aufgeführten unionsrechtlichen Vorschriften zu beachten, hier insbesondere die Verordnung (EG) Nr. 593/2008 des Europäischen Parlaments und des Rates vom 17. Juni 2008, nach der (innerhalb ihres Anwendungsbereichs) für vertragliche Schuldverhältnisse in Zivil- und Handelssachen freie Rechtswahl grundsätzlich möglich ist.

Einführungsgesetz zum Bürgerlichen Gesetzbuche

Artikel 3
Anwendungsbereich; Verhältnis zu Regelungen der Europäischen Union und zu völkerrechtlichen Vereinbarungen
Soweit nicht

1. *unmittelbar anwendbare Regelungen der Europäischen Union in ihrer jeweils geltenden Fassung, insbesondere*
   a) *die Verordnung (EG) Nr. 864/2007 des Europäischen Parlaments und des Rates vom 11. Juli 2007 über das auf außervertragliche Schuldverhältnisse anzuwendende Recht (Rom II),*

---

[87] Vgl. Sie hierzu bitte vertiefend *Schotten/Schmellenkamp*, Das internationale Privatrecht in der notariellen Praxis, 381 ff.

b) die Verordnung (EG) Nr. 593/2008 des Europäischen Parlaments und des Rates vom 17. Juni 2008 über das auf vertragliche Schuldverhältnisse anzuwendende Recht (Rom I),
c) Artikel 15 der Verordnung (EG) Nr. 4/2009 des Rates vom 18. Dezember 2008 über die Zuständigkeit, das anwendbare Recht, die Anerkennung und Vollstreckung von Entscheidungen und die Zusammenarbeit in Unterhaltssachen in Verbindung mit dem Haager Protokoll vom 23. November 2007 über das auf Unterhaltspflichten anzuwendende Recht sowie
d) die Verordnung (EU) Nr. 1259/2010 des Rates vom 20. Dezember 2010 zur Durchführung einer Verstärkten Zusammenarbeit im Bereich des auf die Ehescheidung und Trennung ohne Auflösung des Ehebandes anzuwendenden Rechts oder

2. Regelungen in völkerrechtlichen Vereinbarungen, soweit sie unmittelbar anwendbares innerstaatliches Recht geworden sind,

maßgeblich sind, bestimmt sich das anzuwendende Recht bei Sachverhalten mit einer Verbindung zu einem ausländischen Staat nach den Vorschriften dieses Kapitels (Internationales Privatrecht).

Formulierungsvorschlag
„*Der vorliegende Kaufvertrag soll in all seinen Bestandteilen französischem Recht, nicht jedoch dem UN-Kaufrecht (CISG) unterliegen.*"

Ergänzender Hinweis: Das UN-Kaufrecht[88] ist im Wesentlichen auf alle grenzübergreifenden Kaufverträge anzuwenden, die zwischen Nichtverbrauchern in den Vertragsstaaten geschlossen werden, wobei im Rahmen eines sogenannten „Opt Out" die Anwendbarkeit durch aktive Rechtswahl ausgeschlossen werden kann. Von dieser Möglichkeit sollte vorliegend (zumindest vorsichtshalber) Gebrauch gemacht werden, um die gewünschte Anwendung des französischen Rechts (auf jeden Fall) sicherzustellen. Eine solche Klausel finden Sie übrigens regelmäßig in den Schlussbestimmungen eines Vertragswerkes.

Verbraucher sind davor geschützt, dass beim (Verbrauchsgüter-)Kauf (beispielsweise eines MP3-Players im Internet) nicht plötzlich (und für sie unerwartet) ausschließlich ausländisches Recht Anwendung findet, vgl. Art. 3 Nr. 1 b) EGBGB i. V. m. Art. 6 der Verordnung (EG) Nr. 593/2008 des Europäischen Parlaments und des Rates vom 17. Juni 2008 (Rom I).

---

[88] Anm.: Das UN-Übereinkommen über Verträge über den internationalen Warenkauf CISG („United Nations Convention on Contracts for the International Sale of Goods") ist in Deutschland am 01.01.1991 in Kraft getreten. Die Regelung wird „Opt Out" genannt, da durch (aktive) Rechtswahl die Anwendung des CISG ausgeschlossen werden kann, was praktisch sehr oft geschieht und teils allein aus Unkenntnis unterlassen wird. Das Gegenteil zur „Opt Out-Regelung" wäre eine „Opt In"-Regelung.

5.2.13 Gerichtsstandsvereinbarungen

Eine Gerichtsstandsvereinbarung, also ein Vertrag über die (ausschließliche oder nicht ausschließliche) örtliche, sachliche oder internationale Zuständigkeit eines Gerichts, kann nur unter den prozessualen Voraussetzungen der §§ 38 ff. ZPO getroffen werden. Nach § 38 ZPO ist eine solche nur in vier Fällen zulässig:

- formlos (ohne Anwendungsbeschränkungen) für Kaufleute, juristische Personen des öffentlichen Rechts oder öffentlich-rechtliche Sondervermögen („kaufmännische Gerichtsstandsvereinbarung", § 38 Abs. 1 ZPO),
- schriftlich oder mit schriftlicher Bestätigung, wenn mindestens eine der Vertragsparteien keinen allgemeinen Gerichtsstand im Inland hat („internationale Gerichtsstandsvereinbarung", § 38 Abs. 2 ZPO) sowie
- ausdrücklich und schriftlich nach Entstehen der Streitigkeit („nachträgliche Gerichtsstandsvereinbarung", § 38 Abs. 3 Nr. 1 ZPO) oder
- ausdrücklich und schriftlich vorsorglich für den Fall des nachträglichen Fortfalls eines inländischen Wohn- oder Aufenthaltsortes im Sinne des § 38 Abs. 3 Nr. 2 ZPO.[89]

Kurzer Übungsfall

„Deinem Gericht trau ich nicht ..." (Gerichtsstandsvereinbarung)
Zwei Gesellschaften schließen miteinander einen Vertrag. Die eine hat ihren Sitz in Schleswig-Holstein, die andere in Brandenburg. Weil die Geschäftsführer jeweils den Gerichten in dem anderen Bundesland nicht trauen und außerdem der Ansicht sind, dass alle gegebenenfalls entstehenden Streitigkeiten wenigstens in einer „schönen Stadt" ausgetragen werden sollen, sollen alle Prozesse in Berlin geführt werden.

Wenn es überhaupt möglich ist, wie wird eine entsprechende Vertragsklausel zu formulieren sein und wo würden Sie eine solche verorten?

Lösungsvorschlag: Einführende Hinweise zur Gerichtsstandsvereinbarung
Bitte verschaffen Sie sich zunächst einen kurzen Überblick über die §§ 38 ff. ZPO.

ZPO, § 38 Zugelassene Gerichtsstandsvereinbarung

(1) Ein an sich unzuständiges Gericht des ersten Rechtszuges wird durch ausdrückliche oder stillschweigende Vereinbarung der Parteien zuständig, wenn die Vertragsparteien Kaufleute, juristische Personen des öffentlichen Rechts oder öffentlich-rechtliche Sondervermögen sind.
(2) Die Zuständigkeit eines Gerichts des ersten Rechtszuges kann ferner vereinbart werden, wenn mindestens eine der Vertragsparteien keinen allgemeinen

---

[89] Verdrängt wird § 38 ZPO durch vorrangige unionsrechtliche oder völkervertragliche Regelungen (wie insbesondere Art. 23 EuGVO, Art. 17 LugÜ, vgl. zum Ganzen *Toussaint*, in: BeckOK ZPO, § 38 Vorbem.; vgl. dort auch zu den Voraussetzungen und Anforderungen unter Rn. 1 ff.

> *Gerichtsstand im Inland hat. Die Vereinbarung muss schriftlich abgeschlossen oder, falls sie mündlich getroffen wird, schriftlich bestätigt werden. Hat eine der Parteien einen inländischen allgemeinen Gerichtsstand, so kann für das Inland nur ein Gericht gewählt werden, bei dem diese Partei ihren allgemeinen Gerichtsstand hat oder ein besonderer Gerichtsstand begründet ist.*
> *(3) Im Übrigen ist eine Gerichtsstandsvereinbarung nur zulässig, wenn sie ausdrücklich und schriftlich*
>   1. *nach dem Entstehen der Streitigkeit oder*
>   2. *für den Fall geschlossen wird, dass die im Klageweg in Anspruch zu nehmende Partei nach Vertragsschluss ihren Wohnsitz oder gewöhnlichen Aufenthaltsort aus dem Geltungsbereich dieses Gesetzes verlegt oder ihr Wohnsitz oder gewöhnlicher Aufenthalt im Zeitpunkt der Klageerhebung nicht bekannt ist.*

Gem. § 38 ZPO können u. a. Kaufleute, wie vorliegend, und juristische Personen des öffentlichen Rechts (vgl. § 38 ZPO für den vollständigen Personenkreis) einen Gerichtsstand vereinbaren. Nichtkaufleuten hingegen soll grundsätzlich nicht durch eine (vom Wohnsitz regelmäßig abweichende) Gerichtsstandsvereinbarung die spätere – bei Vertragsschluss meist unterschätzte – Rechtsverfolgung erschwert werden.[90] Nach dem Entstehen der Streitigkeit können aber auch sie sich auf einen anderen Gerichtsstand einigen.

Formulierungsvorschlag
„Gerichtsstand für alle Streitigkeiten aus diesem Vertrag soll Berlin sein."

Eine solche Klausel finden Sie regelmäßig in den Schlussbestimmungen eines Vertragswerkes. Der primäre Nutzen liegt auf der Hand: erleichterte Rechtsverfolgung für den eigenen Mandanten, höhere Sachkunde oder kürzere Prozessfristen des befassten Gerichts.
§ 40 ZPO nennt weitere unzulässige Gerichtsstandsvereinbarungen:

ZPO, § 40 Unwirksame und unzulässige Gerichtsstandsvereinbarung

> *(1) Die Vereinbarung hat keine rechtliche Wirkung, wenn sie nicht auf ein bestimmtes Rechtsverhältnis und die aus ihm entspringenden Rechtsstreitigkeiten sich bezieht.*
> *(2) Eine Vereinbarung ist unzulässig, wenn*
>   1. *der Rechtsstreit nichtvermögensrechtliche Ansprüche betrifft, die den Amtsgerichten ohne Rücksicht auf den Wert des Streitgegenstandes zugewiesen sind, oder*
>   2. *für die Klage ein ausschließlicher Gerichtsstand begründet ist.*
>
> *In diesen Fällen wird die Zuständigkeit eines Gerichts auch nicht durch rügeloses Verhandeln zur Hauptsache begründet.*

---
[90] Zu den Ausnahmen vgl. Sie bitte oben.

5.2.14 Weitere Schlussklauseln

(Weitere) typische Schlussklauseln befassen sich mit

- den Formvereinbarungen, insbesondere der Schriftform,
- möglicher Teilunwirksamkeit (Salvatorische Klausel),
- den Vertragskosten sowie
- der Anzahl an Vertragsausfertigungen.

Zu den beiden letztgenannten Klauseln vergleichen Sie bitte die Beispiele und Hinweise im letzten großen Übungsfall in Abschn. 6.2.6.1.4 und 6.2.6.1.5.

5.2.14.1 Formvereinbarungen, insbesondere Schriftformklausel

Grundsätzlich sind Formvereinbarungen, wie etwa eine sogenannte Schriftformklausel, möglich, es sei denn, es ist gesetzlich zwingend eine bestimmte Form vorgeschrieben.[91] In diesem Falle führt eine hiervon abweichende, „weniger strenge" Form (beispielsweise Textform anstelle der gesetzlich vorgeschriebenen Schriftform) ebenso wie die Nichteinhaltung der vereinbarten Formvorschrift zur Nichtigkeit des Rechtsverhältnisses, vgl. § 125 S. 1 und 2 BGB.

> **Schriftformklausel**
>
> *„Alle Vereinbarungen, Nebenabreden sowie Änderungen und Ergänzungen dieses Vertrages bedürfen der Schriftform. Auch sind alle Erklärungen im Zusammenhang mit diesem Vertrag in schriftlicher Form abzugeben (z. B. Kündigung, Aufhebung etc.)."*

AGB-rechtlich sind insbesondere §§ 305b, 305c BGB sowie §§ 309 Nr. 13, 307 BGB zu beachten. Besonders hervorzuheben ist hier zunächst § 305b BGB, der Vorrang der Individualabrede. Da dieser für Individualabreden keine Form verlangt, geht die mündliche Individualabrede bei oder nach Vertragsschluss, die sich über die Schriftformklausel hinwegsetzt, der AGB-mäßigen Schriftformklausel vor.[92] Sogenannte „doppelte Schriftformklauseln", die für eine Abweichung von der vereinbarten Schriftform ihrerseits eine solche vorsehen, verstoßen gegen §§ 305c, 307 Abs. 1 BGB.[93]

5.2.14.2 Salvatorische Klausel

Die bei bloßer Lektüre an und für sich selbsterklärende sogenannte „Salvatorische Klausel" ist – angesichts einer stetig intensiver werdenden gerichtlichen Vertrags-

---

[91] Vgl. Sie bitte hierzu die Ausführungen unter Abschn. 2.5.2.2, in dem ich Ihnen den Grundsatz der Formfreiheit und die Grundzüge der im Allgemeinen Teil des BGB geregelten Formvorschriften erläutert habe m. w. N., vgl. dazu auch im Folgenden.
[92] Vgl. *BGH*, Urt. v. 21.09.2005 – XII ZR 312/02; 104, *BGH*, Urt. v. 15.06.1988 – VIII ZR 316/87).
[93] Vgl. (*BAG*, Urt. v. 20.05.2008 – 9 AZR 382/07; *OLG Rostock*, Urt. v. 19.05.2009 – 3 U 16/09).

kontrolle[94] – mittlerweile vertragsüblich und sollte sich stets in den Schlussvorschriften eines Vertragswerks finden.[95]

Bei richtigem Einsatz soll sie zunächst die Vermutungswirkung des dispositiven § 139 BGB („Vermutung der Gesamtnichtigkeit bei Teilnichtigkeit") entkräften und hat damit Erhaltungsfunktion. Ihre Wirkung ist nach der Rechtsprechung auf eine Umkehr der Darlegungs- und Beweislast des § 139 BGB begrenzt.[96]

In der Praxis häufig anzutreffen ist zudem die Kombination mit einer Erhaltungs- und Ersetzungsklausel, die die durch die Unwirksamkeit einzelner Klauseln entstandene Lücke zu schließen sucht und hierbei (primär) eine Ersetzungsfunktion übernimmt. Üblich sind hier zwei verschiedene Varianten, nämlich die automatische Ersetzung durch Fiktion einer Ersatzklausel und andererseits die Verpflichtung zur (erst durch die Parteien vorzunehmende) Ersetzung der unwirksamen Klausel.

Vor unreflektierter Verwendung der salvatorischen Klausel sei unter zwei Gesichtspunkten gewarnt: Zum einen sollten Sie kritisch prüfen, ob die Teilwirksamkeit überhaupt von den Vertragsparteien gewollt ist.[97] Zudem können sich insbesondere aus AGB-rechtlicher Sicht Probleme ergeben, die ich anhand der folgenden Beispiele erläutern möchte:

(Teils folgenlose) salvatorische Klausel in Form einer kombinierten Erhaltungs- und automatischen Ersetzungsklausel, die wie folgt lauten könnten:

"Ist eine Regelung dieses Vertrages unwirksam, so sollen die restlichen Bestimmungen dennoch gelten."

Diese Regelung entspricht der gesetzlichen Regelung in § 306 Abs. 1 BGB, damit hat sie allein bloß deklaratorische Wirkung (vor dem Hintergrund des § 306 Abs. 1 BGB)

"An Stelle der unwirksamen Regelung soll eine Regelung treten, die dieser im wirtschaftlichen Ergebnis möglichst nahe kommt."

---

[94] Zumal es trotz sorgfältiger Prüfung, etwa bei Fehlen einer höchstrichterlichen Rechtsprechung in betroffenen Teilbereichen, schwierig sein kann, die Rechtslage abschließend zu beurteilen. Hinzu kommt besonders bei Verträgen mit Dauerwirkung, die stark in die Zukunft gerichtet sind, stets die immanente Gefahr sich ändernder Rechtslagen (auch Rechtsprechungsänderungen).

[95] Vgl. etwa nur die unterschiedlichen exemplarisch aufgeführten Klauseln bei *Langenfeld*, Vertragsgestaltung, 68 f. und *Schmittat*, Einführung in die Vertragsgestaltung, 157 f., vgl. dazu auch im Folgenden.

[96] Auch dann ist die Gesamtnichtigkeit zwar nicht ausgeschlossen, die Beweislast für die Gesamtnichtigkeit liegt aber bei demjenigen, der sich darauf beruft. Die salvatorische Klausel schließt also Gesamtnichtigkeit nicht generell aus, vgl. dazu bereits *BGH*, Urt. v. 24.09.2002 – KZR 10/01; *BGH*, Urt. v. 04.02.2010 – IX ZR 18/09; *BGH*, Urt. v. 15.03.2010 – II ZR 84/09: *„Amtl. Leitsatz: Eine salvatorische Erhaltungsklausel, mit welcher die dispositive Regelung des § 139 BGB wirksam abbedungen worden ist, schließt eine Gesamtnichtigkeit zwar nicht aus, führt aber zu einer Umkehrung der Vermutung des § 139 BGB in ihr Gegenteil. Die Nichtigkeit des gesamten Vertrages tritt nur dann ein, wenn die Aufrechterhaltung des Rechtsgeschäfts trotz der salvatorischen Klausel im Einzelfall durch den durch Vertragsauslegung zu ermittelnden Parteiwillen nicht mehr getragen wird."*

[97] Vgl. auch *Langenfeld*, Vertragsgestaltung, 69.

Diese Regelung ist AGB-rechtlich unwirksam, da sie jedenfalls den Versuch einer geltungserhaltender Reduktion unternimmt und somit einen Verstoß gegen §§ 306 Abs. 2, 307 Abs. 1, Abs. 2 Nr. 1 BGB darstellt und zudem mit dem Transparenzgebot gem. § 307 Abs. 1 S. 2 BGB unvereinbar ist.[98] Weiteres Beispiel einer kombinierten Erhaltungs- und Ersetzungsklausel mit Ersetzungsverpflichtung:

„Sollten einzelne Bestimmungen dieses Vertrags ganz oder teilweise unwirksam sein oder werden, bleibt die Wirksamkeit der übrigen Bestimmungen unberührt.

Die Parteien sind im Falle einer unwirksamen Bestimmung verpflichtet, über eine wirksame und zumutbare Ersatzregelung zu verhandeln, die dem von den Vertragsparteien mit der unwirksamen Bestimmung verfolgten wirtschaftlichen Zweck möglichst nahe kommt."

Die vorstehende Regelung in Satz 2 beinhaltet eine Verpflichtung der Parteien dazu, über eine Vertragsänderung zu verhandeln. Die geltungserhaltende Reduktion einer unwirksamen Klausel ist in Formularverträgen ebenso unzulässig wie eine Ersetzungsklausel, wonach statt des dispositiven Rechts „automatisch" eine Regelung gelten soll, die wirtschaftlich der unwirksamen Klausel am nächsten kommt. Als zulässig ist hier hingegen die Ersetzungsklausel mit Ersetzungsverpflichtung in Form einer Neuverhandlungsklausel einzustufen.[99]

5.2.15 Anlagen

Anlagen zum Vertrag sind Bestandteile des Vertrages selbst, soweit rechtstechnisch zutreffend auf sie verwiesen wird und diese mit dem Vertragswerk selbst eine Einheit bilden.[100]

Sie dienen der Aussonderung von Vertragsbestandteilen, die ihrer Natur nach nicht zur unmittelbaren Integration in den eigentlichen Vertragstext geeignet sind, ihn textlich überlasten oder unlesbar machen würden, wie beispielsweise

- (Technische) Pläne, Zeichnungen oder (Bau-)Beschreibungen,
- Fotos,
- Terminpläne,
- Listen und Verzeichnisse, aber auch
- Unterlagen oder Verträge, die das Verhältnis zu Dritten betreffen.[101]

Der Verwendung von Anlagen haftet allerdings das immanente Risiko an, dass ihre Integration in den Vertragstext scheitert. Dies kann daran liegen, dass rechtstechnisch nicht zutreffend auf sie verwiesen worden ist oder diese den Parteien

---

[98] Vgl. *BGH*, Urt. v. 06.04.2005 – XII ZR 132/03; *Stadler*, in: Jauernig BGB § 306 Rn. 4 m. w. N., danach ist § 306 Abs. 2 BGB nur durch Individualabrede (§ 305b), nicht jedoch durch formularmäßige salvatorische Klausel abdingbar.

[99] Vgl. 2.1.8 Arbeitsvertrag (ausführlich) *Tomicic*, in: Beck'sche Online-Formulare Vertrag.

[100] *BGH*, Urteil v. 30.01.2013 – XII ZR 38/12.

[101] Ähnlich auch *Langenfeld*, Vertragsgestaltung, 42.

im Zeitpunkt des Vertragsschlusses nicht vorgelegen haben und sie dies in einem späteren Streitfall auch mit Erfolg beweisen können. Deshalb darf kein Zweifel daran bestehen, dass Anlagen zum Zeitpunkt des Vertragsschlusses Bestandteil des Vertrages sind. Als Vertragsjurist sollten Sie auf jeden Fall darauf achten, dass auch Anlagen dementsprechend datiert und von jeder Vertragspartei vollständig gegengezeichnet oder zumindest paraphiert sowie mit dem Vertragswerk verbunden werden. Für die rechtstechnische Bezugnahme kann und sollte entsprechend des Wortlautes des § Abs. 1 S. 2, 3 BeurkG verfahren und formuliert werden.[102] Hinsichtlich formbedürftiger Rechtsgeschäfte, wie etwa der Einhaltung der Schriftform, ist auf die umfangreiche Rechtsprechung zu der Frage zu achten, in welcher Weise verschiedene Schriftstücke miteinander verbunden sein müssen, um als einheitliche Urkunde zu gelten.[103]

Beispiel aus einem Mietvertrag

„ ... § __ Mietzweck
(1) Die überlassene Dachfläche darf der Mieter nur zur Solarstromerzeugung mittels einer Solarstromanlage nutzen.
(2) Der Mieter ist berechtigt,
  a) Solarstromanlagen auf der vorgenannten Dachfläche gemäß der beiliegenden „Planskizze Dachfläche" (Anlage 2) zu errichten und zu betreiben. Nachträgliche wesentliche Änderungen bedürfen der Zustimmung des Vermieters.
  b) ...

§ __ Bestandteile dieses Mietvertrages
Bestandteile dieses Mietvertrages sind die dieser Urkunde als Anlagen beigefügten, zur Durchsicht vor Vertragsunterzeichnung vorgelegten und fest mit ihm verbundenen nachfolgenden Unterlagen, auf die ausdrücklich verwiesen wird:
...

Anlage 2: „Planskizze Dachfläche"
... "

---

[102] So auch *Langenfeld*, Vertragsgestaltung, 42.

[103] Soweit die Urkunde aus mehreren Blättern besteht, muss ihr Zusammenhang kenntlich gemacht werden, was etwa durch bloße Verbindung der einzelnen Blätter, bspw. durch Heften, Ösen oder Verleimen, geschehen kann, vgl. zum Ganzen eingehend *Wendtland*, in: BeckOK BGB, § 126 Rn. 5, dazu auch im Folgenden. Zwingend erforderlich ist eine solche feste körperliche Verbindung jedoch nicht, vielmehr kann bspw. auch die Paginierung der einzelnen Blätter, die fortlaufende Nummerierung einzelner Vertragsbestimmungen oder eine einheitliche graphische Gestaltung des äußeren Erscheinungsbildes der Urkunde in Zusammenhang mit einer logischen Textfolge ausreichend sein, vgl. hierzu etwa *OLG Koblenz*, Urt. v. 22.08.2013 – 1 U 1314/12, für die inhaltliche Bezugnahme, soweit sich hieraus die Zusammengehörigkeit einer mehrseitigen Urkunde ergibt, vgl. *BGH*, Urt. v. 21.01.2004 – VIII ZR 99/03; *BGH*, Urt. v. 24.09.1997 – XII ZR 234/95. Dieser Grundsatz gilt auch für die Fälle, in denen hinsichtlich eines wesentlichen Vertragsbestandteils auf eine andere Urkunde Bezug genommen werden soll und eine solche Bezugnahme auf außerhalb der Urkunde liegende Umstände an und für sich nicht den inhaltlichen Anforderungen an die Einhaltung des gesetzlichen Schriftformerfordernisses genügt, vgl. *BGH*, Urt. v. 18.12.2002 – XII ZR 253/01; vgl. auch *Lindner-Figura*, NJW 1998, 731, 732.

5.3 Weitere typische Konstellationen in der Vertragsgestaltung

Neben den zuvor dargestellten typischen Klauseln gibt es weitere typische Konstellationen in der Vertragsgestaltung, die ich Ihnen im Folgenden zumindest kurz vorstellen möchte.

5.3.1 Einseitig verpflichtender Vorvertrag

Als Vorstufe und im Gegensatz zur Option (vgl. Abschn. 5.2.3.2) lässt bei einem einseitig verpflichtenden Vorvertrag der hierin kundgetane einseitige Willensentschluss noch nicht unmittelbar einen Vertrag wirksam zustande kommen, sondern begründet allein die Verpflichtung der anderen Partei, einen bestimmten Hauptvertrag abzuschließen.[104] Allerdings muss ein solcher Vorvertrag die Konditionen des Hauptvertrages hinreichend bestimmen, so dieser – gegebenenfalls in einem streitigen Verfahren – selbst zum Abschluss gebracht werden soll. Zudem kann ein solcher Vorvertrag formbedürftig sein, wenn etwa der Hauptvertrag unter das Formerfordernis der notariellen Beurkundung für Grundstücksgeschäfte fällt, vgl. § 311b Abs. 1 BGB.[105]

5.3.2 Einräumung von Vorrechten

Die schuldrechtliche Einräumung von Vorrechten, etwa von Vorkaufs-, Ankaufs- und Vormietrechten, basiert ihrer Grundstruktur nach auf der Verpflichtung einer Vertragspartei, vor Vollzug eines Kauf- beziehungsweise Mietvertrages mit einem Dritten dem jeweils Berechtigten aus der Vorrechtsvereinbarung die Konditionen des mit dem Dritten ausgehandelten Vertrages mitzuteilen und ihm sodann die Gelegenheit einzuräumen, zu eben jenen Konditionen einen inhaltsgleichen Kauf- beziehungsweise Mietvertrag abzuschließen.[106] Dass mit einer allein schuldrechtlichen Verpflichtung nur Ansprüche gegen den Verpflichteten der Vorrechtsvereinbarung (auf Schadensersatz) und keineswegs eine Verfügungsbeschränkung verbunden ist, sollte aus dem materiellen Recht zwar bekannt sein, ist aber aufgrund weit verbreiteter Fehlvorstellungen zum Vorkaufsrecht[107] – ebenso wie die vorherige Darstellung der Grundsystematik – der Erwähnung wert.

Neben der kautelarjuristischen Ausgestaltung hat auch der Gesetzgeber solche Vorrechte normiert. Das schuldrechtliche Vorkaufsrecht ist etwa in den §§ 463 bis

---

[104] Vgl. *Schmittat*, Einführung in die Vertragsgestaltung, 136.
[105] Vgl. *BGH*, Urt. v. 06.06.1986 – V ZR 67/85; *BGH*, Urt. v. 18.12.1981 – V ZR 233/80; *BGH*, Urt. v. 01.07.1970 – IV ZR 1178/68; *RG*, Urt. v. 15.06.1942 – V 132/41; *OLG Brandenburg*, Urt. v. 19.07.2007 – 5 U 192/06; *OLG Stuttgart*, Urt. v. 28.02.2008 – 7 U 167/07.
[106] Vgl. *Langenfeld*, Vertragsgestaltung, 63; *Schmittat*, Einführung in die Vertragsgestaltung, 154.
[107] Vgl. etwa *Langenfeld*, Vertragsgestaltung, 62.

473 BGB und für Grundstücke das mit Bestellung im Grundbuch sogar dinglich wirkende (!) Vorkaufsrecht in den §§ 1094 bis 1104 BGB geregelt.

Besonders im Grundstücks- und Gesellschaftsrecht erfreut sich das Vorkaufsrecht aufgrund seiner Verschaffungs- sowie der damit verbundenen Vinkulierungs- und Abwehrfunktion (teils auch in Verbindung mit einer echten Vinkulierungsklausel) großer Beliebtheit, etwa zur Sicherung des Verbleibs einer Gesellschafterbeteiligung im Gesellschafterkreis[108] oder des Verbleibs eines Grundstückes im Familienkreis.[109]

5.3.3 Erstreckung vertraglicher Rechte und Pflichten auf Dritte

5.3.3.1 Allgemeine Problemlage

Gegenwärtige Rechtsbeziehungen zu Dritten und die mit der Konzipierung einhergehenden (zukünftigen) Rechtswirkungen auf Dritte spielen für die Gestaltungsüberlegungen eine maßgebende Rolle und müssen bereits bei der Ermittlung der Regelungsziele hinreichend gewürdigt werden, so etwa wenn es um die Erstreckung objektbezogener Rechte und Pflichten auf den Objektrechtsnachfolger geht[110].

Allgemein geht es bei den im Folgenden betrachteten Konstellationen um die Erstreckung vertraglicher Rechte und Pflichten auf Dritte, die regelmäßig auf der Innehabung eines bestimmten Rechts beruhen und zu Lasten oder zu Gunsten eines Dritten, häufig eines Rechtsnachfolgers, wirken sollen. Da schuldrechtliche Verträge grundsätzlich – mit Ausnahme des echten Vertrags zu Gunsten Dritter und des Vertrags mit Schutzwirkung für Dritte – nur zwischen den Vertragsparteien Rechtswirkungen entfalten (Relativität schuldrechtlicher Vertragsbeziehungen), stellt sich die Frage, ob und gegebenenfalls wie diese Drittwirkung durch eine rechtliche Gestaltung herbeigeführt werden kann.[111] So führt etwa die Übertragung eines (Voll-) Rechts regelmäßig nicht ohne Weiteres zu einer Rechtsnachfolge in bestehende vertragliche Rechte und Pflichten des Vorgängers, vielmehr bedarf es einer normativen Rechtsnachfolgeanordnung und eines (normausfüllenden) Rechtsnachfolgetatbestandes hinsichtlich der betreffenden Vertragsposition. Denken Sie etwa an den Übergang von Rechtsverhältnissen bei der erbrechtlichen Universalsukzession, der vollständigen bzw. partiellen Gesamtrechtsnachfolge nach dem UmwG oder den Übergang des Mietverhältnisses bei Veräußerung des vermieteten Wohnraums gem. § 566 BGB. Ähnlich verhält es sich bei der Pflichtenerstreckung auf Dritte im Gesellschafts- und Verbänderecht im Innen- und Außenverhältnis, wenn etwa Satzungsbestimmungen künftige Mitglieder der Gesellschaft in gleicher Weise binden

---

[108] Vgl. explizit hierzu auch das zweite Fall in Abschn. 6.2 zum Gesellschaftsrecht nebst Erläuterungen.

[109] Vgl. mit weiteren Bespielen und einem Formulierungsbeispiel auch *Langenfeld*, Vertragsgestaltung, 63.

[110] Vgl. hierzu auch das Beispiel und die dazugehörigen Ausführungen bei *Schmittat*, Einführung in die Vertragsgestaltung, 115 f.

[111] Vgl. *Schmittat*, Einführung in die Vertragsgestaltung, 116 f., vgl. dort auch zum Folgenden.

wie die bisherigen, die vertraglich die in Frage stehende Satzungsbestimmung auch tatsächlich beschlossen haben (Innenverhältnis), oder etwa im Wege des Schuldbeitritts, bei dem Dritte für bestehende Rechtsverhältnisse haften (vgl. etwa für die oHG oder die KG §§ 130, 173 HGB), wobei diese Regelungen systematisch nicht zu der zuvor angesprochenen Vorschriftengruppe zählen.

5.3.3.2 Bindungswirkung im Zuge der „Verdinglichung"

Bei einer „Verdinglichung", also (primär) der Begründung eines beschränkten dinglichen Rechts an einem Vollrecht, als stärkster Form der Erstreckung „objektbezogener" Rechte und Pflichten auf Dritte bedarf es keiner rechtsgeschäftlichen Übertragung der mit der Innehabung der Rechtsposition verbundenen Rechte und Pflichten auf den jeweiligen Objektrechtsnachfolger, vielmehr gehen diese mit der Innehabung der Rechtsposition automatisch einher: Diesen relativen dinglichen Rechten wird nämlich gegenüber jedem Inhaber des belasteten Vollrechts – unabhängig von seiner Beteiligung am Ausgangsvertrag – Wirkung verschafft.

Der Vertragsjurist bedient sich hierzu des vorgegebenen sachenrechtlichen Instrumentariums, indem er eine objektbezogene schuldrechtliche Verpflichtung durch ein inhaltlich deckendes bzw. nahe liegendes dingliches Recht unterlegt und so die angestrebte Drittwirkung herstellt. Dieses kann nämlich zu einem späteren Zeitpunkt auch gegenüber nicht am ursprünglichen Vertrag beteiligten Dritten geltend gemacht werden.

Verständlich wird der Einsatz dieses Instrumentariums anhand des nachfolgenden Beispiels:

> **Kurzer Übungsfall**
>
> **„Die kreditfinanzierte Solarstromauslage"**
> Investor I möchte auf dem Dach des im Eigentum der E-GmbH stehenden Baumarktgebäudes eine Solarstromanlage betreiben. Über die wirtschaftlichen Eckpunkte des Mietvertrages, insbesondere den Mietzins und die feste Mietdauer von 20 Jahren, haben sich I und E schnell geeinigt. Sie haben sich hier primär an die Regelungen des EEG angelehnt und darauf bezogen. I setzt zur Finanzierung der Anlage weitegehend Fremdkapital ein. Seine Hausbank B besteht auf die Erstreckung der im Mietvertrag vereinbarten Rechte und Pflichte auch auf künftige Eigentümer des Grundstückes. I erwidert daraufhin, dass doch ein späterer Erwerber des Grundstückes gem. §§ 578, 566 BGB („Kauf bricht nicht Miete") an den bestehenden Mietvertrag gebunden ist. Was erwidern Sie als beratender Vertragsjurist hierauf und wofür müssen Sie Sorge tragen, um tatsächlich den diesbezüglichen Einwänden der B gerecht zu werden?

Lösungsvorschlag
Zunächst sollten Sie den vorgetragenen Einwand des I vor dem Hintergrund des ermittelten Regelungsziels und -bedarfs mit bildlichen Beispielen entkräften und sodann eine vertragstechnische Lösung vorschlagen, die diesen Anforderungen gerecht wird:

Führen Sie dem I die Gefahr einer Kündigung des bestehenden Mietverhältnisses über die Dachfläche etwa im Falle der Insolvenz der E und der damit einhergehenden Räumung der Dachfläche und wirtschaftlichen Entwertung der Solarstromanlage vor Augen: Zwar bestehen – anders als bei der Insolvenz des Mieters – keine besonderen Kündigungsgründe bei der Insolvenz des Vermieters, allerdings kann im Falle einer Veräußerung des Grundstücks durch den Insolvenzverwalter der Erwerber das hier mit I bestehende Mietverhältnis (vgl. §§ 578, 566 BGB) gem. § 111 InsO grundsätzlich mit den gesetzlichen Fristen kündigen, was auch nicht vertraglich ausgeschlossen werden kann. In diesem Falle besteht für B die wahrscheinliche Gefahr des Kreditausfalls, schließlich kann die Solarstromanlage keine Erträge mehr auf dem Baumarktdach erwirtschaften, die die Grundlage ihrer Kreditentscheidung waren.

Es muss also nach einer zulässigen Erstreckung der Rechte und Pflichten aus dem Mietvertrag auf alle möglichen Rechtsnachfolger gesucht werden.

In Betracht kommt die Verdinglichung des Rechts zur Errichtung und zum Betrieb der Solarstromanlage auf dem Dach des Baumarktes der E: Als korrespondierendes Recht zum schuldrechtlichen Nutzungsvertrag an der Dachfläche kommt die Einräumung einer beschränkten persönlichen Dienstbarkeit in Form eines Erstellungs-, Betriebs- und Nutzungsrechts in Abteilung 2 des betreffenden Grundbuchs der belegenen Sache in Betracht, nach der I berechtigt ist, das dienende Grundstück innerhalb des definierten Bereichs der Dachfläche zum ausschließlichen Gebrauch für eine oder mehrere Solarstromanlagen oder sonstigen Anlagen, die der Gewinnung von elektrischer Energie aus Sonnenlicht dienen (nachfolgend: „Sonnenenergie-Anlagen") und für alle damit zusammenhängenden Leitungen, betrieblichen Einrichtungen und Anlagen zu nutzen. Danach sollten – neben anderen sicherstellenden Rechten, wie etwa Betretungs- Wege- und Leitungsrechten – insbesondere deren Errichtung, Änderung, Betrieb, Instandhaltung, Instandsetzung sowie Erneuerung und Anpassung an den technischen Fortschritt zulässig sein.

Damit ist dem unmittelbar geäußerten Interesse der B zunächst Rechnung getragen, dass das Nutzungsrecht des I nicht einseitig durch E oder einen Rechtsnachfolger beendet werden kann.

Flankiert wird eine solche Regelung selbstverständlich durch eine Reihe weiterer Regelungen, insbesondere der Absicherung einer Rechtsnachfolge auf Seiten des Mieters auf schuldrechtlicher Basis, die ihrerseits so weit wie möglich durch dingliche Instrumente abgesichert wird. Denn regelmäßig wird dem Berechtigten die Überlassung der vorbezeichneten Rechte an Dritte – etwa eigenen Projektgesellschaften oder im Verwertungsfalle der verwertenden Bank selbst oder einem von dieser zu benennenden Dritten – zur Ausübung gestattet. Vergleichen Sie hierzu bitte ergänzend das diesen Abschnitt abschließende Beispiel mitsamt Formulierungsbeispiel in Abschn. 5.3.3.5.

5.3.3.3 Bindungswirkung auf schuldrechtlicher Basis – insbesondere Rechtsnachfolgeklauseln

Ist die gewünschte Drittwirkung nicht bereits gesetzlich vorgesehen und kann auch nicht durch die vorgenannte Verdinglichung erreicht werden, ist es aber für die Vertragsparteien wichtig, dass bereits bei Abschluss des Vertrages eine Verpflichtung aufgenommen wird, dass im Falle einer durch Rechtsgeschäft des Schuldners mit einem Dritten herbeigeführten Rechtsnachfolge dem Schuldner bereits jetzt die Weitergabe der ihn aus dem abgeschlossenen Vertrag treffenden Verpflichtungen auferlegt wird, so kommt allein noch eine schuldrechtliche Rechtsnachfolge(-klausel) in Betracht.

Je nach Ausgestaltung kann es sich dann um eine Vereinbarung zur Schuldübernahme im Sinne von § 415 BGB oder zur Vertragsübernahme handeln. Beide Instrumente zeige ich Ihnen nachfolgend in dem abschließenden Beispiel in Abschn. 5.3.3.5 auf.

5.3.3.3.1 Schuldübernahme
Verpflichtet sich ein Vertragspartner (Schuldner) lediglich zur Weitergabe der vertraglichen Pflichten aus dem jeweiligen Vertragsverhältnis an seinen Rechtsnachfolger, so ist dieser dem anderen Vertragspartner (Gläubiger) gegenüber gebunden (Schuldübernahme).[112] Die zu deren Wirksamkeit erforderliche Genehmigung des Gläubigers (vgl. § 415 Abs. 1 BGB) kommt regelmäßig bereits in der dann entsprechend zu gestaltenden Rechtsnachfolgeklausel zum Ausdruck (vgl. dazu sogleich), kann aber – in Abhängigkeit vom individuellen Regelungsziel – beispielsweise auch noch unter einen Entscheidungsvorbehalt des Gläubigers gestellt sein. Aufgrund der Relativität dieser schuldrechtlichen Verpflichtung ist der (potentielle) Rechtsnachfolger nicht hieran gebunden, d. h. der Gläubiger bleibt bei Nichterfüllung der nicht erzwingbaren vertraglichen Verpflichtung aus der Rechtsnachfolgeklausel auf Schadensersatzansprüche beschränkt.[113] Sie sehen somit auch den gegenüber der Verdinglichung deutlich begrenzteren Nutzen einer solchen bloß schuldrechtlichen Bindung.

5.3.3.3.2 Vertragsübernahme
Gleiches gilt im Prinzip auch für die andere, sehr gebräuchliche Form der Rechtsnachfolgeklausel in Form einer Vertragsübernahme. Diese liegt vor, wenn ein Dritter in einen bestehenden Vertrag anstelle des bisherigen Schuldners „einsteigen" soll („vollständiger Subjektwechsel" im Rahmen eines bestehenden Vertrages). Die Vertragsübernahme unterscheidet sich von der Schuldübernahme dadurch, dass der Übernehmende auch die Rechte aus diesem Vertrag übernimmt, und von der Abtretung dadurch, dass der Übernehmende auch die Pflichten übernimmt. Es soll also eine jeweils neue, inhaltlich identische Bindung des Rechtsnachfolgers gegenüber dem Gläubiger begründet werden. Die so gestaltete Rechtsnachfolgeklausel

---

[112] Bitte unterscheiden Sie diesen Vertrag zwischen Übernehmer und Schuldner i. V. m. Genehmigung durch den Gläubiger gem. § 415 vom Vertrag des Übernehmers mit dem Gläubiger (§ 414 BGB), vgl. zum Ganzen im Überblick *Stürner*, in: Jauernig, BGB § 415 Rn. 1 ff.

[113] Vgl. zum Ganzen ausführlicher *Langenfeld*, Vertragsgestaltung, 55 ff., dort auch die ergänzenden Ausführungen zur Vereinbarung zwischen Drittem und Gläubiger gem. § 414 BGB und die Besonderheiten bei Grundstückskauf-, Übergabe- und Scheidungsvereinbarungen.

beschränkt sich somit nicht auf die Weitergabe allein der vertraglichen Verpflichtungen, sondern begründet die Pflicht zur Vertragsübertragung auf einen Dritten.

▶ Die Vertragsübernahme stellt sich nicht als bloße Kombination von Abtretung(en) und Schuldübernahme(n), sondern als eigenes einheitliches Rechtsgeschäft dar.[114]

Da zur Wirksamkeit einer Vertragsübernahme entweder ein Vertrag zwischen dem Schuldner, dem Dritten und dem Gläubiger (in der Form eines sogenannten „dreiseitigen Vertrages") oder bei einem Vertrag zwischen ausscheidendem und eintretendem Vertragspartner die Zustimmung des ursprünglichen (anderen) Vertragspartners erforderlich ist, wird diese vertragliche Zustimmung gelegentlich bereits in der Nachfolgeklausel zum Ausdruck gebracht. In der Praxis wird hierzu jedoch häufiger zunächst der Vertrag zwischen dem Schuldner und dem Dritten geschlossen, den der Gläubiger dann – etwa nach Erkundigungen über die Bonität des Vertragsübernehmers – genehmigt.

5.3.3.4 Erstreckung von Rechten auf Dritte, insbesondere Abtretung und Vertrag zugunsten Dritter

Während es bei der Abtretung lediglich um die Erstreckung vertraglicher Rechtspositionen, soweit diese ihrer Rechtsnatur nach überhaupt abtretbar sind, auf Dritte geht, besteht beim (echten) Vertrag zugunsten Dritter (§ 328 BGB) das Regelungsinteresse gerade darin, dass bestimmte inhaltlich abgrenzbare Pflichten zumindest eines Vertragspartners, die die Interessen eines Dritten berühren, so gestaltet sind, dass der betreffende Dritte selbst diesem gegenüber forderungsberechtigt ist beziehungsweise wird.[115] In diesen Fällen ist die klarstellende Bezugnahme auf die gesetzliche Grundlage des § 328 BGB in der Rechtsgestaltung immer dann angebracht, wenn mit den drittbezogenen Pflichten einer Vertragspartei ein unmittelbares Forderungsrecht eines Dritten korrespondieren soll, um Auslegungszweifel zu vermeiden. Doch auch das Gesetz selbst lässt hier differenzierende Lösungsansätze zu: Das Forderungsrecht des Dritten kann nämlich bedingt oder mit Änderungsvorbehalt ausgestaltet werden (vgl. § 328 Abs. 2 BGB). Auch muss die Person des hieraus berechtigten Dritten noch nicht namentlich benannt sein, ausreichend ist vielmehr die Bestimmbarkeit (vgl. dazu sogleich das Beispiel in Abschn. 5.3.3.5).

Da es sich bei dem Vertrag zugunsten Dritter nicht um einen besonderen Vertragstyp, sondern lediglich um eine bestimmte Ausgestaltungsform für ein inhaltlich beliebiges Schuldverhältnis handelt, möchte ich ergänzend auf das zuvor als Beispiel für den Einsatz kautelarjuristischer Muster unter Abschn. 4.2.1.5 eingeführte Formularbeispiel nebst Erläuterungen gerne nach vorne verweisen.

---

[114] Vgl. *Pöggeler*, JA 1995, 641, 642 f.; *Wagner*, JuS 1997, 690, 692 jeweils m. w. N.
[115] Vgl. *Schmittat*, Einführung in die Vertragsgestaltung, 121 ff., vgl. dort auch zum Folgenden.

5.3.3.5 Abschließendes Beispiel

Das abschließende Beispiel knüpft an das vorherige Beispiel der durch einen Kredit der B finanzierten, auf dem Baumarktgebäude der E betriebenen Solarstromanlage der I unter Abschn. 5.3.3.2 an und soll die Veranschaulichung des kautelarjuristischen Instrumentariums bei der Erstreckung vertraglicher Rechte und Pflichten auf Dritte abrunden.

Haben Sie als Vertragsjurist die Erstreckung vertraglicher Rechte und Pflichten auf Dritte für die Fälle der Rechtsnachfolge auf Vermieterseite bereits in der Rechtsgestaltung hinreichend berücksichtigt, so müssen Sie dies nunmehr auch noch – im Interesse des I (und letztlich auch der Bank B) – für die Mieterseite sicherstellen. Gilt nämlich für die Fälle der Veräußerung des Grundstückes durch E an einen Rechtsnachfolger, dass dieser qua Gesetzes automatisch in die Vermieterstellung wechselt („Kauf bricht nicht Miete", vgl. §§ 578, 566 BGB), was Sie auch für den Insolvenzfall des E im vorherigen Beispiel (vgl. oben Abschn. 5.3.3.2) durch Verdinglichung (Einräumung einer beschränkten persönlichen Dienstbarkeit) gesichert haben, existiert umgekehrt eine gesetzliche Erstreckung der Rechte und Pflichten im Falle der Rechtsnachfolge auf Mieterseite nicht. Ebenso kommt in der oben geschilderten Konstellation eine Verdinglichung nicht in Betracht. Die mit der Einräumung der beschränkten persönlichen Dienstbarkeit in Form eines Erstellungs-, Betriebs- und Nutzungsrechts erfolgte Verdinglichung wirkt nämlich nur zugunsten der jeweils Berechtigten unmittelbar dinglich und ist nicht übertragbar (vgl. § 1092 Abs. 1 S. 1 BGB). Allerdings kann die Befugnis zur Ausübung einem anderen überlassen werden (vgl. § 1092 Abs. 1 S. 2 BGB), was auch zum Inhalt des Rechts gemacht werden kann[116]. Als Übertragungsersatz kann dann ein durch Vormerkung gesicherter Anspruch verwandt werden, wie ich Ihnen dies nachfolgend in einer exemplarischen Formulierung aufzeigen werde.

Im Mietvertrag selbst müssen Sie nunmehr diesbezüglich eine Bindung auf schuldrechtlicher Basis vereinbaren. Hierzu empfiehlt es sich, zunächst eine Rechtsnachfolgeklausel als umfängliche Vertragsübertragungsverpflichtung zu verankern. Im Einzelfall kann es ausreichen, eine bloße Verpflichtung zur Weitergabe der wichtigsten vertraglichen Pflichten der E in Form einer Schuldübernahme als Rechtsnachfolgeklausel zu vereinbaren.

Zusätzlich sollte aber jedenfalls die Verpflichtung auf Einräumung einer beschränkten persönlichen Dienstbarkeit in Form eines Erstellungs-, Betriebs- und Nutzungsrechts auch zugunsten des Rechtsnachfolgers als originäres Forderungsrecht des Rechtsnachfolgers aufgenommen werden. Dieses Recht kann noch dadurch verstärkt werden, dass die Eintragung einer Vormerkung auf Bestellung einer solchen Dienstbarkeit zu Gunsten des Rechtsnachfolgers bewilligt und beantragt wird. Wie die in der Praxis wichtige Erstreckung vertraglicher Rechte und Pflichten auf Dritte kautelarjuristisch ausformuliert aussehen kann, möchte ich Ihnen mit dem folgenden Beispiel (zumindest in Ansätzen) für die Einräumung der beschränkten

---

[116] Vgl. *BayObLG*, Beschl. v. 08.06.1982 – BReg. 2 Z 36–37/82.

persönlichen Dienstbarkeit in Form eines Erstellungs-, Betriebs- und Nutzungsrechts aufzeigen[117]:

Beispiel

I. Sachverhalt
E ist im Grundbuch von ___ Blatt ___ als Eigentümerin des Grundstücks FlStNr. ___, ___ Lage mit ___ m² eingetragen (nachfolgend „Grundstück"). Hierauf steht ein gewerblich genutztes XY-Gebäude sowie ___.
  Das Grundstück ist nach Abt. II und III des Grundbuchs lastenfrei.
  Mit Mietvertrag (MV) vom ___ zwischen der Grundstückseigentümerin E und dem I wurde dem I zur Errichtung und zum Betrieb einer Solarstromanlage (PVA) für eine Betriebsdauer von 20 Jahren gegen eine jährliche Miete von ___ Euro die im MV bezeichnete Dachfläche des XY-Gebäudes auf dem Grundstück zur Nutzung überlassen. Im MV hat sich E gegenüber dem I als Versprechensempfänger verpflichtet, für den Fall, dass ein Dritter in den von der E mit I geschlossenen Mietvertrag eintritt und die Rechte und Pflichten des I aus diesem Vertrag übernimmt (nachfolgend als „Rechtsnachfolger" bezeichnet), dem jeweiligen Rechtsnachfolger die gleichen Rechte einzuräumen und die gleiche Dienstbarkeit zu bestellen.

II. Beschränkte persönliche Dienstbarkeit[118]
Die Grundstückseigentümerin E gestattet dem I auf dem Grundstück die Errichtung und den Betrieb einer PVA. Die PVA wird auf dem Dach des XY-Gebäudes angebracht. Die Lage der Solarstrommodule und ihrer technischen Nebenanlagen ergeben sich aus den dem Mietvertrag als Anlagen beigefügten Anlage 1 „Planskizze Dachfläche" und Anlage 2 „Grundriss mit Modulbelegungsplan", auf die ausdrücklich Bezug genommen wird.
  I hat das Recht, diese PVA sowie sämtliche zu deren Betrieb erforderlichen Nebenanlagen, wie etwa Schalt- und Messstation oder Wechselrichter, anzubringen, zu betreiben, zu unterhalten und für den Betriebszeitraum dort zu belassen. Hierzu gehört insbesondere auch die Herstellung der erforderlichen Netzanschlüsse über die sich auf dem Grundstück bereits befindlichen technischen Anlagen.
  Dem I und den von ihm schriftlich beauftragten Personen ist es jederzeit gestattet, das Grundstück zum Zweck der Erstellung und des Betriebs der PVA, einschließlich Inspektionen, Wartungsarbeiten und Vornahme von Instandsetzungs- und Reparaturarbeiten, sowie der völligen Erneuerung der PVA, uneingeschränkt zu betreten und zu befahren.

---

[117] Anm.: Der eigentliche Mietvertrag und die diesbezüglich korrespondierenden schuldrechtlichen Pflichten würden bezogen auf das hiesige Anliegen den Umfang der Darstellung sprengen.
[118] Die Formulierungen sind angelehnt an *Dieckmann*, in: Beck'sches Formularbuch Bürgerliches, Handels- und Wirtschaftsrecht, IV.A.19.

Die Grundstückseigentümerin darf für die Dauer des Vorhandenseins dieser Anlage nichts errichten, umbauen oder entfernen, was den Bestand, den Betrieb oder die Nutzung der PVA beeinträchtigt oder gefährdet.

Zur Sicherung des oben beschriebenen Rechts zur Errichtung und zum Betrieb einer PVA bestellt E zu Gunsten von I eine beschränkte persönliche Dienstbarkeit für die Dauer von 20 Jahren ab heute mit der Maßgabe, dass die Ausübung des Rechts Dritten überlassen werden darf. E bewilligt und beantragt die Eintragung in Abt. II des Grundbuchs zu Lasten ihres genannten Grundstücks und zu Gunsten des I.

III. Vormerkung
Dem I wird das Recht eingeräumt, einen Dritten als Betreiber der PVA zu benennen und diesen als Berechtigten einer mit Ziffer II. inhaltsgleichen Dienstbarkeit im Grundbuch eintragen zu lassen.[119]

E bewilligt und beantragt die Eintragung einer Vormerkung für I auf Eintragung einer zu Ziffer II. inhalts- und ranggleichen Dienstbarkeit zu Gunsten eines von I zu benennenden Dritten. Die Vormerkung soll im Gleichrang mit der oben bewilligten beschränkten persönlichen Dienstbarkeit im Grundbuch eingetragen werden.

5.3.4 Vertretung und Vollmacht

Die Parteien eines Rechtsgeschäfts sind grundsätzlich nicht gehalten, dieses höchstpersönlich abzuschließen, es sei denn es handelt sich um höchstpersönliche Rechtsgeschäfte, wie etwa um die Trauung (§§ 1311, 3112 BGB), zumal eine derartige Anforderung ja erhebliche Beeinträchtigungen des Rechtsverkehrs zur Folge hätte.[120] Im Rechtsverkehr weit verbreitet und gebräuchlich werden deshalb Rechtsgeschäfte von Dritten vorgenommen, derer sich die Vertragspartner hierfür bedienen. Die am weitesten verbreitete Form des Vertragsschlusses durch Dritte – aber nicht die Einzige – stellt die Stellvertretung dar, das stellvertretende Handeln bewirkt dabei die rechtsgeschäftliche Bindung des Vertretenen, nicht aber die des handelnden Dritten, vgl. § 164 BGB.

Zu unterscheiden ist hier insbesondere die gesetzliche von der rechtsgeschäftlichen Vertretung. Wird die Vertretungsmacht gem. § 166 Abs. 2 S. 1 BGB vom Vollmachtgeber (regelmäßig als Geschäftsherr bezeichnet) durch Rechtsgeschäft erteilt (Vollmacht), handelt es sich um eine rechtsgeschäftliche (gewillkürte) Vertretungsmacht. Dahingegen beruht die gesetzliche Vertretungsmacht (bereits dem

---

[119] Es bedarf einer Neubestellung für den weiteren Gläubiger, da die Abtretung der beschränkten persönlichen Dienstbarkeit nicht möglich ist. Das Recht hierauf ist jedoch vormerkungsfähig, somit kann eine dingliche Absicherung erfolgen. Der Rechtsnachfolger ist zu diesem Zeitpunkt regelmäßig nicht namentlich benannt und bekannt, so dass regelmäßig ein Benennungsrecht – wie oben formuliert – verwandt wird. Dabei könnte im Beispielsfall anstelle des I auch die B als finanzierende Bank Gläubigerin dieses Benennungsrechts sein.
[120] Vgl. *Valenthin*, in: BeckOK BGB, § 164 Rn. 1, vgl. dazu auch im Folgenden.

Wortlaut nach) auf Gesetz; sie besteht somit unabhängig vom (konkreten) Willen des Geschäftsherrn.

Grundsätzlich bedarf die Vollmacht nicht der Form, welche für das Rechtsgeschäft bestimmt ist, auf das sich die Vollmacht bezieht (vgl. § 167 Abs. 2 BGB). Hiervon gibt es allerdings Ausnahmen, die es zu beachten gilt, wie etwa bei Vollmachten im Grundstücksverkehr, die etwa wegen § 29 GBO zumindest der notariellen Beglaubigung bedürfen. Beachten Sie bitte auch, dass die Vollmacht nach § 311b BGB notariell zu beurkunden ist, wenn sie eine rechtliche oder tatsächliche Bindung des Vollmachtgebers zur Grundstücksveräußerung oder zum Grundstückserwerb begründen soll.[121]

Beachten Sie bitte unbedingt auch, dass Vollmacht und Grundverhältnis grundsätzlich voneinander unabhängig zu betrachten sind: So enthält die bloße Erteilung eines Auftrages nicht automatisch eine Bevollmächtigung, umgekehrt erlischt eine Vollmacht auch nicht stets automatisch, wenn das ihr zugrundeliegende Rechtsverhältnis erlischt, vgl. § 168 BGB.[122]

In der kautelarjuristischen Praxis, besonders in der Vertragsabwicklung, weit verbreitet ist die gegenseitige Vollmachtserteilung der Vertragspartner oder eines Dritten im Vertrag selbst.[123] Achten Sie in diesem Falle, um Rechtsunsicherheiten vorzubeugen, unbedingt auch auf eine ausdrückliche Regelung zur Entstehung und zum Erlöschen der Vollmacht im Vertrag.

Bei der gesetzlichen Vertretung, etwa im Gesellschaftsrecht bei Vertretung einer GmbH durch ihren Geschäftsführer gem. § 35 GmbHG oder bei gemeinschaftlicher Vertretung des Kindes durch die Eltern gem. § 1629 Abs. 1 Satz 2, 1. HS BGB, stellen sich unter Umständen weitergehende Anforderungen an Sie als Vertragsjurist als bei einer rechtsgeschäftlichen Vollmacht, die es zu beachten gilt. So ist – etwa zur Wahrung von Formerfordernissen – der gesetzliche Vertreter zwingend im Rubrum bei der Bezeichnung der Parteien aufzunehmen. Hier ist auch die genaue Bezeichnung der Parteien mit Wohn- bzw. Geschäftsanschrift unter Nennung einer zustellfähigen Adresse notwendig.

Zum Vertragsschluss mit einem offen ohne Vertretungsmacht auftretenden Vertreter vgl. Sie bitte Abschn. 5.2.3.2.

> **Resümee**
>
> In diesem 5. Kapitel haben Sie „typische Klauseln" eines Vertrags für allgemein wiederkehrende Regelungsaufgaben in Form eines „Baukastensystems" kennengelernt. Sie hatten hier auch verstärkt die Möglichkeit, diese anhand kleiner Praxisfälle selbstständig zu formulieren. Nach der Lektüre dieses Kapitels sollten Sie bereits in der Lage sein, sich Ihr erstes eigenes Instrumentarium zur Bewältigung allgemeiner, typisch wiederkehrender Gestaltungsaufgaben anzulegen und sich so die praktische kautelarjuristische Arbeit zu erleichtern.

---

[121] Vgl. *Langenfeld*, Vertragsgestaltung, 43.
[122] Vgl. *Ellenberger*, in: Palandt, § 168 Rn. 1.
[123] Vgl. Sie hierzu das obige Beispiel der gestuften Beurkundung im Fall „Ja, aber nur unter der Bedingung, dass." Abschn. 5.2.3.4.

6

Ausformulierte Fälle nebst Musterlösungen

> **Lernziel von Kap. 6: Übertragung des Erlernten auf praktische Fälle**
> Abschließend möchte ich Ihnen das bislang – zwar mit vielen Praxisbeispielen unterlegte – theoretische Wissen zur Vertragsgestaltung „Schritt für Schritt" und im Ganzen an zwei großen Einführungsfällen veranschaulichen.[1]
> Hierzu habe ich einmal einen klassischen Austauschvertrag, nämlich einen Fall aus dem Kaufvertragsrecht, und ein Dauerschuldverhältnis, nämlich einen Gesellschaftsvertrag, ausgewählt.
> Der Kaufvertrag spielt bei der Vertragsgestaltung sowohl – großteils unbewusst – im täglichen Leben als auch im Rahmen Ihrer späteren beruflichen Tätigkeit als Vertragsjurist eine bedeutende Rolle. Zwar wird eine Vielzahl von Kaufverträgen oft nur mündlich und ohne Zuhilfenahme von Vertragsjuristen geschlossen, wie insbesondere die Kaufverträge des täglichen Lebens (der Brötchenkauf beim Bäcker, der tägliche Einkauf von Lebensmitteln im Supermarkt u. ä.).
> Allerdings verbleibt ein genügend großer Gestaltungsbereich für Sie als Vertragsjurist, etwa bei der Formulierung individueller Kaufverträge, die über die Alltagsgeschäfte des täglichen Lebens hinausgehen oder im Unternehmensrechtsverkehr zum Tragen kommen, wie beispielsweise Verträge im Maschinenbau, Immobilienkaufverträge, oder aber bei der Formulierung von Kaufvertrags-AGB unter Beachtung der §§ 305 ff. BGB, etwa bei der Formulierung von Einkaufs- beziehungsweise Verkaufsbedingungen. Aber auch der Entwurf, die Verhandlung und die Durchführung von Unternehmenskaufverträgen gehören zu den Aufgaben des Vertragsjuristen, hier kommen aufgrund der Komplexität der Aufgabe und einer Vielzahl von erforderlichem Spezialwissen, wie insbesondere betriebswirtschaftliche und steuerliche

---

[1] Weitere Fälle zur Vertragsgestaltung können Sie in Ergänzung zu dem vorliegenden Werk etwa bei Ulrici, Rechtsgestaltung rechtsgebietsspezifisch nachlesen.

Kenntnisse, regelmäßig Spezialisten für M&A (Mergers and Acquisitions) zum Einsatz.[2]

Andererseits stellen Dauerschuldverhältnisse – und im speziellen Falle ein Gesellschaftsvertrag, also ein Vertrag mit obendrein organisationsrechtlichem Charakter – methodisch und konzeptionell nochmals weitergehende Anforderungen an Sie als Vertragsjurist. Hier müssen Sie etwa aufgrund der Dauerwirkung dieses Vertrages „viel weiter in die Zukunft blicken", somit ergeben sich wesentlich höhere Anforderungen insbesondere an die rechtliche und tatsächliche Prognose von Störfällen und Konflikten.

Neben der rein methodischen Anleitung bei der Lösung beider nachstehender Übungsfälle werde ich auch grundlegende Fragen, wie etwa berufsrechtliche Fragen rund um die Rechtsberatung, aber auch materiell-rechtliche Gesichtspunkte zur Organisationsform, beim zweiten Übungsfall ansprechen.

Ich wünsche Ihnen viel Freude bei der abschließenden Lektüre der beiden Fälle und bitte Sie, das bis hierhin erlernte Wissen bei dieser Gelegenheit zu reflektieren und sogleich auch anzuwenden.

6.1 Kaufvertragsentwurf über eine bewegliche Sache („Der blaue Smart")

Beispiel

„Der blaue Smart"

Als die Berufsschülerin Jessica Müller Ende März von ihrer Berufsschule in Pusemuckel nach Hause schlendert, sieht sie am Straßenrand einen „Smart" in blauer Metalliclackierung, ihrer Lieblingsfarbe, stehen. Dabei fällt ihr Blick auf einen Aushang im Seitenfenster: „Smart in blauer Metalliclackierung: 3950 € (VB), Kilometerstand: 36.000, Erstzulassung: November 2005. Nahezu unfallfrei. Liebevoll gepflegt. Von privat. Tel.: +49-(0)30-12345678".

Welch ein Glück, denkt Jessica, dass sie gerade erst ihren Führerschein bestanden hat und der Wagen zudem „recht preiswert" ist, zumindest ihren Preisvorstellungen für ein erstes eigenes Auto voll und ganz entspricht. Auch steht ihr 18. Geburtstag Ende April unmittelbar bevor. Sie eilt nach Hause, um sogleich ihren Eltern, Peter und Sabine Müller, von ihrer „preisgünstigen" Entdeckung am Straßenrand zu berichten. Mit diesem Kraftfahrzeug könne sie dann auch täglich zur Berufsschule fahren und so Zeit sparen, welche sie besser zum Lernen nutzen könne.

Ihre Eltern können sich nicht so recht für ihre „Entdeckung" begeistern: „Ein Smart!?", wenden sie ein. Eine etwas größere „Knautschzone" hätte ih-

---

[2] In vielen anderen Rechtsgebieten kommen gleichfalls Spezialisten für das jeweilige Rechtsgebiet zum Einsatz.

nen für die erste Zeit der eigenständigen Fahrpraxis ihrer Tochter dann doch schon vorgeschwebt. „Hoffentlich hat der Wagen auch einen Airbag?", fragen sich ihre Eltern. Ihr Vater wirft zudem sogleich ein, dass ihm die Bezeichnung des Kraftfahrzeugs als „nahezu unfallfrei" doch sehr suspekt vorkomme. „Das kann schließlich alles bedeuten", meint er. Um sich ein genaues Bild von dem Wagen zu machen, müssten sie in jedem Falle zuerst eine gemeinsame Probefahrt machen.

Nach einiger Diskussion willigen ihre Eltern schließlich ein, dass Jessica unter der angegebenen Rufnummer einmal anrufen könne, um sich wegen des Kraftfahrzeugs eingehend zu erkundigen. Schließlich sei damit ja auch noch kein Vertrag „unterschrieben". Ihr Vater werde sich zwischenzeitlich erkundigen, wie ein entsprechender Kaufvertrag auszusehen hätte.

Daraufhin wendet sich Peter Müller an Sie als selbstständigen, freiberuflichen Rechtsanwalt und bittet Sie, nach den vorstehenden Sachverhaltsangaben einen Vertragsentwurf zu erstellen und ihm die im Entwurf getroffenen Regelungen kurz zu erläutern. Dieser solle ganz im Sinne von Jessica ausfallen, schließlich sei es ja – bis auf einen Zuschuss der Eltern zum anstehenden 18. Geburtstag – Jessicas selbst verdientes Geld, das sie jetzt für den Autokauf einsetze, und sie solle ja auch Kraftfahrzeughalterin sein und das Fahrzeug alleine nutzen können.

Abwandlung: Inwiefern wird sich der von Ihnen erstellte Vertragsentwurf vom Inhalt eines (Muster-)Vertrags unterscheiden, den Jessica Müller erhält, wenn sie das Kraftfahrzeug von einem gewerblichen (Smart-)Gebrauchtwagenhändler erwirbt?

6.1.1 Vorüberlegungen

Bevor Sie vorliegend Ihre Arbeit als Vertragsjurist aufnehmen können und den laut Sachverhalt geforderten Vertragsentwurf fertigen, müssen Sie mehrere Vorüberlegungen hinsichtlich Ihres anwaltlichen Beratungsmandats[3] anstellen:

Wer ist Ihr Mandant? Zu wessen Gunsten soll der Vertragsentwurf gefertigt werden? Ist das Beratungsmandat im Übrigen eindeutig und inhaltlich möglich?

Zunächst müssen Sie also klären, zu wem das Mandatsverhältnis zustande kommt. Dies wird regelmäßig bei Mehrpersonenkonstellationen in Ihre Vorüberlegungen

---

[3] Anm.: Dass Sie im vorliegenden Fall die Ihnen angetragene selbstständige Rechtsberatung im Sinne von § 2 Abs. 1 RDG selbstredend übernehmen können, steht aufgrund Ihrer hier geschilderten selbstständigen, freiberuflichen Tätigkeit als Rechtsanwalt zweifelsfrei fest, da diesem ja bekanntlich (vgl. hierzu nochmals die Ausführungen in Abschn. 2.3.3) das umfassende Recht zur Beratung und Vertretung in allen Rechtsangelegenheiten zukommt, vgl. §§ 1,3 BRAO. Vgl. für den Notar §§ 20, 24 BNotO. Eine an Sie herangetragene selbstständige Rechtsberatung kann i.Ü. jedoch unter dem Gesichtspunkt der §§ 3, 2 RDG bedenklich sein, vgl. Sie insofern die Vorüberlegungen im sogleich folgenden Übungsfall in Abschn. 6.2.1.

einfließen, da die „Mandatierung"[4] dann nicht immer eindeutig ist. Eine solche Mehrpersonenkonstellation liegt auch im obigen Sachverhalt vor. Den Kauf des Kraftfahrzeugs verfolgen nach den Sachverhaltsangaben sowohl Peter Müller als auch seine Tochter, Jessica Müller. Das Mandat zur Erstellung eines Vertragsentwurfs zum Erwerb dieses Kraftfahrzeugs könnte somit von beiden erteilt worden sein. Vorliegend entscheidend ist, ob der allein Ihnen gegenüber auftretende Peter Müller im eigenen Namen oder als Stellvertreter von Jessica das Mandat erteilt hat. Dies ist im Wege der Auslegung zu ermitteln.

Entscheidend ist – unabhängig zu wessen Gunsten ein Vertragsentwurf gefertigt werden soll – wie Peter Müller Ihnen gegenüber aufgetreten ist. Er tritt hier weder ausdrücklich noch konkludent im Namen Jessicas auf. Im Gegenteil, es handelt sich um seinen ausdrücklichen Wunsch nach einem Vertragsentwurf und er bittet Sie, ausdrücklich ihm den Vertragsentwurf zu erläutern.

Zu wessen Gunsten der Vertragsentwurf gefertigt werden soll, ist vorliegend – im Detail sicher nicht leicht – im angestrebten wirtschaftlichen Ergebnis aber leicht beantwortet: Die Interessen Jessicas, die das zu erwerbende Kraftfahrzeug allein nutzen soll, müssen berücksichtigt werden. Der zu entwerfende Vertrag soll somit zu ihren Gunsten geschlossen werden, sie soll nach dem ausdrücklich geäußerten Willen von Peter Müller Vertragspartei werden[5]. Ob das Beratungsmandat damit explizit als Vertrag zugunsten Dritter zustande kommt, also Jessica ein eigenständiges Forderungsrecht gegenüber Ihnen als Rechtsanwalt auf Fertigung des Vertragsentwurfs zusteht, oder der Beratungsvertrag Schutzwirkung zu ihren Gunsten entfaltet, mag vorliegend dahinstehen. Denn auch wenn das Beratungsmandat mit Herrn Müller zustande kommt und Jessica kein eigenständiges Forderungsrecht zustehen mag, so ist doch die Ausgestaltung des zu fertigenden Vertragsentwurf allein zu ihren Gunsten als allein Nutzungsberechtigte an dem zu erwerbenden Kraftfahrzeug für den Inhalt Ihres Beratungsmandats entscheidend.

Das Beratungsmandat ist auch im Übrigen eindeutig und inhaltlich möglich. Sie sollen einen Vertragsentwurf, genauer ein Angebot zum Abschluss eines Vertrages, unterschriftsreif erstellen und diesen Herrn Peter Müller erläutern. Vorliegend ist nämlich grundsätzlich ein Angebot, also ein von Ihnen gewünschter Regelungsvorschlag, möglich, da es sich bei dem Aushang im Seitenfenster des Smarts lediglich um eine Aufforderung zur Abgabe eines Angebotes ohne Rechtsbindungswillen („invitatio ad offerendum") handelt. Zudem könnte Jessica auch ein abänderndes

---

[4] Anm.: Rechtlich kommt das Beratungsmandat – je nach konkreter Ausgestaltung – in Form einer entgeltlichen Geschäftsbesorgung im Sinne von § 675 BGB mit dienst- und werkvertraglichem Inhalt zustande, wobei die Einordnung als Dienstvertrag die Regel bildet, da regelmäßig nur eine Tätigkeit, nicht aber ein Erfolg geschuldet ist, vgl. Heermann, in: MüKoBGB IV, § 675 Rn. 26 m. w. N., dazu auch im Folgenden. Anders sieht es häufig bei juristischen Gutachten oder Vertragsentwürfen aus, wo häufig ein Werkvertrag vorliegen dürfte. In Ausnahmefällen kann auch ein Gefälligkeitsverhältnis ohne rechtsgeschäftlichen Bindungswillen vorliegen.
[5] Anm.: Zu einer möglichen Optimierung dieser Vertragsstruktur und damit auch zu einer möglichen Anpassung des sogleich zu ermittelnden Sachziels vgl. Sie bitte die Feinarbeit unter Abschn. 6.1.5.

eigenes Angebot in Form eines Gestaltungsentwurfs (§ 150 Abs. 2 BGB) unterbreiten. Somit ist das Mandat auch inhaltlich möglich.

Ob dahingegen die Gestaltungsaufgabe und der zugrundeliegende Sachverhalt hinreichend klar sind, ist nicht mehr Gegenstand Ihrer Vorüberlegungen[6], sondern Teil Ihrer Überlegungen im Rahmen der Ermittlung des Regelungsziels.

6.1.2 Regelungsziel

Um mit der Entwicklung einer rechtlichen Gestaltung beginnen zu können, müssen Sie zu Beginn das beziehungsweise die Sachziel(e) Ihres Mandanten, also den gewünschten Sollzustand, in Erfahrung bringen. Die Sachziele bringen Sie durch Befragung Ihres Mandanten in Erfahrung. Bitte bedenken Sie hierbei nochmals (vgl. Abschn. 3.6.2.1), dass es sich bei den Sachzielen Ihres Mandanten stets um persönliche wirtschaftliche oder soziale Bedürfnisse oder Wünsche handelt, niemals um rechtliches Ziele (wie beispielsweise den Abschluss eines Kaufvertrags).

> **Frage**
>
> Bezogen auf den obigen Fall stellt sich somit zunächst die Frage: Was will Peter Müller erreichen? Was ist sein Sachziel?

Um diese Frage beantworten zu können, müssen Sie zunächst Informationen „sammeln". Die Informationsgewinnung bezieht sich auf die Wünsche, Interessen der Beteiligten sowie auf die zugrundeliegenden tatsächlichen (und auch rechtlichen) Umstände. Das typische Hilfsmittel, um an diese zur Gestaltung notwendigen Informationen zu gelangen, stellt das Gespräch mit dem Mandanten dar. Ein solches Gespräch fand im obigen Fall bereits statt. Daneben ist im vorliegenden Fall auch keine weitere Informationsquelle ersichtlich und – aufgrund der Einfachheit des zu regelnden Sachverhalts (dazu sogleich) – auch nicht erforderlich. Dabei konnten Sie folgende Informationen sammeln:

- Ihr Mandant, Peter Müller, hat zusammen mit seiner Frau Sabine eine 17-jährige Tochter namens Jessica, die bei den Eltern wohnt, im kommenden Monat 18 Jahre alt wird und als Berufsschülerin auch bereits ihr eigenes Geld verdient.
- Jessica hat gerade die Führerscheinprüfung bestanden.
- Jessica möchte ein preiswertes Kraftfahrzeug zur täglichen Fahrt zur Berufsschule erwerben, welches sie auch bereits gefunden hat, einen Smart.
- Details zum Smart sind bekannt: Farbe, Preis, Kilometerstand, Zulassung, teilweise klärungsbedürftige Angaben zum Zustand: „Nahezu unfallfrei".
- Das „Angebot zum Erwerb" des Smarts erfolgt von „privat".

---

[6] Vgl. insofern die nicht methoden- und systemkonformen Ausführungen bei Lenkaitis, in: Aderhold/Koch/Lenkaitis, Vertragsgestaltung, S. 82 ff., der diese Fragen im Rahmen der „Vorbereitenden Überlegungen" und nicht bei der Ermittlung des Regelungsziels anstellt.

- Beide Eltern wünschen ein (verkehrs-)sicheres Kraftfahrzeug für Jessica, ein Airbag ist ein „Muss".
- Jessica bringt das Geld für den Erwerb des Kraftfahrzeugs auf, daneben gibt es eine Kostenbeteiligung der Eltern zum anstehenden Geburtstag (Höhe unbekannt).
- Peter Müller wünscht explizit einen Kaufvertragsentwurf zugunsten Jessicas.

Diese gewonnenen Informationen helfen Ihnen nicht nur bei der Identifikation des Sachziels von Peter Müller, sondern zeigen Ihnen auch gleich die tatsächlichen Umstände auf. Im Rahmen der Informationsgewinnung konnten Sie nun folgendes Sachziel identifizieren:

Herr Müller möchte (hier zunächst noch nicht rechtlich gesprochen), dass seine bald volljährige Tochter ein genau bezeichnetes Kraftfahrzeug erwirbt, welches sie sodann täglich nutzen kann.

> **Frage**
>
> Im nächsten Schritt müssen Sie dieses Sachziel in ein Rechtsziel transformieren. Hierzu stellen Sie sich die Frage: Welchen rechtlichen Zustand will mein Mandant im Hinblick auf das angestrebte Sachziel erreichen?

Lassen Sie sich grundsätzlich nicht von bereits durch den Mandanten zum Ausdruck gebrachten Rechtsbegriffen „in eine falsche Richtung locken". Auch wenn Peter Müller Sie bereits um den Entwurf eines „Kaufvertrags" gebeten hat, so könnte doch etwa in dem Falle, dass bloß eine Möglichkeit zur Nutzung eines Kraftfahrzeug erstrebt wird, noch die Einordnung als Mietvertrag oder die Annahme eines typengemischten Vertrages, wie etwa eines Leasingvertrags, in Betracht kommen. Allerdings stellen diese keinen Rechtsgrund für den Erwerb von Eigentum an dem Kraftfahrzeug, den Peter Müller ja explizit zugunsten seiner Tochter wünscht, dar. Auch ist – bei so einfach gelagerten Fällen wie dem Kaufvertrag – selbst für den juristischen Laien die rechtliche Einordnung, nämlich als schuldrechtlicher Rechtsgrund zum Erwerb des Eigentums an dem ausgewählten Kraftfahrzeug gegen einen Kaufpreis, regelmäßig bereits ohne weiteres möglich. Hier steht aufgrund der geschilderten Sachverhaltsumständen, nämlich der bereits erfolgten „Sichtung" eines gebrauchten, zum Verkauf stehenden Kraftfahrzeugs und dem ausdrücklich geäußerten Wunsch auf Entwurf eines Kaufvertrages, natürlich zweifelsfrei fest, dass hier rechtlich der Abschluss eines Kaufvertrages nebst dinglicher Erfüllungsgeschäfte (zum Eigentumserwerb des Kraftfahrzeugs und des – hier unterstellt – bar übergebenen Geldes gem. § 929 BGB) gewünscht ist und nicht etwa der Abschluss eines Leasingvertrags.[7] Ein weiterer Rechtsgrund zum Eigentumserwerb an dem gebrauchten Kraftfahrzeug ist nicht ersichtlich.

---

[7] Anm.: Ich habe Sie hier lediglich aus didaktischen Gründen gezwungen, sich nochmals ausdrücklich auf die Ermittlung des gewünschten Sachziels zu konzentrieren. Natürlich stand hier der

▶ Im ersten Schritt müssen Sie hier also prüfen, ob die Rechtsfolge Ihrer aufgefundenen rechtlichen Gestaltungsmöglichkeit (hier also der Kaufvertrag) auch dem Sachziel entspricht (Eigentumserwerb an dem Smart). Der Kaufvertrag hat typischerweise den Erwerb einer beweglichen Sache[8] zum Ziel und entspricht somit dem Regelungsziel.
Dahingegen entsprechen die Rechtsfolgen der beiden anderen angesprochenen rechtlichen Gestaltungsmöglichkeiten, nämlich Miet- und Leasingvertrag (als Mischform), vorliegend nicht dem eindeutig geäußerten Sachziel, da sie keinen Rechtsgrund für einen Eigentumserwerb darstellen. Weitere Eigentumserwerbsgründe waren nicht ersichtlich.

Der in Aussicht genommene Kaufvertrag ist einer der Typenverträge des BGB (vgl. insoweit die einschlägigen §§ 433 ff. BGB). Ein solcher Typenvertrag wirkt sich für Sie insofern vorteilhaft aus, dass Sie nachfolgend den Regelungsbedarf und die Gestaltungsgrenzen recht leicht anhand der Gesetzessystematik der §§ 433 ff. BGB erkennen können.

Angesichts der verschiedenen existierenden (speziellen gesetzlich geregelten) Formen des Kaufvertrags hat es hierbei jedoch nicht sein Bewenden: Sie müssen sich fragen, welche Form des Kaufvertrages gewünscht ist. Einen Verbrauchsgüterkauf können Sie ausschließen, da Sie aus den gesammelten Informationen bereits ersehen, dass es sich um einen Verkauf von „privat" an „privat" handelt, so dass es an der Unternehmereigenschaft (§ 14 BGB) des Verkäufers fehlt, und somit die Tatbestandsmerkmale des § 474 Abs. 1 BGB evident nicht vorliegen. Fraglich ist, ob es sich um eine andere „Modifizierung", nämlich einen „Kauf auf Probe" gemäß §§ 454 ff. BGB, handelt. Jedoch wird der Smart ja vor Vertragsschluss besichtigt und „gebilligt", so dass auch diese Möglichkeit ausscheidet. Nach alledem verbleibt es dabei, dass ein Kaufvertrag über eine gebrauchte Sache in seiner Grundform gemäß § 433 BGB geschlossen werden soll.

Gehen Sie an dieser Stelle auch zunächst davon aus, dass dieser Kaufvertrag zwischen Jessica und dem (noch unbekannten) Dritten geschlossen werden soll, da Peter Müller sich bislang ausdrücklich dahingehend geäußert hat. Eine gegebenenfalls im Wege der Beratung mögliche Optimierung dieser Vertragsstruktur kann im Zuge der Feinarbeit an dem Gestaltungsentwurf somit auch nochmals zu einer möglichen Anpassung des ermittelten Sachziels führen (vgl. Sie hierzu bitte die Überlegungen unter Abschn. 6.1.5.2.1).

Sachziel	Transformation in Rechtsziel
Erwerb eines gebrauchten Kraftfahrzeugs „für Jessica zur Nutzung"	Kaufvertrag über ein gebrauchtes Kraftfahrzeug unter Privaten gemäß § 433 BGB (Jessica und Dritter) mitsamt der dinglichen Erfüllungsgeschäfte gemäß § 929 BGB, insbesondere also dem Eigentumserwerb am Kraftfahrzeug

Mandantenwunsch nach Entwurf eines Gebrauchtwagenkaufvertrags selbst nach dem vorliegenden kurzen Sachverhalt zweifelsfrei fest.

[8] Anm.: Genauer gesprochen stellt er den Rechtsgrund für den Eigentumserwerb dar.

Neben der Ermittlung des primären Rechtsziels müssen Sie an dieser Stelle auch bereits die sonstigen Interessen Ihres Mandanten ermitteln. Diese hat Peter Müller hier teils sogar ausdrücklich geäußert, ansonsten bestehen bei solch einem Kaufvertrag regelmäßig folgende Interessen des Käufers:

Der Kaufpreis soll grundsätzlich der Leistung des Verkäufers entsprechen, d. h. der Preis von 3.950 € soll auch dem Wert des Smarts entsprechen. Die Frage nach der wirtschaftlichen Äquivalenz stellt allerdings in dem vorliegenden Austauschvertrag kein rechtlich zu transformierendes Interesse dar, sondern liegt allein in der wirtschaftlichen Verhandlungsmacht des Mandanten (bzw. von Jessica als Käuferin des Kraftfahrzeugs). Inwieweit dies noch Gegenstand des Mandats ist, ist Frage des Einzelfalls (vgl. hierzu auch die Ausführungen zu den Nebenpflichten der Vertragsgestaltung unter Abschn. 3.3).

Bei komplexeren Verträgen werden zur Ermittlung der wirtschaftlich angemessenen Äquivalenz meist externe betriebswirtschaftliche Berater eingeschaltet, so wird etwa zur Ermittlung des Unternehmenswertes bei Unternehmenskaufverträgen häufig ein Steuerberater oder Wirtschaftsprüfer eingeschaltet.[9]

Einfache Hilfestellungen bei der Ermittlung einer angemessenen Höhe der Gegenleistung kann der Mandant aber auch von Ihnen als guten Vertragsjuristen erwarten (vgl. insofern auch die Ausführungen und Beispiele „zur Anwendung objektiver Entscheidungskriterien" als Hilfestellung in Abschn. 4.3.2.6.2.2). So könnten Sie vorliegend den Hinweis auf die Preisbildung am Gebrauchtwagenmarkt nach Angebot und Nachfrage mit dem Verweis auf eines der bekannten Online-Gebrauchtwagen-Portale verbinden. Ebenso dürfte hier der Verweis auf die sogenannte „Schwacke-Liste"[10] auf der Hand liegen.

Anders liegt es bei den anderen besonders bekundeten Interessen des Mandanten:

Interessen	Transformation in Rechtsziel
(Verkehrs-)sicheres Kraftfahrzeug, ein Airbag ist ein „Muss"	Mängelhaftung des Verkäufers gemäß §§ 434 ff. BGB (Ansatz bei der Beschaffenheitsvereinbarung etc., mehr dazu sogleich)
Kraftfahrzeug soll in einem altersgerechten, verkehrstüchtigen Zustand sein	
Präzision hinsichtlich der Aussage „nahezu unfallfrei"	

---

[9] Derart komplexe betriebswirtschaftliche Bewertungen sind Gegenstand eigenständiger Mandatierungen und regelmäßig nicht mehr vom juristischen Mandat als Nebenpflicht „wirtschaftlichen Denkens" abgedeckt, vgl. insoweit auch Abschn. 3.3.1.

[10] Anm.: Die nach Hanns W. Schwacke benannte, erstmals 1957 veröffentlichte Liste gibt den ungefähren Restwert von gebrauchten Kraftfahrzeugen anhand des Fahrzeugtyps, des Baujahres, der Ausstattung und des Kilometerstandes auf dem deutschen Kfz-Markt an. Sie wird fortlaufend aktualisiert und stellt eine allgemein anerkannte (objektive) „Arbeitsgrundlage" für den gewerblichen und privaten Kfz-Handel dar, vgl. *Grünweg*, Schwacke.

Wie das ermittelte Regelungsziel letztlich unter Wahrung möglichst vieler Interessen im Einzelnen umgesetzt werden kann, ist dann Frage der Erfüllungs- und Risikoplanung.

6.1.3 Regelungsbedarf

Um den Regelungsbedarf festzustellen, müssen Sie nun den Ist- mit dem Sollzustand abgleichen.

> **Frage**
>
> Sie müssen sich hier also die folgende Frage stellen: Entspricht die gegenwärtige Rechtslage dem Regelungsziel?

Weder Jessica noch Ihr Vater sind Eigentümer des fraglichen Smarts. Das Regelungsziel ist somit auf einen Eigentumsverschaffungsanspruch an dem blauen Smart gerichtet.

Ob ein solcher bereits vorliegt, ist nun gutachterlich zu prüfen: Hat Jessica (oder eventuell auch Peter Müller) einen Anspruch gegen den Verkäufer des blauen Smarts auf Eigentumsverschaffung?

Ein solcher Anspruch auf die Verschaffung von Eigentum könnte sich vorliegend allenfalls aus einem Kaufvertrag gem. § 433 Abs. 1 BGB ergeben. Dann müsste zwischen Jessica (oder unter Umständen auch Peter Müller) und dem Verkäufer ein Kaufvertrag zustande gekommen sein. Nach gegenwärtiger Rechtslage besteht aber kein Kaufvertrag mit dem Verkäufer des blauen Smarts. Somit sind Ist- und Sollzustand nicht deckungsgleich.

Für Sie als Vertragsjurist bedeutet dies zunächst, dass Gestaltungsbedarf besteht: Vorliegend in Form eines zu entwerfenden Kaufvertrages. Ohne eine solche Gestaltung kann das Regelungsziel nicht erreicht werden.

Die Frage nach dem Regelungsbedarf, also dem Abgleich von Ist- mit dem Sollzustand, geht jedoch noch weiter: Sie müssen insbesondere bei Typenverträgen des BGB dispositives Gesetzesrecht mit den Interessen des Mandanten abgleichen und sich dabei fragen, ob die derzeitige Rechtslage dem Regelungsziel und den -interessen entspricht. Dies geht jedoch gleitend über zur Umsetzung des Regelungsbedarfs und unterstreicht einmal mehr, dass es – wie in Kap. 3 mehrfach herausgestellt – sich einerseits nicht um ein strenges Nacheinander von Arbeitsschritten bei der Vertragsgestaltung handelt und andererseits eines ständigen Wechselblicks zwischen der materiellen Rechtslage, den Mandantensachzielen und -interessen sowie den tatsächlichen Grundlagen der Gestaltung bedarf, die so gegebenenfalls zu Anpassungen und Wiederholungen einzelner Arbeitsschritte führen.

6.1.4 Umsetzung des Regelungsbedarfs – Erfüllungs- und Risikoplanung

Mit der Feststellung des Regelungsbedarfs, vorliegend also der Notwendigkeit zur Erstellung eines Kaufvertrags unter Privaten, beginnt nun die vertragsgestaltende Feinarbeit: Sie müssen Herrn Müller nun im Einzelnen belehren und beraten, damit er am Ende eine mündige Entscheidung auf Grundlage Ihrer Gestaltungsvorschläge trifft, die seinen eigenen und den Wünschen von Jessica optimal entspricht. Sie müssen ihn hierbei über Chancen und Risiken beraten und belehren. Insbesondere die Zukunftssicherheit des erstellten Kaufvertrags sollte vorliegend für Sie im Mittelpunkt stehen. Zumindest methodisch sollten Sie bei der weiteren Feinarbeit der Vertragsgestaltung zwischen Erfüllungs- und der Risikoplanung unterscheiden.

▶ Zunächst müssen Sie sich im Rahmen der Erfüllungsplanung der Frage widmen, welche Regeln der als Regelungsziel festgestellte Kaufvertrag enthalten muss, um eine ordnungsgemäße und störungsfreie Vertragsabwicklung zu gewährleisten („Zweckverwirklichung", vgl. Abschn. 3.6.4.3).
Die Risikoplanung muss sich hingegen der Frage widmen, was vertraglich eingreifen muss, wenn die Vertragserfüllung nicht ordnungsgemäß, also mit Störungen, abläuft („Störfallvorsorge", vgl. Abschn. 3.6.4.4).

Ausgehend von § 433 BGB hat sich die Erfüllungsplanung somit zunächst mit den sog. „essentialia negotii", d. h. die den Kaufvertrag kennzeichnenden Vertragsbestandteilen und Vertragspflichten zu befassen:

- Verkäufer
- Käufer
- zu verkaufende Sache
- Übergabe- und Übereignungspflicht des Verkäufers
- Kaufpreis
- Verpflichtung des Käufers zur Zahlung des Kaufpreises und
- Verpflichtung des Käufers zur Abnahme der gekauften Sache.

Daneben müssen Sie hier stets auch prüfen, welche weiteren Voraussetzungen zum einen erfüllt sein sollten, damit der Vertrag auch den Interessen Ihres Mandanten im Hinblick auf eine Regelabwicklung (ohne Störungen) entspricht, und zum anderen erfüllt sein müssen, damit Ihre Gestaltung auch tatsächlich wirksam ist. Hierbei geht es darum, die Wirksamkeit Ihres Vertragsentwurfes durch Einhaltung der rechtlichen Vertragsgestaltungsgrenzen zu gewährleisten. Dabei handelt es sich weniger um inhaltliche Zwänge als vielmehr um die äußere Form und Durchführung. Hierzu zählt etwa auch die „Beteiligung Minderjähriger bei Rechtsgeschäften". Problematisch für die vorliegende Gestaltung dürfte hier die Beteiligung von Jessica, einer beschränkt geschäftsfähigen Minderjährigen im Sinne von § 106 BGB, sein, mit der Sie sich sogleich eingehender auseinandersetzen müssen.

Neben den einschlägigen zwingenden Regelungen aus dem Typenvertrag „Kaufvertrag" sind also ergänzend immer auch die einschlägigen Regelungen des allgemeinen Schuldrechts, bspw. im Hinblick auf

- Erfüllungsort (§ 269 BGB),
- Erfüllungszeit (§ 271 BGB),
- spezielle Formgebote (§ 311b BGB),

sowie diejenigen des allgemeinen Teils des BGB, bspw. im Hinblick auf

- Beteiligung Minderjähriger bei Rechtsgeschäften (§§ 104 ff. BGB),
- Fragen der Stellvertretung (§§ 164 ff. BGB),
- Bedingungen (§§ 158 ff. BGB),
- allgemeine Formgebote (§§ 125 ff. BGB),
- Verjährung (§§ 194 ff., 202 BGB),

hinsichtlich der vom Mandanten vorgetragenen Interessen zu berücksichtigen.

Sobald Sie die Eignung der Gestaltung zur Verwirklichung der Rechtsziele im Rahmen der Erfüllungsplanung festgestellt haben, fokussieren Sie sich sodann auf die (weiteren) Mandanteninteressen, also die „Nebeneffekte" Ihrer Gestaltung und somit auf diejenigen Vertragspunkte, die neben den eigentlichen Tatbestandsvoraussetzungen einer ordnungsgemäßen Erfüllung als Risikofaktoren zum Tragen kommen können („regelungsbedürftige Punkte"): Die Risikoplanung dürfte sich nach den Sachverhaltsumständen primär mit den Fragen der Mängelhaftung an dem blauen Smart auseinandersetzen.

Durch Ihr Gespräch mit Herrn Müller konnten Sie erfahren, dass ihm die Formulierung „nahezu unfallfrei" suspekt erscheint. Herr Müller signalisiert hiermit sein besonderes Interesse an einem unfallfreien Kraftfahrzeug für seine Tochter, genauer gesagt an einer Mängelhaftung, sollte das Kraftfahrzeug nicht unfallfrei sein. Die Mängelhaftung ist eines der typischen Konfliktfelder des Gebrauchtwagenkaufs. Die Aussage „nahezu unfallfrei" ist somit ein Risikofaktor, den sie unbedingt in Ihre Gestaltungsplanung unter den „regelungsbedürftigen Punkten" in Form einer Mängelhaftung des Verkäufers beachten sollten.

6.1.5 Das Vorgehen im Einzelnen – Der Weg zum fertigen Vertrag

6.1.5.1 Gliederung des Vertragswerkes

Nachdem Sie sich vorliegend über die Regelungsgegenstände einen grundlegenden Überblick verschafft haben, sollten Sie nun Ihr Vertragswerk grob gliedern, vgl. Sie hierfür bitte nochmals Abschn. 4.1.2, insbesondere Abschn. 4.1.2.3.

Zwar sollten Sie grundsätzlich auch erlernt haben, mit Vertragsmustern zu arbeiten, und könnten dementsprechend auch dem Aufbau eines solchen kautelarjuristischen Mustervertrags folgen. Dies wird wohl auch – bei wiedererkanntem Grundsachverhalt – regelmäßig Ihrem arbeitseffizienten Vorgehen in der Gestaltung entsprechen (vgl. zu den Vorteilen im Umgang mit Vertragsmustern Abschn. 4.2.1), schließlich müssen Sie nicht stets „das Rad neu erfinden". Zudem wird häufig durch Verwendung einschlägiger Musterverträge, wie vorliegend etwa eines „ADAC Kaufvertrags für den privaten Verkauf eines gebrauchten Kraftfahrzeuges", die Akzeptanz aufgrund der hohen Verbreitung und (vermeintlichen) Neutralität sowie Richtigkeitsgewähr bei dem anderen Vertragspartner regelmäßig höher sein. Bei einem so einfach gelagerten Fall wie dem vorliegenden sollten Sie aber – allein schon zu Übungszwecken – das Vertragswerk von Grund auf selbstständig erarbeiten (können).

Danach bietet sich entsprechend des hier vermittelten Grundschemas (vgl. Abschn. 4.1.2.3) folgender Aufbau an:

Überschrift Vertragsparteien	}	„Vorspann"
Kaufgegenstand Kaufpreis und Zahlung Übereignung	}	Hauptleistungspflichten
Rechte der Käuferin bei Mängeln	}	Störfallvorsorge
Sonstige, allgemeine Bestimmungen	}	Schlussbestimmungen

6.1.5.2 Erfüllungsplanung – „Unproblematische" Regelungen, insbesondere notwendiger Mindestinhalt

6.1.5.2.1 Käuferin

Da Jessica derzeit noch nicht volljährig im Sinne von § 2 BGB ist, müssen die Regelungen zur beschränkten Geschäftsfähigkeit Minderjähriger gem. §§ 106 ff. BGB beachtet werden. Sie bedarf für den Abschluss des von Ihnen zu gestaltenden Kaufvertrags der Mitwirkung ihres gesetzlichen Vertreters unter den Voraussetzungen der §§ 107 ff. BGB. Nach der Grundregel des § 107 BGB bedarf Jessica vorliegend der Einwilligung ihrer Eltern als gesetzlicher Vertreter (vgl. §§ 1626, 1629 BGB), da sie mit dem Abschluss des in Aussicht genommenen Kaufvertrags nicht nur rechtliche Vorteile erlangt, sondern auch Pflichten übernimmt, wie etwa die Verpflichtung zur Zahlung des Kaufpreises gem. § 433 Abs. 2 BGB. Hierbei ist § 1629 Abs. 1 Satz 2, 1. HS BGB zu beachten: Die Eltern vertreten ihr Kind gemeinschaftlich.

Da die Eltern ihre Bereitschaft zur Mitwirkung bereits signalisiert haben, kann vorliegend problemlos der „normale" Weg einer Einwilligung gem. § 107 BGB eingeschlagen werden.

Allerdings sollten Sie bei der Vertragsgestaltung ja auch stets den optimalen Weg in Ihrem Entwurf herausarbeiten:

Laut Sachverhalt möchte Jessica das Fahrzeug mit ihrem eigenen (vorhandenen) Geld erwerben, welches ihr zu diesem Zweck teilweise von ihren Eltern zum 18. Geburtstag überlassen wird. Auch verdient sie bereits als Berufsschülerin ihr eigenes Geld.

Sie könnten also einerseits über eine antizipierte Zustimmung der Eltern nach § 110 BGB („Taschengeldparagraph") oder andererseits eine partielle Geschäftsfähigkeit nach § 113 BGB nachdenken. Allerdings sollten Sie es unter dem Gesichtspunkt der Rechtssicherheit hier keinesfalls auf die Geltung des § 110 BGB ankommen lassen. Denn der Kaufvertrag wäre erst mit „Bewirken" der Leistung wirksam. Zudem könnte die Höhe des Kaufpreises einer Anwendung des § 110 BGB – im Streitfalle durch einen Richter zu entscheiden (!) – entgegenstehen. Auch eine partielle Geschäftsfähigkeit nach § 113 BGB kommt bei Berufsausbildungsverhältnissen nicht in Betracht, da nicht die Leistung von Diensten oder Arbeit im Vordergrund steht.[11]

Auch die – angesichts des nahen 18. Geburtstags – an und für sich denkbare Alternative des § 108 Abs. 3 BGB, dass Jessica den Vertrag nach Erreichen der Volljährigkeit selbst genehmigt, sollte unter dem Gesichtspunkt der Rechtssicherheit nicht weiter in Betracht gezogen werden. Dies würde dazu führen, dass der Vertrag solange schwebend unwirksam bleibt.

Es bliebe selbstverständlich auch die Möglichkeit, vor dem Vertragsschluss die Volljährigkeit abzuwarten. Ob allerdings dann noch die (vermeintlich) günstige Gelegenheit zum Erwerb genau dieses Fahrzeugs besteht, ist fraglich und somit zwar grundsätzlich gegenüber dem Mandanten anzusprechen, aber wohl nicht weiter zu verfolgen.

Grundsätzlich wäre insbesondere unter rein praktischen und wirtschaftlichen Gesichtspunkten zu überlegen gewesen, ob nicht Peter Müller direkt als Erwerber und damit künftiger Halter des Smarts auftritt (ggf. auch als Zweitwagen). Hierfür könnten auch Vorteile beim Abschluss einer Kraftfahrzeug-Versicherung sprechen, da davon auszugehen ist, dass der Schadensfreiheitsrabatt durch längere Fahrpraxis bei Herrn Müller deutlich niedriger wäre als bei Jessica als Fahranfängerin. Allerdings gibt Ihnen der Sachverhalt vor, dass Jessica die Halterin des zu erwerbenden Kraftfahrzeugs werden soll. Dementsprechend sollten Sie in Ihrer Vertragsgestaltung davon ausgehen, dass Jessica als Käuferin zu benennen ist, wenngleich die oben genannte Alternative bei der Beratung und Belehrung anzusprechen wäre.

6.1.5.2.2 Kaufgegenstand

Die Angaben dienen hier zum einen der genauen Bezeichnung und Identifizierung des Kaufgegenstandes (konkrete Stückschuld und nicht nur der Gattung nach geschuldete Sache, vgl. § 243 BGB). Zum anderen aber sind sowohl Kilometerstand als auch Jahr der Erstzulassung beim Kauf eines gebrauchten Kraftfahrzeuges wertbildende Faktoren, über die der Käufer regelmäßig informiert werden will. Sie beeinflussen seine Entscheidung für oder gegen einen Kauf und etwaige Preisverhandlungen.

Die konkrete Kilometerzahl ist vorliegend noch zu ergänzen. Eine unveränderte Übernahme der Angabe aus dem Sachverhalt scheidet demgegenüber schon deshalb

---

[11] Vielmehr sollen die für die Ausübung einer qualifizierten beruflichen Tätigkeit notwendigen Fertigkeiten und Kenntnisse vermittelt werden (vgl. § 1 Abs. 2 BBiG), weswegen § 113 BGB insoweit nicht anwendbar ist, vgl. *Schmitt* in: MüKoBGB I, § 113 Rn. 14 m. w. N.

aus, weil zwischenzeitlich zumindest eine Probefahrt vorgenommen wurde und angenommen werden muss, dass das Fahrzeug vor Vertragsschluss noch benutzt wurde, schließlich ist es gegenwärtig ja auf einer öffentlichen Straße abgestellt. Falls jetzt schon sicher feststünde, dass der Verkäufer auch seit Erstzulassung Eigentümer war, könnte anstatt „abgelesener Kilometerstand laut Tachometer" weitergehend „tatsächlicher Kilometerstand" formuliert werden.

Zur Beschaffenheitsvereinbarung vergleichen Sie bitte Abschn. 6.1.5.3.1.

6.1.5.2.3 „Zug-um-Zug-Abwicklung"

Um Ihren Mandanten beim Kauf einer gebrauchten Sache unter Privaten vor einer ungesicherten Vorleistung zu schützen, empfiehlt es sich regelmäßig, eine einfache Zug-um-Zug-Abwicklung am Ort des Vertragsschlusses vorzusehen, vgl. § 320 BGB. Dadurch erübrigen sich hier auch weitere, vom dispositiven Recht abweichende Regelungen zum Erfüllungsort (§ 269 BGB) und zur Erfüllungszeit (§ 271 BGB). Den Interessen von Jessica (und Peter Müller) ist hierdurch hinreichend Rechnung getragen.

Im Gebrauchtwagengeschäft ist zwar auch die unbare Bezahlung, etwa durch Übergabe eines Verrechnungsschecks über den vereinbarten Betrag oder eine Überweisung, gebräuchlich. Beachten Sie hier aber, dass die Hingabe eines Verrechnungsschecks regelmäßig nur erfüllungshalber erfolgt (vgl. § 364 Abs. 2 BGB), so dass erst mit der Gutschrift auf dem Konto Erfüllung eintritt.

Sofern die Parteien also in Abweichung der hier vertraglich durch Sie nachfolgend vorgeschlagenen Barzahlung die Hingabe eines Verrechnungsschecks vereinbaren, wäre an dieser Stelle ein Eigentumsvorbehalt gemäß § 449 BGB üblich und so auch zu vereinbaren, da der Verkäufer wohl auch nichts anderes akzeptieren würde. Danach bliebe das Eigentum – unbeschadet einer Übergabe des Kraftfahrzeugscheines und -briefes (Zulassungsbescheinigung Teil I und II) – zunächst beim Verkäufer und ginge nur unter der aufschiebenden Bedingung der Gutschrift des Schecks auf dem Konto des Verkäufers über.

Wegen der an die Inhaberschaft des Kraftfahrzeugbriefes (Zulassungsbescheinigung Teil II) geknüpften Möglichkeit zum gutgläubigen Erwerb wäre es erwägenswert, auch diesen zunächst zurückzuhalten. Auf den Kraftfahrzeugbrief wird nach herrschender Meinung § 952 BGB entsprechend angewendet. Im Übrigen ist diese Angabe im Rahmen der Anzeigepflicht des Verkäufers nach § 13 FZV wichtig.

6.1.5.2.4 Schriftform

Auch wenn das deutsche Zivilrecht vom Prinzip der Formfreiheit geprägt ist[12] und somit der in Rede stehende Kaufvertrag auch schon am Telefon geschlossen werden könnte, sollten Sie als Vertragsjurist einerseits zur Rechtfertigung Ihres eigenen Tätigwerdens, letztlich aber natürlich aus Beweisgründen darauf drängen, dass sich die Parteien auf den von Ihnen gefertigten Vertragsentwurf und somit im Ergebnis auf die gewillkürte Schriftform gem. §§ 127, 126 BGB (aufzunehmen in den Schlussbestimmungen) verständigen.

---

[12] Anm.: Vgl. Sie hierzu bereits Abschn. 2.5.2.2.

Sie sollten dabei allerdings stets auch beachten, dass mit der Niederschrift der Vereinbarung in einer privatschriftlichen Urkunde die Vermutung für ihre Richtigkeit und Vollständigkeit geschaffen wird, weshalb Sie dort auch alle wesentlichen Punkte zwingend schriftlich festhalten sollten.

6.1.5.3 Risikoplanung – Gestaltungsmöglichkeiten problematischer Bereiche

Haben Sie nun die grundsätzliche Eignung der Gestaltung zur Verwirklichung der Rechtsziele im Rahmen der Erfüllungsplanung geschaffen, so müssen Sie sich nun den (weiteren) Interessen des Mandanten zuwenden. Es handelt sich hierbei um Vertragspunkte, die neben einer ordnungsgemäßen Erfüllung als Risikofaktoren zum Tragen kommen können („regelungsbedürftige Punkte"). Hier müssen Sie den von Ihnen erkannten Risikofaktoren dadurch Rechnung tragen, dass Sie Regelungen treffen, um diesen möglichen Störfällen vorzubeugen, etwa indem diese gar nicht erst virulent werden, beziehungsweise – so diese unvermeidlich sein sollten – diese zu entschärfen und/oder einer interessengerechten Lösung zuzuführen, etwa in Form von Streitschlichtungsklauseln.

Regelmäßig handelt es sich um Regelungsgegenstände, die stark divergierenden Parteiinteressen ausgesetzt sind. So dürfte es auch vorliegend bei der konkreten Ausgestaltung der Mängelhaftung stark unterschiedliche Ansätze bei Verkäufer und Käuferin geben, die es in einem Vertragsentwurf konsensfähig und unter weitgehender Wahrung der Mandanteninteressen zu regeln gilt.

Hierzu sollten Sie sich zunächst noch einmal die konkreten Regelungsziele des Mandanten vor Augen führen, bevor Sie sich unter Berücksichtigung der widerstreitenden Interessen der anderen Vertragspartei (hier des Verkäufers) einer konsensfähigen Lösung zuwenden.

6.1.5.3.1 Mängelhaftung

Dass das Kraftfahrzeug in einem altersgerechten, verkehrstüchtig und (verkehrs-)sicheren Zustand sein soll und die Aussage des Verkäufers „nahezu unfallfrei" „rechtlich" zu präzieren ist, hatten wir im Rahmen der Ermittlung des Regelungsziels bereits ebenso festgestellt, wie auch das zwingende Vorhandensein eines Airbags. All dies muss nun an sachgerechter Stelle Eingang in Ihren Gestaltungsentwurf finden. Die Übertragung in Rechtsziele hatte dort auch bereits ergeben, dass es sich um eine Ausgestaltung des Mängelrechts, insbesondere der Beschaffenheitsvereinbarung, handelt.

Ausgangspunkt für die Entscheidung, ob hiernach ein Gestaltungsbedarf gegenüber der dispositiven Gesetzeslage besteht, muss stets die Interessenlage des Mandanten (hier also unter dem Blickwinkel der Käuferinteressen) sein: Für die Käuferin Jessica ist die (volle) Mängelhaftung des Verkäufers für den kaufgegenständlichen Smart, wie sie die §§ 434 ff. BGB vorsehen, am günstigsten. Die zweijährige Gewährleistungsfrist gemäß § 438 Abs. 1 Nr. 3 BGB ist hierbei besonders hervorzuheben.

Unter Umständen könnte vorliegend sogar eine Beschaffenheitsvereinbarung gemäß § 434 Abs. 1 S. 1 BGB unterbleiben und statt dessen vorzugsweise auf den objektiven Fehlerbegriff gemäß § 434 Abs. 1 S. 2 Nr. 2 BGB abzustellen sein. Dann müssten Sie Ihren Mandanten aber darauf hinweisen, dass „Beschädigungen des Fahrzeugs" keinen Sachmangel im objektiven Sinne darstellen, wenn diese fachgerecht repariert und damit beseitigt sind und/oder sich das Fahrzeug in einem altersgerechten Zustand befindet.[13]

Aus Jessicas Sicht wäre somit grundsätzlich allenfalls ein Verweis auf die gesetzlichen Regelungen ausreichend.

Eine darüber hinausgehende verschuldensunabhängige Garantie zu regeln wäre beim Privatverkauf gänzlich lebensfremd.

Andererseits muss Ihr Gestaltungsentwurf auch die Akzeptanz des Verkäufers finden. Dies können Sie am ehesten mit Ihrem ersten Gestaltungsentwurf gewährleisten, indem Sie sich an gängigen Marktusancen orientieren, hier also am Gebrauchtwagenkaufmarkt unter Privaten. Danach erschiene ein Vorschlag, der sich auf den Verweis auf die gesetzlichen Regelungen beschränkt, eher realitätsfern, und würde wohl schwerlich die Akzeptanz des Verkäufers finden. Denn im Gebrauchtwagen-(ver-)kauf zwischen Verbrauchern hat sich allgemein ein umfassender Haftungsausschluss für Sachmängel etabliert, der so auch in zahlreichen einschlägigen Musterverträgen seinen Ausdruck findet (so etwa auch der „ADAC Kaufvertrag für den privaten Verkauf eines gebrauchten Kraftfahrzeuges"). Diese Usancen sollten und können Sie keinesfalls ausblenden, schließlich bringt der rechtlich vorteilhafteste Vertragsentwurf nichts, wenn das damit unterbreitete Vertragsangebot nicht von der anderen Vertragspartei akzeptiert wird. Zudem zeigen auch §§ 309 Nr. 8b, 475 Abs. 2 a. E. BGB im Wege der Auslegung, dass selbst der Gesetzgeber bei gebrauchten Sachen Vereinbarungen über die Sachmängelhaftung, die vom Gesetz abweichen, offener gegenübersteht als bei neu hergestellten.

Inhaltlich sollten Sie dem bereits im ersten Vertragsentwurf Rechnung tragen, um keine unnötigen Widerstände bei der anderen Vertragspartei zu initiieren, und deswegen gerade nicht entgegen dem Marktstandard eine dem gesetzlichen Gewährleistungsrecht entsprechende weitgehende Mängelhaftung im Vertrag verankern. Dies ist natürlich vorliegend auch davon abhängig, wie stark das wirtschaftliche und soziale Interesse Jessicas am Erwerb genau dieses Smarts ist, da genau dies auch Verhandlungsposition und -spielraum bestimmt (vgl. hierzu Abschn. 4.3.2.5). Vorliegend ist nach den Sachverhaltsumständen Ihr Interesse am Erwerb genau dieses Smarts sehr hoch, was Ihren Verhandlungsspielraum tendenziell einschränkt, so dass Sie den Vertragsentwurf eher marktkonform ausgestalten sollten.

Dementsprechend sollten Sie sogleich konkrete Beschaffenheitsvereinbarungen in den Entwurf aufnehmen, die den Interessen Jessicas dann wiederum doch Rechnung tragen, wie etwa eine Vereinbarung „Ausstattung mit Airbag". Dazu werde ich Ihnen sogleich noch weitere Aspekte unter Abschn. 6.1.5.3.2 und Formulierungsvorschläge unter Abschn. 6.1.6 vor Augen führen.

Dem marktüblichen weitgehenden Ausschluss der Mängelhaftung bereits auf der Tatbestandsseite tragen Sie im Rahmen der Beschaffenheitsvereinbarung dadurch Rechnung, dass das Kraftfahrzeug „gekauft wie besichtigt" wird, wodurch abstrakt

---

[13] Vgl. BGH, Urt. v. 10.10.2007 – VIII ZR 330/06.

der Ist-Zustand zur Sollbeschaffenheit erhoben wird. Es handelt sich um die gerade beim Gebrauchtwagen-(ver-)kauf zwischen Verbrauchern wohl am weitesten verbreitete Formulierung, die teilweise noch mit der zusätzlichen Erläuterung „und probegefahren" konkreter gefasst wird.[14] Hiermit wird – gemeinhin als Formulierung auch akzeptiert – die Haftung für alle Mängel ausgeschlossen, die für die Käuferin bei einer Besichtigung erkennbar gewesen wären[15,16].

Ein ausdrücklich weitergehender Haftungsausschluss auch für bei einer Besichtigung nicht erkennbare Mängel widerspricht der Interessenlage der Käuferin, deren Interessen Sie ja vertreten.

6.1.5.3.2 Zum Haftungsmaßstab der Mängelhaftung im Einzelnen

Die „Ausstattung mit Airbag" ist zwar als zentrale Forderung der Eltern Müller im Sachverhalt bereits zuvor angesprochen worden, sollte jedoch vor dem Hintergrund des weitgehenden Haftungsausschlusses zwingend noch um eine Angabe zu deren Funktionsfähigkeit ergänzt werden („keine bekannten Funktionsmängel bei Fahrer- und Beifahrerairbag").

Auch ist etwa hinsichtlich der Sachverhaltsangabe „Liebevoll gepflegt" der Haftungsmaßstab angemessen zu würdigen und entsprechend im Vertragsentwurf zu berücksichtigen. Der Verkäufer wird zwar selbst kaum die Haftung für das tatsächliche Funktionieren funktionswesentlicher Teile des Kfz, etwa der Airbags, übernehmen wollen. Er wird sich aber daran festhalten lassen müssen, regelmäßige Kontrollen durch eine Kfz-(Meister-)-Werkstatt vorgenommen zu haben. Dementsprechend sollten Sie eine Formulierung aufnehmen, die klarstellt, dass der Verkäufer das Fahrzeug zumindest während der Zeit, in der es in seinem Eigentum stand, dem üblichen Service unterzogen hat (belegt etwa durch ein (Service-)Kundendienstheft). Falls er diese nach dem Vertragsentwurf geforderte Erklärungen zum üblichen Kfz-Kundendienst nicht vornimmt, dürfte er nach der vorliegenden Sachverhaltsgestaltung anderenfalls wohl fahrlässig handeln („Angabe ins Blaue hinein").

Ebenso verhält es sich mit der Verkäuferformulierung „nahezu unfallfrei" und dem Anliegen von Peter Müller, sich diese Angaben näher erläutern zu lassen. Hier können und müssen Sie entsprechend der marktüblichen Erwartung der Käuferin

---

[14] Vgl. *Bachmeier*, Rechtshandbuch Autokauf, Rn. 932.

[15] Vgl. *Weidenkaff*, in: Palandt, § 444, Rn. 16; *Bachmeier*, Rechtshandbuch Autokauf, Rn. 932.

[16] Anm.: Das entsprechende Regelungsgegenstück auf der Rechtsfolgenseite böte übrigens ein Haftungsausschluss, wie er bis zur Schuldrechtsmodernisierung allgemein üblich war und sich teils noch in Vertragsmustern findet. Sie sollten sowohl die Tatbestands- als auch Rechtsfolgenlösung vor dem Hintergrund der Interessenlage von Verkäufer und Käuferin sehen, die mit der unten stehenden Formulierung (vgl. Abschn. 6.1.6) gleichermaßen berücksichtigt werden: Durch das Besichtigungsangebot eröffnet der Verkäufer nämlich die Möglichkeit, alle ersichtlichen Mängel „aufzudecken". Es ist Sache der Käuferin, dieses Angebot auch tatsächlich wahrzunehmen und entdeckte Mängel in die Verhandlungen über den Kaufpreis einfließen zu lassen. Beiderseits unerkannte Mängel gehen hingegen zu Lasten der Käuferin. Deshalb hätte aus Sicht der den Vertrag erstellenden Käuferin auch zunächst vorgeschlagen werden können, es bei der für sie günstigeren gesetzlichen Rechtsfolgenregelung zu belassen und begleitend konkrete Beschaffenheitsvereinbarungen aufzunehmen, was jedoch mit Blick auf die nach Interessenlage notwendige Akzeptanz durch den Verkäufer vorliegend sogleich ausgeschlossen wurde.

zur Präzisierung etwaiger Unfallschäden eine Regelung mit in den Entwurf aufnehmen, aus der hervorgeht, dass das Kraftfahrzeug während der Zeit, in der es im Eigentum des Verkäufers stand, nur die im Entwurf noch aufzuführenden Unfallschäden erlitten hat, die jedoch – sofern nicht mehr erkennbar – bei einer nachfolgenden Reparatur jeweils wieder behoben wurden.[17]

Daneben könnten Sie auch noch eine klarstellende Regelungen hinsichtlich der Haftung für nicht erkennbare arglistig verschwiegene Sachmängel[18] und eine Regelung betreffend die Rechtsmängelhaftung (Versicherung der Freiheit von Rechten Dritter)[19] aufnehmen. Mit der Aufnahme solch einer Erklärung wird einerseits das diesbezügliche Bewusstsein der Vertragsparteien geschärft und andererseits der Käuferin eine leichte Rücktrittsmöglichkeit verschafft, wenn die Angabe des Verkäufers unrichtig war. Sie kann unter Umständen zudem Bedeutung für den gutgläubigen Eigentumserwerb gemäß § 932 BGB und schuldrechtliche Regressansprüche erlangen.[20]

6.1.5.4 Übernahme gesetzlicher (klarstellender) Regelungen
Die in den dispositiven gesetzlichen Regelungen zum Ausdruck kommenden widerstreitenden Interessen der Vertragsparteien haben bereits durch den Gesetzgeber (für den Normalfall) eine generelle Wertung erfahren, die in der Regel auch von den Vertragsparteien unproblematisch akzeptiert werden. An und für sich bedarf es dann keiner Aufnahme in den Vertragstext, wenn diese auch den Sachinteressen der Parteien, insbesondere natürlich denen des Mandanten, entsprechen.

Es empfiehlt sich aber, jedenfalls die qua Sachinteresses anwendbaren und bei den Parteien weniger bekannten gesetzlichen Regelungen in den Vertragstext mit aufzunehmen, damit das Vertragswerk aus sich heraus verständlich ist. In der konkreten Ausgestaltung sollten Sie sich – wie im Übrigen generell – stark an der gesetzlichen Formulierung orientieren.

---

[17] Vertiefender Hinweis: Hiermit wird der vertraglichen Aufklärungspflicht durch den Verkäufer genügt. Ob hierin zugleich eine Beschaffenheitsvereinbarung im Sinne von § 434 Abs. 1 S. 1 BGB oder eine „öffentliche Äußerung" des Verkäufers nach § 434 Abs. 1 S. 3 BGB zu sehen ist, kann in der rechtlichen Bewertung vorliegend dahinstehen. Letztlich wird dies danach beurteilt werden, ob die Tatsache der unfallbedingten, jedoch zwischenzeitlich behobenen Vorschäden (noch) eine Beschaffenheit des Kraftfahrzeugs darstellt oder nicht. Zumindest würde eine falsche Erklärung des Verkäufers auf eine darauf gerichtete Frage des Käufers eine Haftung wegen Arglist auslösen, sofern sie „ins Blaue hinein" abgegeben wurde.

[18] Anm.: Schließlich hat der Verkäufer ihm bekannte, bei einer Besichtigung nicht erkennbare Mängel mit Rücksicht auf die Haftung bei Arglist zu offenbaren, vgl. §§ 442 Abs. 1 Satz 2, 444 BGB.

[19] Von der Haftung für Sachmängel ist die Rechtsmängelhaftung zu unterscheiden. Wer Rechte an der verkauften Sache inne hat (insbesondere der Eigentümer ist), ist in der Regel auch bei sorgfältigster Besichtigung nicht „erkennbar". Hier hat sich die Käuferin auf die Angaben des Verkäufers zu verlassen und sich den Kraftfahrzeugbrief aushändigen zu lassen. Spiegelbildlich muss auch der Verkäufer seine Haftung hier uneingeschränkt akzeptieren.

[20] Anm.: Hierdurch könnte nämlich zugleich klargestellt werden, da ein Erlöschen von Rechten Dritter (§ 936 BGB) nur dingliche, nicht aber schuldrechtliche Rechte erfassen könnte (etwa das Besitzrecht nach § 986 BGB aufgrund einer Miete oder Leihe), dass der Verkäufer von der Haftung für diese schuldrechtlichen Rechtsmängel nicht befreit ist.

6.1.5.4.1 Zubehör
Im Hinblick auf geschuldetes Zubehör empfiehlt sich aus Klarstellungsgründen die Übernahme der den Vertragsparteien regelmäßig unbekannten gesetzlichen Zweifelsregelung aus §§ 311c, 97 Abs. 1 BGB, um nachträglichen Streit über die geschuldete Leistung von vornherein zu entschärfen.

6.1.5.4.2 Pflichten nach FZV
Auch die Pflichten aus der Fahrzeug-Zulassungsverordnung (FZV) sollten klarstellend in den Vertragsentwurf mit aufgenommen werden, um so insbesondere die hiernach bestehenden Mitteilungspflichten gegenüber der Zulassungsbehörde den Vertragsparteien nochmals vor Augen zu führen, vgl. Sie hierzu insbesondere § 13 Abs. 4 FZV (Mitteilungspflichten bei Änderung des Kraftfahrzeughalters). Zum einen macht eine solche Regelung Ihren Vertragsentwurf mit Rücksicht auf die Verständlichkeit aus sich heraus verständlich und andererseits dürfte sie nochmals deutlich auf die Folgen der Nichterfüllung durch den Verkäufer („Probleme" bei der Ummeldung durch die Käuferin) und umgekehrt bei Nichterfüllung durch die Käuferin (mögliche weitere Haftung des Verkäufers für die Kfz-Steuer und Versicherungsprämien) hinweisen.[21]

▶ **Abschließender Praxistipp zur Verwendung von Vertragsmustern**
   Für derart einfach gelagerte und standardisierte Kaufverträge bedienen Sie sich also am besten gängiger Vertragsmuster und passen diese entsprechend dem Sachverhalt, also hinsichtlich der Ziele und Interessen Ihres Mandanten, an. So sparen Sie Arbeitskraft und vor allem Zeit. „Sie müssen das Rad nicht neu erfinden!"

6.1.6 Musterlösung zum Fall „Der blaue Smart"

Kaufvertrag

zwischen

_____ *(Vorname, Name, Anschrift)*

– im folgenden „Verkäufer" genannt –

und

Frau Jessica Müller, vertreten durch ihre Eltern als gesetzliche Vertreter, Herrn Peter Müller und Frau Sabine Müller, _____
(Anschrift)

---

[21] Anm.: Eine darüber hinaus gehende Vereinbarungen (etwa zu den Folgen eines Verzuges oder die Einräumung eines Rücktrittsrecht) könnten ebenfalls in den Entwurf aufgenommen werden. Vorliegend erscheint eine solche Regelung jedoch auch zur vorbeugenden Streitvermeidung nicht notwendig, da eine Verletzung der in auf § 13 Abs. 4 FZV geregelten Pflichten jedenfalls zu einer Anwendung der §§ 280 ff. sowie 323 BGB führen dürfte.

– im folgenden „Käuferin" genannt –

§ 1 Kaufgegenstand
(1) Der Verkäufer verkauft der Käuferin das Kraftfahrzeug, Hersteller: Smart, Typ: Smart ForTwo, Erstzulassung: ___ November 2005, Fahrzeugidentifikationsnummer: _____, amtliches Kennzeichen:_____, abgelesener Kilometerstand laut Tachometer:_____ (im folgenden „Kaufgegenstand" genannt).
(2) Mitverkauft wird das serienmäßige Zubehör (Reserverad, Wagenheber, Warndreieck und Verbandskasten).

§ 2 Kaufpreis und Zahlung
(1) Der Kaufpreis beträgt _____ Euro[22].
(2) Er ist bei Unterzeichnung des Vertrages „Zug um Zug" gegen Übergabe und Übereignung des Kaufgegenstandes bar zu entrichten.

§ 3 Übereignung
(1) Die Übergabe des Kaufgegenstandes[23] erfolgt bei Unterzeichnung dieses Vertrages. Die Parteien sind sich darüber einig, dass das Eigentum an dem Kaufgegenstand mit Unterzeichnung dieses Vertrages auf die Käuferin übergehen soll.
(2) Die Käuferin bestätigt den Empfang von Kraftfahrzeugschein und -brief (Zulassungsbescheinigung Teil I und II). Ebenfalls übergeben wurde der Untersuchungsbericht über die letzte Hauptuntersuchung und die Prüfbescheinigung über die Abgasuntersuchung.
(3) Der Verkäufer wird der Zulassungsbehörde, die das amtliche Kennzeichen zugeteilt hat, spätestens am 3. Werktag nach der Unterzeichnung dieses Vertrages Namen und Anschrift der Käuferin anzeigen. Die Käuferin wird den Kaufgegenstand spätestens am 3. Werktag nach Unterzeichnung dieses Vertrages bei der für den neuen Standort zuständigen Zulassungsbehörde auf ihren Namen anmelden oder abmelden.

§ 4 Rechte der Käuferin bei Mängeln
(1) Die Käuferin hat den Kaufgegenstand besichtigt und mit ihren Eltern eine Probefahrt mit dem Fahrzeug durchgeführt.[24]

---

[22] Anm.: Da es sich bei dem Preis im Aushang des Seitenfensters des Smart (invitatio ad offerendum) um eine Verhandlungsbasis handelt, können und sollten Sie hier aus Sicht des Mandanten, der ja mit dem Vertragsentwurf erst das Angebot unterbreiten wird, noch einen Platzhalter lassen. damit dem Mandanten Verhandlungsspielraum bzgl. des endgültigen Preises verbleibt.

[23] Mit dieser Regelung wird der Pflicht des Verkäufers zur Besitzverschaffung gem. § 433 Abs. 1 Satz 1 BGB Rechnung getragen. Der Besitzübergang wird in der Regel durch Aushändigung der Schlüssel und des Kraftfahrzeugscheins (Zulassungsbescheinigung Teil I) verwirklicht. Zugleich kommt darin die Pflicht der Käuferin zur Abnahme des Smarts gemäß § 433 Abs. 2 BGB zum Ausdruck. Beim Gebrauchtwagenkauf besteht mit Rücksicht auf die Pflichten aus StVG, StVO und FZV ein besonderes Interesse des Verkäufers an der tatsächlichen Abnahme.

[24] Anm.: Diese Regelung greift zunächst den Sachverhalt und die Marktusancen am Gebrauchtwagenmarkt bezüglich des Umfangs der Mängelhaftung (vgl. dazu zuvor die Erläuterungen in Abschn. 6.1.5.3.1) auf und ist mit Blick auf § 442 BGB zu würdigen. Grobe Fahrlässigkeit wird

6.1 Kaufvertragsentwurf über eine bewegliche Sache ("Der blaue Smart")

(2) Der Kaufgegenstand wird danach verkauft wie besichtigt. Der Verkäufer versichert jedoch, dass
- *er das Fahrzeug während der Zeit, in der es in seinem Eigentum stand, dem*
- *üblichen Service unterzogen hat; er verweist hierzu auf das zum Kraftfahrzeug*
- *geführte und bei Unterzeichnung des Vertrages übergebene Kundendienstheft;*
- *ihm bei den vorhandenen Fahrer- und Beifahrerairbags frontal und seitlich*
- *keine Funktionsmängel bekannt sind;*
- *ihm auch im Übrigen verborgene Mängel nicht bekannt sind, insbesondere*
- *dass das Fahrzeug während der Zeit, in der es in seinem Eigentum stand, nur*
- *folgende Unfallschäden erlitten hat, nämlich _____,*

die bei einer nachfolgenden Reparatur jedoch jeweils wieder behoben wurden, nämlich_____ (Raum für besondere Anmerkungen);
- *die Angabe über den Kilometerstand nach seinem besten Wissen zutreffend ist;*
- *das Fahrzeug in seinem Eigentum steht und frei von Rechten Dritter ist.*

§ 5 Schlussbestimmungen
(1) Stillschweigende, mündliche oder schriftliche Nebenabreden werden nicht getroffen. Änderungen und Ergänzung dieses Vertrags bedürfen der Schriftform. Dies gilt auch für eine Aufhebung dieser Schriftformklausel.
(2) Sollte eine Bestimmung dieses Vertrags unwirksam oder undurchführbar sein oder künftig unwirksam oder undurchführbar werden, so werden die übrigen Regelungen dieses Vertrags davon nicht berührt. Anstelle der unwirksamen oder undurchführbaren Regelung verpflichten sich die Parteien schon jetzt, eine wirksame Regelung zu vereinbaren, die dem Sinn und Zweck der unwirksamen oder undurchführbaren Regelung rechtlich und wirtschaftlich möglichst nahe kommt. Entsprechendes gilt für die Ausfüllung von Lücken dieses Vertrags.

_____   _____
(Ort, Datum)   *(Ort, Datum)*

Sabine Müller
Peter Müller

_____   _____
(Käuferin)   *(Verkäufer)*

---

dabei grundsätzlich nur dem Kfz-Händler, der ein gebrauchtes Kraftfahrzeug ohne Überprüfung kauft, unterstellt. Im Übrigen, d. h. bei privaten Käufern, trägt der Verkäufer die Beweislast für die Kenntnis oder grob fahrlässige Unkenntnis. Hier ist auf die rechtsgeschäftlich für Jessica handelnden gesetzlichen Vertreter, i.e. ihre Eltern, deren Kenntnis sie sich jedoch über § 166 Abs. 1 BGB zurechnen lassen muss, abzustellen. Im Übrigen dient dieser Einschub der Klarstellung, dass Jessica vor Aushändigung ihres Führerscheines zu ihrem 18. Geburtstag die Probefahrt noch nicht selbst vorgenommen hat. Der Sachverhalt schweigt im Übrigen dazu, ob Jessica das begleitete Fahren ("BF 17") gestattet ist, sie also einen "Führerschein mit 17" erworben hat. Doch auch nach dieser Fahrerlaubnis müssten Sie die vorliegende Formulierung wählen, da hiernach die Auflage bestünde, dass sie nur zusammen mit einer namentlich in der Prüfungsbescheinigung genannten Begleitperson fahren dürfte. Dies wären lebensnah ausgelegt wohl in jedem Falle die Eltern.

6.1.7 Hinweise zur Abwandlung (Verbrauchsgüterkauf und AGB-Recht)

Sollte Jessica Müller das Kraftfahrzeug von einem gewerblichen (Smart-)Gebrauchtwagenhändler erwerben, ändert sich die gesamte Ausgangslage: Haben Sie im Ausgangssachverhalt noch einen individuellen Vertrag über den Verkauf eines gebrauchten Kraftfahrzeugs zwischen zwei Verbrauchern gefertigt, so handelt es sich für einen gewerblichen (Smart-)Gebrauchtwagenhändler bei einem solchen Kaufvertrag über ein gebrauchtes Kraftfahrzeug – zunächst unabhängig von der Einordnung des Käufers als Verbraucher oder Unternehmer – um einen standardisierten Vertragstyp, den er massenhaft abschließt. Hierfür verwendet er stets dieselben Verkaufsbedingungen, individualisiert werden hier nur die Spezifika des jeweiligen Kaufgegenstandes und der jeweilige Käufer. Die Vertragsabwicklung wird hierdurch rationalisiert und vereinfacht und so Geschäftsrisiken besser kalkulierbar gemacht.

Allerdings gelten bei deren Gestaltung Besonderheiten, auf die Sie als Vertragsjurist – sollten Sie einmal zu einem Vertragsabschluss beratend hinzugezogen werden – auch explizit hinweisen müssen:

Zunächst handelt es sich im vorliegenden Fall um einen Verbrauchsgüterkauf, also einen Vertrag, durch den ein Verbraucher (§ 13 BGB) von einem Unternehmer (§ 14 BGB) eine bewegliche Sache kauft (§ 474 Abs. 1 S. 1 BGB). Hierdurch greifen die speziellen und zugunsten des Verbrauchers auch weitgehend zwingenden Regelungen der §§ 474 ff. BGB, von denen der Gebrauchtwagenhändler in der Gestaltung seiner Verkaufsbedingungen nicht zu Lasten des Verbrauchers abweichen kann. Vor dem Hintergrund des vom Mandanten zum Ausdruck gebrachten Interessenschwerpunkts der Sachmängelhaftung sind vorliegend besonders zwei Punkte hervorzuheben: einerseits die mindestens einjährige Verjährungsfrist (§ 475 Abs. 2 BGB) und andererseits die Beweislastumkehr zugunsten des Verbrauchers innerhalb der ersten sechs Monate seit Gefahrübergang (§ 476 BGB) für Sachmängel.

Daneben greift natürlich auch das AGB-Recht in die Vertragsgestaltung ein, so dass insbesondere beim Verbrauchervertrag (§ 310 Abs. 3 S. 1 BGB) die besonderen Klauselverbote der §§ 309, 308 BGB bei der inhaltlichen Gestaltung zu beachten sind.[25]

Beides führt somit – und in Abweichung vom Ausgangssachverhalt – zu einer (vom Mandanten gewünschten) Verankerung der Mängelrechte im Kaufvertrag als auch zu einer wesentlichen Erleichterung bei der Anspruchsdurchsetzung bei später dann tatsächlich auftretenden Mängeln am Smart.

---

[25] Anm.: Zum Verhältnis der spezielleren Regeln zum Verbrauchsgüterkauf zu den §§ 309, 308 BGB vgl. Sie bitte bereits Abschn. 4.2.1.3.2.6. Daneben greift über § 307 BGB auch die Inhaltskontrolle bei Verkäufen an Unternehmern, so dass es auch hier Besonderheiten bei der Gestaltung von Haftungsbeschränkungen zu beachten gilt, vgl. zum Ganzen auch nochmals Abschn. 4.2.1.3.2.

6.2 Entwurf eines Gesellschaftsvertrags („Vier Freunde sollt Ihr sein, aber bitte haftungsbeschränkt")

Das Gesellschaftsrecht stellt eine der zentralen Regelungsmaterien der Vertragsgestaltung dar. Aufgrund seiner Komplexität bleibt die Gestaltung weitgehend spezialisierten Unternehmensjuristen, Rechtsanwälten und Notaren vorbehalten.

Besondere Herausforderungen der Vertragsgestaltung im Gesellschaftsrecht ergeben sich einerseits aus der stark betonten instrumentalen Sichtweise sowie der Heterogenität der sehr komplexen und vor allem rechtsgebietsübergreifenden gesetzlichen Regelungsmaterie (so spielen etwa neben dem eigentlichen Gesellschaftsrecht häufig auch das Steuerrecht und das Mitbestimmungsrecht eine gewichtige Rolle), andererseits daraus, dass der gesetzliche Rahmen für die Vertragsgestaltung weit hinter der Rechtswirklichkeit zurückbleibt und somit durch die Kautelarpraxis in besonders starkem Maße geprägt ist.[26]

So stellt etwa die kautelarjuristische „Normal-GmbH", wie Sie sie auch in diesem Abschnitt kennenlernen werden, ein schönes Beispiel für diese Aussage dar: Diese hat sich nämlich von der durch den Gesetzgeber normierten Kapitalgesellschaft als „Kapitalsammelstelle zur Gewinnerzielung ohne persönliche Haftung" entsprechend der Bedürfnisse der Rechtspraxis fortentwickelt zu einer regelmäßig personalistisch geprägten Gesellschaftsform, deren Gesellschaftsvertrag typische Elemente einer Personengesellschaft zu einem gedeihlichen gesellschaftlichen Zusammenwirken der einzelnen Gesellschafter vereint (vgl. dazu sogleich die Anmerkungen in Abschn. 6.2.6 zur Stabilisierung und Bestandssicherung der Gesellschaft).

Im Rahmen einer Einführung in die Vertragsgestaltung kann im Folgenden nur auf Grundfragen des Gesellschaftsrechts eingegangen werden, um ein zumindest grundlegendes Verständnis für die Regelungsmaterie zu begründen.

> **Beispiel**
>
> **„Vier Freunde sollt Ihr sein, aber bitte haftungsbeschränkt"**
> Zu Ihnen kommen am heutigen Tage die mit Ihnen seit Vorschulzeiten eng befreundeten Herren Arwed Mustermann, geb. 8. Januar 1980, Musterstraße 14, 12345 Berlin, Pascal Mustermann, geb. 8. Februar 1980, Musterstraße 14, 12345 Berlin, Roberto Mustermann, geb. 8. März 1980, Musterstraße 30, 12345 Berlin, und August Mustermann, geb. 8. Dezember 1979, Musterstraße 66, 12345 Berlin, die zwar alle denselben Nachnamen tragen, aber nicht miteinander verwandt sind. Sie wissen um Ihre guten Kenntnisse in der Vertragsgestaltung und bitten Sie um Ihre juristische Unterstützung bei der Realisierung einer gemeinschaftlich bereits in der Umsetzung befindlichen Geschäftsidee. Sie lassen sich von den vier Gründern ausführlich über den gegenwärtigen Stand ihres Gründungsvorhabens berichten.

---

[26] So im Ergebnis auch *Langenfeld*, Vertragsgestaltung, 70, vgl. dazu auch im Folgenden.

Die vier Herren haben sich nach erfolgreichem Abschluss ihres Studiums des Maschinenbaus (Arwed und Pascal) bzw. der Betriebswirtschaftslehre (Roberto und August) an der „Trauten Universität Berlin" (nachfolgend als TU Berlin bezeichnet) im Rahmen eines Förderprogramms für Existenzgründungen mit einer innovativen Geschäftsidee „selbständig gemacht": Sie wollen bundesweit multimediale Eiscremeautomaten an Bushaltestellen und auf Bahnsteigen aufstellen und hierüber sowohl Eiscreme als auch Werbezeiten auf den in ihren Automaten eingebauten Multimedia-Displays „verkaufen". Den Hauptumsatz wollen sie aus der Werbung generieren. Als Existenzgründer sind die vier Mustermanns selbstverständlich von ihrer Geschäftsidee begeistert und fasziniert, zumal das grundlegende geschäftliche Konzept und das Design des multimedialen Eiscremeautomaten bereits mehrfach mit Preisen ausgezeichnet wurde.

Im Rahmen des vorgenannten Förderprogramms werden ihnen zur Umsetzung ihres Vorhabens einmalig 50.000 € für Sachinvestitionen und 2.500 € für Beratungsleistungen zur Verfügung gestellt. Diese Mittel sollen im kommenden Monat an die neue Firma – rechtsformunabhängig – in einer Summe ausgekehrt werden. Hiervon sollen die zur Herstellung des Automaten benötigten Materialien und Werkzeuge gekauft sowie eine etwaig notwendige rechtliche, technische und wirtschaftliche Gründungsberatung bezahlt werden.

In ihrem ersten Eifer haben die vier Gründer bereits vor einem Monat mit der Entwicklung ihres völlig neuartig gesteuerten und äußerlich äußerst innovativ gestalteten Automaten begonnen. Zudem haben sie bereits die von der TU Berlin mitsamt der Büroeinrichtung kostenlos zur Verfügung gestellten Räumlichkeiten bezogen. Seitdem prangt dort am Eingang die Bezeichnung „MME Arwed, Pascal, Roberto und August Mustermann". Arwed hat bereits privat eine CAD-Software für 150 € erworben, die er gerne „in die neue Firma einbringen möchte". Die ersten Werkzeuge (Fräse) und Materialien wollen die vier Gründer im kommenden Monat mit den Fördermitteln erwerben. Über die Rechtsform ihrer gemeinschaftlichen Unternehmung haben sie sich bislang keine Gedanken gemacht. Aber auf einen Firmennamen haben sie sich bereits geeinigt. Die neue Firma soll heißen: „MME Mustermann Multimedia Eiscreme".

Arwed verfügt über ein Startkapital in Höhe von 45.000 €, das ihm seine Eltern zu seinem glänzend bestandenen Diplom geschenkt haben. Pascal hat sich während des Studiums 5.000 € angespart, die er jetzt „in die Firma stecken möchte". Die beiden anderen Gründer verfügen über eine nur geringe Barschaft, die sie „in die neue Firma stecken können": Roberto verfügt über 750 € und August über 500 €.

Die Geschäftsidee stammt von Arwed, der auch für das Design des Automaten und die Software-Programmierung die Verantwortung trägt. Die mechanische Steuerung des Automaten sowie die gesamte Mechanik entwickelt Pascal, der neben Arwed die „treibende Kraft" bei der Existenzgründung, insbesondere der erfolgreichen Bewerbung um die Fördermittel, war. Arwed und Pascal träumten bereits während des Studiums von der Selbständigkeit. Sie scheuen auch nicht das Risiko des Scheiterns ihrer Geschäftsidee.

Roberto und August wollten zunächst nach Abschluss ihres Studiums einen „sicheren Job" als Angestellte in kaufmännischen Berufen bei den Berliner Verkehrsbetriebe AöR (BVG) anfangen, ließen sich aber „recht rasch" von Arwed und Pascal von der „völlig neuartigen" Geschäftsidee und schließlich zum Mitmachen bei der Existenzgründung überzeugen. Sie sollen das Marketing, den Vertrieb des neuen Produktes sowie das Controlling, die kaufmännische Buchführung etc. übernehmen.

Allen vier Beteiligten ist klar, dass die Entwicklung ihres neuartigen Automaten bis zur Serienreife ca. ein Jahr dauern wird. Während sich Arwed als Kopf der Gruppe voll auf die Arbeit für die neue Firma konzentrieren und zunächst (bescheiden) von dem geschenkten Geld seiner Eltern leben möchte, haben die anderen zur Sicherung ihrer Existenz Teilzeit-Jobs an der TU Berlin als wissenschaftliche Mitarbeiter für die Anlaufphase ihrer Unternehmensgründung angenommen.

Zwischen den vier Gründern besteht Einigkeit, dass sich alle entsprechend ihrer Möglichkeiten mit Kapital und Arbeitseinsatz an der neuen Firma beteiligen sollen. Einig sind sie sich auch, dass Arwed – neben den ohnehin zur Verfügung stehenden Fördermitteln – den Großteil des benötigten Kapitals zur Umsetzung ihrer Geschäftsidee aufbringen und damit auch die Hauptlast des wirtschaftlichen Risikos tragen wird. Entsprechend soll er auch den Großteil eines (erhofften) künftigen Gewinns erhalten.

Er soll auch „Chef" des neuen Unternehmens sein und die wichtigen Entscheidungen auch allein treffen können. Pascal soll der „zweite Mann im Unternehmen" sein.

Wichtig ist allen vier Gründern, dass sie im Falle eines Scheiterns ihrer Existenzgründung jedenfalls nicht privat für Verbindlichkeiten ihrer Unternehmung haften.

Auch wollen sie nicht, dass im Falle des Ausscheidens eines Einzelnen aus ihrer Firma ein den drei anderen Gründern gänzlich unbekannter Dritter in die Firma einsteigt. In einem solchen Falle möchten sie selbst entsprechend ihrem jeweiligen Anteil an der Firma den Anteil des Ausscheidenden übernehmen. Hier wirft Arwed allerdings ein, dass dies ja nicht für den Fall gelten könne, dass er seinen Anteil an der Firma auf eine GmbH übertrage, an der ihm sein Vater im nächsten Jahr sämtliche Anteile im Wege der vorweggenommen Erbfolge übertragen wolle. Hierbei handele es sich doch lediglich um eine „interne Übertragung" von Geschäftsanteilen. Die anderen Gründer stimmen mit der Ergänzung zu, dass auch gegen den Einstieg von Familienangehörigen in die Firma grundsätzlich nichts einzuwenden sei.

Die Firma soll in der Ballermannstraße 1 in 12345 Berlin geschäftsansässig sein, wo den Gründern kostenlos einige Räume überlassen wurden.

Sie werden also gebeten, nach den vorstehenden Sachverhaltsangaben die passende Gesellschaftsform für das gemeinschaftlich betriebene Unternehmen der Mustermanns zu finden und einen auf ihre Unternehmung zugeschnittenen Gesellschaftsvertrag zu formulieren. Sie sollten hierbei insbesondere auf die Regelungen zur Veräußerung bzw. Belastung von Geschäftsanteilen an der neuen Gesellschaft achten. Somit besteht Ihre Aufgabe in der Erstellung aller zur Gründung der neuen Gesellschaft erforderlichen Dokumente in der notwendigen Form: Beurkundungen, Anmeldungen bei Handelsregistern, Gesellschafterlisten etc.

▶ **Praxistipp** Soweit Ihnen für die Vertragsgestaltung zu diesem Zeitpunkt noch Informationen fehlen, verwenden Sie im Vertragsentwurf zunächst interessengerechte Standardklauseln und Platzhalter. Vergessen Sie dann aber nicht, die fehlenden Angaben bei dem Mandanten beziehungsweise dem Vertragspartner zu erfragen und nachzutragen.

Schauen Sie sich bitte im Hinblick auf die zu entwerfenden Regelungen zur Veräußerung bzw. Belastung von Geschäftsanteilen die §§ 15 bis 19 AktG an. Diese lauten:

Aktiengesetz

§ 15 Verbundene Unternehmen
Verbundene Unternehmen sind rechtlich selbständige Unternehmen, die im Verhältnis zueinander in Mehrheitsbesitz stehende Unternehmen und mit Mehrheit beteiligte Unternehmen (§ 16), abhängige und herrschende Unternehmen (§ 17), Konzernunternehmen (§ 18), wechselseitig beteiligte Unternehmen (§ 19) oder Vertragsteile eines Unternehmensvertrags (§§ 291, 292) sind.

§ 16 In Mehrheitsbesitz stehende Unternehmen und mit Mehrheit beteiligte Unternehmen
(1) Gehört die Mehrheit der Anteile eines rechtlich selbständigen Unternehmens einem anderen Unternehmen oder steht einem anderen Unternehmen die Mehrheit der Stimmrechte zu (Mehrheitsbeteiligung), so ist das Unternehmen ein in Mehrheitsbesitz stehendes Unternehmen, das andere Unternehmen ein an ihm mit Mehrheit beteiligtes Unternehmen.
(2) Welcher Teil der Anteile einem Unternehmen gehört, bestimmt sich bei Kapitalgesellschaften nach dem Verhältnis des Gesamtnennbetrags der ihm gehörenden Anteile zum Nennkapital, bei Gesellschaften mit Stückaktien nach der Zahl der Aktien. Eigene Anteile sind bei Kapitalgesellschaften vom Nennkapital, bei Gesellschaften mit Stückaktien von der Zahl der Aktien abzusetzen. Eigenen Anteilen des Unternehmensstehen Anteile gleich, die einem anderen für Rechnung des Unternehmens gehören.
(3) Welcher Teil der Stimmrechte einem Unternehmen zusteht, bestimmt sich nach dem Verhältnis der Zahl der Stimmrechte, die es aus den ihm gehörenden Anteilen ausüben kann, zur Gesamtzahl aller Stimmrechte. Von der Gesamtzahl aller Stimmrechte sind die Stimmrechte aus eigenen Anteilen sowie aus Anteilen, die nach Absatz 2 Satz 3 eigenen Anteilen gleichstehen, abzusetzen.

(4) Als Anteile, die einem Unternehmen gehören, gelten auch die Anteile, die einem von ihm abhängigen Unternehmen oder einem anderen für Rechnung des Unternehmens oder eines von diesem abhängigen Unternehmens gehören und, wenn der Inhaber des Unternehmens ein Einzelkaufmann ist, auch die Anteile, die sonstiges Vermögen des Inhabers sind.

§ 17 Abhängige und herrschende Unternehmen
(1) Abhängige Unternehmen sind rechtlich selbständige Unternehmen, auf die ein anderes Unternehmen (herrschendes Unternehmen) unmittelbar oder mittelbar einen beherrschenden Einfluß ausüben kann.
(2) Von einem in Mehrheitsbesitz stehenden Unternehmen wird vermutet, daß es von dem an ihm mit Mehrheit beteiligten Unternehmen abhängig ist.

§ 18 Konzern und Konzernunternehmen
(1) Sind ein herrschendes und ein oder mehrere abhängige Unternehmen unter der einheitlichen Leitung des herrschenden Unternehmens zusammengefaßt, so bilden sie einen Konzern; die einzelnen Unternehmen sind Konzernunternehmen. Unternehmen, zwischen denen ein Beherrschungsvertrag (§ 291) besteht oder von denen das eine in das andere eingegliedert ist (§ 319), sind als unter einheitlicher Leitung zusammengefaßt anzusehen. Von einem abhängigen Unternehmen wird vermutet, daß es mit dem herrschenden Unternehmen einen Konzern bildet.
(2) Sind rechtlich selbständige Unternehmen, ohne daß das eine Unternehmen von dem anderen abhängig ist, unter einheitlicher Leitung zusammengefaßt, so bilden sie auch einen Konzern; die einzelnen Unternehmen sind Konzernunternehmen.

§ 19 Wechselseitig beteiligte Unternehmen
(1) Wechselseitig beteiligte Unternehmen sind Unternehmen mit Sitz im Inland in der Rechtsform einer Kapitalgesellschaft, die dadurch verbunden sind, daß jedem Unternehmen mehr als der vierte Teil der Anteile des anderen Unternehmens gehört. Für die Feststellung, ob einem Unternehmen mehr als der vierte Teil der Anteile des anderen Unternehmens gehört, gilt § 16 Abs. 2 Satz 1, Abs. 4.
(2) Gehört einem wechselseitig beteiligten Unternehmen an dem anderen Unternehmen eine Mehrheitsbeteiligung oder kann das eine auf das andere Unternehmen unmittelbar oder mittelbar einen beherrschenden Einfluß ausüben, so ist das eine als herrschendes, das andere als abhängiges Unternehmen anzusehen.
(3) Gehört jedem der wechselseitig beteiligten Unternehmen an dem anderen Unternehmen eine Mehrheitsbeteiligung oder kann jedes auf das andere unmittelbar oder mittelbar einen beherrschenden Einfluß ausüben, so gelten beide Unternehmen als herrschend und als abhängig.
(4) § 328 ist auf Unternehmen, die nach Absatz 2 oder 3 herrschende oder abhängige Unternehmen sind, nicht anzuwenden.

6.2.1 Vorüberlegungen

6.2.1.1 Grundsätzliches

Neben der zu Beginn einer jeden Vertragsgestaltung stehenden Ermittlung der Regelungsziele und hier insbesondere der Informationsgewinnung zu dem zu regelnden Sachverhalt bedürfen Sie als Vertragsjurist – wie im vorherigen Übungsfall bereits grundlegend dargestellt (Abschn. 6.1.1) – zunächst eines eindeutigen Beratungsmandats.

Im vorliegenden Fall müssen Sie zunächst auch zwingend prüfen, ob Sie die Ihnen angetragene selbstständige Rechtsberatung im Sinne von § 2 Abs. 1 RDG überhaupt selbst übernehmen können (vgl. insoweit Abschn. 2.3.2). Sollten Sie wie im vorherigen Übungsfall in Abschn. 6.1 selbstständiger freiberuflich tätiger Rechtsanwalt (oder Notar) sein, stehen einer selbstständigen Rechtsberatung der Mustermanns unter dem Gesichtspunkt der §§ 3, 2 RDG keine Bedenken entgegen, vgl. §§ 1, 3 BRAO und §§ 20, 24 BNotO. Allerdings bleibt der Sachverhalt diesbezüglich offen.

Werden Sie wie vorliegend aufgrund enger persönlicher Beziehung zu den Mustermanns jedoch unentgeltlich tätig, so stellt dies eine der (wenigen) Ausnahmen (hier: gem. § 6 RDG) vom im Übrigen grundsätzlichen Verbot zur selbstständigen Erbringung außergerichtlicher Rechtsdienstleistungen nach §§ 3, 2 RDG (Verbotsgesetz mit Erlaubnisvorbehalt[27]) dar.

Gehen wir also vorliegend im Weiteren von einer nach § 6 RDG erlaubten unentgeltlichen Rechtsberatung aufgrund enger persönlicher Beziehung im Rahmen eines Gefälligkeitsverhältnisses aus[28].

In Mehrpersonenkonstellationen wie dem vorliegend ins Auge gefassten vierseitigen (Gesellschafts-)Vertrag[29] müssen Sie sich zudem Klarheit verschaffen, zu wessen Gunsten Sie überhaupt kautelarjuristisch tätig werden, d. h. wer Ihr konkreter Mandant und somit Adressat Ihres Vertragsentwurfs ist.

Nach dem geschilderten Sachverhalt sind Sie mit allen Mustermanns seit Vorschulzeiten gleichermaßen eng befreundet, das „Beratungsmandat als Gefälligkeitsverhältnis" kommt somit wohl zu allen vier Mustermanns gleichermaßen zustande. Sie sollen und müssen somit in der Belehrung und Beratung über mögliche Rechtsformen und die endgültige Ausgestaltung die Sachziele und Interessen aller vier Mustermanns gleichermaßen angemessen berücksichtigen.

Dies mag Ihnen im Hinblick auf das Herausfiltern des übergeordneten Sachziels der gemeinschaftlichen wirtschaftlichen Tätigkeit der Mustermanns als „Gesellschaftsgründung durch die vier Mustermanns" zunächst noch einfach erscheinen.

---

[27] Vgl. *Sauer* in: Fasselt/Schellhorn, HSRB, Teil III Rn. 117 ff. m. w. N.

[28] Anm.: Auf den gegenüber einer entgeltlichen selbstständigen Rechtsberatung selbstverständlich anders ausgestalteten Haftungsmaßstab wird an dieser Stelle nicht eingegangen. Auch im Rahmen einer vorliegenden Gefälligkeit sollte Ihr ganzer Ehrgeiz bei der Vertragsgestaltung einer umfassenden, fehlerfreien rechtlichen Belehrung und Beratung der Mustermanns gelten.

[29] Anm.: Die Terminologie greift bereits der rechtlichen Qualifizierung der gemeinschaftlichen wirtschaftlichen Tätigkeit der Mustermanns geringfügig vor, vgl. dazu sogleich in Abschn. 6.2.2.

Doch bereits bei erster Lektüre des Sachverhalts werden Sie bezogen auf die jeweiligen Interessen der vier Vertragsparteien Unterschiede oder sogar Gegensätze festgestellt haben, die es – gerade in gesellschaftsrechtlichen Konstellationen – u. a. durch gezieltes Nachfragen und rechtsleitende Tätigkeit bei Ihren Mandanten mit einem im Ergebnis von allen getragenen Vertragsentwurf zu überbrücken gilt. Hierbei sind alle relevanten Tatsachen für die gegenwärtige und zukünftige Zweckverwirklichung unter weitest möglicher Wahrung der Interessen aller (Vertrags-)Beteiligten vollständig zu ermitteln, um damit Regelungslücken und vorhersehbaren Konflikten vorzubeugen.

So können sich etwa Interessenkonflikte aus den unterschiedlich großen finanziellen Spielräumen der künftigen Gesellschafter oder deren Einstellung zu Fragen der Haftung für Gesellschaftsverbindlichkeiten o. ä. ergeben.

Dies wird bereits Auswirkungen auf die grundlegende Wahl der Rechtsform und sodann Auswirkungen auf die Gestaltung einzelner Regelungsbereiche des Gesellschaftsvertrages haben.

Damit Sie überhaupt in der Lage sind, die Relevanz der nun zu gewinnenden Informationen vor dem Hintergrund eines Regelungsziels einzuordnen, müssen Sie sich zunächst grundsätzlich mit den Kriterien der Rechtsformwahl auseinandersetzen. Dies entbebt Sie selbstverständlich nicht von der Verantwortung für die notwendigen Kenntnisse vom materiellen Gesellschaftsrecht, die im Rahmen dieses Lehrbuches nicht dargestellt, sondern – ebenso wie das Kaufrecht des BGB im letzten Falle – als bekannt vorausgesetzt werden müssen. Jedoch habe ich sowohl im Rahmen der Ermittlung des Regelungsziels neben den knappen Erläuterungen in Tabellenform als auch im Rahmen der Musterlösung jeweils in den Fußnoten ergänzende Erläuterungen aufgenommen, die Ihnen – im Falle fehlender Kenntnisse des materiellen Rechts – zum weiteren Verständnis des Vorgehens in der Vertragsgestaltung behilflich sein sollen.

6.2.1.2 Exkurs – Übersicht über die Kriterien der Rechtsformwahl

Die Rechtsformwahl hängt von gesellschaftsrechtlichen, allgemein zivilrechtlichen, arbeits- und steuerrechtlichen Aspekten ab. Für die Frage, welche Gesellschaftsform für die Umsetzung der Geschäftsidee der vier Gründer überhaupt in Betracht kommt und welche Gesellschaftsform letztlich das Optimum darstellt, sollten jedoch zunächst die wesentlichen Grundsätze für die Vertragsgestaltung im Gesellschaftsrecht den Ausgangspunkt Ihrer Überlegungen darstellen:

Freiheit der Rechtsformwahl (Abschlussfreiheit): Gesellschafter können grundsätzlich frei entscheiden, mit wem Sie eine Gesellschaft gründen und welche Rechtsform sie wählen; Einschränkungen können sich für bestimmte Wirtschaftszweige und mittelbar aufgrund der Beschränkung bestimmter Verbandstypen auf bestimmte Zwecke (bspw. Handelsgesellschaften) ergeben.

- Aber: Numerus clausus der Gesellschaftsformen, d. h. nur begrenzte Anzahl von gesetzlich zulässigen Rechtsformen. Neben den vom Gesetzgeber zugelassenen Gesellschaftsformen dürfen keine eigenständigen neuen Formen kreiert werden,

zulässig sind aber Mischformen aus den zugelassenen, wie etwa die GmbH & Co. KG.
- Eng hiermit verzahnt ist der sogenannte Rechtsformzwang: Jeder nach außen auftretende Verband muss sich einer gesetzlich vorgesehenen Rechtsform bedienen.

Gestaltungsfreiheit: Grundsätzlich sind die Gesellschafter in der Ausgestaltung des Innenverhältnisses frei (Einschränkungen gelten selbstverständlich, sofern es sich um striktes und nicht dispositives Recht handelt, vgl. insbesondere für die Aktiengesellschaft § 23 Abs. 5 AktG (sogenannte Satzungsstrenge)); weitgehende Einschränkungen in der Gestaltung des Außenverhältnisses ergeben sich primär aufgrund des Gläubiger- und Verkehrsschutzes (Gesellschafts- und Gesellschafterhaftung).

Dies führt Ihnen zugleich ein wesentliches Differenzierungskriterium im Rahmen des Gesellschaftsrecht vor Augen: Die Einteilung/Abgrenzung von Innen- und Außenverhältnis. Unter das Innenverhältnis fallen die Rechtsbeziehungen der Gesellschafter zur Gesellschaft und der Gesellschafter untereinander, wie etwa Fragen der Geschäftsführung und der Gewinnverteilung. Das Außenverhältnis betrifft das gesamte Verhältnis der Gesellschaft und/oder der Gesellschafter zu außenstehenden Dritten, wie etwa die Vertretung und Haftung der Gesellschaft (sowie ggf. akzessorisch der Gesellschafter).

Rechtsformverfehlung: Unabhängig vom Willen der Gesellschafter gilt diejenige Rechtsform als entstanden, deren Tatbestandsmerkmale erfüllt sind. Werden also die vier Mustermanns bereits gemeinschaftlich wirtschaftlich im Außenverhältnis gegenüber Dritten tätig, unterfallen sie, sofern sie hiermit bereits die einschlägigen Tatbestandsmerkmale erfüllen, bereits einer Gesellschaftsrechtsform (dazu sogleich mehr in Abschn. 6.2.2).

Für die eigentliche Wahl einer Rechtsform haben sich im Wesentlichen die nachfolgenden (rechtsgebietsübergreifenden) Kriterien herausgebildet, die für Sie als Kautelarjurist in der Beratung leitend sein sollten. Die Rechtsformwahl erfolgt im Wesentlichen nach

- **dem gemeinsamen Zweck**
  - Liegen etwa ideelle (nicht wirtschaftliche) Zwecke vor?
    (→ primär GbR und nichtwirtschaftlicher Idealverein)
  - Liegen etwa (besondere) Erwerbszwecke vor?
    (bspw. Handelsgewerbe → Personenhandelsgesellschaften und Kapitalgesellschaften; ggf. nur gewerbliche Tätigkeit und kein Handelsgewerbe → GbR?; ggf. freiberufliche Tätigkeit, → GbR, PartG?)

Vorliegend wollen die Mustermanns ein Handelsgewerbe im Sinne des § 1 Abs. 2 HGB betreiben. Bestimmte Gesellschaftsrechtsformen scheiden somit von vornherein aus: so etwa der nichtwirtschaftliche eingetragene Verein, aber auch die GbR oder etwa die PartG.

- **der Größe**
  - Es besteht grundsätzlich kein Rechtsformzwang hinsichtlich der Größe des Unternehmens
  - Kriterien der Auswahl können hier insbesondere die Finanzierung und Kapitalausstattung (insbesondere Teilnahme am Kapitalmarkt) darstellen oder
  - Die Abgrenzung nach Mitarbeiterzahlen (relevant insbesondere im Hinblick auf die Unternehmensmitbestimmung).
  - Die Abgrenzung kann auch nach Pflichten der Unternehmensführung (Rechnungslegung etc.) erfolgen.

Vorliegend spielt die Größe im Hinblick etwa auf eine Teilnahme am Kapitalmarkt oder eine etwaige betriebliche Mitbestimmung keine erkennbare (zumindest gewichtige) Rolle. Die Gründung einer AG erscheint nach den Sachverhaltsvorgaben und der hiernach zwar (gerade noch) möglichen Aufbringung des erforderlichen Grundkapitals aufgrund der weitreichenden Pflichten zur Unternehmensführung nicht angezeigt.

- **der Organisationsstruktur**
  - Hier erfolgt die Abgrenzung grundsätzlich zwischen Gesellschaft (i. e. S. = GbR als Grundform) und Körperschaft (Verein als Grundform) und in der Folge
  - Nach Selbstorganschaft/Drittorganschaft und im Hinblick auf die Mitgliedschaft (Übertragbarkeit, Mitwirkungs- und Kontrollrechte, verschiedene Arten der Mitgliedschaft),
  - Nach Mitarbeiterzahlen (s. o.) oder
  - Nach Pflichten der Unternehmensführung (s. o.)

Vorliegend wäre die Selbstorganschaft und damit die Gründung einer Personengesellschaft möglich, da die operative und auch leitende Tätigkeit von den Gesellschaftern selbst ausgeführt werden soll, insbesondere soll Arwed „Erster Mann im Unternehmen" sein. Aber auch die Gründung einer Körperschaft, etwa einer GmbH, kommt in Betracht. Hinsichtlich der Organisationsstruktur sind weitere folgende Interessen zu beachten: Persönliche Bindung der Gesellschafter, keine Einflussnahme Dritter, keine „unkontrollierte Verfügung über die Gesellschafterstellung" (dazu sogleich ausführlich).

- **der Haftung/dem Unternehmens-(Gegenstands-)Risiko**
  - Möglichkeit der Haftungsbeschränkung für die Verbandsmitglieder
  - Abgrenzung nach Mitwirkungsrechten/-pflichten und unternehmerischem Risiko (z. B. bei der KG: Komplementäre und Kommanditisten)
  - Haftungsträchtige Tätigkeit/gesetzliche Haftungsregeln im Zusammenhang mit der Geschäftstätigkeit

Alle Mustermanns legen besonderen Wert auf eine Begrenzung der persönlichen Haftung für Gesellschaftsverbindlichkeiten. Der Unternehmensgegenstand erscheint bereits nach erster Einschätzung durchaus gefahrgeneigt, etwa unter dem Gesichtspunkt der Produkthaftung u. ä.

- **dem Steuerrecht**
  - Dieses Rechtsformwahlkriterium gibt in der Praxis neben der Haftung häufig den Ausschlag, geht es doch um die grundlegende Entscheidung des Steuerrechtssubjekts.[30] Wird nämlich mit einer Körperschaft (einkommensteuerrechtlich) ein neues Steuerrechtssubjekt geschaffen, bleiben bei Gründung einer Personengesellschaft hingegen die einzelnen Gesellschafter (einkommensteuerrechtlich) Steuerrechtssubjekte. Dies hat insbesondere Auswirkungen auf die Möglichkeiten, steuerliche Verluste aus der gewerblichen Tätigkeit auf der persönlichen Ebene der Gesellschafter steuermindernd geltend zu machen.

Vorliegend soll dieses (regelmäßig sogar für spezialisierte Vertragsjuristen Schwierigkeiten bereitende und oftmals nur im Zusammenspiel mit Steuerberatern zu bewältigende) Kriterium aber nicht weiter vertieft werden, da es nach dem Sachverhalt (ganz bewusst) keine erkennbare Relevanz entfaltet.

6.2.1.3 Exkurs – Grundstruktur von Gesellschaftsverträgen

Sie sollten sich auch die rechtsformunabhängige Grundstruktur von Gesellschaftsverträgen vergegenwärtigen, um Ihr weiteres Vorgehen zu strukturieren. Allgemein übliche Gliederungen für Gesellschaftsverträge lassen sich (zumindest terminologisch) nur schwerlich unter das Ihnen bereits bekannte viergliedrige Gliederungsschema (vgl. hierzu Abschn. 4.1.2.3) fassen.

Neben den gesellschaftsvertragsbestimmenden Grundlagen enthalten Gesellschaftsverträge üblicherweise Regelungen zur inneren Ordnung und dem Außenverhältnis der Gesellschaft sowie zu Strukturänderungen und abschließend allgemeine Bestimmungen.[31]

Hieraus sollten Sie Ihre vertragliche Grundstruktur ableiten und sich bereits im Rahmen der Informationsgewinnung an diesen Bereichen orientieren.[32]

Zu den gesellschaftsvertragsbestimmenden Grundlagen zählen die Bestimmungen zu:

---

[30] Anm.: Das hier nicht zu vertiefende Steuerrecht stellt oftmals eine unerwünschte „Störgröße" des eigentlich (vermeintlich allein entscheidenden) Gesellschaftsrechts bei der Rechtsformwahl dar, hat aber großen praktischen Einfluss auf die Rechtsformwahl (insb. Steuervermeidung durch kautelarjuristische Praxis, u. a. dadurch „Aufstieg" der GmbH & Co KG). An dieser Stelle nur Stichworte hierzu: Steuersubjekt unterschiedlich bei Körperschaften (KStG) und Personengesellschaften (EStG); Gewerbesteuer (Personengesellschaften als Mitunternehmerschaften); (Gesellschaftsrechtlich relevante) Steuerarten: Körperschaft-, Einkommen- und Gewerbesteuer sowie Grunderwerb-, Erbschaftsteuer.

[31] Vgl. *Lenkaitis* in: Aderhold/Koch/Lenkaitis, Vertragsgestaltung, 184 f., dazu auch im Folgenden.

[32] Anm.: Dass es sich hierbei nicht um eine „sklavisch" einzuhaltende Reihenfolge handelt, werden Sie spätestens im Rahmen der abschließenden Musterlösung erkennen.

6.2 Entwurf eines Gesellschaftsvertrags

- Firma/Name,
- Sitz,
- Geschäftszweck/Gegenstand des Unternehmens,
- Gesellschafter und Beteiligungsverhältnisse,
- Geschäftsjahr sowie
- Dauer (soweit befristet).

Die innere Ordnung und das Außenverhältnis der Gesellschaft betreffen insbesondere Regelungen zu:

- Geschäftsführung (Innenverhältnis),
- Vertretung (Außenverhältnis), häufig gemeinschaftlich mit der Geschäftsführung geregelt,
- Kompetenzverteilung zwischen Gesellschaftern und Geschäftsführung,
- Gesellschafterversammlung, insbesondere Fragen zu Verfahren und Form,
- Jahresabschluss, insbesondere Fragen zur Gewinnverwendung und Verlustverteilung,
- Weiteren Rechten und Pflichten der Gesellschafter, etwa Regelungen zu Fragen einer Konkurrenztätigkeit.

Die Regelungen zu Strukturänderungen befassen sich mit folgenden Fragestellungen:

- Aufnahme weiterer Gesellschafter,
- Ausscheiden von Gesellschaftern,
- Gesellschafterwechsel,
- Folgeregelungen aus den unmittelbaren Änderungen am Gesellschafterbestand (Abfindungen etc.).

Die abschließenden allgemeinen Bestimmungen enthalten wiederum solche klassischen Vertragsklauseln, die Sie bereits aus den allgemeinen Gliederungshinweisen kennen, wie etwa Regelungen zu Formerfordernissen oder Teilnichtigkeit (salvatorische Klauseln) etc.

6.2.2 Regelungsziel

Zunächst ist es Ihre Aufgabe, die Sachziele und Interessen Ihrer Mandanten in Erfahrung zu bringen, mithin die persönlichen und/oder wirtschaftlichen Bedürfnisse und Wünsche aller vier Mustermanns gleichermaßen zu ermitteln.

Durch Ihre Gespräche mit den vier Mustermanns konnten Sie erfahren, dass die Vier als frische Hochschulabsolventen sich mit einer gemeinschaftlich getragenen Geschäftsidee eine wirtschaftliche Existenz aufbauen wollen und hierfür bereits erste technische und wirtschaftliche Anstrengungen unternommen haben. Der Einsatz an Zeit und finanziellen Mitteln, die die vier Gründer erbringen wollen, ist unterschiedlich hoch, aber grundsätzlich wollen alle Vier Zeit und Geld in die neue gemeinschaftliche Firma investieren. Die Vier haben zwischenzeitlich sogar bereits mit technischen Entwicklungsarbeiten begonnen und Räumlichkeiten (kostenlos) bezogen, mithin ihre gemeinschaftlichen Geschäfte (wenn auch in geringem Umfange) nach Außen hin in Vollzug gesetzt. Für Verbindlichkeiten der Gesellschaft, etwa im Falle des Scheiterns ihrer Existenzgründung, möchte keiner der vier Mustermanns persönlich unmittelbar haften.

Auch wenn Sie zunächst die Sachziele und Interessen sowie die (zur vertraglichen Umsetzung) notwendigen Informationen ermitteln sollen, müssen Sie selbstverständlich die (möglichen) Rechtsziele sachgedanklich sogleich mit ermitteln. Deswegen habe ich Ihnen die Grundsätze zur Rechtsformwahl und die wesentlichen gesellschaftsvertraglichen Themenbereiche im Rahmen der Vorüberlegungen vor Augen geführt, um Ihnen die Aufgabe, die Sachziele der Mandanten in Rechtsziele zu transformieren, an dieser Stelle zu erleichtern:

Sachziel	Transformation in Rechtsziel

Gemeinschaftliches Betreiben eines Handelsgewerbes (Zweck der Gesellschaft)	• Rechtsziel ist die Gründung einer Gesellschaft i. w. S.
	• Aufgrund des numerus clausus kommen nur die gesetzlich vorgesehenen Rechtsformen in Betracht:
	• Übliche Gesellschaftsrechtsformen:
	  – Personengesellschaftsrechtsformen: GbR, PartG, OHG, KG sowie die GmbH & Co KG (als Mischform)
	  – Gebräuchliche Körperschaften[a]: eingetragener Verein, GmbH (mitsamt der Sonderform der UG (haftungsbeschränkt)), AG[b]
	• Aufgrund der ersten Einschränkung bzgl. des gemeinschaftlich verfolgten Gesellschaftszwecks (Betreiben eines Handelsgewerbes im Sinne des § 1 Abs. 2 HGB) kommen als Gesellschaftsrechtsformen noch in Betracht:
	  – Personengesellschaftsrechtsformen: OHG, KG sowie die GmbH & Co KG
	  – Gebräuchliche Körperschaften: GmbH (mitsamt der Sonderform der UG (haftungsbeschränkt)), AG

Keine unmittelbare persönliche Haftung der Gesellschafter für Gesellschaftsverbindlichkeiten (Unternehmens-(Gegenstands-)Risiko und Haftung)	• Aufgrund der persönlichen Haftung für Gesellschaftsverbindlichkeiten scheiden aus: OHG sowie die KG wegen der unmittelbaren persönlichen Haftung des Komplementärs • In Betracht kommen weiterhin: die GmbH & Co KG sowie die vorgenannten Körperschaften, also GmbH (mitsamt Sonderform der UG (haftungsbeschränkt)) und AG
Kleiner Gesellschafterkreis, persönliche Mitarbeit der Gesellschafter, keine Einflussnahme Dritter (Fragen der persönlichen Bindung und Organisationsstruktur der Gesellschafter)	• Freie Fungibilität von Gesellschaftsanteilen nicht erwünscht • Personalistische Struktur im Innenverhältnis erwünscht • Danach scheidet die AG aufgrund der strikten Vorgaben des AktG im Innenverhältnis wohl aus (vgl. zur Satzungsstrenge § 23 Abs. 5 AktG). Eine personalistische Struktur ist in der inneren Organisationsstruktur nicht optimal darstellbar, zudem besteht ein weitreichender Pflichtenkanon der Unternehmensführung bei der AG • Es verbleiben GmbH & Co KG, GmbH (mitsamt Sonderform der UG (haftungsbeschränkt))

6.2 Entwurf eines Gesellschaftsvertrags

Sachziel	Transformation in Rechtsziel
Erwünschte „Größe der Unternehmung"	• Angesichts des Makels der UG (haftungsbeschränkt), dass nicht einmal die zur Gründung einer GmbH notwendige Hälfte des Mindeststammkapitals von 25.000 € aufgebracht werden kann und nach dem Sachverhalt genau dessen Aufbringung kein Problem darstellt, sollte von dieser Sonderform der GmbH Abstand genommen werden • Finanzierung und Kapitalausstattung des beabsichtigten Unternehmensgegenstandes erfordern zwar nicht erkennbar eine Teilnahme am Kapitalmarkt, wohl aber eine gewisse Kreditfähigkeit, die für die weit verbreitete Form der GmbH und GmbH & Co KG sprechen • Die Pflichten der Unternehmensführung, insbesondere die doppelte Rechnungslegung etc. sprechen gegen die GmbH & Co KG

[a] Anm.: Weniger weit verbreitet und daher generell weniger praxisrelevant und daher hier nicht vertieft werden bspw. die eingetragene Genossenschaft (eG), die Kommanditgesellschaft auf Aktien (KGaA) wie auch die Europäische Aktiengesellschaft (SE)
[b] Anm.: Beide zuletzt genannten Formen (GmbH, AG) stellen sogenannte Kapitalgesellschaften dar und erfreuen sich einer großen Verwendungspopularität im geschäftlichen Verkehr. Sie sind – wie alle Körperschaften – mit eigener Rechtspersönlichkeit ausgestattet (juristische Personen), lassen im Gegensatz zu Personengesellschaften Fremdorganschaft zu und schützen ihre Gesellschafter grundsätzlich vor persönlicher Haftung für Gesellschaftsverbindlichkeiten

Mithin kommen Sie nach reiflicher Überlegung[33] zur passenden Rechtsform, der GmbH.

Um die (teils gleichlautenden, teils unterschiedlichen, ja sogar gegensätzlichen) Interessen der vier Gründer gleichermaßen zu berücksichtigen, haben Sie nach der Schwerpunktsetzung des Sachverhalts nun zumindest den Regelungsbereichen Gewinn- und Stimmverteilung sowie der erwünschten Regelungen zur Vermeidung der Einflussnahme Dritter (Verfügungsbeschränkung und Vorkaufsberechtigung) besondere Aufmerksamkeit zu zollen. Daneben gilt es, auch den gleichlautend geäußerten Interessen nach geringen Aufwand und Kosten der Gründung im Hinblick auf den eigentlichen Gründungsakt Rechnung zu tragen (Bar- versus Sachgründung, dazu zunächst).

---

[33] Anm.: Selbstverständlich müssten die vorstehend angestellten Überlegungen in komplizierter gelagerten Sachverhaltskonstellationen noch intensiviert werden. Vorliegend dürften die angestellten Überlegungen aber bereits zur Festlegung auf eine Rechtsform und im Übrigen den Anschauungszwecken genügen.

Besondere Interessen	Transformation in Rechtsziel
Aufwand und Kosten der Gründung	• Beides soll (gerade bei Existenzgründern) gering gehalten werden • Bar- versus Sachgründung • Höherer Formalismus und höhere Kosten einer Sachgründung versus Notwendigkeit einer Sachgründung • Gemeinschaftliches Projekt ist bereits nach Außen erkennbar in Gang gesetzt (Bezug von Räumen etc.): Rechtsformzwang: die Kooperation erfolgt ggw. wohl in Form einer GbR, diese hat aber noch kein erkennbares (zumindest nennenswertes) Vermögen gebildet (vgl. dazu sogleich ausführlicher unter Abschn. 6.2.3). So wurde etwa die CAD-Software durch Arwed allein und privat erworben, i. Ü. schweigt der Sachverhalt hierzu • Die CAD-Software ist durch Arwed erworben worden und soll in neu zu gründende GmbH eingebracht und von dieser genutzt werden. An und für sich Sachgründung diesbezüglich, aber Aufwand für Sachgründung (mit Einbringungsvertrag, Sachgründungsbericht, Wertansätzen etc.) steht in keinem Verhältnis zum Nutzen einer solchen „minimalen" Sachgründung: Kautelarjuristischer „Alternativweg": Erwerb der Software mit aktuellem Kaufbeleg (wg. objektivem „bilanziellen" Wertansatz) durch die neue bar gegründete GmbH von Arwed: vermeintliches Problem der verdeckten Sacheinlage (§ 19 Abs. 4 GmbHG) ist wg. der bilanziellen Betrachtung und dem objektiven und ohne Weiteres darleg- und beweisbaren Wertansatz und der Anrechnungslösung in § 19 Abs. 4 GmbHG unproblematisch; i. ü. sollte auf eine „Vorbelastung" im Rahmen der Gründung hingewiesen werden • Überleitung eines (noch näher zu ergründenden) Nutzungsvertrags bzgl. der derzeit durch die GbR genutzten Räumlichkeiten ist in jedem Falle erforderlich[a]
Teils begrenzte finanzielle Mittel der Gründer und die Frage der Gewinn- und Stimmverteilung (Einflussnahme)	Mögliche Festlegung der Höhe des Stammkapitals und dessen Aufteilung vor dem Hintergrund der Kapitalaufbringung (§§ 19, 7, 5 GmbHG) sowie Gewinn- und Stimmverteilung gem. §§ 29 Abs. 3, 47 Abs. 2 GmbHG, die hiernach grundsätzlich nach dem Verhältnis der Geschäftsanteile erfolgt: • 1. Möglichkeit: Alle im Sachverhalt aufgeführten Beträge addieren und so das Stammkapital bei 51.250 € ansetzen bzw. eingedenk der Regelung in § 7 Abs. 2 GmbHG dieses sogar noch höher ansetzen, da ja zur Anmeldung beim Handelsregister nur die Hälfte des Mindeststammkapitals und mindestens ein Viertel auf jeden Geschäftsanteil eingezahlt worden sein muss

Besondere Interessen	Transformation in Rechtsziel
	– Nachteil dieser Lösung ist einerseits, dass die „Mindesthaftungsmasse" in Form des Stammkapitals, für das besondere Regelung der Aufbringung und Erhaltung gelten (vgl. §§ 19 ff, 30 ff. GmbHG), höher ausfällt als gesetzlich erforderlich (vgl. § 5 Abs. 1 GmbHG). Weiter würde etwa bei einer Verwendung des Stammkapitals zur Auszahlung eines Geschäftsführergehaltes an Arwed bereits versteuertes Vermögen erneut einer Gewinnbesteuerung (bei Arwed) zugeführt, ohne korrespondierende steuerliche Absetzbarkeit (bei Arwed) – Dahingegen suggeriert dieses „höhere" Stammkapital eine höhere Kreditwürdigkeit – Die Nachteile überwiegen jedoch, insbesondere in der Phase der Existenzgründung, in der es um die Sicherung des – jedenfalls bei dem Hauptakteur Arwed niedrigen – Lebensstandards aus seinem gesamten Startkapital in Höhe von 45.000 € geht, die Vorteile • 2. Möglichkeit: Die Sicherung einer zumindest noch geringen Einflussnahme (der übrigen drei Gesellschafter) auf geschäftspolitische Entscheidungen der Gesellschaft durch das umgekehrte Vorgehen: Determinante muss vorliegend das „schwächste Glied in der Kette der Gesellschafter", mithin August, mit den ihm lediglich zur Verfügung stehenden 500 €, sein, die er in die neue Gesellschaft einbringen kann und will – Dementsprechend könnte gemessen an dem gesetzlich vorgesehenen Mindeststammkapital von 25.000 € die Einteilung wie folgt aussehen: August 500 €, Roberto 750 €, Pascal 5000 € und Arwed 18.750 € – Würde man auf die nach § 7 Abs. 2 GmbHG geforderte Einzahlung mindestens der Hälfte des Mindeststammkapitals zur Handelsregisteranmeldung (bei späterer Aufforderung der Geschäftsführer zur Einzahlung) ausgehen, könnte man das Stimmenverhältnis dementsprechend noch weiter verschieben (August 1000 €, Roberto 1500 €, Pascal 10.000 € und Arwed 12.500 €), würde damit aber dem Sachverhalt wohl nicht mehr gerecht werden, da zwischen den Mustermanns Einigkeit herrscht, dass Arwed der erste Mann im Unternehmen sein soll und auch die wesentliche Arbeit leisten, die wesentlichen Entscheidungen treffen soll etc. Schließlich würde der Einfluss von Arwed so auf 50 % Stimmenanteil verwässert – Somit erscheint die folgende Einteilung am Stammkapital den Interessen aller vier Mustermanns gleichermaßen angemessen: August 500 €, Roberto 750 €, Pascal 5000 € und Arwed 18.750 €

Besondere Interessen	Transformation in Rechtsziel
Vermeidung der Einflussnahme Dritter	• Vorkaufsberechtigung und insbesondere Verfügungsbeschränkung sind möglich (vgl. § 15 Abs. 5 GmbHG); hier sind jedoch die Gegenausnahmen bezüglich der geplanten „internen" Übertragung von Arwed und bzgl. Familienangehöriger zu beachten (vgl. hierzu im Einzelnen den einführenden Praxistipp und die Regelungen im nachfolgenden Gesellschaftsvertrag nebst Erläuterungen)

[a] Anm.: Dies gilt unabhängig von der Frage, ob die GbR bereits eine Vorgründungsgesellschaft zur neu zu gründenden GmbH darstellt, da jedenfalls das Prinzip der Diskontinuität besteht und alle bis hierher zur GbR begründeten Rechtsverhältnisse übergeleitet werden müssen

6.2.3 Regelungsbedarf

Zur Feststellung des Regelungsbedarfs müssen Sie nun den Ist- mit dem Sollzustand (insbesondere dispositives Gesetzesrecht) abgleichen. Dabei muss sich der Vertragsjurist fragen, ob die derzeitige Rechtslage dem Regelungsziel entspricht.

Nach gegenwärtiger Rechtslage sind die vier Mustermanns – wenngleich in geringem Umfang – bereits gemeinschaftlich nach Außen im Geschäftsverkehr aktiv geworden, so haben sie etwa Mieträume bezogen und es ist diesbezüglich ein Vertrag zustande gekommen. Da jeder nach außen auftretende Verband sich einer gesetzlich vorgesehenen Rechtsform bedienen muss und zugleich unabhängig vom Willen der Gesellschafter diejenige Rechtsform als entstanden gilt, deren Tatbestandsmerkmale erfüllt sind, müssen Sie nun im Einzelnen prüfen, in welcher Rechtsform die vier Mustermanns aktiv sind und ob diese Gesellschaftsrechtsform bereits der gewünschten entspricht.

Gewünscht ist die Gesellschaftsrechtsform der GmbH. Aufgrund des Formzwangs bei Gründung einer GmbH (in Form der notariellen Beurkundung des Gesellschaftsvertrags, § 2 Abs. 1 GmbHG) und dem anschließenden Registerzwang (zur Entstehung der GmbH als juristischer Person, vgl. § 11 Abs. 1 GmbHG) können Sie sogleich erkennen, dass jedenfalls nach gegenwärtiger Rechtslage zumindest keine GmbH besteht. Es liegt weder ein notariell beurkundeter Gesellschaftsvertrag noch eine Eintragung als GmbH im Handelsregister vor. Dementsprechend muss diese erst gegründet und zu ihrer Wirksamkeit in das Handelsregister eingetragen werden.

Gegenwärtig sind die Mustermanns in Form einer Personengesellschaft, wohl einer Gesellschaft bürgerlichen Rechts (GbR), tätig. Schließlich haben sie sich zu einem gemeinsamen Zweck, nämlich – je nach Betrachtung – zur Vorbereitung des gemeinschaftlichen Betreibens eines Handelsgewerbes oder bereits dem gemeinschaftlichen Betreiben eines (Handels-)Gewerbes – unter gemeinsamer nach Außen im geschäftlichen Verkehr erkennbarer Bezeichnung „MME Arwed, Pascal, Roberto und August Mustermann" zusammengeschlossen. Ob gegebenenfalls sogar eine oHG vorliegt, oder ob darin bereits eine Vorgründunggesellschaft zu der nun zu gründenden GmbH zu sehen ist, mag vorliegend dahinstehen und bedarf daher hier keiner näheren Prüfung: Zum einen dürfte feststehen, dass die vier Mustermanns bereits in Form einer Personengesellschaft tätig geworden sind. Bis auf den Registerzwang sind oHG und GbR im Hinblick auf den jetzt eingeleiteten Gründungsakt der GmbH weitgehend gleich zu behandeln: Beide Rechtsformen entsprechen nicht der gewünschten Rechtsform. Etwaig gebildetes Vermögen muss in beiden Fällen im Wege der Einzelrechtsübertragung und somit entweder als Sacheinlage oder durch späteren Erwerbsakt (bspw. Kaufvertrag) in die neue GmbH eingebracht werden. Gesicherte Aussagen zum bereits gebildeten Gesellschaftsvermögen lassen sich nicht treffen. Dieses dürfte aber allenfalls gering ausfallen. Dementsprechend kann es auch dahinstehen, ob vorliegend bereits eine Vorgründungsgesellschaft vorliegt, da auch diese entweder in Form einer oHG oder GbR bestünde und aufgrund des Grundsatzes der Diskontinuität von Vorgründungsgesellschaft zur GmbH bezüglich der Notwendigkeit der Einzelrechtsübertragung etwaig gebildeten Vermögens das Gleiche wie zuvor gelten würde.

Ausschlaggebend für das weitere Vorgehen ist angesichts des gegenwärtig allenfalls geringen Vermögens die bereits erfolgte Festlegung auf eine Bargründung der GmbH aus Kostengründen und der Reduzierung des Gründungsaufwandes, so dass eine Einbringung etwaig gebildeten Vermögens der GbR als Sacheinlage in die neu zu gründende GmbH ausscheidet. Einer Klärung müsste nach jetzigem Sachverhalt allerdings das bisherige Nutzungsverhältnis der bereits bezogenen Räume an der TU Berlin (etwa im Zuge der Vertragsübernahme) und die durch Arwed erworbene und von der neuen GmbH zu nutzenden CAD-Software (etwa durch nachträglichen Erwerbsakt bspw. durch einen Kaufvertrag) zugeführt werden.

Sie müssen also nachfolgend alle Dokumente für den (Bar-)Gründungsvorgang einer GmbH, insbesondere einen Gesellschaftsvertrag für eine GmbH, selbst entwerfen. Sie müssen aber auch für deren Formwirksamkeit sorgen, d. h. für die notarielle Beurkundung des von allen Gesellschaftern unterschriebenen Gesellschaftsvertrags (vgl. § 2 Abs. 1 GmbHG) und die Beglaubigung der Handelsregisteranmeldung (vgl. § 12 HGB). Sie sind somit vorliegend auf einen weiteren Vertragsjuristen, nämlich den Notar, angewiesen. Da der Gründungsvorgang letztlich vom Notar im Wege der Beurkundung bzw. Beglaubigung „vollzogen" wird, können Sie alle notwendigen Einzeldokumente entwerfen und dem beurkundenden Notar zuleiten. Hierzu zählen neben dem oben genannten Gesellschaftsvertrag auch der sogenannte Gründungsmantel, der den Gesellschaftsvertrag als Anlage enthält, sowie die Handelsregisteranmeldung und die Gesellschafterliste (vgl. zu allen einzelnen Bestandteilen sogleich Abschn. 6.2.6).

6.2.4 Umsetzung des Regelungsbedarfs – Erfüllungs- und Risikoplanung

Mit der Feststellung des Regelungsbedarfs beginnt nun die vertragsgestaltende Feinarbeit. Es ist nun Ihre Aufgabe, eine Gestaltungsentscheidung zu treffen, die den Wünschen aller vier Mustermanns bestmöglich entspricht, und diese gleichermaßen über Risiken zu belehren und zu beraten. Insbesondere die Zukunftssicherheit des zu erstellenden Gesellschaftsvertrags sollte für Sie im Mittelpunkt stehen.

Bei der Gestaltung des GmbH-Gesellschaftsvertrages ist neben den zwingend zu regelnden „essentialia negotii" entsprechend dem oben ermittelten Regelungsziel, das sich als kostengünstige Bargründung einer GmbH mit einem Mindeststammkapital von 25.000 € und der (bereits ermittelten) „optimalen Aufteilung" der Geschäftsanteile erfassen lässt, der erwünschten Verfügungsbeschränkung und Vorkaufsberechtigung besondere Aufmerksamkeit zu widmen.

Im Übrigen dürfte eine „übliche Mehrpersonen-GmbH-Satzung (mit einem Mehrheitsgesellschafter)" dem Interesse der vier Mustermanns entsprechen. Hier sind dann übliche Regelungselemente, wie etwa die Verankerung der ordentlichen Kündigung, die gemäß GmbHG nicht vorgesehen ist, aber dem Interesse der GmbH-Gesellschafter wegen der mangelnden Verkehrsfähigkeit von GmbH-Geschäftsanteilen und der Möglichkeit zur ordentlichen „Trennung" von der Gesellschaft entspricht, vorgesehen.

Dementsprechend dürfte sich danach folgender nach einschlägigen Regelungsbereichen aus dem GmbHG geordneter Regelungsbedarf ergeben, der bereits eine brauchbare und in der Praxis gängige Gliederung Ihres Vertragswerkes vorgibt:

- Zwingend:
  - Firma und Sitz } „Grundlagen"
  - Gegenstand des Unternehmens } „Grundlagen"
  - Stammkapital, Geschäftsanteile } „Grundlagen"
  - Geschäftsführung, Vertretung } Innere Ordnung und Außenverhältnis
- Üblich:
  - Dauer und Kündigung } „Grundlagen" und Strukturänderungen
  - Geschäftsjahr und Jahresabschluss } „Grundlagen" sowie innere Ordnung
  - Gesellschafterversammlung } Innere Ordnung
  - Einberufung der Gesellschafterversammlung } Innere Ordnung
  - Veräußerung und Belastung von Geschäftsanteilen (§ 15 Abs. 5 GmbHG) } Strukturänderungen
  - Einziehung } Strukturänderungen
  - Nachfolge von Todes wegen } Strukturänderungen
  - Abfindung des ausscheidenden Gesellschafters } Strukturänderungen
  - Wettbewerbsverbot } Innere Ordnung und Außenverhältnis
  - Bekanntmachungen } Allgemeine Bestimmungen
  - Gründungsaufwand } Allgemeine Bestimmungen
  - Salvatorische Klausel } Allgemeine Bestimmungen

Dabei sind stets die Regelungsgrenzen insbesondere aufgrund des Schutzes von Minderheitenrechten zu beachten, zumal Sie aufgrund Ihres Beratungsmandats ja die Rechte aller vier Gesellschafter gleichermaßen berücksichtigen müssen.

6.2.5 Vorgehen im Einzelnen – Der Weg zum fertigen Vertrag

Aus didaktischen Gründen habe ich mich im Folgenden dafür entschieden, Sie nicht entsprechend des ersten großen Übungsfalls zum Kaufrecht (vgl. in Abschn. 6.1) in gleicher Weise im Einzelnen in die Problembereiche des dann abschließend ausformulierten Mustervertragsvertrags einzuführen. Dies würde angesichts der Komplexität von Gesellschaftsverträgen zu weit in das materielle Gesellschaftsrecht hineinführen und keinen didaktischen Zugewinn bezogen auf die methodische Einführung in die Vertragsgestaltung bieten.

Nach den vorstehenden grundsätzlichen Erwägungen zum Regelungsziel, Regelungsbedarf und zur grundsätzlichen Umsetzung im Wege der Erfüllungs- und Risikoplanung haben Sie bereits sehr konkrete Vorstellungen von der weiteren Umsetzung der zu entwerfenden Dokumente. Ich möchte Sie nunmehr ermuntern, sich einschlägige kautelarjuristische Muster zu suchen und diese für die weitere Bearbeitung zu Hilfe zu ziehen, und sich so auch in Ihren praktischen kautelarjuristischen Fertigkeiten, die ich in Abschn. 4.2 zu vermitteln versucht habe, zu stärken.

Deswegen folgt nunmehr sogleich eine Musterlösung mit materiell-rechtlichen Erwägungen in den Fußnoten. Die Lösung ist somit ganz so aufgebaut, wie diejenigen Hilfsmittel, derer Sie sich in der Folgezeit als Vertragsjurist bedienen müssen (i.e. einschlägige kautelarjuristische Muster). So sollen Sie lernen, anhand der hier vorgenommenen einleitenden Ausführungen und den weiterführenden Erläuterungen in den Fußnoten den typischen Fall bezogen auf den in der späteren kautelarjuristischen Tätigkeit konkret zu regelnden Einzelfall anzuwenden.

Nehmen Sie sich also zur weitergehenden Bearbeitung dieses Übungsfalles als Ausgangspukt – bevor Sie weiter lesen – ein einschlägiges kautelarjuristisches Muster für eine Bargründung einer Mehrpersonen-GmbH (mit einem Mehrheitsgesellschafter). Schon bei der ersten Sichtung sollte Ihnen auffallen, dass einschlägige Muster bereits in ihrer Bezeichnung hinsichtlich eines etwaig speziell geregelten Minderheitenschutzes differenzieren.

Ich wünsche Ihnen viel Freude bei der weiteren Bearbeitung dieses Übungsfalles und der dieses Lehrbuch abschließenden Lektüre der Musterlösung.

6.2.6 Musterlösung zum Fall „Vier Freunde sollt ihr sein, aber bitte haftungsbeschränkt"

Die nachfolgende Lösung ist bewusst in (den formalen) Teilen, insbesondere also bei der Mantelurkunde und der Handelsregisteranmeldung, an ein zum öffentlichen Download durch die Notarkammer Berlin angebotenes Muster „GmbH-Errichtung – mehrgliedrig – in normaler Form nebst Anmeldung und Gesellschafterliste"[34] angelehnt.

---

[34] Vgl. „GmbH-Errichtung – mehrgliedrig – in normaler Form nebst Anmeldung und Gesellschafterliste (Version 12.09.2013)" unter http://www.notarkammer-berlin.de, dort unter „Fachinfor-

▶ **Tipp** Sie sollten in Ihrer späteren Praxis als Vertragsjurist stets darauf achten, in Registerverfahren einschlägige Muster des jeweiligen Registergerichtsbezirks, etwa der dortigen mit den Registerverfahren vertrauten Notarkammer, zu verwenden, da Sie so (oft unnötige formale) Rückweisungen des Registergerichts vermeiden können. Auch in der Vorbereitung einer Beurkundung sollten Sie bei der Entwurfsgestaltung bereits diesen Grundsatz beherzigen.

Da der vorliegende Fall in Berlin spielt, wird somit bewusst ein für das Handelsregisterverfahren mit dem Handelsregister Berlin (Amtsgericht Berlin-Charlottenburg) bewährtes Muster verwendet.

6.2.6.1 Mantelurkunde

UR.Nr./2015[35]

... [Urkundenkopf und Standardeingangsformulierung des beurkundenden Notars]...

erschienen heute:
1. Herr Arwed Mustermann, geb. 8. Januar 1980, Musterstraße 14, 12345 Berlin
2. Herr Pascal Mustermann, geb. 8. Februar 1980, Musterstraße 14, 12345 Berlin
3. Herr Roberto Mustermann, geb. 8. März 1980, Musterstraße 30, 12345 Berlin
4. Herr August Mustermann, geb. 8. Dezember 1979, Musterstraße 66, 12345 Berlin

Der Notar fragte die Erschienenen, ob er in einer Angelegenheit, die Gegenstand dieser Beurkundung ist, außerhalb des Notaramtes tätig war oder ist. Diese Frage wurde verneint.[36]

Die Erschienenen baten um die Beurkundung der Gründung einer Gesellschaft mit beschränkter Haftung und erklärten was folgt:

---

mationen, Downloads, Handelsregister- und Gesellschaftsrecht", Muster zusammengestellt von „Martin Horstkotte, Richter am Amtsgericht Berlin-Charlottenburg und Herrn Sven Rudolph".

[35] Anm.: Gem. § 2 Abs. 1 GmbHG hat die Gründung einer GmbH durch notarielle Beurkundung des Gesellschaftsvertrages zu erfolgen. Damit bedarf der Gründungsakt insgesamt der notariellen Form.

[36] Anm.: Der Notar hat vor der Beurkundung nach einer Vorbefassung im Sinne von § 3 Abs. 1 Nr. 7 BeurkG zu fragen und in der Urkunde die Antwort zu vermerken. Im vorliegenden Fall soll also eine parteiische Vorbefassung in derselben Angelegenheit etwa aufgrund anwaltlicher Tätigkeit des Notars für einen der beteiligten Mustermanns ausgeschlossen werden. In Berlin wird diese Frage stets virulent, da das Notariat nämlich durch sog. Anwaltsnotare ausgeübt wird, vgl. hierzu Abschn. 2.3.4.

6.2.6.1.1 Gründung

Wir errichten hiermit eine

Gesellschaft mit beschränkter Haftung

nach Maßgabe des dieser Niederschrift als Anlage beigefügten Gesellschaftsvertrages, die verlesen wurde.

Das Stammkapital der Gesellschaft beträgt 25.000 € und ist eingeteilt in 25.000 Geschäftsanteile im Nennwert von je 1 €.[37] Hiervon übernehmen:

- *Arwed Mustermann 18.750 Geschäftsanteile mit den lfd. Nrn. 1 bis 18.750 gegen Bareinlage in Höhe der Nennbeträge,*
- *Pascal Mustermann 5.000 Geschäftsanteile mit den lfd. Nrn. 18.751 bis 23.750 gegen Bareinlage in Höhe der Nennbeträge,*
- *Roberto Mustermann 750 Geschäftsanteile mit den lfd. Nrn. 23.751 bis 24.500 gegen Bareinlage in Höhe der Nennbeträge,*
- *August Mustermann 500 Geschäftsanteile mit den lfd. Nrn. 24.501 bis 25.000 gegen Bareinlage in Höhe der Nennbeträge.[38]*

Die Geschäftsanteile sind sofort in Höhe von 50% einzuzahlen, der Restbetrag auf Anforderung der Geschäftsführung nach entsprechendem Beschluss der Gesellschafterversammlung.

6.2.6.1.2 Gesellschafterversammlung

Die Erschienenen halten sodann eine Gesellschafterversammlung ab. Es wird einstimmig folgendes beschlossen:

Zum Geschäftsführer wird bestellt:[39]

---

[37] Anm.: Hiermit folgen Sie (sogleich spiegelbildlich im Gesellschaftsvertrag) zunächst den gesetzlichen Vorgaben zur Angabe (§ 3 Abs. 1 Nr. 3 GmbHG) und Höhe des Mindeststammkapitals (§ 5 Abs. 1 GmbHG). Zudem geben Sie die Zahl und die Nennbeträge der Geschäftsanteile, die jeder Gesellschafter gegen Einlage auf das Stammkapital (Stammeinlage) übernimmt, an (§ 3 Abs. 1 Nr. 4 GmbHG) und gliedern es in kleinstmögliche (und damit sehr verkehrsfähige) Geschäftsanteile, vgl. § 5 Abs. 2 GmbHG. Anders als nach dem alten Recht vor dem MoMiG muss die Stammeinlage eines jeden Gesellschafters nicht mehr mindestens 100 EUR betragen und durch fünfzig teilbar sein (vgl. § 5 Abs. 1 und Abs. 3 S. 2 GmbHG a.F.), vielmehr muss der Nennbetrag jedes Geschäftsanteils nur noch auf volle Euro lauten (§ 5 Abs. 2 S. 1 GmbHG). Auch war nach altem Recht vor dem MoMiG eine Übernahme mehrerer Stammeinlagen durch einen Gesellschafter bei Gründung unzulässig (vgl. § 5 Abs. 2 GmbHG a.F.), was § 5 Abs. 2 S. 2 GmbHG nunmehr ausdrücklich zulässt. Dies sei hier nur am Rande angemerkt, damit Sie nach alter Rechtslage bestehende Gesellschaftsverträge erkennen und einordnen können.

[38] Anm.: Die Höhe der Nennbeträge der einzelnen Geschäftsanteile kann gem. § 5 Abs. 3 S. 1 GmbHG verschieden bestimmt werden. Nach § 5 Abs. 3 S. 2 GmbHG muss die Summe der Nennbeträge aller Geschäftsanteile jedenfalls mit dem Stammkapital übereinstimmen.

[39] Anm.: Hierbei handelt es sich um die Umsetzung der Vorgaben des Sachverhalts, wonach Arwed alleiniger „Chef" werden sollte. Dies ist dahingehend umgesetzt, dass Arwed alleiniger Geschäftsführer der Gesellschaft wird. Es hätte auch – im Hinblick auf eine etwaige (spätere)

Herr Arwed Mustermann,
geboren am 8. Januar 1980,
wohnhaft Musterstraße 14, 12345 Berlin
Er ist von den Beschränkungen des § 181 BGB befreit.

▶ **Tipp** Die Bestellung des (als Organ notwendigen) Geschäftsführers kann entweder im Gesellschaftsvertrag oder per Beschluss der Gesellschafterversammlung erfolgen, vgl. §§ 6 Abs. 3, 46 Nr. 5 GmbHG. Im Regelfall sollte die Bestellung durch Beschluss der Gesellschafterversammlung erfolgen, da jede nachträgliche Änderung in der Person des/der Geschäftsführer anderenfalls eine Änderung der Satzung erforderlich macht. Diese erfordert einen notariell beurkundeten Beschluss der Gesellschafterversammlung (Achtung: Kosten einer weiteren notariellen Beurkundung!) und eine qualifizierte Mehrheit von drei Vierteln der abgegebenen Stimmen (Achtung: unter Umständen schwierig herzustellende Mehrheit!) in dieser Gesellschafterversammlung, vgl. § 53 GmbHG.[40]

Auch wenn gängige Muster, wie das vorliegende, die Gesellschafterversammlung – meist unter dem Vorwand der Einheitlichkeit der Urkunde – regelmäßig zum Gegenstand der Beurkundung erheben, muss diese erste Gesellschafterversammlung zur Bestellung eines Geschäftsführers nicht zwingend notariell beurkundet werden, um wirksam einen Geschäftsführer zu bestellen. Vielmehr ist hier eine öffentliche Beglaubigung ausreichend. So kann hierüber eine privatschriftliche Urkunde erstellt werden, also die Erklärungen der Gesellschafter in der Gesellschafterversammlung schriftlich abgefasst und die Unterschriften der Erklärenden sodann von einem Notar beglaubigt werden, vgl. § 129 BGB.[41]

Bestellung von Pascal als weiteren Geschäftsführer – hier bereits eine (generelle) Einzelvertretungsmacht eingeräumt werden können. Hiervon wurde aufgrund der weiteren Behandlung des zweiten Mannes im Unternehmen, Pascal, abgesehen, der von den übrigen Gesellschaftern erkennbar zum jetzigen Zeitpunkt nicht zum weiteren Geschäftsführer erhoben werden sollte: Der zweite Mann im Unternehmen, Pascal, könnte hier allerdings bereits durch Beschluss der Gesellschafterversammlung zum Prokuristen, also einem rechtsgeschäftlichen Vertreter mit weitreichender, gesetzlich bestimmter Vertretungsmacht (§ 49 HGB), bestellt werden (§ 46 Nr. 7 GmbHG), um so einen weiteren Gang zum Notar (zwecks Beglaubigung im Rahmen der Handelsregisteranmeldung, vgl. §§ 53, 12 HGB) entbehrlich zu machen. Andererseits könnte Pascal auch Handlungsvollmacht (§ 54 HGB) erteilt werden. Hierfür könnten im Rahmen der Existenzgründung zumindest Kostengründe sprechen, da hierfür keine Anmeldung zum Handelsregister erforderlich wäre (d. h. keine Beglaubigungs- und Registerkosten), auch wenn dies um den Preis des nicht gesetzlich bestimmten Umfangs dieser rechtsgeschäftlichen Vollmacht ginge. Die besseren Gründe sprechen hier wohl für die Erteilung einer Handlungsvollmacht, deren Umfang dann rechtsgeschäftlich bestimmt werden müsste, aber auch jederzeit – ohne jedwedes Registerverfahren – angepasst werden kann, was im Rahmen der Existenzgründung wohl eine höhere Flexibilität für die vier Mustermanns bedeutet.

[40] Anm.: Soweit Ihr Mandant jedoch in der konkreten Beratungssituation an einer perpetuierten Stellung als Geschäftsführer interessiert ist, kann sich eine Bestellung via Satzung anbieten, da die Hürden einer Abberufung somit höher sind.

[41] Anm.: Die Beglaubigung bezieht sich nur auf die Echtheit der geleisteten Unterschriften und etwaige Vertretungsberechtigungen, nicht dagegen auf den Urkundeninhalt.

Die Beglaubigung (dieses Beschlusses der ersten Gesellschafterversammlung) stellt somit vor allem die deutlich kostengünstigere Lösung im Vergleich zu der deutlich höheren Beurkundungsgebühr eines notariell beurkundeten Beschlusses der ersten Gesellschafterversammlung dar.

6.2.6.1.3 Hinweise

Der Notar hat darauf hingewiesen,[42] dass

a) die Gesellschaft erst mit der Eintragung in das Handelsregister entsteht;
b) der vor der Eintragung der Gesellschaft in das Handelsregister in ihrem Namen Handelnde persönlich als Gesamtschuldner nach § 11 Abs. 2 GmbHG haftet;
c) die Gesellschafter auch bei Eintragung für einen bei Handelsregistereintragung auf das Stammkapital entstandenen Fehlbetrag haften (Unterbilanzhaftung);
d) eine Geldeinlage, die bei wirtschaftlicher Betrachtung und auf Grund einer im Zusammenhang mit der Übernahme der Geldeinlage getroffenen Abrede ganz oder teilweise als verdeckte Sacheinlage zu bewerten ist, nur unter den Voraussetzungen der Wertanrechnung gem. § 19 Abs. 4 GmbHG Erfüllungswirkung hat;
e) eine Vereinbarung, derzufolge die Gesellschaft einem Gesellschafter eine Leistung schuldet, die wirtschaftlich einer Rückzahlung der Einlage entspricht, der Erfüllung der Einlageschuld nur unter den Voraussetzungen des § 19 Abs. 5 GmbHG nicht entgegensteht, insbesondere in der Anmeldung gem. § 8 GmbHG anzugeben ist;
f) zur Aufnahme der Geschäftstätigkeit der GmbH behördliche Genehmigungen erforderlich sein können;
g) die Gesellschafter der Gesellschaft solidarisch für den Schaden haften, der dadurch entsteht, dass sie vorsätzlich oder grob fahrlässig einer Person die Führung der Geschäfte überlassen, die nicht Geschäftsführer sein kann. und diese Person die ihr gegenüber der Gesellschaft bestehenden Obliegenheiten verletzt.

6.2.6.1.4 Kosten

Die Kosten der Errichtung und der Eintragung der Gesellschaft trägt die Gesellschaft bis zu einem Betrag in Höhe von 2.500 €.[43]

---

[42] Anm.: Hier kommt die mit der Hinweis- und Warnfunktion der notariellen Beurkundung (§ 128 BGB) dem beurkundenden Notar obliegende Beratungs- und Belehrungsfunktion zum Ausdruck. Durch seine Einschaltung soll bei Willenserklärungen von erheblicher Bedeutung eine (neutrale) sachkundige Beratung und Belehrung der Parteien erfolgen. Zudem soll die Übereinstimmung von Wille und Erklärung sowie eine klare und zweideutige Formulierung des Vertragstextes sichergestellt werden, vgl. § 17 BeurkG.

[43] Vgl. zu den Fragen der Vorbelastung und zur zulässigen Gesamthöhe der Gründungskosten *Kunkel*, in: juris PraxisReport Handels- und Gesellschaftsrecht 12/2014, Anmerkung 1 sowie zu den Anforderungen an die Ausweisung des Gründungsaufwandes in GmbH-Satzungen im Einzelnen *Kunkel*, in: juris PraxisReport Handels- und Gesellschaftsrecht 06/2014, Anmerkung 5, jeweils m. w. N.

6.2.6.1.5 Abschriften

Von dieser Urkunde erhalten Ausfertigungen:

- *die Gesellschafter,*
- *die Gesellschaft.*

Beglaubigte Abschriften erhalten:

- *das Registergericht (elektronische begl. Abschrift),*
- *das zuständige Finanzamt für Körperschaften.*

Das Protokoll nebst Anlage wurde den Erschienenen von dem Notar vorgelesen, von ihnen genehmigt und von ihnen und dem Notar eigenhändig wie folgt unterschrieben:
(Unterschriften der Beteiligten)

6.2.6.2 Anlage (Gesellschaftsvertrag)

Gesellschaftsvertrag

§ 1 Firma und Sitz[44]
(1) Die Gesellschaft führt die Firma:
 MME Mustermann Multimedia Eiscreme GmbH.
(2) Der Sitz der Gesellschaft ist Berlin.

§ 2 Gegenstand des Unternehmens[45]
(1) Gegenstand des Unternehmens sind
   a. die Erbringung von Ingenieurdienstleistungen aller Art im Bereich Maschinenbau und Apparatetechnik;
   b. die Entwicklung, Vorbereitung und Fertigung von multimedialen Verkaufsautomaten;
   c. [_____ ggf. noch weiter zu ergänzen][46]

---

[44] Anm.: Denken Sie an die essentialia negotii des GmbH-Gesellschaftsvertrags: Sie müssen in der Satzung zwingend Firma und Sitz der Gesellschaft angeben. Mit der Angabe der Firma erhält die GmbH einen Namen, der sie im Rechtsverkehr individualisiert. Die Festlegung des Sitzes macht sie für Gläubiger und das Registergericht auffindbar. Geben Sie somit in der Satzung tatsächlich nur den Registersitz und möglichst keine konkrete Geschäftsanschrift an. Dies erspart Ihnen die nachträgliche Satzungsänderung und die hiermit verbundenen Aufwand und Kosten. Gerade in großen Einheitsgemeinden wie Berlin sind Ihre Mandanten danach in der Wahl und Änderung ihrer (individuellen) Geschäftsanschrift flexibler. Zur Anmeldung einer geänderten Geschäftsanschrift vgl. Sie bitte die Anmerkungen im Rahmen der Handelsregisteranmeldung.

[45] Anm.: Gegenstand des Unternehmens ist die Tätigkeit, mit der der Gesellschaftszweck erreicht werden soll. Der Unternehmensgegenstand muss in der Satzung so hinreichend bestimmt sein, dass der Schwerpunkt der Geschäftstätigkeit für die beteiligten Wirtschaftskreise hinreichend erkennbar ist.

[46] Der Unternehmensgegenstand muss den Tätigkeitsbereich der Gesellschaft in groben Zügen erkennen lassen und ihre Zuordnung zu einem Geschäftszweig als Sachbereich des Wirtschaftslebens ermöglichen, vgl. *Fastrich,* in: Baumbach/Hueck, GmbHG § 3 Rn. 8, ders. dazu weiter

(2) Die Gesellschaft ist zur Vornahme aller Geschäfte berechtigt, die den Gesellschaftszweck unmittelbar oder mittelbar zu fördern geeignet sind.
(3) Die Gesellschaft kann gleichartige oder ähnliche Unternehmen gründen oder erwerben, sich an solchen Unternehmen beteiligen, die Vertretung solcher Unternehmen übernehmen und Zweigniederlassungen im In- und Ausland unterhalten.

§ 3 Stammkapital, Geschäftsanteile
(1) Das Stammkapital der Gesellschaft beträgt
25.000,00 €
in Worten Euro fünfundzwanzigtausend.
(2) Das Stammkapital der Gesellschaft ist eingeteilt in 25.000 Geschäftsanteile mit den laufenden Nummern 1 bis 25.000 im Nennbetrag von jeweils 1,00 €.
Hiervon haben übernommen:
- *Arwed Mustermann 18.750 Geschäftsanteile mit den lfd. Nrn. 1 bis 18.750 gegen Bareinlage in Höhe der Nennbeträge,*
- *Pascal Mustermann 5.000 Geschäftsanteile mit den lfd. Nrn. 18.751 bis 23.750 gegen Bareinlage in Höhe der Nennbeträge,*
- *Roberto Mustermann 750 Geschäftsanteile mit den lfd. Nrn. 23.751 bis 24.500 gegen Bareinlage in Höhe der Nennbeträge,*
- *August Mustermann 500 Geschäftsanteile mit den lfd. Nrn. 24.501 bis 25.000 gegen Bareinlage in Höhe der Nennbeträge.*

Die Geschäftsanteile sind sofort in Höhe von 50 % einzuzahlen, der Restbetrag auf Anforderung der Geschäftsführung nach entsprechendem Beschluss der Gesellschafterversammlung.

§ 4 Geschäftsführung, Vertretung[47]
(1) Die Gesellschaft hat einen oder mehrere Geschäftsführer.
(2) Ist nur ein Geschäftsführer bestellt, so vertritt dieser die Gesellschaft allein. Sind mehrere Geschäftsführer bestellt, wird die Gesellschaft entweder durch zwei

---

(m. w. N.) „Leerformeln wie „Betrieb eines Kaufmannsgeschäfts", „Handelsgeschäfte aller Art", „Produktion und Vertrieb von Waren aller Art", „Betreiben von Handelsgeschäften," „Handel- und Vertrieb von Verbrauchs- u Konsumgütern" und dergleichen sind nichtssagend und reichen nicht aus…".

[47] Anm.: Auch wenn hier im Großen und Ganzen lediglich der Wortlaut des § 35 GmbHG wiedergegeben wird, so muss die Satzung und die (insoweit spiegelbildliche) Handelsregisteranmeldung doch Angaben zur abstrakten Vertretungsbefugnis in der Gesellschaft treffen, unabhängig von der konkret erteilten Vertretungsmacht des einzelnen Geschäftsführers. Erst so wird der Gesellschaftsvertrag auch aus sich selbst heraus verständlich. Die hier vorgesehene unechte Gesamtvertretung ist in der Praxis häufig anzutreffen. Entsprechend der §§ 125 Abs. 3 HGB und 78 Abs. 3 AktG kann der Gesellschaftsvertrag auch einzelne Geschäftsführer in Verbindung mit Prokuristen zur Vertretung berufen. Achten Sie allerdings stets darauf, dass mindestens eine Variante der Vertretung allein durch Geschäftsführer in Ihrem Gestaltungsentwurf verbleibt, da es anderenfalls der organschaftlichen Vertretung (durch die Geschäftsführer) widerspräche, wenn bei allen vorgesehenen Vertretungskonstellationen ein Prokurist zwingend mitwirken müsste, vgl. *Altmeppen*, in: Roth/Altmeppen, GmbHG, § 35 Rn 66 ff. m. w. N.

Geschäftsführer oder durch einen Geschäftsführer zusammen mit einem Prokuristen vertreten.
(3) Die Gesellschafterversammlung kann einem, mehreren oder allen Geschäftsführern Einzelvertretungsbefugnis erteilen. Sie kann auch einzelne Geschäftsführer allgemein oder für den Einzelfall von den Beschränkungen des § 181 BGB befreien, so dass sie befugt sind, die Gesellschaft bei Vornahme von Rechtsgeschäften mit sich selbst oder als Vertreter eines Dritten uneingeschränkt zu vertreten. Dies gilt auch dann, wenn sich alle Geschäftsanteile in der Hand des Geschäftsführers oder daneben in der Hand der Gesellschaft vereinigt haben.
(4) Die Geschäftsführer sind an diejenigen Beschränkungen der Geschäftsführungsbefugnis gebunden, die sich aus diesem Gesellschaftsvertrag oder aus einer von der Gesellschafterversammlung erlassenen Geschäftsordnung für die Geschäftsführung ergeben.
(5) Absätze (1)–(4) gelten für Liquidatoren entsprechend.

§ 5 Dauer und Kündigung
(1) Die Gesellschaft besteht auf unbestimmte Zeit.
(2) Die Gesellschaft kann unter Wahrung einer Kündigungsfrist von sechs Monaten zum Ende eines Geschäftsjahres gekündigt werden.[48]
(3) Das Recht zur Kündigung aus wichtigem Grunde bleibt unberührt.
(4) Die Kündigung eines Gesellschafters erfolgt durch eingeschriebenen Brief an die Gesellschaft. Für die Rechtzeitigkeit des Kündigungsschreibens ist der Tag der Aufgabe des Kündigungsschreibens bei der Post maßgeblich.
(5) Durch die Kündigung wird die Gesellschaft nicht aufgelöst.
(6) Kündigt ein Gesellschafter, so ist sein Anteil gemäß § 10 einzuziehen oder zu übertragen. Die verbleibenden Gesellschafter haben hierbei jedoch zunächst das Recht zur Übernahme des Geschäftsanteils des ausscheidenden Gesellschafters entsprechend der Regelung in § 9 Abs. 2. Die in § 9 Abs. 2 genannten Fristen beginnen jedoch erst drei Monate nach Zugang des Kündigungsschreibens.

§ 6 Geschäftsjahr und Jahresabschluss
(1) Das Geschäftsjahr ist das Kalenderjahr. Das erste Geschäftsjahr beginnt mit der Eintragung der Gesellschaft im Handelsregister und endet am 31. Dezember desselben Jahres. Es ist ein Rumpfgeschäftsjahr.
(2) Der Jahresabschluss (Bilanz, Gewinn- und Verlustrechnung nebst Anhang) sowie der Lagebericht sind alljährlich innerhalb der gesetzlichen Fristen von den Geschäftsführern aufzustellen und den Gesellschaftern zur Feststellung vorzulegen.

---

[48] Anm.: Das GmbHG sieht – anders als etwa für die oHG der § 132 HGB, an den Sie sich bzgl. einer Regelung der Kündigungsfrist anlehnen können – keine Möglichkeit zur ordentlichen Kündigung des Gesellschafters vor. Soll also den Gesellschaftern eine andere Möglichkeit der einseitigen Lösung aus dem Gesellschaftsverhältnis gegeben werden als die Veräußerung des Geschäftsanteils (die allerdings vorliegend durch eine entsprechende Vinkulierungsklausel stark eingeschränkt ist, dazu sogleich unter § 9), so muss in den Gesellschaftsvertrag eine solche ausdrückliche Kündigungsregelung aufgenommen werden. Dementsprechend sollten Sie auch die Modalitäten der (ordentlichen) Kündigung und deren Rechtsfolgen (Abfindung) in den Regelungskontext aufnehmen.

(3) Für den Jahresabschluss, die Gewinnverteilung und die Gewinnverwendung gelten die gesetzlichen Vorschriften, insbesondere die § 264 HGB, §§ 29[49], 42a GmbHG.

§ 7 Gesellschafterversammlung[50]
(1) Die Gesellschafter beschließen in allen durch Gesetz oder Gesellschaftsvertrag bestimmten Fällen.
(2) Die Beschlüsse der Gesellschafter werden in Versammlungen gefasst. Außerhalb von Versammlungen können Beschlüsse, soweit nicht zwingendes Recht eine andere Form vorschreibt, schriftlich, fernschriftlich (auch Telefax), telegraphisch, fernmündlich oder mittels elektronischer Kommunikationsmittel (z. B. Email) gefasst werden, wenn sich jeder Gesellschafter mit dieser Form der Abstimmung einverstanden erklärt oder an der Abstimmung teilnimmt.
(3) Die Gesellschafterversammlung ist beschlussfähig, wenn sie ordnungsgemäß einberufen ist und mindestens drei Viertel des Stammkapitals vertreten sind. Ist letzteres nicht der Fall, so ist entsprechend der Regelungen in § 8 eine zweite Gesellschafterversammlung mit gleicher Ladungsfrist und gleicher Tagesordnung einzuberufen. Diese Gesellschafterversammlung ist dann ohne Rücksicht auf das vertretene Kapital beschlussfähig. Auf diese Rechtsfolge ist in der zweiten Ladung hinzuweisen.
(4) In der Gesellschafterversammlung kann sich ein Gesellschafter mittels schriftlicher Vollmacht durch Mitgesellschafter oder einen Angehörigen der rechts- und steuerberatenden Berufe vertreten lassen.
(5) Die Gesellschafter fassen ihre Beschlüsse, soweit nicht durch zwingende gesetzliche Vorschriften oder durch den Gesellschaftsvertrag etwas anderes bestimmt ist, mit der einfachen Mehrheit der abgegebenen Stimmen.
(6) Jeder Euro eines Geschäftsanteils gewährt bei der Beschlussfassung eine Stimme.[51]
(7) Beschlüsse der Gesellschafterversammlung können nur binnen eines Monats seit der Beschlussfassung durch Klage angefochten werden.

---

[49] Anm.: Hierdurch ist der Sachverhaltsvorgabe auf Gewinnverteilung entsprechend der Höhe der übernommenen Kapitalanteile an der neuen Gesellschaft gemäß der gesetzlichen Regelung in § 29 Abs. 3 S. 1 GmbHG („Gewinnverteilung entsprechend Verhältnis der Geschäftsanteile") durch Verweis auf diese Regelung Rechnung getragen.

[50] Anm.: Für die Gesellschafterversammlung und die Gesellschafterbeschlüsse sind die §§ 45 – 51 GmbHG maßgebend, die jedoch durch den Gesellschaftsvertrag abweichend und ergänzend geregelt werden können (§ 45 Abs. 2 GmbHG), soweit die hierin zum Ausdruck kommenden gesetzlichen Grenzen eingehalten sind (So kann bspw. der Gesellschaftsvertrag nicht den Ausschluss vom Stimmrecht bei eigener Entlastung oder bei Einleitung eines Rechtsstreits gegen einen Gesellschafter gem. § 47 Abs. 4 GmbHG beseitigen.), vgl. ausführlich zum Ganzen *Zöllner*, in: Baumbach/Hueck, GmbHG § 45 Rn. 6 ff.

[51] Anm.: Hierdurch ist der Sachverhaltsvorgabe auf Stimmanteil entsprechend der Übernahme von Kapitalanteilen/wirtschaftlichem Risiko an der neuen Gesellschaft gemäß der gesetzlichen Regelung in § 47 Abs. 2 GmbHG durch wortgleiche Übernahme dieser Regelung Rechnung getragen.

§ 8 Einberufung der Gesellschafterversammlung
(1) Die Gesellschafterversammlung ist in den im Gesetz oder Gesellschaftsvertrag bestimmten Fällen sowie dann einzuberufen, wenn das Interesse der Gesellschaft dies erfordert.
(2) Die Einberufung erfolgt durch schriftliche Einladung der Gesellschafter durch einen Geschäftsführer unter Angabe der Tagesordnung. Zwischen der Aufgabe des Briefs zur Post und dem Versammlungstag muss eine Frist von mindestens vierzehn Tagen liegen.

§ 9 Veräußerung und Belastung von Geschäftsanteilen
(1) Jedwede Verfügung über Geschäftsanteile oder Teile von solchen (insbesondere Übertragung, Verpfändung, Nießbrauchsbestellung) bedarf der schriftlichen Genehmigung der Gesellschaft.[52] Hierzu ist im Innenverhältnis die vorherige Zustimmung sämtlicher anderer Gesellschafter erforderlich.[53]
(2) Beabsichtigt ein Gesellschafter, seinen Geschäftsanteil ganz oder teilweise zu veräußern, so hat er ihn zunächst durch eingeschriebenen Brief den übrigen Gesellschaftern zum Erwerb anzubieten.[54] Diese sind im Verhältnis ihrer Beteiligung am Stammkapital der Gesellschaft erwerbsberechtigt. Das Angebot kann nur bis zum Ablauf eines Monats nach Briefzugang angenommen werden. Soweit ein Gesellschafter das Angebot nicht annimmt, wächst die Annahmebefugnis den übrigen

---

[52] Gem. § 15 Abs. 5 GmbHG kann die Wirksamkeit von Verfügungen über Geschäftsanteile über das gesetzliche Formerfordernis gem. § 15 Abs. 3 GmbHG hinaus durch entsprechende Regelungen im Gesellschaftsvertrag an weitere Voraussetzungen und hierbei insbesondere an das Erfordernis einer Genehmigung durch die Gesellschaft geknüpft werden. Die „Genehmigung der Gesellschaft" als statuarische Voraussetzung der Anteilsabtretung wird in § 15 Abs. 5 GmbHG allerdings nur als Beispiel aufgeführt, sie kann also auch abweichend geregelt werden, so etwa durch Zustimmung der Gesellschafterversammlung als aliud zur Zustimmung der Gesellschaft, vgl. etwa OLG Koblenz, Urt. v. 12.01.1989 – U 1053/87. Da nicht explizit im GmbHG geregelt ist, wer für die Erteilung der „Genehmigung der Gesellschaft" zuständig ist, kann und sollte diese Zustimmungsberechtigung deswegen auch in der Satzung ausdrücklich bestimmt werden. Sie kann vorsehen, dass für die interne Entscheidung und deren externe Bekanntgabe unterschiedliche Zuständigkeiten bestehen, vgl. zum Ganzen *Fastrich*, in: Baumbach/Hueck, GmbHG § 15 Rn. 42 m. w. N. Zudem können Sie hier auch ggf. abweichend von der „normalen" einfachen Mehrheit der abgegebenen Stimmen eine qualifizierte Mehrheit (oder Einstimmigkeit) für die Zustimmung verankern. Die hier nachfolgend geregelten Absätze sind angelehnt an *Pfisterer*, in: Beck'sche Online-Formulare Vertrag, Ziff. 7.8.1.1.1 „Gründungsurkunde und Satzung".

[53] Anm.: Vorliegend wurde entsprechend der diesbezüglich sehr strengen und recht eindeutigen Sachverhaltsvorgaben eines weitetest möglichen Schutzes vor „Fremdeinwirkung" durch Dritte eine sehr strenge Vinkulierungsklausel gewählt. Diese sieht vor einer Zustimmung der Gesellschaft vorab im Innenverhältnis eine Zustimmung sämtlicher (anderer) Gesellschafter vor.

[54] Anm.: Entsprechend der Vorgaben des Sachverhaltes sollten Sie hier in Ihrem Entwurf auch Vorkaufs- oder Erwerbsvorrechte aller Gesellschafter, hilfsweise der Gesellschaft, begründen, die nur persönlich gegen den veräußerungswilligen Gesellschafter wirken. Daher sollte zur Sicherung des/der Erwerbsberechtigten die Abtretbarkeit der Geschäftsanteile an die Nichtausübung des Vorkaufs- bzw. Erwerbsvorrechtes gebunden oder von der Genehmigung des Berechtigten abhängig gemacht werden (vgl. die vorliegende Andienverpflichtung), vgl. *Fastrich*, in: Baumbach/Hueck, GmbHG § 3 Rn. 42).

Gesellschaftern entsprechend dem Verhältnis ihrer Geschäftsanteile zu. Wenn bzw. soweit kein Gesellschafter von seinem Erwerbsrecht Gebrauch macht, wächst die Annahmebefugnis der Gesellschaft selbst zu. Diese kann dann einen Dritten als Ankaufsberechtigten benennen. Die durch Anwachsung erworbene Annahmebefugnis kann nur binnen 14 Tagen ab Kenntniserhalt ausgeübt werden.

Als Erwerbspreis ist der nach den Bestimmungen des § 12 ermittelte Wert zugrunde zu legen. Ist ein beabsichtigter Kaufpreis niedriger als dieser Wert, ist Erwerbspreis der beabsichtigte Kaufpreis. Ist bei Nichtausübung des Erwerbsrechts ein dann tatsächlich vereinbarter Kaufpreis niedriger als der vorgenannte Erwerbspreis, so ist das Erwerbsangebot mit diesem Kaufpreis zu wiederholen.

Soweit vorstehend etwas nicht ausdrücklich geregelt ist, gelten ergänzend die gesetzlichen Bestimmungen über Vorkaufsrechte.
(3) Die Verfügungsbeschränkung nach Abs. 1 und das Erwerbsrecht nach Abs. 2 gelten nicht für Verfügungen zu Gunsten von anderen Gesellschaftern, Angehörige von Gesellschaftern oder mit Gesellschaftern verbundene Unternehmen im Sinne von § 15 AktG.[55]

§ 10 Einziehung[56]
(1) Die Einziehung eines Geschäftsanteils mit Zustimmung des Gesellschafters ist stets zulässig.[57]
(2) Die Gesellschaft kann die Einziehung eines Geschäftsanteils beschließen, wenn ein wichtiger Grund für eine Ausschließung des Gesellschafters vorliegt.[58] *Der betroffene Gesellschafter hat bei der Abstimmung kein Stimmrecht.*

---

[55] Anm.: Hierbei handelt es sich um die nach dem Sachverhalt geforderte Gegenausnahme zur sehr weitgehenden Einschränkung der Verkehrsfähigkeit der Geschäftsanteile aufgrund der sehr strengen Vinkulierungsklausel und der weitgehenden Verankerung von Vorkaufs- oder Erwerbsvorrechten in den Absätzen 1 und 2 dieser Gesellschaftsvertragsklausel, so dass die hier geregelten Fälle nicht der Zustimmung gem. Abs. 1 und der Andienungspflicht gem. Abs. 2 unterfallen, wie etwa die geplante Übertragung der GmbH-Geschäftsanteile von Arwed auf eine GmbH, an der ihm sein Vater im nächsten Jahr sämtliche Anteile im Wege der vorweggenommen Erbfolge übertragen wolle.

[56] Die für die Vertragspraxis sehr wichtige Einziehung gem. § 34 GmbHG bedeutet die Vernichtung des Geschäftsanteils und der entsprechenden Mitgliedschaftsrechte durch die Gesellschaft, während etwa der Anteilserwerb durch die Gesellschaft (vgl. § 33 GmbHG) den Geschäftsanteil als solchen bestehen lässt, vgl. *Fastrich*, in: Baumbach/Hueck, GmbHG § 34 Rn. 2 m. w. N., vgl. dazu auch im Folgenden. Der praktische Nutzen der Einziehung erschließt sich somit denklogisch: Sie dient häufig der Verhinderung des Eindringens unerwünschter außenstehender Dritter, etwa bei Pfändung des Geschäftsanteils oder Insolvenz des Gesellschafters, oder der Sanktion bei schweren Zuwiderhandlungen eines Gesellschafters (und somit dem Ausschluss eines missliebigen Gesellschafters).

[57] Anm.: Die Einziehung von Geschäftsanteilen kann nur erfolgen, soweit sie im Gesellschaftsvertrag zugelassen ist, was nach ganz hM auch für die freiwillige Einziehung, d. h. mit Zustimmung des betroffenen Gesellschafters, gilt, vgl. *Fastrich*, in: Baumbach/Hueck, GmbHG § 34 Rn. 4.

[58] Anm.: Eine Zwangseinziehung, also eine solche ohne Zustimmung des betroffenen Gesellschafters, ist nach § 34 Abs. 2 GmbHG nur zulässig, wenn deren Voraussetzungen vor dem Zeitpunkt, in welchem der Gesellschafter den Geschäftsanteil erworben hat, im Gesellschaftsvertrag unzweifelhaft geregelt waren; allerdings wird auch eine nachträgliche Aufnahme von Zwangseinziehungs-

(3) Ein wichtiger Grund liegt insbesondere vor, wenn
- a. *über das Vermögen eines Gesellschafters das Insolvenzverfahren eröffnet oder die Eröffnung des Insolvenzverfahrens mangels Masse abgelehnt wird;*
- b. *der Gesellschafter die Richtigkeit seines Vermögensverzeichnisses nach § 807 ZPO an Eides statt zu versichern hat;*
- c. *ein Geschäftsanteil des Gesellschafters Zwangsvollstreckungsmaßnahmen ausgesetzt ist, die nicht binnen zwei Monaten wieder aufgehoben werden;*
- d. *ein weiteres Verbleiben des Gesellschafters in der Gesellschaft für diese untragbar ist, insbesondere wenn der Gesellschafter eine ihm nach dem Gesellschaftsvertrag obliegende wesentliche Verpflichtung vorsätzlich oder aus grober Fahrlässigkeit verletzt oder sonst durch sein Verhalten die Gesellschaftsinteressen erheblich schädigt.*[59]

(4) Die Gesellschaft kann statt der Einziehung die Übertragung des Geschäftsanteils an einen anderen Gesellschafter oder an einen Dritten beschließen.
(5) Die Einziehung bzw. Übertragung werden mit dem Ende der Gesellschafterversammlung wirksam.
(6) Dem ausscheidenden Gesellschafter steht eine Abfindung gemäß § 12 zu.

§ 11 Nachfolge von Todes wegen
(1) Die Geschäftsanteile sind grundsätzlich frei vererblich.
(2) Im Falle des Todes eines Gesellschafters wird die Gesellschaft mit seinen Erben oder den anderweitig durch Verfügung von Todes wegen Begünstigten fortgeführt. Mehrere Rechtsnachfolger haben die Rechte und Pflichten der Gesellschaft gegenüber durch einen gemeinschaftlichen Vertreter oder durch einen Testamentsvollstrecker erfüllen zu lassen. Solange der Bevollmächtigte nicht bestellt ist, ruhen die Gesellschafterrechte mit Ausnahme des Gewinnbezugsrechtes.
(3) Für den Fall, dass andere Personen als der überlebende Ehegatte oder leibliche Kinder den Geschäftsanteil von Todes wegen erwerben, kann dieser innerhalb von drei Monaten seit Bekanntwerden des Eintritts der Erbfolge eingezogen werden. Der Gesellschaft stehen auch die Rechte aus § 10 Abs. 4 zu. Für die Bewertung des Geschäftsanteils gilt § 12.

§ 12 Abfindung des ausscheidenden Gesellschafters
(1) In allen Fällen des Ausscheidens eines Gesellschafters erhält dieser eine Abfindung, deren Höhe nach Maßgabe der folgenden Absätze zu bestimmen ist.[60]

---

gründen durch einstimmige Satzungsänderung für möglich erachtet, vgl. *Scholz*, GmbHG § 34 Rn. 21.

[59] Vgl. etwa zur Einziehung des Geschäftsanteils eines GmbH-Gesellschafters wegen eines tiefgreifenden Zerwürfnisses der Gesellschafter als „typischen Fall der Einziehung" *Kunkel*, in: juris PraxisReport Handels- und Gesellschaftsrecht 04/2014, Anmerkung 5 m. w. N.

[60] Anm.: Soweit der Gesellschaftsvertrag hier keine Regelung zur Abfindung ausscheidender Gesellschafter vorsieht, ist im Zweifel davon auszugehen, dass diese einen Anspruch auf vollwertige Verkehrswertabfindung haben, vgl. *BGH*, Urt. v. 20.09.1993 – II ZR 104/92.

6.2 Entwurf eines Gesellschaftsvertrags

(2) Die Abfindung besteht in den Fällen gem. § 10 Abs. 2, 3 lit. a) bis d) in einem Gesamtbetrag in Höhe des Buchwerts (Stammkapital zuzüglich der offenen Rücklagen und eines etwaigen Bilanzgewinns bzw. abzüglich eines etwaigen Bilanzverlusts der Gesellschaft zum Stichtag), der dem Verhältnis des eingezogenen Geschäftsanteils zum Stammkapital entspricht. Stichtag ist der letzte Bilanzstichtag, der dem Einziehungsbeschluss vorausgeht. Stille Reserven oder ein Firmenwert werden nicht berücksichtigt.

(3) Die Abfindung besteht in allen anderen Fällen in einem Gesamtbetrag in Höhe des Markt- bzw. Verkehrswertes der betroffenen Geschäftsanteile im Zeitpunkt des Ausscheidens. Der Verkehrswert ist als Ertragswert der Gesellschaft unter Zugrundelegung der von der Gesellschaft aus der Sicht desjenigen Zeitpunktes, zu dem der Verkehrswert ermittelt wird, nachhaltig erzielbaren Erträgen vor Zinsen und gewinnabhängigen Steuern zu ermitteln. Können sich die Beteiligten nicht auf den Verkehrswert der betroffenen Geschäftsanteile einigen, so ist dieser von einem von sämtlichen Beteiligten gemeinsam zu beauftragenden Wirtschaftsprüfer als Schiedsgutachter zu ermitteln, dessen Feststellungen für alle Beteiligten bindend sind. Der Schiedsgutachter hat vor Bestimmung des Verkehrswertes den Beteiligten Gelegenheit zur Äußerung zu geben. Ein Wirtschaftsprüfer, der als Prüfer für die Gesellschaft bestellt ist oder in einem Beratungsverhältnis zu ihr steht, darf nicht bestellt werden. Der Schiedsgutachter entscheidet auch über die Kosten seiner Inanspruchnahme entsprechend den Bestimmungen der §§ 91 ff. ZPO. Einigen sich die Beteiligten nicht innerhalb eines Monats ab dem Verlangen auch nur eines Beteiligten, die Ermittlung des Verkehrswertes durch einen Wirtschaftsprüfer durchführen zu lassen, auf die Person dieses Wirtschaftsprüfers, so ist dieser Wirtschaftsprüfer auf Antrag eines Beteiligten durch den Präsidenten der Industrie- und Handelskammer Berlin zu bestimmen.

(4) Die Abfindung ist in drei gleichen Jahresraten zu zahlen, die erste Rate zwei Monate nach Feststellung der Abfindungshöhe, frühestens jedoch sechs Monate nach dem Ausscheiden des Abzufindenden. Die folgenden Raten sind jeweils zwölf Monate nach der vorangegangenen Rate fällig. Die Gesellschaft ist weder zu einer Verzinsung noch zur Sicherheitsleistung verpflichtet.[61]

Dementsprechend sollten Sie hier gerade im Hinblick auf die Interessen der Gesellschaft und der verbliebenen Gesellschafter eine Einschränkung bei der Abfindungsregelungen – durchaus gestuft nach den Ursachen des Ausscheidens – treffen. Die nachfolgenden Absätze statuieren daher eine ausdrückliche Abfindungsregelung und sind angelehnt an *Pfisterer*, in: Beck'sche Online-Formulare Vertrag, Ziff. 7.8.1.1.1 „Gründungsurkunde und Satzung", vgl. dort auch zum Folgenden m. w. N. Die Zulässigkeit von Abfindungsbeschränkungen ist grundsätzlich anerkannt, allerdings müssen Wirksamkeitsgrenzen unter den Gesichtspunkten der Gläubigerbenachteiligung, der Gleichbehandlung der Gesellschafter und der allzu starken Einschränkung ihres Interesses an Fungibilität und Erhaltung ihrer Vermögenswerte beachtet werden, vgl. auch ausführlich *Scholz*, GmbHG § 34 Rn. 29 ff. m. w. N.

[61] Anm.: Eine Streckung der Abfindungszahlung, ggf. sogar über fünf Raten, ist marktüblich und sorgt für eine Entlastung der Liquiditätsbelastung durch Zahlung der Abfindung an den ausscheidenden Gesellschafter.

§ 13 Wettbewerbsverbot[62]
(1) Die Gesellschafter und die Geschäftsführer unterliegen keinem Wettbewerbsverbot. Eine Entschädigung ist hierfür nicht zu leisten.
(2) Es ist zulässig, in gesonderter schriftlicher Vereinbarung (insbesondere in Anstellungsverträgen der Geschäftsführer) im Einzelfall oder generell Wettbewerbsverbote zu vereinbaren.

§ 14 Bekanntmachungen
Bekanntmachungen der Gesellschaft erfolgen nur im elektronischen Bundesanzeiger.

§ 15 Gründungsaufwand
Die Gesellschaft trägt den Gründungsaufwand (Kosten der Beurkundung, der Eintragung in das Handelsregister, sonstige Rechts- und Steuerberatungskosten) in Höhe von bis zu 2.500 €.[63] Darüber hinausgehende Kosten und Gebühren tragen die Gründungsgesellschafter im Verhältnis ihrer Geschäftsanteile.

§ 16 Salvatorische Klausel
Sollten einzelne Bestimmungen dieses Gesellschaftsvertrages nichtig oder unwirksam sein, wird die Gültigkeit dieses Gesellschaftsvertrages im Übrigen nicht berührt. An die Stelle der unwirksamen oder nichtigen Bestimmungen treten solche, die im Ergebnis den unwirksamen oder nichtigen Bestimmungen wirtschaftlich am nächsten kommen, was von der Gesellschaft beschlossen werden muss.

(Unterschriften der Beteiligten)

6.2.6.3 Handelsregisteranmeldung

UR.Nr./2015

An das
Amtsgericht Charlottenburg
- Handelsregister -

HRB neu
Firma: MME Mustermann Multimedia Eiscreme GmbH

Als Anlage füge ich bei:
Gründungsurkunde
Liste der Gesellschafter

---

[62] Vgl. *Pfisterer*, in: Beck'sche Online-Formulare Vertrag, Ziff. 7.8.1.1.1 „Gründungsurkunde und Satzung".

[63] Vgl. zu den Fragen der Vorbelastung und zur zulässigen Gesamthöhe der Gründungskosten *Kunkel*, in: juris PraxisReport Handels- und Gesellschaftsrecht 12/2014, Anmerkung 1 sowie zu den Anforderungen an die Ausweisung des Gründungsaufwandes in GmbH-Satzungen im Einzelnen *Kunkel*, in: juris PraxisReport Handels- und Gesellschaftsrecht 06/2014, Anmerkung 5, jeweils m. w. N.

Zur Eintragung in das Handelsregister wird angemeldet:[64]

I.

Die o. g. Gesellschaft ist errichtet. Ihre inländische Geschäftsanschrift lautet: Ballermannstraße 1, 12345 Berlin.[65]

II.

Die Vertretung der Gesellschaft ist allgemein wie folgt geregelt:[66]
Ist nur ein Geschäftsführer bestellt, so vertritt er die Gesellschaft allein. Sind mehrere Geschäftsführer bestellt, so wird die Gesellschaft durch zwei Geschäftsführer gemeinsam oder durch einen Geschäftsführer in Gemeinschaft mit einem Prokuristen der Gesellschaft vertreten. Einzelvertretungsbefugnis kann erteilt werden.

III.

Zum Geschäftsführer ist bestellt:[67]
Herr Arwed Mustermann,
geboren am 8. Januar 1980,
wohnhaft Musterstraße 14, 12345 Berlin
Er ist von den Beschränkungen des § 181 BGB befreit.

IV.

Der Geschäftsführer versichert, dass auf jeden übernommenen Geschäftsanteil ein Betrag in Höhe von 0,50 €, insgesamt also ein Betrag in Höhe von 12.500,00 € auf ein Konto der in Gründung befindlichen Gesellschaft eingezahlt ist, endgültig zur freien Verfügung der Geschäftsführung steht und mit Ausnahme des satzungsgemäß durch die Gesellschaft zu tragenden Gründungsaufwands nicht mit Verbindlichkeiten vorbelastet ist und die Einlagen nicht an die Übernehmer zurückgewährt werden.[68]

V.

Der Geschäftsführer versichert, dass er über die uneingeschränkte Auskunftspflicht gegenüber dem Registergericht gem. § 53 Abs. 2 des Gesetzes über das Zentralregister und das Erziehungsregister und die Strafbarkeit der falschen Versiche-

---

[64] Anm.: Die Gesellschaft ist zur Eintragung in das Handelsregister anzumelden, § 7 Abs. 1 GmbHG. Erst mit der Eintragung entsteht die GmbH als juristische Person, § 11 Abs. 1 GmbHG. Zuständiges Registergericht ist das Amtsgericht des Gesellschaftssitzes, § 7 Abs. 1 GmbHG.

[65] Anm.: Gemäß § 8 Abs. 4 Nr. 1 GmbHG ist in der Handelsregisteranmeldung zwingend eine inländische Geschäftsanschrift der Gesellschaft anzugeben, die auch in das Handelsregister eingetragen wird, vgl. § 10 Abs. 1 S. 1 GmbHG.

[66] Anm.: In der Handelsregisteranmeldung ist auch die abstrakte Vertretungsbefugnis der Geschäftsführer anzugeben, also diejenige, die aufgrund Gesetzes oder Satzung für die Geschäftsführer unabhängig von den konkreten Personen gilt, vgl. § 8 Abs. 4 Nr. 2 GmbHG.

[67] Anm.: Die hier durch Gesellschafterbeschluss bestellten Geschäftsführer sind ebenfalls zwingend in der Handelsregisteranmeldung mit Name, Geburtsdatum und Wohnanschrift zu benennen. Daneben ist die jeweilige konkrete Vertretungsbefugnis anzugeben.

[68] Vgl. zu den notwendigen Angaben des Geschäftsführers zur Tilgungswirkung bei Zahlung auf Vielzahl von Ein-Euro-Geschäftsanteilen *Kunkel*, in: juris PraxisReport Handels- und Gesellschaftsrecht 08/2011, Anmerkung 3 m. w. N.

rung (§ 8 GmbHG) vom beglaubigenden Notar belehrt worden ist und versichert persönlich:[69]

„Es liegen keine Umstände vor, aufgrund derer ich nach § 6 Abs. 2 Satz 2 Nr. 2 und 3 sowie Satz 3 GmbHG vom Amt eines Geschäftsführers ausgeschlossen wäre.

a) Mir ist gegenwärtig weder durch gerichtliches Urteil noch durch vollziehbare Entscheidung der Verwaltungsbehörde die Ausübung eines Berufes, Berufszweiges, Gewerbes oder Gewerbezweiges untersagt, somit auch nicht im Rahmen des Unternehmensgegenstandes der Gesellschaft.
b) Während der letzten 5 Jahre wurde ich nicht rechtskräftig verurteilt wegen des Unterlassens der Stellung eines Antrags auf Eröffnung des Insolvenzverfahrens (Insolvenzverschleppung), nach §§ 283 bis 283d StGB (Insolvenzstraftaten), wegen falscher Angaben nach § 82 GmbHG oder § 399 AktG, wegen unrichtiger Darstellung nach § 400 AktG, § 331 HGB, § 313 UmwG oder § 17 PublG oder nach § 263 StGB (Betrug), § 263a StGB (Computerbetrug), § 264 StGB (Subventionsbetrug), § 264a StGB (Kapitalanlagebetrug), § 265b StGB (Kreditbetrug), § 266 StGB (Untreue) oder § 266a StGB (Vorenthalten oder Veruntreuen von Arbeitsentgelt). Mir ist bekannt, dass in die mit Rechtskraft eines entsprechenden Urteils beginnende Frist von 5 Jahren die Zeit nicht eingerechnet wird, in welcher der Täter auf behördliche Anordnung in einer Anstalt verwahrt worden ist. Auch im Ausland wurde ich innerhalb dieser Frist nicht wegen einer vergleichbaren Tat rechtskräftig verurteilt."

Weiter erklärt der Geschäftsführer, dass er keinem Einwilligungsvorbehalt nach § 1903 BGB unterliegt.

(Unterschrift Geschäftsführer)

Es folgt ggf. die Vollzugsvollmacht und der Beglaubigungsvermerk des Notars.

▶ Denken Sie bitte daran, dass die Anmeldung zum Handelsregister in öffentlich beglaubigter Form einzureichen ist, § 12 Abs. 1 HGB, und von sämtlichen Geschäftsführern vorgenommen werden muss, § 78 GmbHG.

6.2.6.4 Gesellschafterliste
Liste der Gesellschafter und der übernommenen Geschäftsanteile bei Gründung der MME Mustermann Multimedia Eiscreme GmbH mit Sitz in Berlin[70]

---

[69] Anm.: Vgl. zum Inhalt der nach § 39 Abs. 3 Satz 1 GmbHG resp. § 8 Abs. 3 GmbHG abzugebenden Versicherung des GmbH-Geschäftsführers hinsichtlich des Vorliegens von Bestellungshindernissen nach § 6 GmbHG *Kunkel*, in: juris PraxisReport Handels- und Gesellschaftsrecht 04/2014, Anmerkung 5 und *Kunkel*, in: juris PraxisReport Handels- und Gesellschaftsrecht 02/2012, Anmerkung 3, jeweils m. w. N. Dabei kann die Belehrung nach § 8 Abs. 3 S. 2 GmbHG auch gesondert schriftlich und/oder durch einen beliebigen in- oder ausländischen Notar, Vertreter vergleichbaren rechtsberatenden Berufs oder Konsularbeamten erfolgen.

[70] Anm.: Der Handelsregisteranmeldung ist (abschließend) eine Liste der Gesellschafter beizufügen, § 8 Abs. 1 Nr. 3 GmbHG. Diese muss die Gesellschafter mit Namen, Vornamen, Geburtsdatum und Wohnort nebst der Nennbeträge und laufenden Nummern der von einem jeden Gesellschafter übernommenen Geschäftsanteile aufführen. Nach § 8 Abs. 1 Nr. 3 GmbHG muss diese von den Anmeldenden unterschrieben werden, woraus die hM folgert, dass die Liste von sämtlichen Geschäftsführern zu unterzeichnen ist, unabhängig von ihrer sonstigen Vertretungsberechtigung, vgl. statt vieler *Fastrich*, in: Baumbach/Hueck, GmbHG § 8 Rn. 6 m. w. N.

Gesellschafter	Wohnort	Geburtsdatum	Geschäftsanteile	Lfd. Nummer
Arwed Mustermann	Berlin	08.01.80	18.750 Geschäftsanteile zu je 1 €	1 – 18.750
Pascal Mustermann	Berlin	08.02.80	5000 Geschäftsanteile zu je 1 €	18.751 – 23.750
Roberto Mustermann	Berlin	08.03.80	750 Geschäftsanteile zu je 1 €	23.751 – 24.500
August Mustermann	Berlin	08.12.79	500 Geschäftsanteile zu je 1 €	24.501 – 25.000
Summe:			*25.000 zu je 1 €*	

Berlin, den _____

(Unterschrift Geschäftsführer)

Zu guter Letzt

Die Vertragsgestaltung ist ein kreativer zukunftsorientierter Schaffensprozess, bei dem es auf viel mehr ankommt als bloße Rechtsanwendung, wie etwa die Einhaltung materiell-rechtlicher Gestaltunggrenzen. Ein bedarfsgerechtes Regelwerk unter Berücksichtigung möglicher Geschehnisse und Vermeidung etwaiger Probleme zu kreieren und auch zum Abschluss zu bringen erfordert nämlich auch enorme soziale und kommunikative Kompetenzen vom Vertragsjuristen. Gerade diese erlernen und festigen Sie am besten durch die tägliche praktische kautelarjuristische Arbeit. Das vorliegende Werk kann hier die theoretischen Grundlagen schaffen und Ihr Interesse an der weiteren Beschäftigung mit der Materie wecken.

Ich hoffe, Sie hatten viel Vergnügen bei der Lektüre dieses – zumindest in Teilen doch kurzweiligen – Buches und haben so die grundlegende Methodik und hilfreiches Handwerkzeug zur Gestaltung Ihrer ersten eigenen rechtskonformen Vertragswerke erlernt.

Vielen Dank für den Erwerb und die vollständige Lektüre dieses Werkes!

Literatur

Aderhold, Lutz/Koch, Raphael/Lenkaitis, Karlheinz Vertragsgestaltung, Baden-Baden 2013 (zit.: *Bearbeiter*, in: Aderhold/Koch/Lenkaitis, Vertragsgestaltung).

Armbrüster, Christian Das Transparenzgebot für Allgemeine Geschäftsbedingungen nach der Schuldrechtsmodernisierung, DNotZ 2004, S. 437 ff.

Bachmeier, Werner Rechtshandbuch Autokauf, 2. Aufl., München 2013.

Baetge, Dietmar Das Recht der Verbandsklage auf neuen Wegen, ZZP 112 (1999), S. 329 ff.

Barton, Stephan Strafverteidigungsorientierte Ausbildung im Studium, JA 2001, S. 164 ff.

Baur, Jürgen Vertragliche Anpassungsregelungen, Heidelberg 1983.

Baur, Fritz (Begr.)/Baur, Jürgen/Stürner, Rolf Sachenrecht, 18. neu bearbeitete Aufl., München 2009 (*zit.: Baur/Stürner*, Sachenrecht, § Rn.).

Bamberg, Günther/Coenenberg, Adolf/Krapp, Michael Betriebswirtschaftliche Entscheidungslehre, 15. überarbeitete Auflage, München 2012.

Baßler, Frank Der Käuferbenennungsvertrag aus zivil- und gewerbesteuerrechtlicher Sicht, BWNotz 1996, S. 169 ff.

Baumbach, Adolf (Begr.)/Hueck, Alfred (Fortgef.) Gesetz betreffend die Gesellschaften mit beschränkter Haftung, 20. Auflage, München 2013 (zit.: *Bearbeiter*, in: Baumbach/Hueck, GmbHG, § Rn.)

Beck'sche Online-Formulare Vertrag hrsg. von Weise, Stefan/Krauß, Hans-Frieder, 31. Edition, München 2014 (zit.: *Bearbeiter*, in: Beck'sche Online-Formulare Vertrag).

Beck'scher Online-Kommentar BGB hrsg. von Bamberger, Heinz Georg/Roth, Herbert, 35. Edition, München 2015 (*zit.: Bearbeiter*, in: BeckOK BGB, § Rn.).

Beck'scher Online-Kommentar ZPO hrsg. von Vorwerk, Volker/Wolf, Christian, 16. Edition, München 2015 (*zit.: Bearbeiter*, in: BeckOK ZPO, § Rn.).

Beck'sches Formularbuch Bürgerliches, Handels- und Wirtschaftsrecht hrsg. von Hoffmann-Becking, Michael/Rawert, Peter, 11. Aufl., München 2013 (zit.: *Bearbeiter*, in: Beck'sches Formularbuch Bürgerliches, Handels- und Wirtschaftsrecht, Kap./Abschn.)

Beck'sches Formularbuch GmbH-Recht hrsg. von Lorz, Rainer/Pfisterer, Benedikt/Gerber, Olaf, München 2010.

Berger, Christian Zum wissenschaftlichen Anspruch anwaltsorientierter Lehrinhalte, BRAK-Mitt. 2005, S. 169 ff.

Bickel, Nell Verhandlungsmanagement und Mediation in der Juristenausbildung, JuS 2000, S. 1247.

Bilda, Klaus Anpassungsklauseln in Verträgen: Gleitklauseln, Preisvorbehalte und ähnliche Sicherungsmittel, 1973 (zit.: *Bilda*, Anpassungsklauseln in Verträgen).

Bockemühl, Justus Die Kautelarjurisprudenz des Notars im Spannungsfeld geschichtlicher Kräfte, DNotZ 1967, S. 532 ff.

Borgmann, Brigitte/Jungk, Antje/Schwaiger, Michael Anwaltshaftung, 5. Aufl., München 2014 (zit.: *Bearbeiter*, in: Borgmann/Jungk/Schwaiger, Anwaltshaftung).

Brambring, Günter Einführung in die Vertragsgestaltung, JuS 1985, S. 380 ff.

Brauchlin, Emil Problemlösungs- und Entscheidungsmethodik. Eine Einführung., 3. Aufl., Bern 1990, (zit.: *Brauchlin*, Problemlösungs- und Vertragsgestaltung).

Braunfels, Florian Der neue § 24a AGBG und seine Auswirkungen auf die Inhaltskontrolle notarieller Verträge, DNotZ 1997, S. 356 ff.

Breidenbach, Stephan Mediation – Struktur, Chancen und Risiken von Vermittlung im Konflikt, Köln 1995 (zit.: *Breidenbach*, Mediation).

Breidenbach, Stephan/Henssler, Martin (Hrsg.) Mediation für Juristen, Köln 1997 (zit.: *Breidenbach/Henssler*, Mediation).

Busse, Felix Anwaltsethik unter der Geltung des neuen Berufsrechts, AnwBl 1998, S. 231 ff.

Bühring-Uhle, Christian/Eidenmüller, Horst/Nelle, Andreas Verhandlungsmanagement, München 2009.

Bürkle, Jürgen Nebentätigkeitsgenehmigung für Syndikusanwälte, MDR 2005, S. 848 ff.

Bydlinski, Franz Juristische Methodenlehre und Rechtsbegriff, 2. Aufl., Wien 1991.

Canaris, Claus-Wilhelm Die AGB-rechtliche Leitbildfunktion des neuen Leistungsstörungsrechts, Festschrift für Ulmer, Berlin 2003, S. 1073 ff. (zit.: *Canaris*, FS Ulmer).

Canaris, Claus-Wilhelm Wandlungen des Schuldvertragsrechts – Tendenzen zu seiner „Materialisierung", AcP 200 (2000), S. 273 ff.

Chab, Bertin Wenn der Syndikusanwalt zum Sündenbock werden soll ... , AnwBl 5/2010, S. 359 f.

Cialdini, Robert Die Psychologie des Überzeugens, 6. Aufl., Bern 2010 (zit.: *Cialdini*, Überzeugen).

Coester, Michael Das AGB-Recht in den Händen des BAG, FS Löwisch, München 2007, S. 57 ff.

Coester-Waltjen, Dagmar Änderungen im Recht der allgemeinen Geschäftsbedingungen, Jura 1997, S. 272 ff.

Coester-Waltjen, Dagmar Die Inhaltskontrolle von Verträgen außerhalb des AGBG, AcP 190 (1990), S. 1 ff.

Creifelds, Carl (Begr.)/Weber, Klaus (Hrsg.) Rechtswörterbuch, 21. Aufl., München 2014.

Däubler, Wolfgang Verhandeln und Gestalten, München 2003 (zit.: *Däubler*, Verhandeln).

Dendorfer, Renate Wirtschaftsmediation: Die Abkehr von der Streithansel-Kultur, DB 2003, S. 135 ff.

Döser, Wulf Vertragsgestaltung im internationalen Wirtschaftsrecht, München 2001.

Döser, Wulf Anglo-amerikanische Vertragsstrukturen in deutschen Vertriebs-, Lizenz- und sonstigen Vertikalverträgen, NJW 2000, S. 1451 ff.

Eidenmüller, Horst Mediationstechniken bei Unternehmenssanierungen, BB 1998, Beilage 10, S. 19 ff.

Enderlein, Wolfgang Rechtspaternalismus und Vertragsrecht, München 1996.

Erbacher, Christian Grundzüge der Verhandlungsführung, 3. Aufl., Zürich 2010, (zit.: *Erbacher*, Verhandlungsführung).

Erfurter Kommentar zum Arbeitsrecht Begr. von Dietrich, Thomas/Hanau, Peter/Schaub, Günther, hrsg. von Müller-Gloge, Rudi/Preis, Ulrich, 15. Aufl., München 2015 (zit.: *Bearbeiter*, in: ErfK, § Rn.).

Fahrendorf, Klaus Vertragliche Anwaltspflichten – überspanntes Haftungsrisiko?, NJW 2006, S. 1911 ff.

Fasselt, Ursula/Schellhorn, Helmut (Hrsg.) Handbuch Sozialrechtsberatung – HSRB, 4. Auflage, Baden Baden 2012 (zit.: *Bearbeiter* in: Fasselt/Schellhorn, HSRB, Teil Rn.).

Fastrich, Lorenz Richterliche Inhaltskontrolle im Privatrecht, München 1992.

Fastrich, Lorenz Inhaltskontrolle im Arbeitsrecht nach der Bürgschaftsentscheidung des Bundesverfassungsgerichts vom 19.10.1993, RdA 1997, S. 65 ff.

Feuerich, Wilhelm/Weyland, Dag (Hrsg.) Bundesrechtsanwaltsordnung: BRAO, 8. Aufl. 2012 (zit.: *Bearbeiter*, in: BRAO, § Rn.).

Fisher, Roger/Ury, William/Patton, Bruce Das Havard-Konzept, 23. Aufl., Frankfurt/am Main 2009.

Flume, Werner Die Vertragsfreiheit – Möglichkeiten und Grenzen – aus der Sicht der Kautelarjurisprudenz, DNotZ-Sonderheft zum 18. Deutschen Notartag 1969, S. 30 ff.

Freedman, Jonathan/Fraser, Scott Compliance without Pressure: The foot-in-the-door technique, Journal of Personality and Social Psychology 1966, S. 195 ff.
Gellwitzki, Hans-Joachim Kündigungsfristen in alten Zeitmietverträgen mit Verlängerungsklauseln, 10 Jahre Mietrechtsreformgesetz, München 2011.
Gildeggen, Rainer/Willburger, Andreas Internationale Handelsgeschäfte. Das Recht des grenzüberschreitenden Handels , 4. Aufl., München 2012 (zit.: *Gildeggen/Willburger*, Internationale Handelsgeschäfte).
Gottwald, Walther/Haft, Fritjof Verhandeln und Vergleichen als juristische Fertigkeiten, 2. Aufl., Tübingen 1993 (zit.: *Bearbeiter*, in: Gottwald/Haft, Verhandeln).
Greger, Reinhard Neue Regeln für die Verbandsklage im Verbraucherschutz- und Wettbewerbsrecht, NJW 2000, S. 2457 ff.
Grziwotz, Herbert Einführung in die Vertragsgestaltung im Öffentlichen Recht, JuS 1998, S. 807 ff.
Grünweg, Tom 50 Jahre Schwacke-Liste: Bibel der Gebrauchtwagen, SPIEGEL ONLINE, Hamburg 2007, Stand: 19.11.2007, http://www.spiegel.de/auto/aktuell/50-jahre-schwacke-liste-bibel-der-gebrauchtwagen-a-517264.html, zuletzt besucht am 14.07.2015 (zit.: *Grünweg*, Schwacke).
Günther, Christoph Der praktische Fall – Anwaltsklausur: Aber bitte mit Fingerspitzengefühl!, JuS 2001, S. 382 ff.
Habersack, Mathias Richtigkeitsgewähr notariell beurkundeter Verträge, AcP 189 (1989), S. 403 ff.
Haft, Fritjof/Schlieffen, Katharina Handbuch Mediation, 2. Aufl., München 2009 (zit.: *Bearbeiter*, in: Haft/Schlieffen, Handbuch Mediation, § Rn.).
Haft, Fritjof Juristische Rethorik, 8. Aufl., Freiburg 2009 (zit.: *Haft*, Rethorik).
Haft, Fritjof Verhandlung und Mediation – Die Alternative zum Rechtsstreit, 2. Aufl. , München 2000 (zit.: *Haft*, Verhandlung).
Haft, Fritjof Intuitives und rationales Verhandeln, BB 1998, Beilage 10, S. 15 ff.
Häublein, Martin Der Pferdeeinstellvertrag zwischen Miet- und Verwahrungsrecht, NJW 2009, S. 2982 ff.
Haverkate, Görg Anwaltsorientierte Juristenausbildung, JuS 1996, S. 478 ff.
Heinen, Edmund Zum Wissenschaftsprogramm der entscheidungsorientierten Betriebswirtschaftslehre, ZfB 1969, S. 207 ff.
Heinrichs, Helmut Die Entwicklung des Rechts der Allgemeinen Geschäftsbedingungen im Jahre 1997, NJW 1998, 1447 ff.
Henssler, Martin Haftungsrisiken anwaltlicher Tätigkeit, JZ 1994, S. 178 ff.
Henssler, Martin Der allzu großzügige Lieferant – Anwaltsorientierte Examensklausur, JuS 2000, S. 156 ff.
Heussen, Benno/Pischel, Gerhard (Hrsg.) Handbuch Vertragsverhandlung und Vertragsmanagement, 4. Aufl., Köln 2014 (zit.: *Bearbeiter*, in: Heussen/Pischel, Handbuch Vertragsverhandlung).
Heussen, Benno Die Vertragsverhandlung in der Krise, ZKM 2003, S. 18 ff.
Hellwege, Phillip Allgemeine Geschäftsbedingungen, einseitig gestellte Vertragsbedingungen und die allgemeine Rechtsgeschäftslehre, Tübingen 2010.
Hohmann, Jutta Notizen zum Harvard-Konzept. Die Phasen eines Verhandlungsmodells auf der Grundlage des Harvard-Konzepts, ZKM 2003, S. 48.
Höhn, Ernst/Weber, Rolf Planung und Gestaltung von Rechtsgeschäften, Zürich 1986.
Hölters, Wolfgang (Hrsg.) Handbuch des Unternehmens- und Beteiligungskaufs, 7. Aufl., München 2010 (zit.: *Bearbeiter*, in: Hölters, Handbuch des Unternehmens- und Beteiligungskaufs).
Hönn, Günther Kompensation gestörter Vertragsparität, München 1982.
Hommelhoff, Peter/Hillers, Klaus: Zur Methodik kautelarjuristischer Arbeitsweise, Jura 1983, S. 592 ff.
Hommelhoff, Peter/Teichmann, Christoph Zu einer Methodik der Kautelarjurisprudenz in der Universitätsausbildung, Der Fachanwalt für Steuerrecht im Rechtswesen 1999, S. 537 ff.
Hommelhoff, Peter/Müller-Graff, Peter-Christian/Ulmer, Petra, u. a. Die Praxis der rechtsberatenden Berufe, München 1999 (zit.: *Bearbeiter*, in: Hommelhoff/Müller-Graf/Ulmer, Die Praxis der rechtsberatenden Berufe).

Horvath, Peter Controlling, 12. Aufl., München 2011.
Jandt, Fred/Gilette, Paul Konfliktmanagement, 1994.
Jauernig, Othmar (Begr.) Bürgerliches Gesetzbuch mit Allgemeinen Gleichbehandlungsgesetz (Auszug), Kommentar, 15. Aufl., München 2014 (zit.: *Bearbeiter*, in: Jauernig, BGB § Rn.).
Jerschke, Hans-Ulrich Die Wirklichkeit als Muster – Der richtige Weg zum gerechten Vertrag, DNotZ Sonderheft DNotZ zum 23. Dt. Notartag 1989, S. 21 ff.
Junker, Abbo/Kamanabrou, Sudabeh Vertragsgestaltung, 4. Aufl., München 2014.
jurisPraxiskommentar BGB Herberger, Maximilian/Martinek, Michael/Rüßmann, Helmut/Weth, Stephan (Hrsg.), 7. Aufl., Saarbrücken 2014, (zit.: *Bearbeiter*, in: jurisPK-BGB, § Rn.).
Kanzleiter, Rainer Der Blick in die Zukunft als Voraussetzung der Vertragsgestaltung, NJW 1995, S. 905 ff.
Keim, Benno Das notarielle Beurkundungsverfahren. Methodik und Praxis, München 1990 (zit.: *Keim*, Beurkundungsverfahren).
Kerbusk, Klaus-Peter/Höges, Clemens Ungewöhnliche Hochzeit, DER SPIEGEL 33/1997, S. 71 ff.
Kunkel, Carsten Gründungskosten von 60 % des Stammkapitals in einer GmbH-Satzung sind unzulässig, Anmerkung zu OLG Celle, Beschluss vom 22.10.2014, 9 W 124/14, in: juris PraxisReport Handels- und Gesellschaftsrecht 12/2014, Anmerkung 1
Kunkel, Carsten Anforderungen an Ausweisung des Gründungsaufwandes in GmbH-Satzung, Anmerkung zu OLG Zweibrücken, Beschluss vom 25.06.2013, 3 W 28/13, in: juris PraxisReport Handels- und Gesellschaftsrecht 06/2014, Anmerkung 5
Kunkel, Carsten Zur Einziehung des Geschäftsanteils eines GmbH-Gesellschafters wegen eines tiefgreifenden Zerwürfnisses der Gesellschafter, Anmerkung zu BGH, Urteil vom 24.9.2013, II ZR 216/11, in: juris PraxisReport Handels- und Gesellschaftsrecht 04/2014, Anmerkung 5 zugleich abgedruckt in: AnwaltZertifikatOnline Handels- und Gesellschaftsrecht 9/2014, Anmerkung 3
Kunkel, Carsten Zum Inhalt der nach § 39 Abs. 3 Satz 1 GmbHG resp. § 8 Abs. 3 GmbHG abzugebenden Versicherung des GmbH-Geschäftsführers hinsichtlich des Vorliegens von Bestellungshindernissen nach § 6 Absatz 2 Satz 2 Nr. 2 und 3, Satz 3 GmbHG, Anmerkung zu OLG Frankfurt, Beschluss vom 11.07.2011, 20 W 246/11, in: juris PraxisReport Handels- und Gesellschaftsrecht 03/2013, Anmerkung 1
Kunkel, Carsten Inhalt der bei GmbH-Anmeldung abzugebenden Versicherung des GmbH-Geschäftsführers hinsichtlich Bestellungshindernis, Anmerkung zu OLG Frankfurt, Beschluss vom 11.07.2011, 20 W 246/11, in: juris PraxisReport Handels- und Gesellschaftsrecht 02/2012, Anmerkung 3
Kunkel, Carsten GmbH-Anmeldung: Notwendige Angaben des Geschäftsführers zur Tilgungswirkung bei Zahlung auf Vielzahl von Ein-Euro-Geschäftsanteilen, Anmerkung zu OLG Hamm, Beschluss vom 24.03.2011, I-15 W 684/10, in: juris PraxisReport Handels- und Gesellschaftsrecht 08/2011, Anmerkung 3
Kunkel, Carsten/Weigelt, Alexander Anwendbarkeit des Rechts der Allgemeinen Geschäftsbedingungen auf Öffentlich-Private Partnerschaften (ÖPP), NJW 2007, S. 2433 ff.
Langenfeld, Gerrit Grundlagen der Vertragsgestaltung, 2. Aufl., München 2010 (zit.: *Langenfeld*, Vertragsgestaltung).
Langenfeld, Gerrit Vertragsgestaltung: Methode, Verfahren, Vertragstypen, 3. Aufl., München 2004 (zit.: *Langenfeld*, Vertragsgestaltung Methode-Verfahren-Vertragstypen).
Langenfeld, Gerrit Einführung in die Vertragsgestaltung, JuS 1998, S. 33 ff.
Langenfeld, Gerrit Von der Klausel zur Vertragsgestaltung – Wandlungen der Kautelarjurisprudenz, in: FS des Rheinischen Notariats, Köln 1998, S. 3 ff.
Langenfeld, Gerrit Einführung in die Vertragsgestaltung, JuS 1998, S. 131 ff., 224 ff., 321 ff., 417 ff., 521 ff., 621 ff.
Larenz, Karl/Canaris, Claus-Wilhelm (Hrsg.) Methodenlehre der Rechtswissenschaft, 3. Aufl., Berlin, Heidelberg, New York 1995.
Larenz, Karl (Begr.)/Wolf, Manfred Der allgemeine Teil des deutschen Bürgerlichen Rechts, 9. Aufl., München 2004 (zit.: *Larenz/Wolf*, AT, § Rn.).

Larenz, Karl Methodenlehre der Rechtswissenschaft, 6. Aufl., Berlin, Heidelberg, New York u. a. 1991 (zit.: *Larenz*, Methodenlehre).
Lindner-Figura, Jan Schriftform langfristiger Mietverträge, NJW 1998, S. 731 f.
Locher, Horst Das Recht der Allgemeinen Geschäftsbedingungen, 3. Aufl., München 1997, (zit.: *Locher*, AGB).
Locher, Horst Begriffsbestimmung und Schutzzweck nach dem AGB-Gesetz, JuS 1997, S. 389 ff.
Luhmann, Niklas Lob der Routine, VerwArch 1964, S. 1 ff.
Luhmann, Niklas Rechtssystem und Rechtsdogmatik, Stuttgart 1974.
Luhmann, Niklas Zweckbegriff und Systemrationalität, Tübingen 1968.
Macneil, Ian A Primer of Contract Planning, 48 Southern California Law Review, 1975, S. 627 ff.
Maunz, Theodor (Begr.)/Dürig, Günter (Begr.) Grundgesetz. Loseblatt-Kommentar, 73. Aufl., München 2015 (*zit.: Bearbeiter*, in: Maunz/Dürig, GG, Art. Rn.).
Marcks, Peter (Hrsg.) MaBV Kommentar, 9. Aufl., München 2014 (zit.: *Bearbeiter*, in: MaBV, § Rn.).
Medicus, Dieter Allgemeiner Teil des Bürgerlichen Rechts, 10. Aufl., Heidelberg 2010 (zit.: *Medicus*, BGB AT, Rn.).
Miethaner, Tobias AGB-Kontrolle versus Individualvereinbarung: Zweck und Grenzen der Inhaltskontrolle vorformulierter Klauseln, Tübingen 2010 (zit.: *Miethaner*, AGB-Kontrolle).
Müller-Graff, Peter-Christian Vertragsgestaltung: Die Vererbung eines Personengesellschaftsanteils, JuS 1977, S. 323 ff.
Münchener Kommentar zum Bürgerlichen Gesetzbuch hrsg. von Säcker, FranzJürgen/Rixecker, Roland, Band 1, 6. Aufl., München 2012 (*zit.: Bearbeiter*, in: MüKoBGB I, § Rn.); Band 2, 6. Aufl., München 2012, (*zit.: Bearbeiter*, in: MüKoBGB II, § Rn.); Band 4, 6. Aufl., München 2012, (*zit.: Bearbeiter*, in: MüKoBGB IV, § Rn.).
Münchener Kommentar zur Zivilprozessordnung mit Gerichtsverfassungsgesetz und Nebengesetzen hrsg. von Rauscher, Thomas/Krüger, Wolfgang, Band 1, 4. Aufl. München 2013 (zit.: *Bearbeiter*, in: MüKoZPO I, § Rn.); Band 2, 4. Auflage 2012 (zit.: *Bearbeiter*, in: MüKoZPO II, § Rn.).
Musielak, Hans-Joachim Zivilprozessordnung mit Gerichtsverfassungsgesetz, 11. Neu bearbeitete Aufl., München 2014, (zit.: *Bearbeiter*, in: MusielakZPO, § Rn.).
Niebling, Jürgen Wird das Mietrecht AGB freie Zone?, ZMR 2010, S. 509 ff.
Nipperdey, Hans Carl Kontrahierungszwang und diktierter Vertrag, Jena 1920, (zit.: Nipperdey, Kontrahierungszwang).
Odersky, Walter Statement, in: DNotZ 1989, Sonderheft zum 23. Deutschen Notartag, S. 45 ff.
Palandt, Otto (Begr.) Bürgerliches Gesetzbuch: BGB, 74. Aufl., München 2015 (*zit.: Bearbeiter, in:* Palandt, § Rn.).
Paulus, Christoph/Zenker, Wolfgang Grenzen der Privatautonomie, JuS 2001, S. 1 ff.
Pawlowski, Hans-Martin Methodenlehre für Juristen, 3. Aufl., Heidelberg 1999.
Pöggler, Wolfgang Grundlagen und Probleme der Vertragsübernahme, JA 1995, S. 641 ff.
Ponschab, Rainer/Schweizer, Adrian Schlüsselqualifikationen, Köln 2008.
Ponschab, Rainer/Schweizer, Adrian Kooperation statt Konfrontation – Neue Wege anwaltlichen Verhandelns, Köln 1997 (zit.: *Ponschab/Schweizer*, Kooperation).
Priester, Hans-Joachim Vertragsgestaltung: Das private Ehegattentestament, JuS 1987, S. 394 ff.
Prütting, Hanns Ethos anwaltlicher Berufsausübung, AnwBl 1994, S. 315 ff.
Quinting, Renate Erfolgreich verhandeln mit dem Harvard-Konzept, in: Eyer, Reportwirtschaftsmediation, 2. Aufl., Düsseldorf 2003.
Rawert, Peter Buchbesprechung zu „Vertragsgestaltung", 2. Aufl., von Gerrit Langenfeld, NJW 1998, S. 2125.
Redeker, Konrad Freiheit der Advokatur – heute, NJW 1987, S. 2610 ff.
Rehbinder, Eckert Vertragsgestaltung, 2. Aufl., Köln 1993.
Rehbinder, Eckert Die Rolle der Vertragsgestaltung im zivilrechtlichen Lehrsystem, AcP, 174 (1974),S. 265 ff.
Reithmann, Christoph Kautelarjurisprudenz und vorsorgende Rechtspflege in FS: 125 Jahre bayrisches Notariat, München 1987, S. 157 ff.

Rieck, Christian Was ist Spieltheorie?, Eschborn 2006, http://www.spieltheorie.de/Spieltheorie_ Grundlagen/was-ist-spieltheorie.htm zuletzt besucht am: 29.01.2015, (zit.: *Rieck*, Spieltheorie).
Rieck, Christian Gefangenendilemma, Eschborn 2006 http://www.spieltheorie.de/Spieltheorie_ Grundlagen/gefangenendilemma.htm zuletzt besucht am: 29.01.2015, (zit.: *Rieck*, Gefangenendilemma).
Rinsche, Franz-Josef Die Haftung des Rechtsanwalts und des Notars, 6. Aufl., Köln 1998 (zit.: *Rinsche*, Haftung des Rechtsanwalts und Notars).
Rinsche, Franz-Josef (Begr.)/Fahrendorf, Klaus/Terbille, Michael Die Haftung des Rechtsanwalts – Ein Praxishandbuch, 7. Aufl., Köln 2005 (zit.: *Bearbeiter*, in: Rinsche/Fahrendorf/Terbille, Haftung des Rechtsanwalts).
Richter, Thorsten Vertragsrecht. Die Grundlagen des Wirtschaftsrechts , 2. Aufl., München 2013.
Ritterhaus, Gerald/Teichmann, Christoph Anwaltliche Vertragsgestaltung, 2. Aufl., Heidelberg 2003.
Roth, Günter/Altmeppen, Holger Gesetz betreffend die Gesellschaften mit beschränkter Haftung (GmbHG), Kommentar, 8. Aufl., München 2015 (zit.: *Bearbeiter*, in: Roth/Altmeppen, GmbHG)
Sandrock, Otto/Ramrath, Ulrich Der praktische Fall, Bürgerliches Recht: Die testamentarische Panne, JA 1990, S. 21 ff.
Saenger, Ingo (Hrsg.) Zivilprozessordnung, Familienverfahren, Gerichtsverfassung, Europäisches Verfahrenrecht, Handkommentar, 6. Aufl., Baden-Baden 2015 (zit.: *Bearbeiter*, in: Saenger, ZPO, § Rn.).
Saner, Raymond Verhandlungstechnik, Bern Stuttgart Wien 2008.
Schaub, Günter/Schrader, Peter/Straube, Gunnar/Vogelsang, Hinrich Arbeitsrechtliches Formular- und Verfahrenshandbuch, 10. Aufl., München 2013, (zit.: *Bearbeiter* in: Schaub/Schrader/Straube/Vogelsang, Arbeitsrechtliches Formular- und Verfahrenshandbuch, Rn.)
Schellhammer, Kurt Schuldrecht nach Anspruchsgrundlagen, 9. Aufl., Heidelberg 2014 (*zit.: Schellhammer*, Schuldrecht).
Schiffer, Jens/Weichel, Mario AGB-Kontrolle im Rahmen von Unternehmensverträgen?, BB 2011, S. 1283 ff.
Schippel, Helmut Die Gestaltung des Ehevertrags als Beispiel vorsorgender Rechtspflege, Jura 1999, S. 57 ff.
Schmidt, Karsten Gesellschaftsrecht, 4. Aufl., Köln 2002.
Schmidt-Rimpler, Walter Grundfragen der Erneuerung des Vertragsrechts, AcP 147 (1941), S. 130 ff.
Schmittat, Karl-Oskar Einführung in die Vertragsgestaltung, 3. Aufl., München 2008.
Schollen, Werner Die Mitwirkung des Notars bei der Bildung des rechtsgeschäftlichen Willens, Sonderheft DNotZ zum 18. Dt. Notartag 1969, S. 51 ff.
Schollen, Werner „Der Blick wandert hin und her", Sonderheft DNotZ zum 20. Dt. Notartag 1977, S. 28 ff.
Schollen, Werner Vertragsgestaltung – Der ungetreue Buchhalter, JuS 1985, S. 534 ff.
Scholz, Franz GmbHG, Kommentar zum GmbH-Gesetz in 3 Bänden (Band I: §§ 1–34, Band II: §§ 35–52, Band III: §§ 53–85), 10. Auflage Köln 2010.
Schotten, Günther/Schmellenkamp, Cornelia Das internationale Privatrecht in der notarielle Praxis, 2. Aufl., München 2007.
Schrader, Klaus Ersatzregelung bei Nichtigkeit des vereinbarten Zahlungsplanes, jurisPR-PrivBauR 11/2007 Anm 3.
Schröder, Jan Wissenschaftstheorie und Lehre der „praktischen Jurisprudenz" auf deutschen Universitäten an der Wende zum 19. Jahrhundert, Frankfurt a. M. 1979.
Schulz von Thun, Friedemann Miteinander reden 1: Störungen und Klärungen, 48. Aufl., Berlin 2010 (zit.: *Schulz von Thun*, Störungen).
Schwarzmann,(ohne Vorname) Gesetz- und Vertragsentwürfe in juristischen Übungsarbeiten, JuS 1972, S. 79 ff.

Soergel, Hans-Theodor (Begr.) Bürgerlicher Gesetzbuch mit Einführungsgesetz und Nebengesetzen: BGB, Band 2: Allgemeiner Teil 2. §§ 104–240 BGB, 13. Aufl., Stuttgart 1999 (zit.: *Bearbeiter*, in: Soergel, § Rn.).

Staudinger, Julius von (Begr.) Julius von Staudingers Kommentar zum Bürgerlichen Gesetzbuch: Staudinger BGB, Buch 1: Allgemeiner Teil, München 1993 ff (zit.: *Bearbeiter*, in: Staudinger, BGB, I § Rn.); Buch 2: Recht der Schuldverhältnisse, München 1993 ff (zit.: *Bearbeiter*, in: Staudinger, BGB, II § Rn.).

Steinkraus, Astrid/Schaaf, Christian Zur Einführung: Das Berufsrecht der Rechtsanwälte, JuS 2001, S. 167 ff.

Stoffels, Markus AGB-Recht, 2. Aufl., München 2009 (zit.: *Stoffels*, AGB-Recht).

Technische Hochschule Wildau Module und Inhalte, Stand: 11.10.2014, http://www.th-wildau.de/im-studium/fachbereiche/wvr/wvr-studiengaenge/bachelor/wr-bachelor-inhalte0.html, zuletzt besucht am: 11.10.2014 (zit.: *TH Wildau*, WR).

Teichmann, Christoph Vertragsgestaltung durch den Rechtsanwalt – Grundzüge einer Methodik der zivilrechtlichen Fallbearbeitung, JuS 2001, S. 870 ff., S. 973 ff., S. 1078 ff., S. 1181 ff., JuS 2002, S. 40 ff.

Ulmer, Peter Notarielle Verbraucherverträge und § 24 AGBG – Verbraucherschutz contra Rechtssicherheit, Festschrift für Heinrichs, München 1998, S. 555 ff. (zit.: *Ulmer*, FS Heinrichs)

Ulrici, Bernhard Verbotsgesetz und zwingendes Gesetz, JuS 2005, S. 1073 ff.

Ulrici, Bernhard Fallsammlung zur Rechtsgestaltung, Berlin, Heidelberg 2010 (zit.: *Ulrici*, Rechtsgestaltung).

Bundesverband der Wirtschaftsjuristen e. V. Das Studium, Stand: 10.11.2014, http://www.wjfh.de/, zuletzt besucht am: 10.11.2014 (zit.: *Bundesverbands der Wirtschaftsjuristen e. V.*).

Vogel, Achim Olrik Anspruch auf Rückzahlung geleisteter Erwerbspreisraten im Falle eines gewerberechtlich unzulässigen Zahlungsplans, jurisPR-PrivBauR 9/2010.

Vogler, Ralf Rechtsstellung und Akzeptanz von Absolventinnen und Absolventen wirtschaftswissenschaftlicher Studiengänge, Berlin 2014 (zit.: *Vogler*, Wirtschaftsjuristische Studiengänge).

Vollkommer, Max (Begr.)/Greger, Reinhard/Heinemann, Jörn Anwaltshaftungsrecht, 4. Aufl., München 2014 (zit.: *Bearbeiter*, in: Vollkommer/Greger/Heinemann, Anwaltshaftungsrecht).

Von Hoyningen-Huene, Dagmar Mediation – Eine Alternative zum gerichtlichen Verfahren, JuS 1997, S. 352 ff.

Von Westphalen, Friedrich Stellen vs Aushandeln von AGB-Klauseln im unternehmerischen Geschäftsverkehr – der BGH weist die Lösung, ZIP 2010, S. 1110 ff.

Vorbrugg, Georg Anwaltliche Vertragsgestaltung, AnwBl 1996, S. 251 ff.

Wackerbarth, Ulrich Die Modulare Juristenausbildung, Hagen 2013, Stand: 02.07.2013, http://wiki.fernuni-hagen.de/modjuristausb/index.php/Hauptseite, zuletzt besucht am 09.10.2014 (zit.: Wackerbarth, Juristenausbildung).

Wagner, Eberhard Form und Beschränkung der Vertragsübernahme sowie der Einwilligung hierzu – BGH, DtZ 1996, 56, JuS 1997, S. 690 ff.

Wagner, Gerhard Prozessverträge: Privatautonomie im Verfahrensrecht, Tübingen 1998 (zit.: *Wagner*, Prozessverträge).

Waldner, Wolfram Buchbesprechung zu „Vertragsgestaltung", 1. Aufl., von Gerrit Langenfeld, NJW 1994, S. 1461 f.

Weber, Harald Methodenlehre der Vertragsgestaltung, JuS 1989, S. 636 ff., S. 818 ff.

Weber, Harald Vertragsgestaltung: Anstellungsvertrag mit einem Geschäftsführer einer GmbH, JuS 1987, S. 559 ff.

Westermann, Harm Peter Einführung in die Vertragsgestaltung: Die Übertragung einer Einkunftsquelle, Jura 1983, S. 309 ff.

Westermann, Harm Peter Kautelarjurisprudenz, Rechtsprechung und Gesetzgebung im Spannungsfeld zwischen Gesellschafts- und Wirtschaftsrecht, AcP 175 (1975), S. 375 ff.

Willemsen, Heinz Josef Methodik der Vertragsgestaltung, Der lästige Gesellschafter, Jura 1999, S. 83 ff.

Williams, Gerald Legal Notation and Settlement, 1983 (zit.: *Williams*, Legal Notation).

Winter, Stefan Grundzüge der Spieltheorie, Berlin, Heidelberg 2015.

Wirtschaftsjuristische Hochschulvereinigung Bachelorstudiengänge Wirtschaftsrecht, Wismar o. J., Stand: 31.10.2012, http://www.wirtschaftsrecht-fh.de/de/vereinigung/bachelor_whv_neu, zuletzt besucht am 09.10.2014 (zit.: *WHV*, Bachelorstudiengänge).

Wirtschaftsjuristische Hochschulvereinigung Masterstudiengänge Wirtschaftsrecht, Wismar o. J., Stand: 26.03.2012, http://www.wirtschaftsrecht-fh.de/de/vereinigung/bachelor_whv_neu, zuletzt besucht am 09.10.2014 (zit.: *WHV*, Masterstudiengänge).

Wolff, Gerhart Sprachmanipulation, Dortmund 1978.

Zankl, Peter Die anwaltliche Praxis in Vertragssachen, Stuttgart 1990.

Zawar, Rolf Dieter Neuere Entwicklungen zu einer Methodenlehre der Vertragsgestaltung, JuS 1992, S. 134 ff.

Zawar, Rolf Dieter Forum – Gedanken zum Praxisbezug in der juristischen Ausbildung, JuS 1994, S. 545 ff.

Zöllner, Wolfgang Regelungsspielräume im Schuldvertragsrecht, AcP 196 (1996), S. 1 ff.

Zugehör, Horst (Hrsg.)/Fischer, Gero/Vill, Gerhard/Fischer, Detlev/Rinkler, Axel/Chab, Bertin Handbuch der Anwaltshaftung, 3. Aufl., Münster 2011 (zit.: *Bearbeiter*, in: Zugehör/G.Fischer/Vill/D.Fischer/Rinkler/Chab, Handbuch der Anwaltshaftung).

Abkürzungen richten sich nach Kirchner, Hildebert, Abkürzungsverzeichnis der Rechtssprache, 7. Aufl., Berlin 2012.

If you have any concerns about our products,
you can contact us on
ProductSafety@springernature.com

In case Publisher is established outside the EU,
the EU authorized representative is:
**Springer Nature Customer Service Center GmbH
Europaplatz 3, 69115 Heidelberg, Germany**

Printed by Libri Plureos GmbH
in Hamburg, Germany